"贵博学人丛书"编辑委员会

主　编：李　飞　李　强

副主编：李　甫　向　青

委　员（按姓氏笔画排名）：

宁健荣　朱良津　向　青　全　锐　刘　恒
刘秀丹　李　飞　李　甫　李　强　吴一方
张　婵　张合荣　胡　进　敖天海　袁　炜
唐　艳　曾　嵘　简小艳

编　务：安　琪

贵州省博物馆 编

贵博学人丛书

梁太鹤集

贵州文物考古辑稿

梁太鹤 著

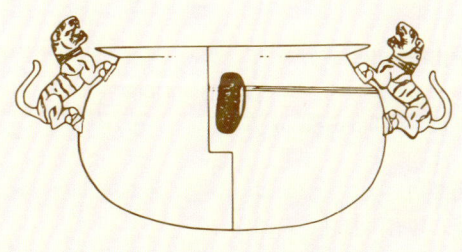

梁太鹤集：贵州文物考古辑稿
LIANG TAIHE JI：GUIZHOU WENWU KAOGU JIGAO

出版统筹：张　明
责任编辑：唐　燕
责任技编：伍先林
装帧设计：蒙海星　于吴万勃

图书在版编目（CIP）数据

梁太鹤集：贵州文物考古辑稿 / 梁太鹤著.
桂林：广西师范大学出版社，2024.11. -- （贵博学人丛书）. -- ISBN 978-7-5598-7442-9
Ⅰ. K872.73-53
中国国家版本馆 CIP 数据核字第 20247N4X33 号

广西师范大学出版社出版发行
（广西桂林市五里店路 9 号　邮政编码：541004）
　网址：http://www.bbtpress.com
出版人：黄轩庄
全国新华书店经销
广西昭泰子隆彩印有限责任公司印刷
（南宁市友爱南路 39 号　邮政编码：530001）
开本：787 mm ×1 092 mm　1/16
印张：34.25　　　　　字数：492 千
2024 年 11 月第 1 版　　2024 年 11 月第 1 次印刷
定价：179.00 元

如发现印装质量问题，影响阅读，请与出版社发行部门联系调换。

自 序

编印个人文集事曾几度犹豫，认知上有过起伏。

我入学界也晚，考上大学时已近而立之年。机会不易，心怀虔诚，视问学之道圣洁，不敢轻忽亵渎。寻图书馆中个人学术文集，皆出众所景仰的大家之手。观身边授课业师，个个学问了得，蛰居名校二十余载，几无获此殊荣者。知编印文集事极不易，需是修得正果后成就的造化。我等后生自当默诵"路漫漫其修远兮"而心安理得。于是珍视正果，不奢望，存梦想。

后来，文集编印不再那样艰难。但学术生态已大变，各式乱象不断滋生，真假标准几致不存。曾经的正果梦跌落，碎作一地败叶，甚至不敢问：学问探讨可还有真义？心渐趋冷。2014年，闻北大著名教授钱理群先生在三联书店座谈会上，郑重宣告退出学术界，如受一记棒喝，彻底了断犹牵一丝的执念。

其实检省自身，不过因了职业缘故，愧有学者之号，论天资、论努力，实属一般。问学根基未深，于学术无大目标，还常贪闲适，不思勤勉。断续作过一点文字，不过工作实践中，间或累积起的一些片段思考，虽自认恪守问学正道，实恐仅涉皮毛，难至周全。况过去获取信息手段简陋，倘有疏忽便挂一漏万，因作扪象之见亦未可知。此类文稿，已少有参阅价值。

及至去年省博物馆倡导编辑退休人员文集，促我再思，略有所悟。文集于个人意义犹在其次，能系统做成一套丛书，将20世纪50年代建馆以来，几代文博学人的所想、所为、所作汇辑成编，实为一省博物馆发展历史的客观记录，对事业七十载历程是另一维度的反观。这对于勤恳奉献毕生精力的博物馆人，堪称别具纪念情怀。其善可鉴，个人不该随意缺席。于是，动念选辑旧作。

1978年到川大考古专业学习，是进入文博领域的开始。工作后经历岗位变动，除关注考古外，对博物馆多了一层关注。随社会文明进步速度加快，又对文物考古走近社会大众渐成自觉意识，再增一层关注。因而，旧作剔选依此分为三个板块：考古研究、文博研究、其他。每个板块内文稿按时间顺序编排，大体涵盖个人专业工作的关注面。其余一些应邀文稿、较芜杂的培训稿、讲座稿、展陈大纲稿等，不列选录之属。

三板块中的其他类，以有关考古、文博的科普性文章为主。有自发之作，有受邀之作，概视为应尽职责，故同样用心去作，总力图让读者有一点阅读兴趣，得一点有益见识。初选时不以为然，权衡后未弃，非因敝帚自珍，实视为文博人不该忽略的重要工作。自度对于浏览者，观此或比专业性论文还稍有收益。

文稿基本随历年工作实践撰成，自然对古代夜郎、可乐考古，以及传统工艺等议题涉猎较多。选辑时虽加筛选，仍不免间显重叠之嫌。不过，细审其中，有的系对专题从浅层微观长时思考渐至深入宏观；有的关乎专业学风的是非定向，须持续发声；有的则回应社会连年热搜，有不同时段、不同撰写的差别表述与认知。今回头看，既为工作问学历程的客观记录，也反映不同时期的社会效应，整体实非无谓之作。乞读者见谅。

一番选汇，让自己得以安心坐下，重览以往的专业性写作，不意竟收获人生忆往之旅的一份愉悦——虽知其中无深意，不过平平篇什，然回观一过，至少可判其中未曾敷衍，不逐流浮夸，不炫耀妄语，恒以真意而为。每每稍见问学路径中持守学术良心的记录，或辨寻到为学科、为社会聊尽个人努力的一些心迹，足令人坦然、怡然矣！这或许可归属文博学人的一种从业轨迹？至于文字印记，且由臧否，无须个人关心了。

不能忘怀的，是跨入校门后，引我入门，传之以术，授之以道的先生们。曾有幸亲聆徐中舒先生、缪钺先生授课；为我们讲授考古专业课的，有北大考古专业的严文明先生，有川大考古教研室的成恩元、林向、宋治民、张勋燎、童恩正、王子岗、马继贤、李克林等先生，另有两位年轻教师；讲授相关基础课的有川大历史系的柯建中、彭静中、蒙默、伍仕谦、缪文远、唐嘉弘、朱大有等先生，有校外延请的李绍明、袁庭栋、李显文、陈丽琼等先生；开设其他专题课和讲座的，有来自北大、中国社科院、中国科学院等处的裘锡圭、李学勤、张光直、叶嘉莹、张森水、俞伟超、石兴邦、汪宁生、李文杰、杨宝成等先生。其中不少先生已作古。这是由一批优秀文史考古学家组成的教师团队，汇聚能量无限，熏陶其下，获益何其多多！予我感受最深的，是不能不浸润的那一份厚重学术精神的传递。先生们虔心向学的信念、严谨求真的思维、厚积薄发的功力，极大影响我一生。回首问学之途，自信终未迷失自我，实得师恩筑稳基础、导明方向。

师恩浩大，无以作谢，谨以数语于此聊赋心声。

信吾师知此心。信吾辈后学同此心。

梁太鹤

二〇二二年八月廿六日
于贵阳观山湖居所

目 录

一 ◆ 考古研究

- 3　崖葬与越僚关系
- 17　务川沙坝石室汉墓（合作）
- 25　夜郎考古思辨与述评
- 37　抓住机遇，力争夜郎考古新突破
  ——贵州夜郎考古座谈会纪要
- 44　法器与礼器
  ——铜鼓与铜鼎比较研究
- 57　深化研究，拓宽领域
  ——中国南方及东南亚地区古代铜鼓和青铜文化第四次国际学术会议讨论会纪要
- 64　赫章可乐出土的铜鼓与铜釜
- 74　考古三报告补正与讨论
- 93　可乐套头葬研究四题
- 109　贵州出土的古代玉（石）器
- 127　夜郎文化的考古学定名问题
- 136　可乐考古与地方文化资源的开发保护
- 147　误读的历史与历史的释读
  ——反观夜郎文明的几点思考
- 152　贵州夜郎考古观察
- 176　再谈夜郎文化的考古学定名问题
- 186　贵州夜郎地区出土的巴蜀式兵器
- 197　给考古报告开窗口
  ——关于《赫章可乐二〇〇〇年发掘报告》编写构想的思考

202　夜郎竹崇拜问题

214　专业化，专门话
　　　——能否让考古报告走出象牙塔？

219　给"公众考古"以恰当定位
　　　——2008年公众考古案例盘点

226　赫章可乐墓地套头葬研究

255　贵州赫章可乐墓地

264　文明大跨越时期的生动见证
　　　——兴仁交乐汉代文物盘点

269　百花湖灵永寺碑

二 ◆ 文博研究

283　正确认识博物馆的社会效益问题

293　贵州传统工艺述略（合作）

301　亟待创建传统工艺博物馆

309　名扬四海，学播东瀛
　　　——杨守敬及其书法

315　传统工艺研究与传统工艺博物馆

324　苗族银饰的文化特征及其他

334　文化遗产的动态状保护与社会改造计划
　　　——关于贵州六枝梭戛生态博物馆的思考

343　调整文物观念，增强发展意识
　　　——谈西部大开发与贵州文物工作

354　敬畏历史，保住记忆
　　　——关于纪念抗战和保护历史文化纪念性建筑的建议

360　珍藏历史记忆，架设沟通桥梁
　　　——贵州省博物馆掠影

373　文物复制谁验收？

384　请擦拭一方文化名片
　　　——关于贵阳孔学堂的对话

390　贵州省博物馆筹建期文档数则

三 ◆ 其他

407　浅谈贵州考古工作与文艺创作的联系

411　铜鼓声声尽佳音

414　夜郎：大西南神秘的古王国

430　古夜郎揭秘
　　　——与考古学家谈夜郎与可乐考古
　　　《贵阳晚报》访谈

435　"读图说考古"之一　关于可乐的考古

450　"读图说考古"之二　文明大跨越时代的生动见证
　　　——贵州出土汉代文物一瞥

458　"考古贵州系列"之一　旧石器时代的辉煌

464　"考古贵州系列"之二　磨制石器的困惑

470　"考古贵州系列"之三　迟到的青铜器

475　"考古贵州系列"之四　带来中原文明大潮的铁器

481　神奇的套头葬与神秘的古夜郎

487　初识可乐

491　因了人的缘
　　　——写在《乌蒙论坛》创刊二十周年之际

494　乌蒙山的启迪

498　大众的考古学
　　　——漫谈《神祇·坟墓·学者》及其他

503　推荐2019年读过的一本好书

506　很羡慕年轻一代考古人，赶上了考古的黄金时代
　　　《贵州日报·天眼27°》访谈

516　亦师亦友怀斯人
　　　——忆陈宁康先生

522　把时间给了贵州文博的艺术家
　　　——忆刘锦先生

526　墨舞藤竹鼓与呼
　　　——忆刘复莘先生

532　后　记

考古
研究

崖葬与越僚关系

崖葬，从埋葬方式的意义说，应包括习惯所说的悬棺葬和东汉时期流行于四川地区的崖墓。本文所谓崖葬，仅就悬棺葬而言，不包括崖墓。

目前国内正式发表的崖葬材料，主要有川南珙县地区、福建武夷山地区和江西贵溪地区等几批[①]。大量研究证明，福建和江西崖葬属古代百越民族的遗迹，川南珙县崖葬属古代僚族的遗迹。作为同一类型文化遗迹，这几处崖葬是否存在一定联系呢？自古以来，不少学者探讨过僚与百越的关系，崖葬遗迹是否能为探讨两民族的关系提供一定证据呢？

1980年夏天，四川大学考古专业对川东峡江地区崖葬进行调查和清理，为探讨诸地区崖葬的关系、僚与百越民族关系提供了新的线索。

一

川东峡江地区崖葬，曾经有1958年盔甲洞和1971年风箱峡的报道[②]。

---

① 另有广西崖葬、贵州崖葬和川东瞿塘峡崖葬等报道，皆过简。
② 陈培绪：《夔峡中发现悬棺葬》，载《文物》1959年5期。
童恩正：《记瞿塘峡盔甲洞中发现的巴人文物》，载《考古》1962年5期。
李莉：《四川奉节县风箱峡崖棺葬》，载《文物》1978年7期。

历史上的记载可远溯至唐。但总的说来，这些材料都比较零散。

川大考古专业调查探明：川东峡江地区崖葬除集中分布在长江三峡地段外，还分布在该地段的支流上。其中北岸支流大宁河分布最为集中，沿河两岸、上游巫溪县城附近、上游支流东溪河畔荆竹坝都有较多实物遗存。其他分布点还有：奉节县梅溪河上游扁洞子沟，草堂河上游三架岩，长江南岸错开峡、天子庙等处。

从盔甲洞和风箱峡所发现的随葬器物看，瞿塘峡两岸的崖葬大体为战国至西汉间遗迹。巫溪县荆竹坝崖棺内清理出的铜带钩与洛阳烧沟汉墓中属于西汉晚期的Ⅰ、Ⅲ型带钩相似，结合该地崖棺群形势分析，当属西汉时期遗迹。错开峡崖棺内出烧沟汉墓Ⅲ型五铢，当属东汉时期遗迹。

峡江地区崖葬的这种分布态势表明，留下这些崖葬的主人是一支最初沿长江活动，继而顺长江支流向两岸扩散的族体。

峡江地区的崖棺形制和置棺方法有多种形式，其中有不少值得注意的地方。比如，巫山县错开峡崖棺，以七八副棺同向垒成一叠，旁边另放两副形制简陋的小棺，其中一棺专葬人头，计七八个之多，其性质颇值得研究。史籍中有关于僚人猎头习俗的记载，《魏书·僚传》曰："其俗畏鬼神，尤尚淫祀。所杀之人，美鬓髯者必剥其面皮，笼之于竹，及燥，号之曰'鬼'。鼓舞祀之，以求福利。"檀萃《说蛮》又曰：僚人"相斗杀，得美鬓髯者，则剜其面，笼之以竹，鼓而行祭，竟以邀福"。看来，错开峡人头葬，与这种猎头行祭或有一定关系。

福建崇安崖葬和江西贵溪崖葬都在武夷山区，从地域上可视为一个大区划，目前发现的崖葬大体为春秋战国时期遗迹。川南珙县崖葬远在西南边陲，历来为羁縻州地，所发现崖葬大体为明代遗迹。其间不论是地域上还是时代上，都相去甚远，使人难以相信它们之间的可比性。

川东崖葬在很大程度上弥补了这两方面的缺陷，成为目前对比研究这些地区崖葬材料很重要的中间环节。

二

探索诸区崖葬关系，只能以各地发现的实物资料作为直接依据。需要首先注意的是，各地崖葬资料，只能代表一定族体在不同时代的部分特征；这些崖葬遗迹，又是不同地理环境条件下和不同时代生产力条件下的产物。离开这样的基本观点，就很难对崖葬材料进行客观的对比分析。

（1）葬所

闽赣地区：崇安崖葬分布在小武夷山太庙溪南岸和九曲溪沿岸；贵溪崖葬共14处，其中11处临上清河。

川南地区：分布在南广河支流螃蟹溪两岸。

川东地区：分布在峡江两岸及长江支流沿岸。各地葬所基本都选择在临江、河的悬崖上。

（2）置棺方式

闽赣地区主要为两种方式：1. 天然洞穴置棺。棺或纵放或横放。贵溪崖葬洞口加木板封门，有的以板分隔椁室，棺或置于垒筑的泥台上，或一头置于横支的木杠上。2. 岩罅间架木承棺，即史籍所谓"虹桥板"。

川南地区分四种方式：1. 天然洞穴置棺，棺横纵向已不详。2. 桩式置棺。3. 人工凿横穴置棺。4. 天然岩墩（岩层横向间隙）置棺。以桩式最为普遍。

川东地区：上述五种方式皆有，普遍流行天然岩墩置棺，当地称这种淋不着雨的山岩叫"黄岩"或"罩岩"。

置棺方式各有异同，以川东地区最为齐全。闽赣地区和川东地区同行岩罅间架木式尤其值得重视，且川东"虹桥板"作几层架设，显然已是较进步的发展。闽赣未发现桩式，从工艺上看，桩式应为岩罅间架木式的发展。江西洞穴的封门形式较为特殊，但川东夔峡盔甲洞垒砌石台置棺的方法，以及大宁河洛门峡将崖棺一头置于横支木杠上的方法，都与江西有相同之处。

（3）葬具

闽赣地区：福建为整木船棺，底、盖以子母口闭合，侧面两端凿小孔，贯以横销。江西崖棺分六式，全为整木凿成，有圆筒形和长方体形，底、盖以子母口闭合，盖形式多样，有半圆形、人字坡形、盝顶形，或无盖，有的棺侧面凿有小孔，有的棺挡板另外嵌入，有的棺附把手，有的棺加桥形木座或垫木，有的棺内有垫尸架，以竹席裹尸。

川南地区：全为整木挖凿成，底、盖以子母口闭合，并用铁抓钉加固，盖作人字坡形或鱼背形，有的棺外加饰指掌形木板或"马头"，以麻布裹尸。

川东地区：有拼合式和整木挖凿式。拼合式棺当为仿汉式。整木式棺底、盖以子母口闭合，盖作半圆形、微弧形或平面，多数棺侧面两端开有小孔，有的棺附柄（或耳），有的以竹席垫（或裹）尸。

从形制和工艺上看，福建船棺、江西圆筒形棺、川东拼合式棺都是各地独有的；江西崖棺有的另嵌入挡板、挡板上开凿排水洞，有的加刻花装饰，有的用棺垫；川南崖棺用铁抓钉，加饰指掌形板或"马头"；川东崖棺附耳状柄；……这些都是明显的差异。

另一方面，三地区崖棺基本以整木挖凿（川东拼合式应作特例论），底、盖以子母口闭合，侧面开凿小孔，包括福建船棺也具有这些工艺特征，这种相似性很值得重视。而且，各地棺木形式也每每显示出相近似的风格，如：川东棺盖作半圆形者与江西同类棺相似；棺盖略呈弧形、端面凹陷者与江西同类相似；盔甲洞附把手棺与江西附把手棺、川南人字坡盖与江西人字坡盖均相似。

可见，葬具式样多，差异也多，但仍有不少共同之处。

（4）体质特征

川南珙县测量的七个成年头骨，六个有打掉上侧门齿的痕迹，有顶骨冠状凹陷现象[①]。

川东清理的崖葬为两少儿，不便对打牙问题遽下结论，也有顶骨冠状凹陷现象。

打牙习俗在我国东南沿海新石器时代遗址有不少发现[②]，在我国台湾、东南亚和大洋洲等地区及日本等国也有较晚时的发现。

顶骨冠状凹陷，据研究系由于一种特殊的负重方式所致。今菲律宾吕宋岛北部伊哥洛族妇女携运重物时，即以背篓挂于头顶，再用双手抓紧挂背篓的绳带[③]。

对于各地崖葬骨架，目前尚缺乏体质形态方面的全面研究，但已观察到的这些特征足以引起重视。

（5）随葬器物

闽赣地区：福建崖葬中发现的器物很少，以龟状木盘具有特色。江西崖葬中陶瓷器特别丰富，木制品和竹器也很丰富，还有不少麻、丝、木棉织品，无金属器，而有不少仿铜木制品。

川南地区：丝、麻衣物织品特别丰富，竹、木制品也不少，有少量陶瓷器。

---

① 据四川省博物馆（今四川博物院）秦学圣先生研究。

② 新石器时代打牙遗迹如：山东大汶口遗址（载《考古学报》1972年1期，颜訚《大汶口新石器时代人骨的研究报告》），山东曲阜西夏侯遗址（载《考古学报》1973年2期，颜訚《西夏侯新石器时代人骨的研究报告》），江苏大墩子遗址（载《考古学报》1974年2期，韩康信等《江苏邳县大墩子新石器时代人骨的研究》），福建闽侯县石山遗址（载《考古学报》1976年1期，韩康信等《闽侯县石山遗址的人骨》），广东增城金兰寺贝丘遗址（载《古脊椎动物与古人类》1973年3期，吴新智《广东增城金兰寺遗址新石器时代人类头骨》），广东佛山河宕贝丘遗址（载《考古与文物》1980年2期，潘其风等《我国新石器时代居民种系分布研究》），等等。

③ 见（日）铃木艮编辑《世界地理风俗大系·南洋·印度篇》，日本诚文堂新光社昭和十一年（1936）发行。

川东地区：有巴式剑、四铢钱、带钩、斧等铜器，有少量木制品，绝少陶瓷器，我们在风箱峡发现有棉、麻印染织品。

各地都发现竹席。

由于材料的限制，只能对随葬器物的一般特征加以对比。可以看出，其中的差异比较大。比如：川南、川东地区显然较缺乏陶瓷器，江西地区有忌讳金属器的倾向。不过也有某些相似的特征，比如：各地纺织品都比较丰富，竹、木器也比较丰富。

崖葬实物材料的对比分析表明，尽管各地存在多方面的差异，但仍然存在不少共同因素，最重要的是，这些共同因素反映了相互间内在的联系性。简单来说，这是由于：

（1）时间和地域上的差距，使各地崖葬文化面貌上存在差异是正常现象

据 C^{14} 测定，武夷山崖棺距今 3620 ± 130 年[1]，贵溪崖棺距今 2650 ± 125 年[2]。碳测年代值可能有偏早倾向，但武夷山崖棺与贵溪崖棺属春秋、战国时期，大体可信。川东崖葬目前最早只能到战国。川南崖葬最早可能到宋元。各相去数百年乃至千余年。其地域差距则不言而喻。

显然，任何一种民族在这样长久的历史发展和地理环境变化中，其物质文化必将发生巨大变化。而且，这当中民族之间的交流影响以至分化融合，也会造成物质文化面貌的巨大变化。生活日用品在变化中必然是最迅速、最明显的一个方面。这是各地随葬器物差异性尤大的直接原因。至于川东、川南地区崖葬不存在金属器忌讳倾向；川东崖葬中出巴人和汉人铜器，就清楚表明兄弟民族之间互相影响是很大的。

---

[1] 校正数值，中国社科院考古所测定，载《文物》1980年6期。
[2] 校正数值，国家文物局文保所测定，载《文物》1980年11期。

（2）各地崖葬的共同因素，突出表现了其间的传承关系

在葬所选择、葬具安置方式、崖棺形制特征和工艺技术等重要方面表现出的一致性和相似性，一方面反映出各地崖葬主人在思想意识和经济生活方面具有共同传统，另一方面还反映出他们在丧葬技术方面也具有共同传统。

（3）各地崖葬间的差异方面，往往在一地区内也互为差异

仅以贵溪地区为例，其崖棺形制就分为六种，各组随葬器物也表现出不同风格。崖棺加刻花装饰、加棺垫、另嵌挡板等，都只是一部分棺上的现象。这一部分可能是时代差异的原因造成，另一方面也说明，崖葬之俗在一地区内并不一定有严格规定。

因此，我们只能将崖葬材料放到其历史地位上去考察，实事求是地承认它们的差异，但不能因为差异而忽视或掩盖它们内在的联系。这些内在联系，正是我们利用考古材料探索不同时代的古代民族关系的重要线索。

三

探讨崖葬族属的渊源关系，还牵涉到多方面问题，本文参考前人的研究和部分史籍的有关记载，略提一点肤浅意见。

（1）僰、筰族系的启示

川东崖葬的族属，林向老师考证为古代的僰、筰[1]，石钟健先生认为属

---

[1] 林向：《川东峡江地区的崖葬》，载《民族论丛》第1辑（悬棺葬研究专集），1981年。

古代夔越、僚、僰和仡①。

史籍记载中，僰、仡的关系是十分紧密的。

《华阳国志·巴志》②曰："巴东郡……东接建平，南接武陵，西接巴郡，北接房陵，有奴、獽③、夷蜑之蛮民。"

又曰："涪陵郡……土地山险水滩，人多戆勇，多獽、蜑之民。……诸县北有僰、蜑，又有蟾夷也。"

《华阳国志·蜀志》曰："广都县……汉时，县民朱辰，字元燕，为巴郡太守，甚著德惠。辰卒官，郡獽民北送及墓，獽、蜑鼓刀辟踊，感动路人。"

僰和仡二者不仅居地相近，生活习俗也多相近。

史籍中还有僰、仡同行崖葬的记载。

《太平寰宇记·简州风俗》曰："有獽人，言语与夏不同，嫁娶但鼓笛而已。遭丧，乃立竿悬布，置其门庭，殡于别所，至其体骸燥，以木函盛，置于山穴中。"

《通典》卷一八五"边防·总序注"曰："潭衡州人蜑，取死者骨，小函子盛，置山岩石间。"

因此，笔者颇疑僰、仡是同一种民族的两个支系。

僰、仡的族系在史籍中记载不多，但甚有微妙之处。

《北史·蛮獠④传》曰："蛮之种类，盖盘瓠之后，在江、淮之间，部落滋蔓，布于数州……天和元年，诏开府陆腾督王亮、司马裔等讨之。……蛮蜑以为峭绝，非兵众所行。……腾乃积其骸骨于水逻城侧为京观，后蛮蜑望见辄大哭。"其后又曰："獠者盖南蛮之别种。"是文列蛮獠为一传，文中屡言"蛮蜑"，似已暗示仡与僚的关系。

《太平寰宇记·简州风俗》："又有夷人，与獽类一同，又有獠人，与獽、夷一同，但名字有异而已。"此更确认僰、僚同属。

---

① 石钟健：《崖棺葬研究》，载《民族论丛》第1辑（悬棺葬研究专集），1981年。
② 〔晋〕常璩撰，刘琳校注：《华阳国志校注》，巴蜀书社，1984年。
③④ 獽、獠，均为封建统治者对少数民族的蔑称，今已不用。古籍引文保留原始用字，其他地方分别作"僰""僚"。——编者注

古籍将傒、侄同与僚族相联，傒、侄同族系，兹为又一佐证。

《隋书》不仅将侄、傒、僚等例，而且谓之皆源于古先百越。

该书"南蛮传"曰："南蛮杂类，与华人错居，曰蜑，曰獽，曰俚，曰獠，曰㐌，俱无君长，随山洞而居，古先所谓百越是也。"

先秦古籍已屡见有关越人的记载，而僚人约为六朝时新出现的民族。史籍将傒、侄上挂百越，下牵僚人，断非偶然。前文已论及闽赣地区崖葬、川东地区崖葬和川南地区崖葬具有内在联系，川东地区崖葬成为三者关系的中间环节。该事实与史籍关于诸族关系的记载，恰相吻合，这对于探索崖葬族属问题，正是很有价值的启示。

（2）僚与百越习俗对比

傒、侄、僚及百越的紧密关系已如上言，历史上对傒、侄的生活习俗殊少记载，因此，进一步探讨僚与百越的生活习俗具有重要意义。

前引《隋书》条直言僚与百越具有族源关系，后世史家亦有从者，顾炎武《天下郡国利病书·广东下·峒獠》曰："峒獠者，岭表溪峒之民，古称山越。……其余不可羁縻者，则依山林而居……谓之山獠。"又曰："周命楚子熊恽镇定夷越，其后吴避越，越避楚，其子孙皆遂蛮獠而居，至于南武城，遂为扬粤之都。"

僚与百越的族源关系必在生活习俗的多方面有所表现，兹捡史籍有关记载条举如下：

1. 发式

百越：

> 《史记·赵世家》："夫翦发文身，错臂左衽，瓯越之民也。"
>
> 《淮南子·原道训》："九嶷之南……民人被发文身，以象鳞虫。"[1]
>
> 《三国志·吴志·薛综》：综上疏曰交阯"……长幼无别，椎结徒跣，

---

[1] 按《汉书·地理志》"粤地"注，瓒曰："自交趾至会稽七八千里，百越杂处。"九嶷之南亦属百越地。

贯头左衽。"①

僚：

《太平寰宇记·戎州风俗》称蛮僚"椎髻跣足，凿齿穿耳"。该书卷八八又称僚俗"男则蓬头跣足，女则椎髻穿耳"。

乾隆《贵州通志·地理志》："打牙仡佬……剪前发而披后发，取齐眉之意。"②

2. 贯头

百越：

《后汉书·南蛮西南夷列传》："凡交趾所统……项髻徒跣，以布贯头而著之。"③

僚：

《旧唐书·南平獠传》："妇人横布两幅，穿中而贯其首，名为'通裙'。"

3. 干栏建筑

百越：

《临海水土志》："安家之民，悉依深山，架立屋舍于栈格上，似楼状，居处、饮食、衣服、被饰与夷洲民相似。"④

《博物志》："南越巢居。"

僚：

《魏书·獠传》："獠者……依树积木，以居其上，名曰'干栏'，

---

① 薛综之疏曰："赵佗起番禺，怀服百越之君，珠官之南是也。汉武帝诛吕嘉，开九郡，设交阯刺史以镇监之。"可见，交阯民乃百越。

② 仡佬即僚，前人已有考证，如芮逸夫《僚为仡佬试证》。

③ 交阯民见注①薛综之疏文。

④ "安家之民"系何族，不见史载。石钟健先生以为百越之属，见《试证越与骆越出自同源》，载《百越史研究论文集》第1辑，中央民族学院研究部论文集编辑组编，1980年。

干栏大小，随其家口之数。"

4. 鼻饮
百越：
《汉书·贾捐之传》："骆越之人父子同川而浴，相习以鼻饮……"
僚：
《魏书·獠传》："其口嚼食并鼻饮。"

5. 产翁
百越：
《太平广记》引唐尉迟枢《南楚新闻》："又云，越俗，其妻或诞子，经三日，便澡身于溪河，返，具糜以饷婿，婿拥衾抱雏，坐于寝榻，称为产翁。"
僚：
《文献通考·四裔考》引唐房千里《异物志》："僚妇生子即出，夫惫卧如乳妇，不谨则病，其妻乃无苦。"①

6. 习于水作
百越：
《汉书·严助传》，淮南王安上书谏曰："……臣闻越非有城郭邑里也，处溪谷之间，篁竹之中，习于水斗，便于用舟。"
僚：
《太平御览·僚传》引《永昌郡传》："僚民……能水中潜行数十里，能水底持刀刺捕取鱼。"

---
① 《异物志》又名《南方异物志》。见《新唐书》卷五十八。

7. 善纺织

百越：

《淮南子·原道训》："匈奴出秽裘，于越生葛絺。"

《吴越春秋》赞誉越葛"弱于罗兮轻霏霏"。

僚：

《魏书·獠传》："能为细布，色至鲜净。"

8. 用铜鼓

百越：

《后汉书·马援传》："援好骑，善别名马，于交阯得骆越铜鼓，乃铸为马式。"

僚：

《隋书·地理志》："自岭以南二十余郡……其人……俚……獠……并铸铜为大鼓……欲相攻则鸣此鼓，到者如云。有鼓者号为'都老'，群情推服。"

9. 崖葬

百越：

《太平御览》卷四十七"武夷山"条："萧子开《建安记》曰：武夷山……半岩有悬棺数千。"①

僚：

《云南志略·诸夷风俗》："土僚蛮，叙州南乌蒙北皆是……人死则以棺木盛之，置于千仞巅崖之上，以先堕者为吉。"

以上对比，旨在求得百越与僚族源关系的线索，故未将二者习俗尽加

---

① 百越崖葬不见史籍明载，武夷山悬棺从当时地域范围看，属古代百越。石钟健《悬棺葬研究》认为："越开国王无余君……最初立政权的地方似在闽北崇安县，所以他死后便葬在崇安县北山中，这座山即因他而得名，命名为'武夷山'。"

详考，所用条目亦仅择一、二以为例证。二者其余习俗，如僚人凿齿、置婴儿于水等，不另摘引。

史籍这些片段记载，说明百越与僚生活习俗多有相同之处，这反映两种民族的某种密切关系。可见，古人所言僚与百越的渊源关系当有所本。

过去多以为越人剪发，僚人椎髻，有人以此作为划分二者不同族系的依据[①]。实际上，从上引史料已看到，百越除剪发外，还有"被发""椎结"者，僚人除椎髻外，还有"蓬头""剪前发而披后发""露发"者。因此，百越与僚的发式在不同时代和地区是有变化的，不应一概而论。值得注意的是，越人被发、椎结，见之于西汉中期以后的记载，其时正是汉武帝平岭南百越后，百越趋于消亡的时期，及至魏晋后，僚族兴起。百越发式在此时期发生变化，当是该民族内迁，与当地土著融合过程的一种客观反映。

四

崖葬实物资料的内在联系，从文献记载的诸方面得到了证实。有理由认为，闽赣地区、川东地区和川南地区的崖葬，存在族属上的渊源关系，也就是说，魏晋南北朝后出现的僚族与古代百越民族具有渊源关系。

古代民族的发展，不会是一条直线关系。僚族的形成，应当是百越民族大量内迁，与当地土著长期交往融合后逐渐产生的。崖葬遗迹在此提供了重要线索。

从史籍查知，长江流域崖葬，沿川江以下湖北境内的巴东、秭归、宜昌等地长江沿岸，长江中游重要支流清江流域、沅江流域等都有不少分布地点[②]。这些崖葬点尚未作过全面调查，情况不明。但从分布范围来看，它们与川东地区崖葬是有紧密关系的。联系川东崖葬分布态势分析，可以推

---

① 见田曙岚：《试论濮、僚与仡佬族的起源及其相互间的关系》，载贵州民族研究所《民族研究参考资料》第1集，1980年。

② 如恩施、泸溪、辰溪、常德、溆浦等地，详可见四川大学考古专业编《我国悬棺葬（崖葬）历史资料辑要》。

想，这是一支沿长江溯流而上，再顺各支流逐步扩散开的百越民族的支系。梁钊韬先生曾经考证过瓯越先民沿海南下，溯西江内迁的历史①。从百越族高度发达的航渡技术看，他们溯长江内迁的可能性是很大的。

川东崖葬的时代说明，溯江内迁的百越支系至迟在战国末和汉初已到达长江三峡地区，他们与当地土著长期融合，形成新的民族，僰、徤之民或在其内。

如此，则僰、徤与沿西江内迁的百越其他支系，同为僚族先民的来源之一。

徐中舒先生在《巴蜀文化初论》中否定《华阳国志》"蜀土无僚"之说，并认为《太平寰宇记·巴州》引《四夷县道记》"至李特孙寿时，有群獠十余万从南越入蜀汉间"是"坐实"常志的错误结论，认为"蜀土原来就有僚族，即未开化的巴族"。②徐老这些意见是很值得重视的。

关于古代僚族与百越的关系，很多学者作过研究③，笔者从崖葬材料出发，提出以上不成熟的看法。通过物质文化探讨古代民族问题，在理论上和实践上都有待于深入研究。本文存在很多毛病，比如把崖葬材料笼统划作三大区域单位，略掉了其中可进一步细分的差别。又如把百越作为一个民族，也有相类的粗疏之失，百越众多支系间的关系实际上是很复杂的。笔者自恃初学，不顾浅陋，唯望借此机会求得各位老师指教。

原载中国民族学研究会编《民族学研究》第四辑，1982年

附记：

这是1980年暑假随林向老师到川东调查清理崖葬，返校后学习撰写的第一篇专业论文，送参加1981年3月在四川珙县召开的中国悬棺葬学术讨论会，选入刊物发表，其实只是很不成熟的习作，辑录权作纪念。

---

① 梁钊韬：《西瓯族源初探》，载《学术研究》1978年1期。

② 徐中舒：《巴蜀文化初论》，载《四川大学学报》1959年2期。

③ 如戴裔煊：《僚族研究》，载中山教育馆《民族学研究丛刊》第6期；凌纯声：《中国与东南亚之崖葬文化》，载台湾"中研院"历史语言所集刊》第23本；江应樑：《说"濮"》，载云南大学《思想战线》1980年1期。

务川沙坝石室汉墓

务川县大坪区大坪公社龙潭大队沙坝生产队社员建房时，在屋基侧挖出石室汉墓一座。县文化馆朱详明同志发现后，及时采取保护措施，并向上级报告。在当地党政领导大力支持下，我队会同县文化馆于1984年3月4日至8日对该墓进行了发掘清理。简报如下：

一

沙坝，又名火炭垭，位于务川县城东北方，相距约18公里。这里山峦起伏，岩石裸露，土层较薄。东去10余公里，是务川汞矿。西去约1公里是洪渡河，河谷陡落。洪渡河源于凤冈县境，自西南流向东北，在沿河土家族自治县境注入乌江，过去木船可通航，是条重要的交通水路。(图1)

汉墓坐落在沙坝生产队社员申修和屋旁(现已建牛圈)，原为平缓坡地。开挖屋基时，先发现甬道砌石，随挖随取石，造成很大破坏。发掘时，甬道和墓室前半部分(达220厘米)只残留底部一层砌石。

该墓为长方形券顶单室墓，方向65°。墓室和甬道均用石块砌筑。石块大小不一，一般长25—65、高25—30、宽20余厘米，砌面及墓室面较平整方正，无明显的修凿痕迹，向外一面则凸凹不平，为自然石面。

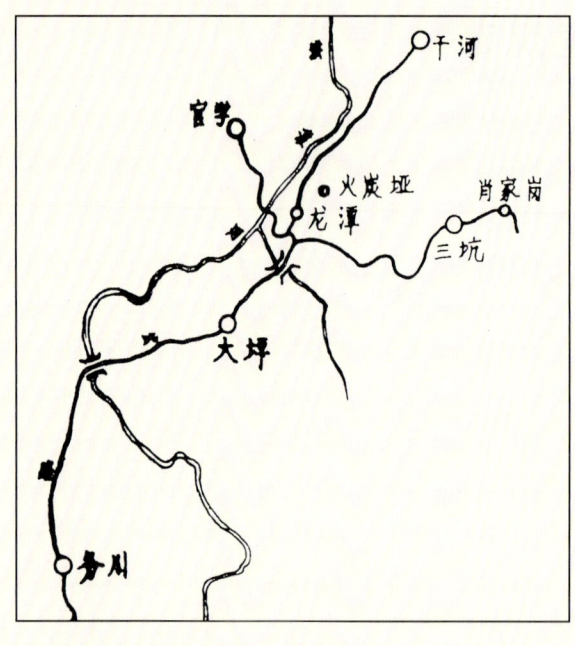
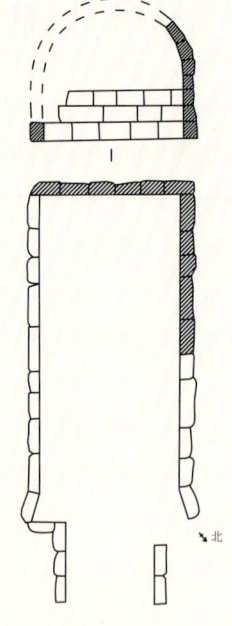

图1 地理位置　　　　　　　图2 墓葬结构

墓道全部被破坏。唯甬道口残留一些小块风化石。甬道长130、宽120厘米，高度及顶部形式不明。

墓室长518、宽236厘米。东西两侧壁在前端转角处略向外呈弧形伸展。东壁、后壁和券顶大部分已坍塌。东壁仅存底部一层砌石。后壁仅存三层砌石。西壁后半部尚完整，连同保存的少部分券顶，共有七层砌石。侧壁与券顶无明显转折线，约从第五层砌石以上呈弧形内收成券。从第七层砌石边缘测量高度为175厘米，估计墓室最高处将近200厘米。（图2）

墓内填满浅黄色粘土，并夹有一些小块风化石，与周围地层土质一致。坍塌的石块距墓底约20厘米，散乱无序，计20余块，与实际坍塌总数相差很多。看来，此墓早年即遭破坏，墓室坍塌后石料又被人取走。墓底看不出有铺垫或夯筑的痕迹，也看不出棺椁及人骨架的痕迹。

二

随葬器物因早年扰乱，残存不多，仅出土少量陶器、铜器及两件料石

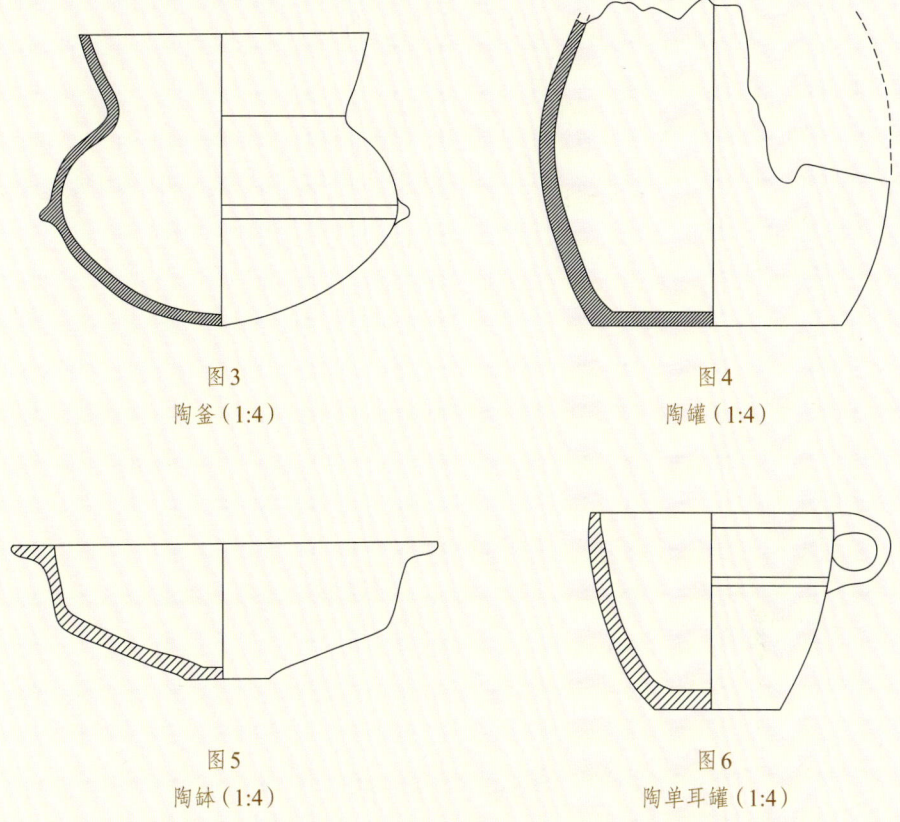

图3 陶釜（1:4）

图4 陶罐（1:4）

图5 陶钵（1:4）

图6 陶单耳罐（1:4）

瑱。发掘过程中，偶然见到少量漆皮痕迹，但已完全不辨器形。

陶器

1. 釜　一件，标本WS84：1，泥质灰陶，直口微侈，平唇，高领，圆肩，圜底，上腹部对称置錾耳两个，并有两道刻划弦纹。口径22、最大腹径29、通高22、壁厚0.4厘米。（图3）

2. 罐　一件（残），标本WS84：2，泥质灰陶，仅存下部，平底。残高24、底径19、壁厚0.7厘米。（图4）

3. 钵　一件，标本WS84：3，泥质红陶，平折宽沿，圆唇，浅腹，下腹部内折，小平底。内壁施厚薄不匀的棕黄色半透明釉，釉质差，多有脱落。口径22、底径6.5、通高6、壁厚0.4厘米。（图5）

4. 单耳罐　一件，标本WS84：4，泥质红陶，敞口，平唇，唇面有

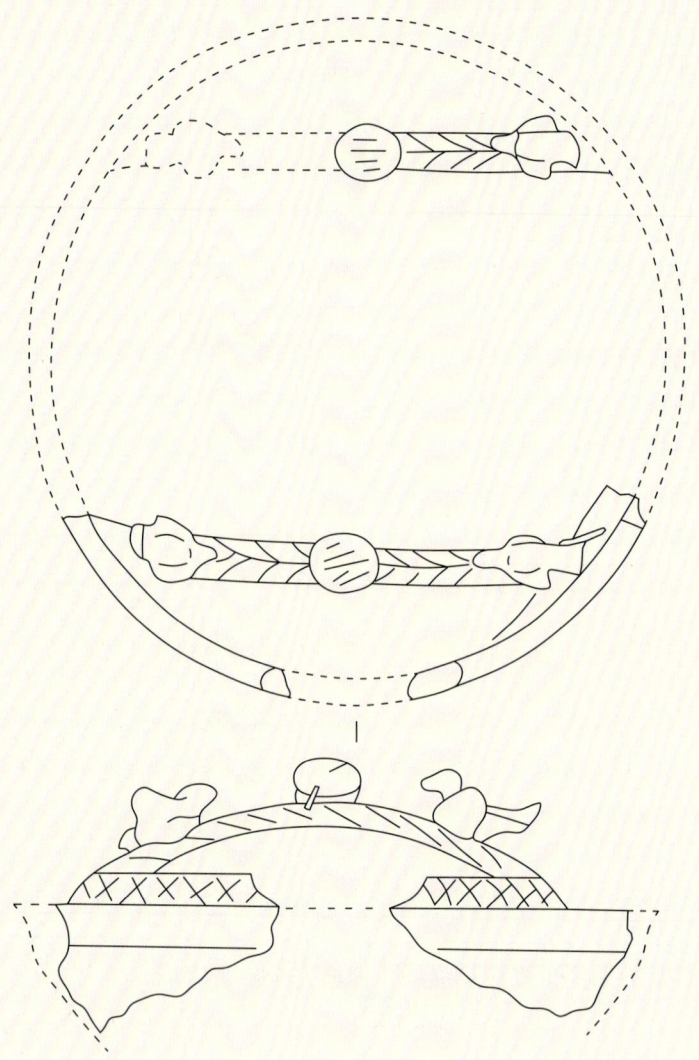

图 7
陶双提梁器

两道刻划细弦纹，小平底，上腹部置一带状环耳，耳上部与口沿齐。内、外壁施棕黄色半透明釉。外壁近口沿处、腹中部及下部各有一道刻划弦纹。口径12、底径7、壁厚0.4、通高9.3、耳面宽2.3厘米。（图6）

5. 双提梁器（暂定名） 一件，标本WS84∶5，泥质红陶。残缺严重，仅存少部分口沿，以及一侧提梁和另一侧提梁的半截。从可复原部分看，应为一浅腹器。敞口，平唇，唇面宽度略大于壁厚度，肩部有一道刻划弦纹。提梁断面呈长方形，宽1.4、厚1厘米，正面和两侧面均有刻划线纹。提梁跨度为13.5厘米，正中塑一扁圆球状物，面上有刻划线纹，两端各塑一鸟，展翅欲飞。器表有施棕黄色釉的痕迹。口径约26、腹壁厚约为0.4厘米。（图7）

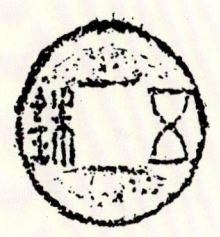
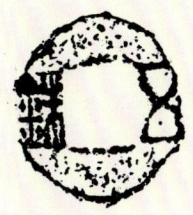
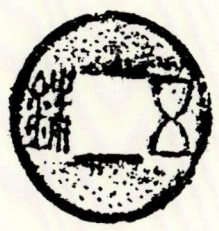

图8　Ⅰ式五铢　　　　图9　Ⅰ式五铢（磨郭）　　　图10　Ⅱ式五铢

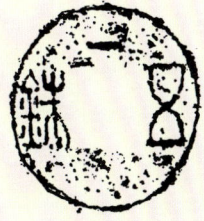
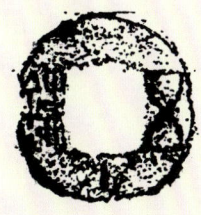
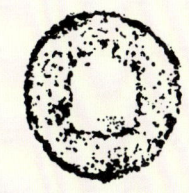

图11　Ⅱ式五铢（带记号）　图12　Ⅱ式五铢（带记号）　图13　Ⅲ式铜币（无字钱）

铜器

仅钱币和泡钉二类。

1. 钱币　共十一枚，可分为三式：

Ⅰ式：五铢钱。郭径2.5、钱径2.25厘米。正方形穿，边长0.9厘米。钱周缘有郭，反面并有穿郭，郭很低。穿两旁从右至左有篆文"五铢"二字。字体较宽；五字交叉两笔弯曲，铢字金头之△形较小，朱字头作方折；笔画较粗，结构较为谨严。与洛阳烧沟汉墓Ⅲ型五铢相似。共三枚，其中两枚磨郭。（图8、9）

Ⅱ式：五铢钱。郭径2.6、钱径2.3厘米。正方形穿，边长0.9—1.0厘米。周郭及穿郭与Ⅰ式五铢相同。"五铢"二字较长大，五字与Ⅰ式略同，铢字金头之△较Ⅰ式大，四点较长，朱字头为圆折。笔画较粗，字体显得较为笨拙。与洛阳烧沟汉墓Ⅳ型五铢相似。共七枚，其中两枚带记号，一为穿上有一横，一为穿下有一竖。（图10、11、12）

Ⅲ式：无字钱。郭径2.1、钱径1.9厘米。正方形穿，边长0.8厘米。周缘有郭，郭窄而低，穿郭不明显。仅一枚。（图13）

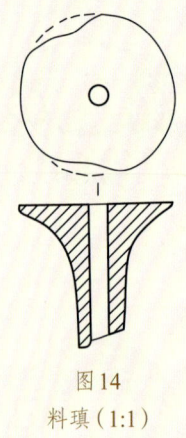

图14
料瑱（1:1）

2. 泡钉 共五枚，圆帽形顶，径约1.9厘米，顶部磨得很光滑，似曾使用过多年。其中一枚有鎏金痕。

料瑱

共两件，皆残。呈喇叭形，中间有穿孔。一件喇叭口径1.4厘米，土红色，器表有少量土锈，从破裂处看，晶莹光亮。（图14）一件喇叭口径1.7厘米，喇叭柄较细，器表甚粗糙，触摸有砂石感，但很坚硬，外表呈土黄色，从破裂处看，夹有深红色，亦晶莹光亮。

三

在贵州省清镇、平坝、兴义、兴仁、安顺、黔西等地，曾经发现过一些形制与沙坝汉墓相类似的石室墓。根据现有的发掘材料，这类石室墓的时代多属东汉，有的延续至魏晋南北朝时期。沙坝石室墓出土器物虽不完整，但从残存的几件陶器看，显然为东汉风格。出土的铜币多数相当于烧沟Ⅳ型五铢，属于东汉晚期货币。因而这座石室墓的时代应为东汉晚期，很可能在桓、灵帝时期或稍后。

务川县地处贵州东北界，汉代属武陵郡地，与贵州腹地相距甚远，交通

图12　赫章可乐出土铜釜立耳

不便。因而，与上述清镇等地相类汉墓比较，沙坝石室墓有自身的一些特点。

陶器中红陶所占比例较大。出土陶器共六件，红陶即占四件。其中红陶双提梁器形制特殊，可惜残缺严重，无法了解全貌。从提梁的位置和强度看，它所承受的重量是有限的。因缺乏对比材料，其用途尚难确定。值得注意的是，提梁上的双鸟装饰，与赫章可乐西汉墓葬出土铜釜的立耳装饰非常相像。铜釜立耳呈编绳状，两侧各立一展翅鸟，当中铸造有连峰等装饰。（图12）①沙坝红陶双提梁器以刻划线纹表示编绳状，双鸟当中塑一扁圆球，与铜釜立耳装饰相比，有简化趋势。二者之间关系究竟如何，从现有材料尚难作出结论。

五铢钱铸工粗糙，轻薄，肉面多带瘢疵。十枚中即有两枚带记号，两枚磨郭，所占比例较大。这些现象明显反映出东汉末期币制混乱的特点。

---

① 详见贵州省博物馆等《赫章可乐发掘报告》（原文发表于1985年，后载《考古学报》1986年第2期）。

此外，出土的无字钱既不同于洛阳烧沟汉墓的无字钱，[①]也不同于文献记载中东汉末年董卓所铸无字小钱，[②]很可能属于地方私铸的铜钱。

近年来，在务川县沙坝、江边、官学、三坑、肖家岗、干河及濯水等地发现大量汉墓，以洪渡河沿岸及务川汞矿附近分布尤为集中。这些汉墓是否与当时某种政治的或经济的原因有关，有待于今后的考古发掘材料加以证明。

作者：梁太鹤　万光云
原载《贵州省博物馆馆刊》创刊号，1985年6月

附记：

这是到贵州省博物馆后首次完成的考古发掘项目，与万光云先生合作。光云先生为贵州兴仁人，1976年从四川大学考古专业毕业，分配到贵州省博物馆，常年从事田野调查发掘工作，经验丰富，吃苦耐劳，认真负责，对贵州考古贡献颇多，不幸于2000年7月骤然去世，惜哉！哀哉！辑录此简报，特以纪念故人！

（2022年6月补笔）

[①] 烧沟汉墓无字钱有两种：一种轻薄，无周郭；另一种厚重，有周郭。形制与沙坝石室墓出土无字钱显然不同。详见《洛阳烧沟汉墓》，科学出版社，1959年，第226页。

[②] 《三国志·魏书·董卓传》："初平元年二月，乃徙天子都长安。……悉椎破铜人、钟虡，及坏五铢钱。更铸为小钱，大五分，无文章，肉好无轮郭，不磨鑢。"（中华书局标点本）

夜郎考古思辨与述评

夜郎考古作为独立议题被明确提出，大约要追溯到10年前。有意思的是，此议题被提起，首先不是出自文物部门或专业工作者，而是出自对贵州古代历史研究饶有兴趣的一些老同志。1986年，贵州省政协五届四次会议上，一份委员提案要求成立夜郎考古队，开展夜郎考古工作。提案被转至省文化主管部门，当时未能付诸实施，但标志着夜郎考古已开始成为一个超越少数专业人员学术圈子、为社会广泛关注的议题，成为一个萦绕人心的普遍愿望。

1995年9月，省人民政府批准成立贵州夜郎考古领导小组，领导小组由省政府办公厅牵头，成员包括省政府办公厅、文化厅、财政厅、民委、公安厅、工商局、旅游局、海关、科学院、社科院、民研所、民族文化宫、博物馆等机构负责人及专家。由分管文化的副省长任组长，省政府副秘书长、省文化厅厅长、副厅长、省财政厅厅长等四人任副组长。领导小组于1996年6月召开首次会议。消息公布，闻者哗然，一个属社会科学领域的专项课题，引起如此高度重视，成立如此高规格的领导小组，不仅在贵州是破天荒的一次，在国内也殊属罕见。回观历史，正可谓十年不鸣，一鸣惊人。可见贵州对夜郎考古确实已下极大决心。

紧接着，1996年9月，省文物考古研究所正式从省博物馆分离，成为文化厅直属事业单位。12月，有云、贵、川、桂等省区考古学界及相关学科专家参加的"夜郎考古座谈会"在贵阳隆重召开。紧锣密鼓，宣告夜郎考古拉开了序幕。

作为课题立项，自此可视为一种开端，但关涉到古代夜郎的考古工作，在博物馆以往40年的工作中，却早有触及。不论有意或无意，过去的许多考古工作和考古发现，其实都已包含在夜郎考古范畴内。

如何全面认识夜郎考古，如何正确梳理、评估以往的发现，这是深入开展夜郎考古课题时，不能不加以重视和研究的基本问题。

一、"夜郎考古"释义

夜郎考古，意义似乎明确易懂。从政协提案提出至今，几乎没人产生过疑问。但是真正纳入考古学范畴，并付诸实施，却发现需加以辨明、界定的问题并不那样浅显。

一般按字面理解，夜郎考古即通过考古手段寻找古代夜郎国。具体说，即对夜郎国遗址、遗物进行考古发掘和研究。对夜郎国历史的研究，史学界已作过大量工作，最终发现，仅仅依据古文献记载，难以再深入下去。因此，大家都把澄清夜郎历史问题的希望寄托在考古发现上。夜郎考古题目的提出及普遍认同，大概主要是基于这样一种认识背景。从此愿望出发所直观理解的夜郎考古，说来并无不妥。然而一旦从课题实施角度思考，其含义却变得不那么确切。首先，这里所谓夜郎国应作如何认识？其次，夜郎国文化与夜郎文化是否即可等同？还有，考古学的发现与研究是否足以解决夜郎国及相关的所有历史问题？这些问题不予明确，则夜郎考古的地域范围、主要内容与基本目标都无从确定。那么，所谓夜郎考古就只能是缺乏科学定义支持的含混概念。

夜郎国的历史存在，已无过多猜疑。对这里所谓国的理解，也基本形成共识——不是历史学或政治学中严格意义的国家，也不同于中国古代分封制下的诸侯国，只能看作少数民族地区较为原始的社会组织形式，如习称的邦国。有关夜郎国的记载，首见于司马迁《史记》。[①] 司马迁曾亲抵西南地区，作为一位见识过人的史学家，他对西南地区当时主要邦国的记载应是审慎可信的。这不仅为后来大量史籍与考证所证实，也为众多考古发掘资料所证实。按司马迁所记，当时"西南夷"中夜郎与滇是最有名的邦国。[②] 滇国王族墓葬在云南滇池地区出土，其中还发现司马迁所记载的滇王金印。[③] 由此，人们不唯更确信夜郎国的存在，而且，夜郎王金印逐渐成为各界人士关注的焦点。

但是，对夜郎国的认识，至迟东汉以后已出现歧见。按《史记》及《汉书》记载，当时南夷区域众多君长中，夜郎只是最大的一个君长，其余称"旁小邑"。凡言及大区域时，司马迁皆以南夷称。可见司马迁认为夜郎国与旁小邑之间的独立性是比较明显的。而刘宋时范晔著《后汉书》说法有所不同，称："西南夷者，在蜀郡徼外。有夜郎国，东接交阯，西有滇国，北有邛都国，各立君长。"则原南夷范围基本尽为夜郎国。以后的《水经注》等史籍亦有相类说法。于是出现大夜郎国之说。如清代有"西南大儒"之誉的学者郑珍考证贵州这段历史时，肯定大夜郎国的存在，并认为"其域中又必含有三代时诸南蛮小国"[④]。当代学者持此论者甚多，[⑤] 其中王燕玉先生的论述颇具代表性。他认为大夜郎国最初形成于战国时期。战国时，夜郎邑发展强盛，占领春秋时牂牁国的主要地域后，向北扩张征服鳖国，攻略巴国及蜀国少许地及西北边的鳛国，向西征服同并，向南征服漏卧和毋敛，与楚、越、滇相邻。战国末期，楚将庄蹻王滇后，大夜郎国一度中衰。其第二次强盛兴起，在秦亡后至汉初。势力所及，直至统领且兰、毋

---

① 《史记·西南夷列传》："西南夷君长以什数，夜郎最大。……此皆魋结，耕田，有邑聚。"
② 《史记·西南夷列传》："西南夷君长以百数，独夜郎、滇受王印。"
③ 云南省博物馆：《云南晋宁石寨山古墓群发掘报告》，文物出版社，1959年。
④ 郑珍：《巢经巢文集·牂牁考》，见《郑珍集》，贵州人民出版社，1994年。
⑤ 见侯哲安《夜郎初步研究》，《夜郎考：讨论文集之一》，贵州人民出版社，1979年，第26页；周春元《夜郎略论》，《夜郎考：讨论文集之一》，第1页。

敛、漏卧、同并及鳖等国。①

大夜郎国论者强调南夷诸君长国与夜郎国之间的联系性，认为诸君长国与夜郎国之间虽然有相对独立性，但更是一种统领与被统领的关系。

也有研究者不赞成大夜郎国，认为夜郎只是一个族称，不具有"国"或政权含义。史书记载唐蒙所通夜郎国，"只是夜郎人的一支。前人看不到它们的联系和区别，导致了'大夜郎国'、'夜郎中心'这类说法的产生"。②还有人认为北魏郦道元《水经注》将武阳县认作故大夜郎国范围，是对史料的误解。另外犍为郡自汉元鼎六年（前111）分地另设牂牁郡后，已不再包括原夜郎势力范围。而夜郎与旁小邑之间，"似乎并不存在什么联盟的关系。所以一定要说当时有一个什么以夜郎为中心的'部族联盟'，除了理论上的混乱已如上述外，就在史实上也是不符的"。③

基于这些分歧意见，贵州省社科院历史研究所于1983年又提出另一种说法，即"广义夜郎"与"狭义夜郎"。并解释道，广义夜郎，"是指夜郎人们共同体"；狭义夜郎"则是指夜郎国"。④这种说法显然不完全赞成大夜郎国说，但又不否认夜郎国与诸君长国之间的重要联系，试图以一种较折中的态度，通过较抽象的用语，作出易于被人接受的表述。但是，这里仍面临对广义夜郎的理解分歧。如果广义夜郎被理解为某种文化面貌的共性，或是文化的广泛联系性，那么，这里留下了研究与证实的最大余地，的确不失为比较妥帖的用语。但是如果理解为所谓人们共同体，而"人们共同体"又按某种观点解释为"血缘亲族集团"，⑤那么，这一用语不仅不

---

① 王燕玉：《论古夜郎与古牂牁》，见《夜郎史探》，贵州人民出版社，1988年，第59页。

② 朱俊明：《古夜郎是原始社会末期人们共同体》，见《夜郎考：讨论文集之二》，贵州人民出版社，1982年。

③ 侯绍庄：《牂牁考辨》，见《夜郎考：讨论文集之二》，贵州人民出版社，1982年；又见《黔史论丛》，贵州民族出版社，2005年，第94页。

④ 贵州省社会科学院历史研究所：《古夜郎研究的由来及认识》，见《夜郎考：讨论文集之三》，贵州人民出版社，1983年，第1页。广、狭义夜郎，尤中先生于1957年已提出过（《历史研究》1957年12期）。但对广义夜郎只框划了一个地域，未多言与狭义夜郎的关系问题。

⑤ 朱俊明：《古夜郎是原始社会末期人们共同体》，见《夜郎考：讨论文集之二》，贵州人民出版社，1982年。

广义，隐含的错误和混乱将更大。

对夜郎考古工作直接有影响的另一个关于夜郎国的认识问题，是夜郎中心，或说狭义夜郎的方位问题。由于古籍中的地名、水名千百年来变化太大，因此，对夜郎方位的考证出现多种分歧意见。或以为在今黔西南及六盘水地区，或以为在今安顺、平坝、清镇一带，或以为在今毕节、赫章一带，或以为在今长顺、惠水至罗甸一带，或以为在今滇东北地区，等等。莫衷一是。此外，有关夜郎国的认识，还涉及其他方面，如社会性质、族属等，因对考古工作开展不产生直接影响，此不详述。

对夜郎考古实施产生的制约性影响，除如何认识夜郎国的问题外，随之而来的，是夜郎文化与夜郎国文化的区别问题。夜郎文化，应是由夜郎国主体民族所创造的，有一定文化面貌、一定工艺特征的同一系统的物质文化遗存。而夜郎国文化，是指夜郎国时空范围内的各种文化遗存。二者的联系与区别是明显的。

夜郎文化，从根本上说，是一种民族的文化。对这种文化的确认，是根据实物遗存的面貌和特征为依据。夜郎文化无疑主要存在于夜郎国中，同时又可能存在于旁小邑中，因为众多旁小邑中，有可能存在由夜郎国主体民族的支系建立的君长国。夜郎文化的时限应超出夜郎国立国的时限。因为夜郎国主体民族的形成必然在夜郎国建立之前，而夜郎国消亡后，其主体民族与民族文化仍将延续保存相当长的历史时期。

而夜郎国文化，从根本上说是一种地域文化。在夜郎国地域内的战国至西汉时期的各种文化遗存，共同组成夜郎国文化。这些文化遗存有可能属于不同文化系统。因为夜郎国的民族构成，不一定是单一的，存在有一种主体民族与他种民族共存的可能性。当然，夜郎国文化中的主流必然是夜郎文化。

上述问题是夜郎考古课题立项前即应明确的基本问题。从考古学观点说，夜郎考古首先应是夜郎文化考古，找寻并弄清夜郎文化的内涵、分布、早期渊源及后期的延续演变等等。而从考古学研究方法、课题设立的目的以及社会关注热点来说，夜郎考古的重点在于夜郎国考古。因为夜郎文化的确立，需从夜郎国文化遗存（包括旁小邑文化）的比较研究中入手，而对夜郎国的历史研究，也必须弄清夜郎国的各种物质文化遗存面貌。因此，夜郎考古的地理概念，必须是大夜郎国概念。而工作的入手点，应是狭义夜郎最可能分布的地区。

二、"夜郎文物"辨

自20世纪50年代以来，贵州已陆续出土过一批战国至汉代颇具特色的文物，包括磨制石器、骨角器、陶器、铁器与铜器。除部分石器外，这些文物的造型、纹饰以及反映的一些习俗现象，都有其特殊性。与中原地区相比，有明显差异。与四邻省区的地方文化相比，可看出相互间部分文化的渗透影响，但主体风格并不相类。这些文物基本分布在贵州西部地区，属古代大夜郎国的地域范围。

如何看待这些考古发现，是否可以对它们作出初步定性分析，长期以来是学界关心并有争议的问题。其中代表性意见为两种。一种意见认为，这批青铜时代文物，出土于夜郎故地上，时代也基本吻合，因此可看作夜郎文物。甚至包括"夜郎旁小邑"的文物，也应"暂统于夜郎文物中"。[①] 另一种意见认为，作为考古文化，已有的发现"地域还不够广泛"，"典型遗址、墓葬和遗物发掘太少"，"起源、类型、分期、各期文化特征、典型器物等问题，均不甚清楚"，"命名为夜郎文化条件尚不成熟"，因此，主张命名为"贵州古夜郎地区青铜文化"。[②]

两种意见似为相悖，实际各自的研究角度并不相同。前者着眼于具体的文物，避开考古学文化的视点，不谈由器物组合及有关遗迹所反映出的文化面貌。后者则立足于总体的文物，强调考古学文化研究，故尤其注重

[①] 李衍垣：《夜郎青铜时代的文物》，见《夜郎史探》，贵州人民出版社，1988年，第283页。

[②] 宋世坤：《贵州古夜郎地区青铜文化初论》，见《中国考古学会第二次年会论文集》，文物出版社，1982年；宋世坤：《关于"夜郎考古"的几个问题》，见《贵州省博物馆馆刊》第五期，1988年。

出土资料的丰富性与典型性。

认真说来，后一种意见更合乎考古学科规范。考古学是一门通过古代实物遗存研究人类历史的科学，它的研究对象首先是古代人类遗留下来的实物与遗迹。对这些实物遗存所进行的第一步研究，便是文化的分析与归类。考古学有其自身对于文化的阐释。考古学文化所指的，是考古发现的实物遗存中所观察到的共同体，它是属于一定时代、有共同地域和共同特征的物质遗存组合。因此，考古学文化的命名必须建立在有较多以及典型古代遗址发掘的前提下。研究者正是基于考古学研究的科学要求，认识到贵州已有考古发现并不足以建立这样的前提，因而反对目前夜郎文化的命名。不过，其所主张的命名，严格说还不能成为考古文化意义的准确命名，只是对已有考古发现的文化特质所作的一般文化意义上的概括。

至于前一种意见，如果从考古学的严格规范看，似失之偏颇。但如果换一种角度，从历史学或社会学方面看，却很难过责其严谨性与准确性。我们已经看到，这批文物的时空分布都与夜郎密切相联，其文化特征又独具地方风貌。虽然它们不足以反映一种组合规律，更难以形成文化系列，但不容置疑的是，它们已经包含在夜郎地区、夜郎时代的文化组成之内。从此意义上说，以"夜郎文物"作为它们时空与文化特征的符号标志，是有相当合理成分的。有人会认为，大夜郎国的存在本身尚难确定，大夜郎地域内还有许多旁小邑君长国，而且即使在狭义夜郎区域内，也不定仅有夜郎文化一种遗存，现在即命名"夜郎文物"，将如何反映不同文化系列的区别？这正是我们认为难以从考古学上肯定这种命名的重要原因。但又必须看到，夜郎文物的最后确认，有待于夜郎文化的确认。而夜郎文化的确认必须等待大量田野调查与发掘之后。这需要若干年的时间积累。这期间，一般学术研究与社会宣传有一个特征明确的标志性命名是大有必要的。因此，我们主张，在不涉及考古学研究时，可以使用"夜郎文物"命名。如需更准确，可使用"夜郎时期文物"。

三、夜郎考古回顾与前瞻

夜郎考古过去虽没有作为专题来进行，但实际已做了许多工作，有不少发现。据统计，从20世纪50年代至今，贵州各地考古调查和发掘获得的夜郎时期文物总数已逾千。这些发现，虽然尚不能够揭示出系统的夜郎文化，但已从不同角度标示了夜郎文化初露端倪。其中最值得重视的，是普安铜鼓山、赫章可乐及威宁中水等三个地点的古遗址与古墓群发掘。普安铜鼓山被较多研究者认为在狭义夜郎地域内。赫章可乐被认为是汉武帝开西南夷后所设汉阳县地。威宁中水或以为属汉代朱提县地，或以为亦属汉阳县地。虽均为史载"夜郎旁小邑"，但仍在广义夜郎范围内。三处发掘出土文物最丰富，地方特征也最突出。

普安铜鼓山遗址1980年10至11月发掘，之前进行过多次调查与试掘。遗址位于普安县青山区（今青山镇）一座低矮的山丘上，发掘面积达1500多平方米，是贵州目前发掘面积最大的一个古代遗址。遗址年代按发掘报告为春秋时期至西汉中、晚期。① 但报告者对年代上限未提出足够证据。从出土器物和地层情况分析，其年代上限可能定得偏早。出土文物中最有价值的发现，是一批铸造青铜器的模和范，还有一些青铜兵器和自成体系的陶器。模与范多数用石头凿成，也有个别为陶质模；从形状可看出，基本用于铸造兵器和生产工具，如剑、戈、鱼钩、犁铧等。范上刻有好几种纹饰。其中两种纹饰，即心形纹和 ∽ 形纹，被认为是最有地方特点的典型纹饰。② 这两种纹饰除普安有发现外，在省内其他地区，尤其是被认为属夜郎中心区域的兴义地区又发现过好几件。还值得注意的是，出土的一件残戈范竟然与赫章可乐出土的一件青铜戈可以严密套合。另有一件残剑范，与清镇、赫章及安龙等地出土的一种"一字格曲刃铜剑"，曲

---

① 《普安铜鼓山遗址发掘报告》，见《贵州田野考古四十年（1953—1993）》，贵州民族出版社，1993年。

② 以往研究者将此纹饰视为 ∞，根据铜钺使用的方向，笔者以为颠倒后才是正向。

刃风格十分相似。这些文化因素上的相似性，很难说不是提示了某种民族的或社会的联系。铜兵器中最有特点的是带有 ⌒ 形符号的钺；还出土有多把柄身一体的短刀，尤其是一种刃尖微上挑的短刀较特殊，与威宁出土的铜刀颇相似。此外，发掘中采集到的明显带滇文化风格的一字格曲刃铜剑也引人注目。陶器中几无完整器，大概主要是因为烧制火候不高，不够坚固。绝大部分是夹砂陶，基本为手制成型，工艺上表现了较明显的原始性。残存器形可看出有较多圜底器，因此遗址中出土许多石质和陶质的锥形支座。

赫章可乐自1976年至1980年进行过几次发掘，包括位于柳家沟的战国中晚期遗址，分布于可乐河两岸的一批西汉中期至东汉初期的甲类墓，以及一批战国晚期至西汉晚期的乙类墓。[1]柳家沟遗址发掘面积很小，除较多残陶片外，仅有少量石器与铜器出土。陶片全为夹砂陶，制法与烧成火候略优于乙类墓中出土的陶器。甲类墓与乙类墓为发掘者根据墓葬性质作的分类，前者为中原式汉墓，后者为南夷土著墓。甲类墓主要出土汉式器物，但也有一些地方特点突出的器物，如干栏式陶屋模型、装饰有羽人翔鹭纹饰的铜奁、曲刃的铜矛等，这应是地方文化影响的反映。乙类墓共发掘168座，全系小型土坑墓。出土很多具有地方特色的文物，如铜鼓、铜鼓改装的釜、鼓形铜釜、柄端装饰有镂空云雷纹的铜柄铁剑、无胡铜戈以及一些铜首饰。云雷纹铜柄铁剑在云南省曲靖地区曾发现过1件，昆阳磷肥厂出土过2件，但赫章一次发掘即出土5件，后来又陆续出土4件，显然应是一种地方产品。乙类墓最特殊的发现，要算称为"套头葬"的葬俗——在20座墓中发现将铜釜或铁釜套于死者头部。其中一墓使用的还是铜鼓，另有一墓除用铜釜套头外，同时用1件铁釜套在脚部。这种葬俗在国内从未发现过，应是当地少数民族特有的丧葬文化现象。

威宁中水分别于1978年和1979年两次进行发掘，共发掘西汉中期为

---

[1] 贵州省博物馆考古组等：《赫章可乐发掘报告》，载《考古学报》1986年2期。

主的古墓葬58座。其中少数可早到战国中晚期，个别可晚到东汉初期。[①]
这批墓葬中最引人注目的发现，是一批风格鲜明的陶器，以及陶器上众多的刻划符号。陶器基本为夹砂陶，手制成型，烧成火候不高。其中单耳罐、觚形器、粗柄豆等，造型作风粗犷，特点突出。陶器上的刻划符号按发掘报告的记录，有41种。发掘者以为符号与彝文"有明显的继承关系，是现代彝文的早期形式"。此说现有较多争议。在未作更多研究前，仅可聊备一家之言。除陶器外，铜器也有许多值得重视的发现。如铜剑、铜刀、铜臂甲、宽边铜手镯、铜条脱等，各有独特的造型风格。最显得别致的，是几个仿生写实性很强的铜带钩，包括牛头形、鲵鱼形、飞鸟形、狮（虎）形等，不仅是生活用品，也是审美价值很高的工艺品。

除集中的考古发掘外，在历年的考古调查中，还发现和征集到一些重要的夜郎时期文物。这些发现主要分布于贵州西南部。如兴义市马岭区（今马岭街道）出土3件无胡铜戈，器身都装饰有与普安铜鼓山遗址相似的心形纹。在兴义市还征集到3件铜钺，器身上装饰有⌒形纹饰，也与普安铜鼓山遗址相似。兴义市巴结镇（今南盘江镇）还出土1件造型奇特的帆船形铜斧。据调查，此地曾经出土过铜鼓。

此外，在兴仁县曾发现舌形铜斧。

在安龙县发现一字格曲刃短剑和羊角钮钟。

在盘县（今盘州市）发现2件尖叶形铜锄。等等。

上述有关夜郎考古的一系列发现，虽发掘点还很少，还不具备充分的广泛性和典型性，但总的说具有一些明显的特点。

首先是独特的地方风格。从各处遗存的基本文化面貌看，显然不属于滇文化，也不属于巴蜀文化，与百越文化或楚文化相去更远，因而应属自成体系的文化种类。其次，不同发掘点与调查发现反映出相近的经济形态与经济发展水平。陶器基本为夹砂陶，主要采用手工成型工艺，烧制火

[①] 贵州省博物馆考古组等：《威宁中水汉墓》，载《考古学报》1981年2期；贵州省博物馆考古组：《贵州威宁中水汉墓第二次发掘》，载《文物资料丛刊》1987年10期。

候不高，纹饰风格粗率。青铜使用普遍，其中兵器与农业工具占有突出地位，制作技术各处大体相当。经济形态与司马迁"耕田，有邑聚"的记载相符。再者，也存在有区域性差异。大致上说，赫章、威宁和普安三处遗存现象各有自己的一些特征，而普安与兴义、安龙，以至清镇等地之间器物的直接联系却较为明显。这是否与不同君长国之间的分布有关，还有待更多发现才可以加以判断。但这种差异与联系现象勿宁看作是一些有价值的线索。

除了与夜郎考古直接有关的发现外，贵州还在清镇、平坝、安顺、兴仁、兴义及黔西等地发掘过一些集中分布的汉墓群。这类墓葬出土遗物虽为典型的中原风格，但对于反映夜郎与中原地区文化交往，考证汉朝政府在当时贵州地区设置的郡县，以及夜郎与旁小邑的地理方位等，都有重要研究价值，是夜郎考古研究不应忽视的一批资料。

贵州以往的考古发现，应该说是夜郎考古课题立项的重要基础。可以预计，在社会各界的大力支持下，夜郎考古成为一项专门的重点课题，将会得到长足发展。有关夜郎历史的研究也将随之取得新的突破。需要特别指出的是，在对这项课题保持充分信心的同时，还应对夜郎考古最终能够在多大程度上解决夜郎历史研究问题的前景保持清醒认识。

考古对于历史研究，尤其是对于缺少文字记载的历史研究是十分重要的。但是，考古发现与研究的能力，与复原古代历史的愿望之间，往往存在巨大差距。尽管调查手段已逐步改进，但考古遗存的发现，仍带有很大偶然性。对目标有选择性的具体专题考古调查更是如此。另一方面，对于已经发掘出来的古代遗存，即使已运用大量现代化的科学手段，但要想完全揭示其中蕴含的所有信息，也还是远办不到的。更何况，保存至今的古代遗存，基本是古代人无意识存留下来的当时生活中极为有限的一个小部分，它们很难全面代表古人社会生活各个方面的信息。显然，期待考古有限的发现及有限的研究能力去解决古代历史太多的问题，是不切实际的。考古学研究的对象，首先是考古学文化，进而通过其中包含的信息去研究古代社会。夜郎考古同样必须遵循这样的科学规律。如前所述，夜郎考古的主要目标，在于寻找并研究夜郎文化，以及夜郎范围内相关的其他文化，并通过这些文化研究夜郎国的历史。对夜郎国历史的研究，是不能用主观设想的模式或标准去要求或衡量的，比如一味追求夜郎王印或夜郎王城的出土。也不能将过高的期望值早早加到夜郎考古的目标上，认为这项工作即可解决所有的夜郎之谜。总之，夜郎考古只有建立在严格的科学规范基础上，开展踏踏实实的工作，才能最终取得预期的成果。

原载《贵州民族研究》1997年2期

抓住机遇，力争夜郎考古新突破
——贵州夜郎考古座谈会纪要

贵州夜郎考古座谈会于1996年12月17日至18日在贵阳市举行。

夜郎考古是贵州文物考古工作与古代历史研究中的一个重大课题，长期以来，尤其是"八五"期间，受到省领导及有关部门的重视，多次酝酿以更有力的方式推进这项工作发展。1995年9月，经省人民政府批准，贵州夜郎考古领导小组成立，由龚贤永副省长任领导小组组长，省政府副秘书长曹新忠、省文化厅厅长王恒富、省财政厅厅长顾庆金、省文化厅副厅长李嘉琪等任副组长。领导小组成员由省政府办公厅、省社科院、省科学院、省计委、省民委、省公安厅、省财政厅、省工商局、省旅游局、贵阳海关、省民研所、省博物馆、省文化厅文物处等有关单位负责人及文物考古界的专家组成。还邀请国家文物局领导及全国知名考古学专家担任顾问。1996年6月，领导小组召开第一次全体成员会议，讨论通过《贵州夜郎考古安排意见》，并责成领导小组办公室进一步制订实施方案。

9月，省文物考古研究所正式宣布成立。全面展开夜郎考古工作列上具体日程。

为了广泛听取对贵州夜郎考古工作的建议，使夜郎考古安排意见实施方案建立在更为科学的基础上，使整体工作目标明确，步骤合理，提高效率，减少失误，同时也为了建立起四邻省区考古界的协作关系，加强省内相关学科的密切配合，夜郎考古领导小组办公室、省文化厅文物处与省文物考古研究所联名筹备举办了这次学术讨论与工作讨论并重的座谈会。

四川、云南、广西等邻省区考古学界的专家，省内历史学、民族学、博物馆学、考古学界的专家，以及新闻出版界人士60余人应邀参加座谈会。

龚贤永副省长出席开幕式，代表省政府对到会的专家们表示热情欢迎和亲切问候，并就夜郎考古的重要意义及宏观目标等问题发表重要讲话。他指出：夜郎考古对于建立贵州历史文化体系的完整性具有奠基意义，是贵州社会科学的一项基础性工作。殷切希望兄弟省区的专家以及省内各学科的专家相互交流，多予支持，使夜郎考古在"九五"期间有所突破。他还指出：夜郎考古工作要搞普查，但由于人力等条件限制，还必须抓好重点。要在专家们共同研究的基础上，制订出切实可行的实施方案来。龚副省长最后热情地表示，愿为夜郎考古做好后勤工作，在人才、物力等方面尽力提供方便，给予支持。

会议特邀代表、四川大学考古学教授、博士生导师张勋燎先生以《关于今后开展夜郎考古的几点意见》为题，作了精辟的学术报告。

围绕会议主题，与会的省内外专家展开热烈讨论，议题广泛深入，既有浓郁的学术气氛，又有切实可行的操作性。在有关夜郎考古的基本性质与内容的界定、对夜郎考古整体目标的科学认识、工作重点区域的分析与选择、长远规划与短期目标的合理安排、社会宣传与基础工作的紧密配合等方面，进行认真探讨，提出大量建设性意见。可大致归纳为以下六个方面：

一、对夜郎考古的科学认识

夜郎考古是一项科学研究，同时又是一项社会文化事业。它对于全面了解贵州古代历史，对于促进贵州历史科学研究，对于弘扬中华优秀传统文化，具有重要意义。要把这项工作作为贯彻党中央加强社会主义精神文明建设战略部署的一项任务，以科学的态度去积极完成。

贵州夜郎考古有其特定的内涵。总体目标是要通过科学手段，发现并揭示夜郎时期贵州境内以夜郎国为中心的"南夷"的物质文化遗存，通过这些实物资料，并结合文献资料的综合研究，正确阐释和复原当时贵州的历史。

夜郎考古的时限，主要为战国至西汉末期，即古籍记载中夜郎国建立至覆灭的历史时期。但是，由于文化发展的延续性，将工作仅仅限定在夜郎国存在的这段时期，是远远不够的。夜郎当时在众多"西南夷"君长中，能成为最大的"君长"，必然经过相当长的发展期。另一方面，夜郎国于西汉末为汉王朝诛除，但构成夜郎国的主体民族，以及他们的民族文化，并不会随之而立即消失，也必然有较长的延续期，以及与汉文化和其他民族文化融合的漫长变化过程。因此，夜郎考古的时限范围，还应包括这前后的发展及延续时期，需予以充分的重视。

对夜郎文化的确认，要遵循考古科学的规律，以发现并揭示出最能代表时代、地域与民族特征的物质遗存组合为依据和标准。夜郎国都邑、夜郎王族墓葬（包括夜郎王印）等，虽然可能成为集中反映夜郎文化特征与面貌的重要遗存，但决不能把它们当作唯一追求的目标与确认夜郎文化的全部依据和标准。夜郎文化的涉及面还相当宽，并非都邑与王族墓葬的物质遗存能够全部包容。而且，夜郎国的经济形态与社会结构，根据史籍记载，虽然在当时西南夷地区比较发达，但是否一定有都邑，是否一定有留存下来的王族墓葬，是否有丰富的随葬品，以及汉王朝颁赐的金印是否能密藏留存至今等，都不可先预框定，需待考古发掘实证才能作出准确回答。因此，在制订夜郎考古规划与方案时，必须立足于客观规律与科学目标。

夜郎文化的主人属当地少数民族，此为自古以来所确认的事实。在此意义上说，夜郎考古又可看作民族考古。古代民族有其不断发展、变迁、融合的过程，而且夜郎民族的构成也不一定是单一成分，不能排除其统治民族与他种民族共处共存的可能。因此，夜郎考古中要高度重视与民族学的结合，但又不可为民族学参考资料所束缚，尤其在探讨夜郎族属及与现代少数民族渊源关系时，更须持格外审慎的态度，不可根据某些传闻或口头资料遽作断语。

二、夜郎考古的重点区域

与会代表普遍认为，《贵州夜郎考古安排意见》将工作重点放在贵州西部是妥当的。

首先，通过史籍考证和考古资料，夜郎国周边的"君长"方位已基本形成定见。如：夜郎国西边的滇国，主要分布在滇池地区及滇东一带。夜郎东边的且兰，或认为在福泉、都匀，或认为在安顺、平坝。夜郎国南边的漏卧、钩町，大致分布在滇东南至桂西北一线。因此，夜郎国的方位应在上述地带环绕的区域内。

其次，贵州从20世纪50年代以来所发现的战国至汉代的重要遗址与墓葬中，凡具有明显地方特色的遗迹与遗物，基本分布于贵州西部。而且从河流与地理环境分析，史籍所记载夜郎与当时的南越（两广地区）之间的交通，也大体符合现今贵州西部的状况。

至于在贵州西部具体区域的选择和安排上，多数人赞成首先以黔西南州和六盘水市为普查重点。另有人则倾向于首选毕节地区。两种意见在制订具体实施方案时，将予以分析、考虑。

三、值得注意的工作步骤与方法问题

夜郎考古是一项系统工程。在长远规划与近期目标关系上，应以科学态度加以妥善安排与协调。

由于夜郎文化面貌的全面揭示，不是少数王族墓葬或个别遗址能够解决的，所以，要将夜郎考古的长远目标，建立在对夜郎地区地下文物最广泛了解的基础上。即是说，夜郎考古基础性的工作很重要的一个部分，是进行考古普查。目前省考古所从事田野工作的专业人员尚不及10人，因此，考古普查不可能在贵州整个西部地区全面展开，只能按重点区域排队逐步展开，逐步推进。

在从事普查的同时，也要重视适时开展对所发现的重要遗址与墓葬的发掘。这是深入了解夜郎文化面貌必不可少的工作环节。抓好发掘工作，有利于及时扩大战果，并及时发现新的重要线索。有利于向社会作广泛宣传，进一步引起社会各界的重视，赢得社会各界更多的支持。

工作中，应先将贵州四十年来的考古收获再进行整理和分析，将其中可能属于夜郎文化的遗物及遗迹现象，进一步系统地归纳寻找出来，充分运用已有的考古成果及线索，提高工作效率。

同时，还要加强对古文献的深入研究，对古籍中反映出来的有关夜郎的经济形态、社会组织、周边关系、地理环境与方位等，反复研究，反复探索。尤其还要重视各少数民族的古文献，包括他们的传说、故事及歌谣。

在考古调查中，要广泛发动群众。一方面要向所到地区的干部群众进行文物政策法令与文物常识的宣传，争取各方面群众提供更多线索。另一方面，要组织和发动各地县文物、文化及民委等部门干部，为他们举办培训班，让更多人学习、掌握初步的考古知识，形成一支专业与业余相结合、固定与临时相结合的考古工作队伍，以解决专业人员严重不足的困难。

紧紧依靠各地政府，是顺利开展考古普查和发掘工作的重要保证。只有取得地方政府的密切支持和配合，才能在那里形成全社会关心和支持的局面，才能取得应有的后勤帮助，形成更为有利的工作环境。

四、科学性与开放性

夜郎考古要在建立明确的科学认识的前提下，严格按田野操作规程办事。在科学的规划指导下，加快工作步伐，寻找和发现夜郎文化的线索。这是新形势下对考古工作者提出的新要求，反映出社会各界对文物考古部门的信任和希望。但是又需避免在科研工作中盲目升温，提出不切实际的"硬指标"，或采取操之过急的违反科学原则的行为。

搞好夜郎考古，一定要提倡和树立起开放意识。

首先是认识观念上的开放。明确夜郎考古不仅仅是少数考古学者们的专业工作，要把它扩展为深入研究贵州古代历史，推动贵州社会科学研究再上新台阶的系统工程，办成全社会共同关心、支持和参加的文化事业。

因此，工作要向同行，尤其是周边省区及国内其他地区的同行开放，向他们多请教，吸取他们的先进经验和最新成果，提高自身的工作水平和研究水平。

其次，还要向学术界开放，加强与历史学、民族学、民俗学、古文献学、古文字学、地理学、生物学等有关学科的联系，邀请多学科专家共同研究有关专题。

再者，还要向全社会开放，随时通报、宣传工作进展情况与成果，以争取各行各业的理解和支持。

此外，在条件具备时，还要向全世界开放，引进国外先进的考古设备与技术，提高工作成效，也提高自身队伍的素质建设水平。

开放意识，还表现在具体工作中随时拓宽思路，不断有所创新。比如在工作区域问题上，不仅紧紧盯住西部重点地区，也要经常留意邻省及省内其他地区的新发现。又如在调查方法上，不仅仅局限于传统和常规的踏勘高程，还要根据贵州地形特点，探索新的踏勘调查规律。

五、宣传与展览

夜郎考古已经引起社会的关注，但是，仍需进一步广泛取得新闻媒介及各种专业刊物的了解与支持，加大不同层面的宣传力度。

贵州省博物馆馆长还认为，形象宣传是博物馆的一大优势，这对各界群众具有特殊吸引力和特殊宣传效果。因此，要利用馆藏文物，尽快筹备、组织一个有关夜郎文化的文物性展览。展览可与邻省联办，可以将内容延伸扩展到有关夜郎遗风的民族民俗现象上，以至组织诸如"夜郎之旅"等多种形式的活动。这种设想得到与会代表的赞同。

六、抓住机遇，争取突破

夜郎考古正面临难得的大好机遇。《中共中央关于加强社会主义精神文明建设若干重要问题的决议》的发表，开创了文化事业兴盛发展的新局面。省领导对夜郎考古高度重视，夜郎考古领导小组的建立，分管副省长亲任领导小组组长，对夜郎考古工作都是极大的推动。

领导及社会各界对夜郎考古的关心和期望，对文物考古部门及全体专业工作者来说是巨大的鼓励，同时又是一种压力，如果在一定时间内，不能拿出应有的工作成果，将愧对领导的支持和社会各界的期望。

因此，每一个考古工作者要加强责任感，树立紧迫感，抓住机遇，踏踏实实，努力工作，争取夜郎考古工作的突破性进展。

夜郎考古座谈会的圆满召开，对于明确工作目标，提高思想认识，拓宽思路和视野，增进了解和团结，以及振奋精神和激励干劲等方面，都有明显的效果。相信经过各方在实际工作中不懈的努力，夜郎考古必将取得新的突破性进展。

原载《贵州文物工作》1997年1期

法器与礼器
——铜鼓与铜鼎比较研究

铜鼓是中国古代南方部分少数民族具有神秘色彩的青铜重器，古籍记载及考古资料都证实了这一点。研究者因此把它与商周时期的铜鼎相类比，称之为少数民族中的重要礼器。对这种类比我们不敢苟同，但注意到这两种分属不同文化系统的青铜重器，经历了不同的历史命运。铜鼓自春秋时代出现后，一直流传不衰，至今仍为南方一些少数民族广泛使用；而铜鼎历商周高度发展后，至战国便趋衰微，以后更一蹶不振，秦汉后几于消失。这在中国古代青铜文化中，实为一组颇有趣且值得重视的文化现象。探索其中的历史缘由，是本文对铜鼓与铜鼎进行比较研究的出发点，也是从新视角研究古代铜鼓的一种尝试。

一、用鼎制度的严密性与目的性

由于史料缺乏，商代用鼎制度尚难详说。现知二里岗时期墓葬已出现是否用鼎及用鼎数量的区别。至武丁时期，不同等级的用鼎差异已很明显。

周代用鼎制度在先秦古籍，尤其是"三礼"中已有记载。汉代经学家又多加考证。但是，对这些古籍的解释，学界长期存在不同意见。俞伟超先生于20世纪70年代末期，对大量文献与考古实物进行全面梳理，考证厘定了镬鼎、升鼎和羞鼎的分类，鼎簋相配制，爵位用鼎制等问题，澄清了长期纷纭不定的一些认识。他认为，从周初开始，用鼎制度已形成完整形态。指出："可肯定《公羊传》何休注讲的用鼎规格，确是西周的本来制度。概括地说，这时期周王室自有一套天子九鼎，卿七鼎，大夫五鼎，士三鼎或一鼎的制度，而又有一套公、侯七鼎，伯五鼎，子、男三鼎或一鼎的制度。"[①]

西周前期的考古资料中，目前尚未发掘出属于天子及卿的用鼎实例，但属于大夫及士的用鼎实例颇合乎鼎制的规格。如甘肃灵台白草坡M1，陕西宝鸡茹家庄M1、M2，陕西宝鸡竹园沟M1等墓葬都出土了合乎少牢五鼎制的铜鼎，以及相配的铜簋。

属于士级用鼎的墓葬发现很多，如陕西扶风刘家丰姬墓，陕西长安长田墓，河南洛阳北窑墓，浚县辛村M60、M76，北京房山琉璃河M54，昌平白浮M2，陕西长安张家坡M101、M178等。

值得注意的是，从西周末至春秋初开始出现用鼎僭制现象后，尽管用鼎的级别规格被擅自提高，但各个级别的鼎簋组合形式仍被严格遵循。如河南三门峡上村岭春秋时期虢太子墓出七鼎六簋，是大夫僭用卿之大牢七鼎制；安徽寿县春秋时期的蔡昭侯墓出九鼎八簋，是诸侯僭用天子之大牢九鼎制。

及至战国前期，大量仿铜陶鼎出现后，鼎簋组合形式仍基本维系了西周时的鼎制规定。如河南三门峡后川战国时期M2040出大牢七鼎两套、少牢五鼎一套，仅缺失一鼎。

周代用鼎制度，无论从文献记载，还是实物资料，都表现出两个明显的特点。一是严密性。这套制度的等级规格非常明确，不同等级的器物组合形式也十分清楚。这种严密性是西周礼制所共有的特征。二是权威性。鼎制受到各级贵族的高度重视，必循制用鼎。即使发展到僭制现象出现后，鼎制的等级形式依然完整不变，为世人所遵循。各级贵族所争，是级

---

① 俞伟超：《周代用鼎制度研究》，见《先秦两汉考古学论集》，文物出版社，1985年，第85页。

别规格的高靠，甚至有违礼之嫌也在所不惜。可见鼎制在他们眼中特殊的重要性。

西周鼎制的两个特点，是由其明确的目的性所决定的。

铜鼎成为重要礼器，本源于祭祀，并一直保持了在祭祀中的献享形式。但当用鼎被严格制度化后，它的主要目的就发生了变化。春秋战国人已经意识到这一点。

孔子曾说："唯器与名不可以假人，君之所司也。名以出信，信以守器，器以藏礼。"[①]这里道出了礼器与名分密不可分的关系与重要性。名分是第一位的，它代表了等级威仪，一定的等级才能使用一定规格的礼器。而礼器的实质在于具体体现等级礼制，是身份级别的证明。

很明显，西周鼎制的目的，主要已不在于事神敬祖，而是要解决现世社会问题。西周统治者力图通过这一套富有神权性质的形式，达到"明贵贱，辨等列"的目的，使之成为各级奴隶主身份等级最有权威性的标志，保证社会秩序的稳定和社会制度的长久。因此，西周鼎制成为当时世人必重的第一等礼制。

二、铜鼓的基本功用与特点

铜鼓的功用不像铜鼎那样单一，涉及面较宽。研究者对铜鼓众多的功用已作过较细考察。综合来看，铜鼓的功用包括用于娱乐、祭祀、贮贝、葬具、朝贡、赏赐、传信集众、战争助威、丧仪、婚姻、宴饮、显示财富、报时、节庆等等。进行铜鼓与铜鼎比较研究，首先需将其中最能代表铜鼓基本属性的功用找出来。

根据文献记载，铜鼓的许多功用是在不同历史时期陆续发展起来的。因此应当把这些衍生的功用排除开，集中从早期功用中加以分析。这里可资使用的只有考古资料。考古发现中以万家坝型铜鼓最为原始，大概当时

---

① 《左传·成公二年》，见杨伯峻编著《春秋左传注》第二册，中华书局，1981年，第788页。

尚处于铜鼓使用的初起时期。但发掘的资料不多，反映出的现象也较简单。稍晚的石寨山型铜鼓则不然，不仅出土数量多，而且出土许多极珍贵的使用铜鼓的图像。当时正处于铜鼓发展的兴盛期，铜鼓的基本功用应当形成并已趋完备。因而，云南晋宁石寨山滇王族墓葬群出土的有关资料，是分析铜鼓基本功用最具典型性的重点研究对象。至于石寨山型铜鼓传播外围区的资料，如广西贵县罗泊湾1号墓、广西西林普驮铜鼓葬及贵州赫章可乐铜鼓套头葬等，或与晋宁石寨山的性质相似，或仅为孤例，带有很大特殊性，故不列入分析范围。

石寨山墓葬中反映铜鼓功能的资料，大体可分为两大类。一类是图像表现出的使用铜鼓实例，另一类是墓葬中直接使用的铜鼓。

图像类包括贮贝器盖上和铜饰物中的立体铸像，以及器物上刻铸的阴线画像。

立体铸像有下列实物：

M1鼓形贮贝器盖上的"祭铜柱"图像。[①]铸有人物41个，祭祀场地陈列2面大铜鼓。

M12贮贝器盖上的"杀人祭铜柱"图像。[②]铸有人物127个，干栏屋平台陈列铜鼓16面，屋后地面陈列大铜鼓2面，另有悬挂敲击铜鼓1面。

M20鼓形贮贝器盖上的"杀人祭铜鼓"图像。铸有人物32个，祭祀场地中央重叠陈列铜鼓3面。

M3人物屋宇镂花铜饰物。铸有人物32个，屋内壁龛供1人头，人头下陈列铜鼓1面，另有平置敲击铜鼓1面。

M6人物屋宇镂花铜饰物。铸有人物18个，屋内壁龛供1人头，人头下陈列铜鼓1面。

M13人物屋宇镂花铜饰物。残缺。可看出屋内壁龛供1人头，人头下

[①] 云南省博物馆考古发掘工作组：《云南晋宁石寨山古遗址及墓葬》，载《考古学报》1956年1期。下文所有石寨山M1材料均同，不另注。

[②] 云南省博物馆编：《云南晋宁石寨山古墓群发掘报告》，文物出版社，1959年。下文所引材料均同，不另注。

一侧有平置敲击铜鼓1面，楼梯旁另陈列铜鼓1面。

此外，M1、M13、M17贮贝器盖上都铸有牛站立于铜鼓上的图像。有器物描述的19件铜杖头中，18件铸有小铜鼓。这两种铜鼓都属装饰性图像，但因与铜鼓受重视程度有关，故录此备考。[①]

刻铸的阴线画像仅见于1器：

M12鼓形贮贝器盖上线画图像2圈，内圈画人物9个，其中2人手抬铜鼓1面，1人同时作敲击状。另有平置敲击铜鼓1面。

墓葬中直接使用的铜鼓有三种情况：

一是将铜鼓直接用于殉葬。在9座出土铜鼓的墓中，共发现6面。

二是以铜鼓盛放贝壳。在9座墓中，共发现11面。

三是改造为贮贝器，即发掘报告所称鼓形贮贝器。据李伟卿先生研究，其中部分确为铜鼓改造而成，部分则为专铸而成。[②]笔者一方面无法考察实物，另一方面认为专铸者仍以铜鼓为原型，故全部归诸改造类。这种鼓形贮贝器，除前列3件外，尚有：M1"鼓形飞鸟四耳器"1件，盖上铸奴隶纺织图像；M6"叠鼓形战争场面盖贮贝器"1件；M6无图像贮贝器2件；M12双盖贮贝器1件；M13"赶集场面"贮贝器1件。共6件。

以上两类，即图像中以及墓葬直接使用的铜鼓，无疑都是当时滇人在现实生活中使用铜鼓的真实写照。

二者表现出各自的特点。

从图像可看出，铜鼓都用于隆重的祭祀仪式。其中M12立体图像的含义有较多争议，但多以为与祭祀有关。M12阴线画像表现的，应是与祭祀有关的乐舞。如庄礼伦先生认为"可能与祈年的祭祀有关"[③]。

[①] M13铸牛见云南省博物馆《云南晋宁石寨山古墓群出土铜铁器补遗》，载《文物》1964年12期。

[②] 李伟卿：《贮贝器及其装饰艺术》，见《云南民族美术史论丛》，云南人民出版社，1995年。

[③] 庄礼伦：《浅谈古代铜鼓的乐舞图像》，见《中国古代铜鼓研究会第二次学术讨论会论文集》，文物出版社，1986年，第273页。

从图像可看出的另一点是，铜鼓使用中多寡不一，用法不一。以陈列而论，在一个祭祀仪式上有陈列18面的，有陈列两三面，也有陈列1面的。陈列的方式，有重叠为三的，有平列环绕的，也有平列分置的。陈列的地点，有室内的，也有室外的。以用法而论，有悬挂敲击的，有平置地面敲击的，也有2人手抬敲击的，更多则是用于陈列。

从图像可看出的第三点是，铜鼓在祭祀中，从不像中原青铜礼器那样，用来盛放牲肉食物。

墓葬直接使用的铜鼓，也是祭祀性用器，与图像反映的铜鼓的性质一致。从这一类铜鼓可看出，铜鼓都用于大型的贵族墓葬中。石寨山以外同期墓葬也基本如此。不过铜鼓使用的数量，却没有一定的规律。石寨山M6、M12、M13被认为是滇王的墓葬，但三墓出土的铜鼓都不一样。其中M6出3件，M12出2件，都被改来贮贝；M13出3件，其中2件改来贮贝。石寨山还有出铜鼓4件的墓1座（M1），其中2件铜鼓改来贮贝；出铜鼓3件的墓2座（M11、M16），出铜鼓2件的墓2座（M14、M15），出铜鼓1件的墓3座（M3、M10、M20），其中M20铜鼓改来贮贝。

从墓葬直接使用的铜鼓还可看出，随葬铜鼓多被用来盛放贝壳，石寨山共出铜鼓17件，鼓形贮贝器9件，其中盛放有贝壳的为20件，占77%。江川李家山出土8面同期铜鼓，盛放贝壳的为2面，比例要小些。铜鼓贮贝，显然与财富观念有关，但也还有更深一层的祭祀上的意义。（说详于后）

总之，石寨山铜鼓资料反映出的现象与特点说明，铜鼓的基本功用是用于祭祀，在各种祭祀中占有重要地位。但其使用方式却不存在明显的制度规定或特别的禁忌。

三、铜鼎消亡的根本原因

铜鼎衰落，大约从春秋战国之交便已开始。其标志是仿铜陶鼎的出现。到战国晚期，不仅陶鼎大量代替铜鼎，鼎的形态及鼎的组合也很混乱。铜鼎从此不复堪称重器。

铜鼎由盛至衰的变化，首要原因当然是时代变迁。春秋至战国时，西周社会制度发生根本性变化，土地分封制、宗法制及封爵制等，一系列维系奴隶主等级制的经济基础及上层建筑统统被改变，作为奴隶主身份级别标志的用鼎制也自然失掉存在意义，铜鼎随之走向消亡。至于汉代一度复出的陶鼎，以及南方局部地区保存的用鼎制，不过是复古观念回潮，或事物发展不平稳残留的孑遗，不能挽回铜鼎衰亡的趋势。

但时代变迁对于铜鼎消亡的影响，说到底还是外因。铜鼎的衰变还有重要的内在原因。

铜鼎在祭祀中，一直是献享之器。但在使用早期，还被认为具有沟通天地神灵的功用。《左传》记载王孙满答楚庄王问鼎有一段话："昔夏之方有德也，远方图物，贡金九牧，铸鼎象物，百物而为之备，使民知神、奸。故民入川泽、山林，不逢不若。螭魅罔两，莫能逢之。用能协于上下，以承天休。"① 这被看作春秋时对早期铜鼎所具通神性能的认识，说法是有道理的。王孙满的话是对历史的追述，可见这种观念在当时已经不存在，对这段历史知识了解的人也已经极少。

现代研究者中，张光直先生是力主这样论点的。他认为："在商周之早期，神话中的动物的功能，是发挥在人的世界与祖先及神的世界之沟通上。……铜器上之铸刻着作为人的世界与祖先及神的世界之沟通的媒介的神话性的动物花纹，勿宁说是很不难理解的现象。"他认为这些动物纹样"乃是助理巫觋通天地工作的"。② 张先生没有论及这种功用的起止时代，据文中所述"商周之早期"，揣知大约为商至周初。这与铜鼎成为祭祀礼器，发展到西周形成严密的用鼎制度，恰好有种时间上的吻合。

再看看商周铜器纹样及铭文的变化，可知这种时间吻合不是偶然的。

商代铜器纹样总体风格是威严、庄重、繁缛，富有威慑感。饕餮纹（兽面纹）占有显要地位。这是研究者所公认的。到了周代，铜器纹饰发生明

---

① 《左传·宣公三年》，见杨伯峻编著《春秋左传注》第二册，中华书局，1981年，第669页。
② 张光直：《中国青铜时代》，生活·读书·新知三联书店，1983年，第313、324页。

显变化，动物纹样，尤其是饕餮纹减少，并向几何纹演变，出现以窃曲纹、环带纹为主的几何纹饰，富有韵律感和节奏感。田自秉先生曾从纹饰布局指出："常是以一个母题，组织成带状的连续反复，产生一种秩序感……来表达其有条不紊的秩序和规律。"[①]铜器纹饰的变化，不光反映出审美观念的变化，而且还体现了商人与周人宗教观念与政治观念的不同。

商代铜器铭文简单、短小，多为十字以下，内容以表明器主族氏或器物用途为主，被称为"自名体"。西周铜器铭文发生很大变化，字数大大增加，出现数百字的长篇铭文。内容也大为丰富，包括训诰、册命、先王业迹、宴飨、田猎、征伐、诉讼、奴隶买卖、盟誓、婚姻等，主要记载现实生活中的大事，又被称为"记事体"。铭文变化，比纹饰更能反映出商周宗教观念与政治观念的不同，诚如马承源先生认为，西周贵族把这些内容铸于铜器，"就等于获得了地位和职务的证件，具有护身符的作用，以便造成他们的权威"。[②]

铜鼎在商周之际出现的一系列变化，是西周用鼎制度形成后，铜鼎性质改变的表象反映。铜鼎原为祭祀中具有通神功能的献享器，它在商代的使用情况及表现出的各种征候，主要显示了明确的宗教属性。尽管使用中已出现了贫富或等级差异，但它的宗教功能仍占主导地位。西周则不然，祭祀用鼎被高度规格化、制度化，最高统治者以这套制度为现实政治服务的目的十分明确，各级贵族对其现实意义越来越看重，祭祀用鼎的政治意义不断膨胀，原有的宗教功能随之被忽略、淡忘，最终仅仅保存了形式上的外壳，而核心的宗教属性已为政治属性所取代，铜鼎成为奴隶等级制度的工具和依附物。

铜鼎由盛至衰的内因，关键是自身性质的改变。

---

① 田自秉：《中国工艺美术史》，知识出版社，1985年，第74页。
② 马承源主编：《中国青铜器》，上海古籍出版社，2003年修订本，第351页。

四、铜鼓的宗教属性与流传

铜鼓流传的历史比铜鼎要长得多,从春秋初期出现后,至今仍在南方的十多个少数民族中使用。其间也经历了时代变迁。但导致铜鼎消亡的外部原因,对铜鼓却没有产生相同效应,这是由于内因条件不同而决定的。

铜鼓在祭祀中,不曾像铜鼎那样被用作献享器,而主要被用于陈列。根据石寨山资料,铜鼓陈列于三种场合:一是盟誓,二是杀人祭祀,三是人头祭祀。

盟誓,如石 M12"祭铜柱"图像。研究者有多种看法,此从冯汉骥先生说[①]。仪式中有杀人内容,但主题在盟誓部分。此仪式的祭祀对象,应是包括祖先神灵在内的最有威望的神灵,比如天神、地神等,因此陈列铜鼓众多。

杀人祭祀,包括石 M1"祭铜柱"及石 M20"祭铜鼓"图像。作为与农业有关的祭典,其祭祀对象应是地神或其他主收获的神灵。

人头祭祀,主要指屋宇镂花铜饰图像。冯汉骥先生认为是"孕育"仪式,人头"为一种牺牲",推测可能代表"禾稼女神",每年须以人头牺牲恢复其活力。有研究者认为是"猎首"。汪宁生先生则不赞同猎首说,认为是滇人祖先头颅模型。[②] 几种观点以冯说较审慎。"猎首"与"牺牲",性质不完全相同。猎首对象为外部族人,而铜饰图像中的人头却有两个是滇人形象。牺牲则不一定,可以是本部族人,甚至是自愿者。墨西哥土著阿兹特克人祭祀雨神时,所用即本部族奉献的小孩。该部族用于祭祀的牺牲,都会受到最尊敬的待遇,因为他代表了将去祭祀的那个神。[③] 汪说虽

---

① 冯汉骥:《云南晋宁石寨山出土铜器研究——若干主要人物活动图像试释》,载《考古》1963年6期。下文引冯先生观点亦同,不另注。

② 汪宁生:《"滇"人的经济生活和社会生活——晋宁石寨山文物研究之一》,《云南青铜器论丛》,文物出版社,1981年,第59页。

③ 乔治·彼得·穆达克:《我们当代的原始民族》,童恩正译,见四川民族研究所《民族研究资料丛刊之一》,1980年,第228页。

注意到人头的形象，但图像中的人头有不辨发型者，难说必是滇人。而从其他祭祀与战争场面看，滇人很重视猎取人头。按世界民族志资料，猎首民族有供奉人头的习俗，供奉的目的多种多样。或用作对祖灵的供献；或为保佑自己的灵魂将来能进入灵魂世界；或为得到家庭和建筑物的守护灵；或为求得农业丰收；等等。人头依其目的的不同，而被赋以不同神灵的威力。[①]滇人的祭典，并不以祖先祭祀为中心，将铜饰图像中的人头解释为"牺牲"，把它看作包括祖先、族人在内的供奉，似更为客观。

从以上祭祀场合分析，当时重要的祭祀对象，不仅仅是祖先神，或某一种特定神，而是宽泛得多的不同神灵。这正是原始宗教中鬼魂崇拜的特征。宗教学研究认为，原始人类一般先产生鬼魂崇拜，进而才产生祖先崇拜。多神性和崇拜仪式的多样性，是原始宗教中的普遍规律。滇当时已处于奴隶制阶段，但从墓葬群的分布状况，以及盛行各种农业祀典和普遍使用人祭等现象，可知其奴隶制仍带有相当的原始性。这与其宗教发展阶段是可以吻合的。研究者已指出，滇人的铜鼓不是祭祀对象，也不主要用于敲击，而"只是种陈列物"[②]。其中原因之一是因为在多神的祭祀中，铜鼓不可能成为各种神灵的代表物。

铜鼓不是祭祀的对象，又不是献享之器，却在各种重要祭祀仪式中被庄重地陈列起来，其意义的重要性是毋庸置疑的。但重要性具体何在，以往的研究却未予深究。从铜鼓使用的特点、原始宗教的一般规律及民族志资料综合分析，可以认为，铜鼓在祭祀中，有如早期铜鼎，被看作是沟通鬼魂世界的媒介物，起着向祭祀对象传达信息的神秘作用。

这一观点，并不只从早期铜鼎才找到参照依据。在原始宗教中，这种沟通神灵的媒介物是较为普遍的。比如中国新石器时代晚期良渚文化的玉琮，就被看作是这样的"法器"[③]。大洋洲现存土著部落中，一种称为"珠

---

① 朱天顺：《原始宗教》，上海人民出版社，1978年，第80页。

② 汪宁生：《试论中国古代铜鼓》，载《考古学报》1978年2期。

③ 张光直：《谈"琮"及其在中国古史上的意义》，见《文物与考古论集》，文物出版社，1986年，第252页。

灵卡"的通神灵物颇为有名，土著人把它看作"与看不见的神秘力量发生联系的媒介物"。还有一种木头制成的"牛吼器"，土著人认为旋转它就能把人与鬼魂的世界连通。[1] 在这类通神媒介物中，铜鼓可谓形体高度完备的类型。这可算中国古代青铜文化的特点之一。

认为铜鼓具有沟通鬼魂世界的功能，这是对铜鼓使用意义最合理的解释。铜鼓用于祭祀仪式，是利用它向被祭祀的神灵传达祭祀者奉献牺牲的诚意，及祈求的愿望和要求。因而，在祭祀各种神灵的仪式中都使用它。使用方式主要是陈列起来，显示它的存在。

铜鼓用于殉葬，一方面可能是要将死者生前拥有的掌握和使用铜鼓的权力和能力，让其带到鬼魂世界去；另一方面可能也想通过铜鼓的神秘功能，让死者的灵魂随时庇护后人。

铜鼓用于贮贝，过去都解释为财富观念，但其中一直被回避了一个矛盾现象，即铜鼓的重器性质突然被忽略，成为普通容器，显得贝比鼓贵。实际上铜鼓并不是简单被用作容器，而是要通过其神秘的功能，将人世的财富确实无误地送达死者将去的鬼魂世界。铜鼓的重要地位丝毫未被降低。

铜鼓这种沟通鬼魂世界的功能延续了多久，尚难考证确切。从文献记载看，铜鼓后起的许多功能，如用于朝贡、赏赐、传信集众、婚姻、宴饮、财富等，已基本看不出这种含义。但是，所有这些后起的功用都反映出一种共性，即使用者对铜鼓的敬畏心理。应当说，这种共性正是铜鼓在不同时代、不同民族和地区，衍生出不同功用的根源所在；是铜鼓延续、流传的一根基本纽带。而这种恒久的敬畏心理，皆应导源于关于铜鼓具有沟通鬼魂世界功能的神秘意识。这种神秘意识，在春秋至西汉的滇人中根深蒂固，极大地促进了铜鼓的兴盛和发展。随着滇国覆灭，中原先进文化不断渗入，这种意识在滇人中逐渐淡化和模糊。但是，由这种意识而形成的对于铜鼓的敬畏心理，却随着铜鼓的传播，已在众多少数民族地区广泛传播

---

[1] 朱狄：《原始文化研究——对审美发生问题的思考》，生活·读书·新知三联书店，1988年，第87页。

开。这些民族基本没有文字，生存于封闭的地理、经济环境中，原始宗教习俗具有牢固的社会基础。铜鼓连同对铜鼓的敬畏心理很自然地被融入其宗教习俗中，形成该民族的传统习俗与宗教心理，一代代传袭下去。尽管随着时代变迁，铜鼓的功用在不同地区发生这样或那样变化，但作为令人敬畏的特殊重器，铜鼓却牢牢扎下根来。从一定角度说，铜鼓陆续衍生的功用，大多是顺应时代特点而发生的表象变化。这样它才始终不失去生存的根基。

可见，铜鼓以其通神的神秘功能成为原始宗教中的重器后，没有像铜鼎那样，进入到高度发展的奴隶制社会生活中，也没有因严格制度化而蜕变为政治性工具。它始终流传于经济、文化较落后的地区，始终作为宗教之物生存于传统的原始宗教习俗中，并随时代变化而衍生出多种功用。这是铜鼓经久不衰，流传至今的根本原因。

铜鼓通神的功能如何产生，目前还缺乏直接资料加以考证。童恩正先生曾认为，最初铜鼓用于舞蹈伴奏时，"有节奏的声音能引起人们精神上和肉体上的异常反应"，体验者"误以为其中蕴藏着某种超自然的力量，从而对它产生敬畏、尊重的心理"。[①] 其论点以国外生理学的实验，以及人类学家的观察研究为主要依据，可备一说。

总之，铜鼓与铜鼎同为中国古代青铜文化中的重器，但是性质不同的两种重器。铜鼎是"礼器"。它的宗教职能，自使用中被高度规格化、制度化以后，便让位于政治职能，成为服务于现实政治的重要工具。其命运也因此而与政治制度密切相连。铜鼓在使用和流传过程中，却始终维系了原始的宗教属性。它为现实政治服务的职能，始终自然地栖隐于宗教法衣之下，不曾被人为地加以畸形化发展。应强调指出，就社会属性而言，铜鼓基本上是一种"法器"或说"巫器"，而不能被称为"礼器"。

在现实生活中，铜鼓依然保存了不少特殊的神秘色彩，但它越来越表现为纯娱乐性用器。或如研究者所论，这是铜鼓功能的自然回归。在现代

---

① 童恩正:《试论早期铜鼓》，载《考古学报》1983年3期。

文化迅速发展、融合的趋势下,铜鼓是否会终致消亡,是勿庸预测的问题。但铜鼓最后脱掉宗教外衣,焕发出新的生命力,展现民族传统文化的特殊魅力,却是令人欣悦的。

原载《铜鼓和青铜文化的再探索——中国南方及东南亚地区古代铜鼓和青铜文化第三次国际学术讨论会论文集》,民族艺术杂志社,1997年增刊。

深化研究　拓宽领域
——中国南方及东南亚地区古代铜鼓和青铜文化第四次国际学术讨论会纪要

中国南方及东南亚地区古代铜鼓和青铜文化第四次国际学术讨论会于1998年10月20日至24日在贵州省贵阳市召开。会议由贵州省文化厅与中国古代铜鼓研究会联合主办，贵州省政协文史学习委员会、贵州省民族研究所、贵州省公安厅文保处、贵州省博物馆、贵州省文物考古研究所等单位参与协办。

会议收到学术论文50篇。中外学者60多人出席了会议。会议就古代铜鼓研究、青铜文化研究、铜鼓文化与现代民族民俗研究等问题进行了广泛讨论与交流。30名代表在大会发言，宣讲论文并回答提问。会议期间，还专门组织代表前往黔东南苗族侗族自治州雷山县郎德寨，实地考察苗族使用铜鼓的习俗。学术讨论结束后，代表们还饶有兴致地分别考察了著名的黄果树瀑布、遵义会议会址、遵义杨粲墓博物馆等名胜古迹。

本次学术讨论会延续往届讨论会主要的研讨内容与研究方法，同时也有自身一些特点，主要表现在：（1）在古代铜鼓研究中，综合性研究与理论性研究有所增强。这反映出对铜鼓的研究向深度化和理性化发展的趋势。（2）有更多青铜文化研究方面的题目引入。这反映出铜鼓研究的领域在继续扩大。（3）把铜鼓文化研究与现代民族民俗研究结合进行，得到多数人赞同，引起广泛的兴趣。

一

对古代不同类型铜鼓的研究虽已进行过多年,但这次讨论会上仍是中外学者关注的一个热点。尤其是关于早期铜鼓的研究,引起较多研究与讨论。云南学者李伟卿先生充分肯定了黑格尔早年对铜鼓类型四分法的历史意义,但也指出,黑格尔以后大量铜鼓的新发现,已出现黑格尔不曾见到的"先Ⅰ型铜鼓"。因此黑格尔的分型须加调整,在Ⅰ型中,应再分为Ia、Ib、Ic三式。凡早于玉缕鼓者为Ia式,与玉缕鼓相同者为Ib式,晚于玉缕鼓者为Ic式。包括楚雄万家坝M23出土的158号鼓在内的万家坝鼓即属Ia式,其原始性是明显的,它们与Ic式因退化而出现的一些貌似原始的特征,性质并不相同。不可将二者顺序倒置,造成混乱。

越南学者黄春征对越南东山铜鼓的分类提出新的看法。他认为铜鼓分类过于简单或过于复杂都不是科学方法,提出将东山铜鼓分为四型。东山鼓是学术界甚为关注,也是争议颇多的铜鼓。有学者针对上一届讨论会中越南学者提交的有关论文,发表了商榷意见,认为有关论文将中国万家坝型铜鼓在形制、纹饰等方面体现出的明显的原始性特征,视为"晚期诸因素",是本末倒置的观点。还有学者认为,上届讨论会有越南学者对云南石寨山M13∶3号铜鼓的分析不准确。根据该鼓纹饰造型分析,无论原铸还是后刻的纹饰,都出自当地滇族,与越南东山文化的骆越居民无关。在这面铜鼓上,所谓东山式鼓与石寨山式鼓的"并存"现象并不存在,更不可能出现"打破关系"。

对早期铜鼓认识上的分歧和讨论,还将较长期存在下去,这是科学研究中的正常现象。只要以严肃的学术态度去对待讨论,问题总会越辩越明,对推进研究是有所助益的。这一点已为越来越多的学者所认识。云南李伟卿先生在论文中,还特地就铜鼓学术研究应持的客观态度作了语重心长的阐述,指出宜把铜鼓视为区域性文化现象,不必纠缠于某一民族的"独创性";要尊重前人的研究成果,同时又要根据新发现有发展和超越前人研究的责任心;要克服研究中的浮躁心理,保持足够的耐心和谦逊。这种理性的态度代表了所有正直学者的心愿，值得每一个铜鼓研究者认真思考。

关于铜鼓起源问题，有学者再次提出新观点。有人提出铜鼓应源于蜀式铜釜中的成都君平街型釜。还有人提出铜鼓的祖型可能是马家窑文化的舞蹈纹彩陶盆。持论颇具想象力，所惜证据尚不充分。

对铜鼓纹饰研究仍是学者们感兴趣的问题。研究趋向主要是通过纹饰蕴含的信息，研究有关社会文化与社会历史现象。台湾学者龙村倪先生通过石寨山型铜鼓上不同船纹的综合研究，认为当时已出现多种形式的船，其中包括组合舟。从组合舟的结构以及铜鼓上与舟伴行的大海龟、大海鸟、大鱼等纹饰分析，认为当时该民族已跨入海洋作近岸航行；并提出可能有一条从华南经越南、马来西亚到印度尼西亚群岛，以至抵文莱、沙巴等地的海上路线。有学者通过广西铜鼓上所装饰的牛图像，研究了黄牛与水牛在广西地区传入或驯养、役用的历史，并进而研究了汉王朝政府与广西地区一系列政治及经济上的往来。认为将牛形象装饰于铜鼓，是当地民族显示财富和重视先进耕作技术的意识反映。这一类研究透过文化表象揭示其中反映的深层文化内涵，是深化铜鼓研究值得倡导的方法。但这种研究需建立在全面占有资料和获得多方证据的基础上，否则易流于主观轻断。本次讨论会提交的论文中，有文章认为铜鼓上的12翔鹭代表了12个月，相当于一部指导农业生产的历史。还有文章提出铜鼓上的圆圈纹及有关纹饰，表现了古代民族的生殖崇拜意象。但都因思路或证据方面的缺憾，不能令人信服。

有学者进一步探讨了铜鼓的社会功能，将其分为三个发展时期，即原始巫术期、重器神器期及民间乐器期。认为这是铜鼓社会功能所存在的"阶段性"。而铜鼓社会功能的"永恒性"，在于具有"打击节奏"的功能。

还有学者对岭南铜鼓的铸造历史及工艺特点进行了分析研究，根据考古发现及文献记载提供的资料，认为岭南发现的万家坝型鼓和部分石寨山型鼓是从云南传入的。而部分石寨山型鼓可能是用从云南输入的原料，在岭南铸造的。岭南铸造的铜鼓主要是冷水冲型、北流型、灵山型和麻江型，另外西盟型早期鼓也可能是岭南铸造的。并提出，过去有论者将北流型鼓铸造时代推测为春秋晚期不妥，岭南铸造铜鼓应从汉代才开始。

还有学者对有关铜鼓的理化检测结果进行了分析整理，或对古代墓葬中经考古发掘出土的铜鼓资料加以整理。这给铜鼓研究工作提供了便利。

二

铜鼓文化属于青铜文化特殊的组成部分，研究铜鼓不应脱离对青铜文化的研究。因而，在中国第二次铜鼓学术讨论会行将结束时，当选的中国铜鼓研究会理事长、已故童恩正先生提出在铜鼓研讨中，要将中国南方及东南亚地区青铜文化研讨也引入进来，得到学者们的普遍赞同。自此以后，每届讨论会都组织有关青铜文化的研讨文章参加，这对活跃铜鼓研究、拓宽思路起到了很好的推动作用。本次讨论会收到的有关青铜文化的论文几乎占全部论文的40%，涉及的面也很宽。其中有整体性宏观研究，有区域性综合研究，还有对具体门类或单件器物的专门研究。

区域性综合研究的论文涉及海南、贵州、云南的曲靖及红河流域等省或地区。这种立足于本地区的研究，由于掌握资料较全面，因而提出一些较新颖的观点，值得重视。有海南学者分析了本省区有关遗址的出土器物及特征，认为海南青铜文化的年代虽然较中原滞后，但确实存在过青铜文化时期。其最有特色的器物是环形刀、钏形刀、环形锯和铜釜。这些器物不仅是实用器，还可以作为财富和权力的象征。海南青铜文化的主体应是在本岛发展起来的。云南曲靖学者在分析曲靖地区考古发现的青铜器后，提出曲靖地区进入青铜时代的时间应早于滇池地区的观点。认为中原文化经由滇东北传入云南，最早便在该地区。其青铜文化面貌有多种文化因素，其中的地方文化因素很可能与夜郎文化有联系。还有云南学者对石寨山1996年第五次考古发掘的新资料作了概括性介绍，并分析此次发掘对于滇文化研究的具体意义。还有日本学者对云南石寨山考古遗址进行了葬制及编年方面的研究。

对具体门类器物、单件器物或局部地区青铜文化中的某些现象进行研究，在本次讨论会上有较多选题。四川大学的林向先生对成都平原三星堆遗址出土的商代青铜树加以多方面研究，认为其性质乃蜀地神话中的"建木"。并据此对《山海经·海内南经》的有关记载作出新的诠释。在此基础上又研究了西南诸地出土的东周至汉魏的青铜树，认为这些铜树连同铜鼓和画像砖上的树崇拜纹样，都与三星堆文化的传播相关，反映出巴蜀文化中对建木社神崇拜的观念。参会论文中还有对滇文化青铜器中的巫舞图像、对广东青铜器上的刻符、对广东南越王墓大铁鼎以及对贵州赫章出土的铜贮贝器等进行了研究。

铜鼓与共出的青铜器的关系也引起学者的注意。有贵州学者从贵州赫章考古资料中，分析了铜鼓与共出的铜釜的种种现象，认为二者特殊的内在关系是很值得重视的文化现象，可能反映了特殊的原始宗教信仰。同时还分析了"铜鼓葬"应有的涵义，提出赫章的"套头葬"不能简单化地称为铜鼓葬。还有学者从贵州宋明时期的铜鼓与铜锣共出现象，注意到文献及其他考古资料中二者的密切关系，认为铜锣可能起源于铜鼓损坏后改装的器盖。

北京学者杜迺松先生从宏观上对青铜生活用器的历史演变特征进行了研究。指出青铜礼器随着礼乐制度的衰落，在春秋战国时期逐渐为生活用器所取代。该文还用大量篇幅按时代顺序对青铜生活用器的主要特征作了系统分析。

用自然科学技术对青铜器加以深入研究，多年来为铜鼓和青铜文化研究者所高度重视。本次讨论会除收到有关铜鼓理化检测分析资料的论文外，还有由北京学者李延祥先生等、广西学者万辅彬先生等提交的论文，是这方面研究的佳作。李文认为以往对湖北铜绿山古铜矿的研究有所不足，因而通过对古矿渣的分析，研究判断当时的冶炼工艺。然后通过模拟实验，证明铜绿山 X1 矿体古矿渣为冰铜渣，其所炼的产品是品位平均达到65%的冰铜。说明当时不仅采用了"氧化铜—铜"的冶炼工艺，还掌握了更先进的"硫化铜—冰铜—铜"的冶炼工艺。这对于全面评价中国古代炼铜技术具有重要意义。万文根据贵州出土的有关铜釜和古铜矿渣的铅同位素比值的测定，以及贵州和云南矿产资料的对比分析，判断出古夜郎国铸造铜釜的原料产地。并根据铅同位素分布场的范围，推断出夜郎国的大致范围。这对于寻找古代夜郎文化、研究夜郎与滇的经济文化交往等具有重要参考价值。可以预见，自然科学方法的广泛采用，必将在古代铜鼓与青铜文化的深入研究中发挥出更重要的作用。

除了对青铜文化的直接研究，还有学者对青铜文化时期的其他考古文物进行探讨。有四川学者从陶器的研究中，将"西南夷"地区的古羌人、越人、濮人等所在地理分布作出大体划分。这对青铜文化的研究具有重要补益作用。

三

提倡和重视对现代民族民俗中的铜鼓文化研究，是本次讨论会突出的特点。上次讨论会确定在贵州召开第四次讨论会，一个重要原因就在于贵州至今仍是保留铜鼓使用习俗的主要省区之一。本次讨论会上，贵州学者就现代少数民族铜鼓文化问题提交的论文最多，所涉及的民族包括苗、布依、水、彝及瑶等。

过去有关苗族使用铜鼓的文章，不少是调查与传闻资料的汇集，还有些择其所需相互援引，重复者多，且难辨其详。这次不仅有苗族学者对苗族地区铜鼓文化的专门调查整理，还有学者从综合对比及理论高度进行了有价值的研究。贵州学者翁家烈先生在调查基础上，概括性地指出苗族中部方言区与西部方言区铜鼓文化存在诸多区别，并结合其他方面的研究，提出中部方言区苗族的铜鼓文化"是氏族、部落文化的延伸"，而西部方言区苗族的铜鼓文化是植根于苗族"农村公社的历史土壤"，"在以地缘为纽带的历史中发生、发展和变化"。还有学者注意到苗族村寨中铜鼓文化活动与旅游开发的结合，给地方经济带来新的发展。

对于彝族古代是否使用铜鼓，大家曾有不同看法。贵州学者余宏模先生通过对彝族芒佐支系保存的铜鼓礼俗，以及彝文典籍中大量有关铜鼓历史和活动记载的分析研究，证实彝族自古就是制造和使用铜鼓的民族。还特别论述了彝族典籍《铜鼓王》的历史价值。

对于布依族、水族和瑶族等民族的铜鼓文化也有颇为翔实的调查与论述。尤其是由贵州省民研所（指贵州省民族研究所）和三都县学者共同进行的水族铜鼓文化调查，内容周详系统，很有价值。此外，广西学者蒋廷瑜收集了各民族有关铜鼓的大量民间传说，分类加以整理，为铜鼓研究提供了很有意义的资料。还有从事音乐工作的学者对贵州布依族面临失传的铜鼓敲击"十二则"进行了抢救性整理，如实记录下十二则内容与鼓谱。这对于多方面研究铜鼓文化是一件有意义的工作，但在十二则所含的深层社会意义方面未予阐述，使人略感遗憾。

本次讨论会由于得到贵州各级领导的大力支持，以及广大学者的共同努力，达到了预期效果，是近年来关于铜鼓研究及青铜文化研究成果的一次广泛总结和交流。但从提交的论文中可以看出，少数文章在选题立论、挖掘资料及研究方法等方面还显得较草率或简单化。因此，继续大力提倡谦虚、认真、缜密的学风，反对虚华、浮躁的不良学风，依然值得重视。此外，如何进一步深入研究课题，扩大研究领域，推进铜鼓与青铜文化学术研究持续发展，也是值得关注的问题。有代表提出，有关青铜文化的研究可从中国南方扩大到整个中国范围，以引起更多学者的参与，使今后的讨论会成为影响更大的学术论坛。

原载《贵州民族研究》1999年1期

赫章可乐出土的铜鼓与铜釜

贵州省赫章县可乐乡1976年至1978年曾发掘过207座战国至东汉初期的土坑墓。其中39座属汉式墓,168座属土著墓。发掘者称前者为甲类墓,称后者为乙类或南夷墓[①]。本文所述铜鼓与铜釜,即指乙类墓中的出土。

乙类墓出土铜鼓仅1件,是贵州现存早期铜鼓中唯一经考古发掘获得的实物。另外出土18件铜釜及10件铁釜。这件铜鼓的使用方式十分特别,而这批铜釜与铜鼓之间又显示出种种特殊关系,在古代铜鼓研究及贵州夜郎时期青铜文化研究中,成为一批引人注目的重要资料。

一、铜鼓与铜釜的基本情况

铜鼓出土于M153,属典型的石寨山型鼓,饰有翔鹭纹、船纹及牛纹。有关文章对形制作过较多介绍,此不详,主要谈谈铜鼓放置方式问题。出土时,铜鼓侧立放置于墓坑中死者头顶位置,鼓内发现人头骨残片。显然埋葬时曾罩于死者头部。类似的埋葬方式在乙类墓中共发现20座。不同的是,除M153,其余墓罩于死者头部的是铜釜或铁釜。其中M58不仅用铜

---

① 贵州省博物馆考古组等:《赫章可乐发掘报告》,载《考古学报》1986年2期。

釜罩头，还在死者足部罩有1件铁釜。发掘报告称这种奇特的埋葬方式为"套头葬"，重在突出以铜鼓或釜罩于死者头部的特殊形式。但发掘报告描述M153铜鼓时称"墓底一端倒放一铜鼓"。这里"倒放"用语不确，读后易使人理解为鼓面向下的放置方式。按这种理解进一步推想铜鼓内发现人头骨，则死者埋葬时应已身首分离，否则，头何以放入鼓内？笔者对报告此段行文产生疑问，专向发掘者作过详细了解，又核对发掘现场绘制的墓葬图，证实铜鼓出土时乃侧立墓坑，内腹罩于死者头部，鼓面朝向墓壁顶端。因此，此段描述应更正为："墓底一端侧立一铜鼓。"为正后阅者不必要之误会，特在此不惮赘述。

乙类墓出土的18件铜釜，除4件小型铜釜外，几乎全用于"套头葬"。发掘报告将这批铜釜分为A、B、C三种类型。

其中B型铜釜数量最多，共9件，都出土于战国晚期墓，称之"鼓形铜釜"。釜呈大喇叭口，器壁向下弧形斜收，至中部成束腰状，下腹部略呈折棱鼓腹，最大径偏下，小平底，从腹内壁看为圜底。器口沿有一圈宽约1厘米的内折棱（图1）。类似铜釜曾在云南楚雄万家坝及祥云大波那各出土1件[①]，发掘者都认为与万家坝型早期铜鼓相似。赫章可乐的鼓形铜釜与楚雄万家坝出土的铜釜更为相像，只是楚雄铜釜口沿是否带内折棱边，未见报告描述。而祥云大波那铜釜形体较宽扁，口沿不带内折棱边，差别稍大。这种铜釜乍看虽然与万家坝型早期铜鼓相像，但区别也是明显的，最突出的一点是铜鼓腰足间有明显分界，而铜釜不存在这一道分界折棱。

按出土数量计，C型铜釜位居其次，发掘报告报道共出土7件。但按墓葬图记载，其中M146所出1件应为铁釜，非报告统计的铜釜。只因器物朽坏严重，M146这件出土物未作藏品交博物馆入藏，今已无法核对。C型铜釜的主要特点是鼓腹，肩腹部配置一对纵向环形耳。类似铜釜在赫章可乐甲类墓出土较多，贵州其他地区汉至六朝墓葬中也常有发现，风格与

[①] 云南省博物馆文物工作队、四川大学历史系考古专业七四级学员：《云南省楚雄县万家坝古墓群发掘简报》，载《文物》1978年10期；云南省博物馆：《云南祥云大波那木椁铜棺墓清理报告》，载《考古》1964年12期。

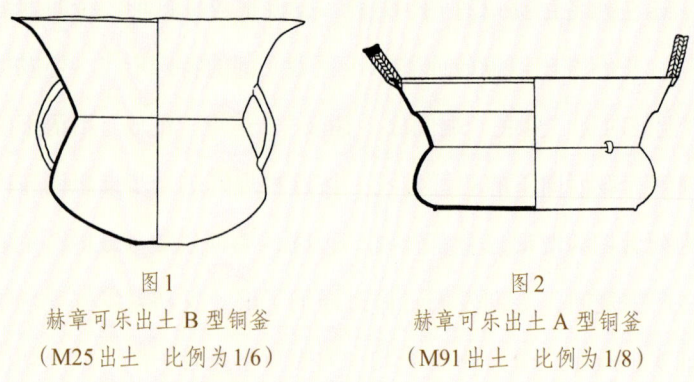

图1
赫章可乐出土B型铜釜
（M25出土 比例为1/6）

图2
赫章可乐出土A型铜釜
（M91出土 比例为1/8）

四川、重庆地区同时期铜釜相似，大概不属于贵州地方土著民族特点的器物。C型铜釜在套头葬墓中只有两座属西汉时期的墓使用，其余几件器形很小，只作为一般随葬物。

A型铜釜出土2件，分别出于一座战国晚期和一座西汉早期的套头葬墓中。这种铜釜主要特征是口沿上附一对半圆环形绹纹立耳。其中属战国晚期的M91所出1件形制很特殊，釜身酷似铜鼓，明显具有胸、腰、足三段，胸最大径偏上，腰最小径位于腰胸交界处，足外侈超出胸径垂直线（图2）。发掘报告认为这件铜釜由铜鼓改装而成，径称之"铜鼓改装的铜釜"。移交博物馆收藏后，亦沿用此定名[①]。相类似的铜釜在云南楚雄万家坝也出土一件，体形更大，发掘者也认为"是利用铜鼓改制的"。可乐另一件A型铜釜为侈口、圜底，与铜鼓不相像。

二、铜鼓改装铜釜辨

赫M91所出A型铜釜尽管外形酷似铜鼓，但是否确为铜鼓改装而成，却需认真分析后再加判断。发掘者和贵州省博物馆定名的依据，是该器基本外形特征。从外形观察，该铜釜倒扣过来，与万家坝型铜鼓很相似，同时又兼有石寨山型铜鼓的一些特点。测量面径为26.8厘米，胸最大径为

---

① 见《贵州省博物馆藏品志》，贵州人民出版社，1990年，第79页。

31.6厘米，腰径为28厘米，足径为36.8厘米，身高为16厘米。体形小而偏扁，高度仅为宽度的43%；腰上端径最小；足口沿铸有一周宽约0.5厘米的内折棱边。这些明显属于万家坝型铜鼓形制特征。但该器胸部外突较小，胸径大于面径仅17.9%，大大低于万家坝型铜鼓的指数范围（万家坝型铜鼓为31%—44%），而且胸部最大径偏上。这些又属石寨山型铜鼓特征。另外足部位置明显偏高，足段的高度与腰段的高度几乎相等，这是万家坝型与石寨山型铜鼓都不具备的特征。

如果不区分类型，仅大略地从外形看，这件铜釜去耳后称作铜鼓，几乎难以挑剔。这恐怕正是定名者未多加思索的主要原因。但如果从不同角度稍加分析，我们会发现，这样定名的依据其实是并不可靠的。

首先，这件铜釜通体无纹饰，连简单的光体和芒纹也没有。而我国已发现的铜鼓中，只有少数万家坝型早期铜鼓通体素面无纹饰。其时代上限为春秋早期。自春秋中期起，万家坝型铜鼓开始出现简单纹饰。铜鼓纹饰从此呈现从简到繁的演变过程。赫M91时代为战国晚期，其时，万家坝型铜鼓已逐渐为石寨山型铜鼓所取代，并且铜鼓纹饰开始进入高度发展时期。石寨山型铜鼓展现出的丰富、精美的纹饰，不仅反映当时人们一般的审美观念，而且明显透露出更为深刻的宗教含义。这些铜鼓纹饰的有无，应该不再像早期铜鼓那样带偶然性和随意性，而是作为原始宗教意识的一种庄重表现，具有必然性和重要性。赫M91的铜釜不加任何纹饰的现象，与这样的社会背景很难协调。如果推测它是早期铜鼓的遗留，却又不属早期铜鼓的形制特征。

其次，这件铜釜除口沿上有一对硕壮的绚纹立耳外，腰腹间还有两对半环状条形耳。如按铜鼓说的观点，这才是原有的鼓耳。但这两对条形耳比起一般铜鼓的条形耳，显得过于纤小。孔径只有0.4厘米左右，耳条宽度只有0.5厘米左右，厚度不到0.2厘米。稍粗的绳索无法从耳孔穿过。而且悬挂起来时，凭两条纤细的耳条也难以稳靠地支撑起自身的重量和不断敲击的重力。这两对小耳与其说是用于悬挂的附件，不如说是一种象征意义的装饰，最初铸造时就没有考虑过它的实用功能。

再者，这件铜釜矮小轻薄，器身高度16厘米，壁厚0.18厘米，重量3750克。在全国出土和传世的实用铜鼓中，未见到如此低小的测量数据[①]。铜鼓的铸造虽没有统一的尺寸规定，但从现存的实物资料看，是有大致范围的。这范围应与铜鼓的敲击音响效果有关。赫M91铜釜如此轻薄的器壁和短浅的共鸣筒体，不可能发出一般铜鼓那样雄浑激越的击打声来。而且，这件铜釜含铜量为93%，含锡量为5.7%，这样高铜低锡的含量比在当时铜鼓中也很罕见。据测量数据表明，石寨山型铜鼓流行期，铸造者对铅、锡含量在影响铜鼓音量因素中的重要性已有较深认识，所以石寨山型铜鼓的铅、锡含量明显高于万家坝型铜鼓，一般都在15%以上。赫M91铜釜的铜锡比值显然又与当时铜鼓技术水平不相符。

此外还有一个不显眼却重要的现象，这件铜釜平底边缘有一圈垂直于底面的突棱，断面为方形，高宽均约0.2厘米。突棱边基本整齐，与铜鼓鼓面晕圈弦线显然不相同。如果这件器物曾是铜鼓，又没有固定敲击点，这道突棱不可能如此完整地保存下来。

该器沿口的一圈内折棱边，很可能成为认定为铜鼓的论据。但赫章可乐乙类墓出土的B型铜釜，口沿同样有一圈内折棱边，目的可能在于加固器边。这件铜釜铸造内折棱边，一方面可能沿用当地传统造型习惯，另一方面也可便于加铸立耳。

因此，赫M91铜釜不应看作是由铜鼓改装而成的，应该是一件刻意仿照铜鼓形制铸造的铜釜。作为文物定名应称为"鼓形铜釜"。为别于赫章可乐B型铜釜定名，可称之"立耳鼓形铜釜"。

三、铜鼓与铜釜特殊的内在联系

赫章可乐乙类墓出土的铜鼓与铜釜，集中体现出铜鼓与铜釜存在有一

[①] 资料源于中国古代铜鼓研究会编《中国古代铜鼓》附录二、三，文物出版社，1988年。贵州省博物馆收藏有一面清代小型铜鼓，面径15厘米，高8.8厘米，显然非实用器。

种特殊的内在联系。

学界最先注意到铜鼓与铜釜可能存在特殊的内在联系，是从探讨铜鼓起源问题开始的。1964年云南祥云大波那木椁铜棺墓出土喇叭口鼓形铜釜时，发掘者审慎地提出铜鼓起源与之的关系，称："增添了一个值得注意的线索。"1979年楚雄万家坝再次出土这种铜釜，发掘者态度已很明确，直言："足以证明本地的铜鼓不但是从釜发展而来，而且停留在乐器、炊器分工不十分严格的初期阶段。"不少赞同铜鼓起源于铜釜的学者多将这两次发现视为重要证据。

祥云大波那与楚雄万家坝出土喇叭口鼓形铜釜各为1件，赫章可乐乙类墓却出土这种形制铜釜9件。而且如果估算上早年大量被盗乙类墓中可能还存在的铜釜，赫章可乐这种铜釜的出土量是相当密集的。不仅如此，可乐乙类墓还出土了立耳鼓形铜釜，即发掘报告所称"铜鼓改装的铜釜"，这与楚雄万家坝又有重要的相似之处。因此，仅从器物形制而言，赫章可乐乙类墓的出土，可说是在云南祥云大波那和楚雄万家坝之后，以更为集中和丰富的实物例证，再次证实了铜鼓与铜釜之间的内在联系。

赫章可乐出土的喇叭口鼓形铜釜时代断为战国晚期，此时已远远超越了万家坝型铜鼓产生的时期，也已超越了万家坝型铜鼓的流行期。因此，这批铜釜显然并不能提供铜鼓起源于铜釜的证据。正如有学者已指出的那样，不能将楚雄万家坝与祥云大波那出土的鼓形铜釜，当作比它们时代更早的万家坝型早期铜鼓起源原型的证据。[①] 从时序逻辑说，这样的认识是尊重客观事实的。但是，我们也不能仅仅依据这三次出土，就绝对排除了还存在有更早期的，比如与万家坝型早期铜鼓同时，甚至早于万家坝型铜鼓的喇叭口鼓形铜釜或相类似铜釜的可能性。即是说，喇叭口鼓形铜釜是否为铜鼓起源的原型，目前我们也并不能轻易地就予以否定。

不论最终的结论将如何，有一点是可以肯定的，即喇叭口鼓形铜釜与

---

① 王大道、肖秋：《论铜鼓起源于陶釜——兼论最早类型铜鼓》，见《古代铜鼓学术讨论会论文集》，文物出版社，1982年，第31页。

铜鼓一再同时出土，说明这两种器物之间的确存在某种特殊的内在联系。或许正是这种联系，才致使这种铜釜不仅与万家坝型铜鼓同时流行于当地土著民族中，而且当石寨山型铜鼓已经取代万家坝型铜鼓后，依然流行于当地土著民族中。至于这种联系是否一定反映出二者具有渊源关系，换句话说，究竟起初是铜鼓模仿了铜釜造型，还是铜釜模仿了铜鼓造型，还有待今后更多实物资料出土后，才可以作出较为正确的判断。

前文我们已分析过，赫章可乐出土的立耳鼓形铜釜并非如发掘者最初认为的那样，是由铜鼓改装的，而是模仿了铜鼓造型。如果我们也赞同铜鼓起源于铜釜造型的可能性是不可排除的话，那么，二者形制的模仿就不是单向的，而是双向兼有的，至少在较晚时期是如此。这就更向我们提示了二者内在联系的密切性和特殊性。

除器物形制外，在使用方式上，赫章可乐乙类墓出土的铜鼓与铜釜也反映出与之相一致的信息。

可乐乙类墓共出土大型铜釜14件。其中喇叭口鼓形铜釜9件，鼓腹立耳铜釜2件，鼓腹肩腹附耳铜釜3件。还出土大型铁釜9件，铜鼓1件。根据发掘报告，除1件肩附耳铜釜和3件铁釜外，其余全用于套头葬。实际上，分析出土这几件铜、铁釜的M37、46、137、146等4座墓葬资料，可知，这几件铜、铁釜在墓坑中的位置，与套头葬墓中铜、铁釜的位置相同，位于墓坑中轴线上距顶壁0.3—0.5米处。这4座墓均为长方形土坑墓，墓坑长度为2.2—3.1米，釜正好位于死者头部。从发掘平面图上看，其中器形大体完整的1件铁釜和1件铜釜都是侧立放置，也是套头葬的放置方式。而且，4座墓出土的其他随葬物分布情况也与套头葬墓随葬物分布规律基本相同。因此，可以推断，这4座墓也应为套头葬，或因发掘操作的具体原因，当时即被忽略。

这4座墓埋葬方式的确定，对于我们考察赫章可乐出土的铜鼓与铜、铁釜是重要的。它说明，可乐乙类墓出土的所有大型铜、铁釜及铜鼓在使用方式上都存在相同的形式和意义，即套在死者头部以实现生者对死者的某种祈愿。而在这样的使用方式上，鼓与釜的功用是相同的，可以相互替换。

赫章可乐出土的铜鼓与铜、铁釜可以排出一个大体的时代发展序列，即：

喇叭口鼓形铜釜（战国晚期）→铁釜、立耳铜釜（西汉前期）→肩附耳铜釜、铜鼓（西汉晚期）。

从发展序列看，第一阶段用于套头葬的是喇叭口鼓形铜釜，铜鼓用于套头葬出现在第三阶段。但是，正如不能否定存在有更早期的喇叭口鼓形铜釜的可能性一样，也不能因此而否定在可乐套头葬第一阶段，当地居民中使用有同样功用的铜鼓。赫章可乐被盗的乙类墓达64座，此外还有许多尚未发掘。这些墓中是否有属于战国时期的铜鼓套头葬，我们并不了解。而且，墓葬中可见到的随葬品毕竟只是现实生活用品的局部反映。

实际上，在喇叭口鼓形铜釜流行时期，赫章可乐土著居民使用铜鼓的可能性是很大的。可乐乙类墓的出土物反映出与云南地区当时滇系铜鼓使用民族有较为密切的文化联系。可乐早期套头葬墓只见喇叭口鼓形铜釜，除失盗是可能的原因之外，还应与铜鼓的珍贵性有关。乙类墓的出土状况，总体反映出当地土著居民并不富有。战国晚期，铜鼓已发展到相当阶段，铸造精美的石寨山型铜鼓正取代早期的万家坝型铜鼓，拥有一件这样的铜鼓绝非容易的事。乙类墓中出土的喇叭口鼓形铜釜器壁都较薄，浇铸工艺粗糙，器形不规整，器底有较厚的烟炱痕迹，应是生活中的实用炊器。这种炊器的铸造与获得，比起铜鼓来容易许多。因此，如果功用不受影响，使用铜釜而不是铜鼓进行套头葬，在当地居民看来会更现实。或许，绝大多数人根本无力奢望使用铜鼓随葬。在这种意义上可以认为，鼓形铜釜充当了铜鼓的替代物。

套头葬后阶段出现的铁釜，不像当地土著居民的产品，应是外来文化的传入。这与当时的历史背景相符。汉武帝开西南夷后，中原先进的经济与文化大量传入西南地区。赫章可乐此期乙类墓伴出较多的五铢钱、铜镜及带钩，便是很好的证明。铁釜的传入对当地铜釜是很大的冲击。套头葬中大量以铁釜及其他形制铜釜代替喇叭口鼓形铜釜，及至直接使用铜鼓，可见釜与鼓之间在这种具有特殊宗教意义的使用方式上的可替换性，在赫章可乐土著居民的心目中是十分明确的。

四、套头葬与铜鼓葬

铜鼓用于套头葬，是古代铜鼓使用中一种十分独特的方式。但这种套头葬不同于铜鼓葬。

目前国内发现的铜鼓葬仅见于广西西林普驮一例。[1] 这座西汉时期墓葬以4件铜鼓重合相扣盛放尸骨及随葬品，其中一些现象十分奇特。如外层覆盖于上边的铜鼓，被有意识地锯为两截，覆盖的铜鼓锯断后只保留胸部以上部分。另外内层两件铜鼓，覆盖的一件胸部贴有孔雀羽毛，仰放的一件鼓面贴有羽毛、小铜铃和小串珠等。这些现象透露出强烈的神秘气氛。可以想象，当初入殓埋葬时，一定举行过某种特殊的宗教仪式。甚或这种埋葬方式本身就带有特殊的宗教意义，并不具备社会普遍性。所以，至今尚未发现其他相类似的铜鼓葬。

国外偶见过铜鼓葬资料报道。如印度尼西亚爪哇东北部的巴拉望岸，在一片出土有瓮棺葬的墓地中，出土了以铜鼓盛装尸骨的墓葬。遗憾的是对该铜鼓葬的年代叙述甚为含混[2]。

显然，铜鼓葬所指应是以铜鼓为葬具装殓尸骨的埋藏方式，即如考古学所称瓮棺葬、船棺葬等。

赫章可乐套头葬虽然使用铜鼓套于死者头部，但与铜鼓葬的明显区别在于铜鼓并没有被用作葬具。葬具，尚不见成文解释，汉语字词典及有关名物工具书都无此词条。查《礼记》却有对"葬"的解释："葬也者，藏也；藏也者，欲人之弗得见也。"[3] 按此解释，葬具即应为藏之具，将人的尸体或尸骨装殓或包裹起来使之不外露。今人的习惯理解也大体与之相符。如

---

[1] 广西壮族自治区文物工作队：《广西西林县普驮铜鼓墓葬》，载《文物》1978年9期。

[2] 卡塞琳·林道夫：《论印度尼西亚的金属时代》，见四川大学博物馆《南方民族考古》第三辑，四川科技出版社，1991年，第1—14页。

[3] 《礼记·檀弓上》，见阮元校刻《十三经注疏》，中华书局，1980年影印本，第1292页。

棺、椁、金缕玉衣、衾被等，都能视为葬具。

可乐套头葬并未用铜鼓藏殓死者尸体，甚至连这种象征性意义都不具有。其他用铜釜或铁釜的套头葬也如此。

按可乐发掘报告所确认的20座套头葬墓，有M160一座发现漆木棺痕迹。另有六座虽发现少量残木渣或漆皮，但难以确认为木棺。此外在M39和M208两墓的铜釜内发现少量竹席残片。发掘者认为，这些墓葬可能有部分使用了木棺，部分可能以竹席裹尸，但多数为裸葬，不使用葬具。这说明，埋葬时是否需要以他物藏殓死者尸体，在当时土著居民中并无严格定见。而且，以铜鼓或釜套头，并不与是否藏殓或如何藏殓有必然关联。这样才会出现在用木棺、用竹席或裸葬的不同情况下，都采用套头葬的现象。可见，套头葬中使用的铜鼓及铜釜或铁釜，从一开始就不曾被赋予葬具的观念。

以往有观点认为赫章可乐使用铜鼓的套头葬，与广西西林普驮的铜鼓葬属于同样的葬俗，把二者所用铜鼓划归古代铜鼓使用方式中的一种类别——铜鼓用作葬具来加以研究[①]。这就有失粗率，犯了含混概念的错误。还有人从这样错误的前提出发，提出将赫章可乐套头葬与广西西林普驮铜鼓葬统一更名为"釜鼓葬"[②]，当然就更不免失之毫厘了。

赫章可乐乙类墓出土的铜鼓与铜釜所包含的重要考古信息，除了二者的密切关系，以及与之有关的问题外，其他方面还有不少，有待我们继续研究探讨。

（作于1998年8月）

原载《铜鼓和青铜文化研究——中国南方及东南亚地区古代铜鼓和青铜文化第四次国际学术讨论会论文集》，贵州人民出版社，2001年

---

① 如中国古代铜鼓研究会编：《中国古代铜鼓》第六章，文物出版社，1988年。
② 张合荣：《"釜鼓葬"内涵试探》，载《中国历史博物馆馆刊》1997年1期。

考古三报告补正与讨论

自20世纪70年代末期以来，贵州相继发掘过一批相当于夜郎国时期的古代遗址与墓葬。其中以赫章可乐遗址与墓群、威宁中水墓群及普安铜鼓山遗址最为重要，不仅出土大量明显具有地方特征的文物，还揭示出一些较特殊的文化现象，成为夜郎史研究中备受重视的实物资料。但是，三个考古报告整理编写中，由于种种原因，存在一些大大小小的失误与问题。1993年，当时尚属贵州省博物馆的考古研究所编印《贵州田野考古四十年》一书时，将三个考古报告收入。[①]但由于编印工作粗疏，又造成一些新的失误，而且极草率地删掉了全部图版和部分插图。由于原报告刊载的杂志不易寻找，今读者经常使用的都是这本1993年汇编的报告集。笔者一直为其中存在的问题深感遗憾，希望有机会加以补正，让使用者不再继续接收其中的错误信息，影响研究。这是一桩吃力不讨好的工作，知者能理解内中的良苦用心，不知者却讽刺多事逞强。但知错不宣，留待后人

---

① 《贵州田野考古四十年》所收三报告为：
　　a. 贵州省博物馆考古组等：《赫章可乐发掘报告》，原载《考古学报》1986年2期；
　　b. 贵州省博物馆考古组等：《威宁中水汉墓》，原载《考古学报》1981年2期；贵州省博物馆考古组：《威宁中水汉墓第二次发掘》，原载《文物资料丛刊》1987年10期；
　　c. 刘恩元、熊水富：《普安铜鼓山遗址发掘报告》，见《贵州田野考古四十年》，贵州民族出版社，1993年。

戳指，实为我辈考古人失职，非我所愿。因此，借夜郎学术讨论会论坛，特就与夜郎研究密切相关的考古三报告较明显的问题直抒己见，就正于报告作者，就正于关心夜郎考古和夜郎研究的同仁。

一、关于赫章可乐报告

三报告中，以赫章可乐报告编写最好。赫章可乐遗址与墓群于1976年底至1978年底分数次进行发掘。[①] 由于发掘非一次完成，参加人员前后变化，整理报告间隔较久，其中仍有一些失误及问题。归纳起来，大体包括两类，一为行文或疏忽类问题，一为观察或理解类问题。现分述之。

1. 行文或疏忽类问题

（1）报告上甲类墓所附M178平面图（图七，见《贵州田野考古四十年》P93。下同，不另注）有两处失误。一是多画了一周边框线，使人误认为是M178墓室边线，墓内另有一周二层台。二是未标方向。按文字，墓向为345度。该墓有两棺，错向放置，为夫妇合葬墓。其中男棺出土铁剑、铁削、陶罐等物，可判断头向。女棺仅出土3枚水晶珠，无其他可判断头向的器物。文字记录墓向345度应是以男棺为据，则此图所绘指北针符号，箭头应朝向195度（相当于平放时钟的6:30分针方向）。原载《考古学报》的发掘报告上虽标有方向，但似以女棺计，其对墓主头向的判断未作说明。

（2）同节图八M48平剖面图（见P94）所标方向误。按报告，墓向为309度，指北针符号箭头应朝向51度（约相当于平放时钟的1:42分针方向，朝向图的东北）。而图中所绘指北针却朝向图的西北。另外，指北针符号应放置在平面图旁，不能放置在剖面图旁。

[①] 20世纪60年代初，赫章可乐曾发掘过东汉墓7座，因时代较晚，未列入本文讨论范围。

（3）同节甲类墓随葬品所述陶灯"3件，分二型三式"（见P102），但下文仅列出A、B二型，未具体分式。

（4）同节所述178：8铜盒（见P105），未叙述器壁厚度，但线图（见P100图四：2）显示，壁厚达1厘米以上，不合于当时青铜工艺。疑图误。

（5）同节所述铁矛（见P108）长59.2厘米。疑数据误。

（6）乙类墓墓葬形制总述称，M160"长37.5（米）"（见P112）。按分述及墓葬登记表，长为3.7米。原载《考古学报》的报告亦误。

（7）同段称"葬室深度一般……"；下段又称"只有20座葬中……"。两个"葬"均为"墓"误。

（8）同节称"釜、鼓、洗用于盛放人头骨"（见P113），有二误。一则称"盛放"不妥，使人易理解为器口向上平放，人头骨装于器内。实际是器物侧立套于人头顶部。二则是否用铜洗套头，从下文看似矛盾。乙类墓共出土铜洗5件，但器物分述时，并未提到有某铜洗用于套头。而报告结论中称"那些用釜、鼓套头而葬的墓葬"，也不提用铜洗套头。后来的研究者也大多从此说，鲜提用铜洗套头。笔者为此查阅了墓葬发掘平面图，发现乙类墓中，M31在人头部位放有一件铜洗，与其他墓中套头的釜、鼓位置相同。报告中所提用铜洗套头，是否与此墓有关，不得而知。此墓中铜洗虽为平放，但当初曾用于套头的可能性仍存在。不过在未能得到最后证实前，暂不提用铜洗套头为好。

（9）同节介绍M58称"墓坑两端倒放铜釜、铁釜各一"；M153"墓一端倒放一铜鼓"（均见P113）。这两处"倒放"都以改为"侧立"较好。按铜釜和铜鼓正常放置方式，所谓倒放铜釜、铁釜，是将釜口朝下；倒放铜鼓是将鼓面朝下。显然均与实情不合。笔者查阅发掘平面图，又询问过发掘者，都证实应为侧立。这样才不易造成读者的错误推断。

（10）同节介绍91：1A型铜釜"高21.7厘米"（见P117）。实际底至口沿高度为16厘米。报告介绍的数据应是底至耳端的高度，正确介绍称"通高"。

（11）表二，M46随葬器物未列铜釜（见P129），但查看发掘平面图标有1件铜釜，侧立于人头顶部位，应为套头葬。平面图出于发掘现场，应可信。

（12）续表三，M146随葬器物有铜釜（见P132），但发掘平面图在人头位置注明为铁釜，墓内未出其他铜釜。

2. 观察或理解类问题

（1）报告遗址陶器部分称"制法以轮制为主，兼有手制"。（见P92）此说颇可疑。

可乐柳家沟遗址时代为战国，当时贵州地区制陶工艺是否已流行轮制技术尚难肯定。从紧邻柳家沟遗址的可乐乙类墓，以及普安铜鼓山遗址、威宁中水墓葬出土的陶器看，均基本采用手制成型技术。其中可乐及中水墓葬时代总体皆晚于柳家沟遗址。按时空分布看，柳家沟遗址陶器与可乐乙类墓陶器应存在内在联系，而时代较早的遗址却采用轮制为主的陶器技术，不符合事物发展的规律。

据报告介绍，柳家沟遗址出土的陶片十分破碎，"无一件完整器"，可看出的少数器形须经"仔细辨识"，且"绝大部分为夹粗砂陶"。这种陶片状况要判断出成型技术主要为轮制有相当困难。轮制陶器形制应规整匀称，器壁有均匀的同心平行旋痕，器底有偏心螺旋切割线。夹粗砂陶保留这些特征本来就不是很清晰，成为碎片后，就更不易判断。作出判断后，还需统计出所占比例。报告未作这方面介绍，不知是否做过这些工作？

笔者注意到有报告编写者在个人研究文章中不采用报告中这一观点[1]。笔者还察看过该遗址出土的少量陶片，未看出轮制迹象。

因此，柳家沟遗址制陶技术是否以轮制为主，甚至是否存在轮制技术，都值得另作研究。

（2）报告认为乙类墓中M91：1A型铜釜是"铜鼓改装"（见P117）。这件器物至今定名为"铜鼓改装的铜釜"。认真观察，这样定名不妥。笔

---

[1] 如宋世坤：《贵州古夜郎地区青铜文化再论》，载《贵州文物工作》1997年1期。

者在1998年8月撰成、提交古代铜鼓第四次国际学术研讨会的论文《赫章可乐出土的铜鼓与铜釜》中[①]，对此作过一些数据和细节分析，列举出其中主要问题，此不详述。归纳起来大致在三方面：

一是该铜釜外形酷似铜鼓，但明显矮小轻薄，而且含锡量很低。既不符合铜鼓在战国晚期的工艺特征，也无法发出一般铜鼓那种雄浑激越的击打声。

二是该铜釜腰腹间两对条形环状耳过于纤小，承受不住铜鼓需悬挂和敲击的力量，仅具有一种象征意义的装饰功用。

三是该铜釜通体无纹饰，连简单的光体和芒纹都没有，与当时铜鼓浓郁的宗教色彩的纹饰风格迥异，不可能承担起当时铜鼓重要的宗教功能。

从该铜釜的一些细部特征，还可以找到其他一些与铜鼓不相协调的地方。所有这些，都可以看出这件铜釜的原身并不是一面铜鼓。它极可能是制造时刻意模仿了铜鼓。后人未细察，认为曾经是一面实用铜鼓，便直观地作出定名。笔者最近有幸参观了云南省昆明市官渡区羊甫头汉墓出土文物，发现其中有模仿铜鼓造型的陶釜。有意思的是，陶釜腹部也有一组只具象征意义的小耳，与赫章M91这件铜釜的小耳极为相似。可见当时模仿铜鼓造形制作生活实用器，在铜器和陶器中都可能发生。赫章的这件铜釜应由收藏部门邀请有关专家再行鉴别，统一认识后重新定性。在尚未鉴别前，不宜使用"铜鼓改装的铜釜"旧名。笔者认为根据其用途和外形特征，称之"立耳鼓形铜釜"为好。

3. 两点讨论

（1）套头葬数量问题

报告认定套头葬的墓共20座，实际应不止这些。

乙类墓中出土大型铜、铁釜的，除报告的20座套头葬墓外，另有4座

[①] 铜鼓第四次国际学术研讨会论文集已于2001年11月由贵州人民出版社出版，书名：《铜鼓和青铜文化研究——中国南方及东南亚地区古代铜鼓和青铜文化第四次国际学术讨论会论文集》。

墓。其中M46出铜釜，M37、137、146出铁釜。从墓葬平面图看，这4件釜在墓坑的位置，与套头葬铜釜的位置相同，都处于中轴线上距顶端墓壁0.3—0.5米处。其中较完整的两件（M46与M146）可看出也是侧立放置。4座墓其余随葬器物的分布，与多数套头葬墓的器物分布规律相同。因此，这4座墓也应当属套头葬。报告对此未加认定，可能与各墓具体发掘者当时的认识有关，或者因为未发现人骨遗存，未作判断。

此外，乙类墓有64座未发现任何随葬器物，其中有一些可能为以往盗扰所致。这部分盗扰墓中也还可能有套头葬存在。

因此，可乐套头葬墓数量应超出报告所说20座。还可看出，乙类墓中出土的大型铜釜和铁釜全用于套头葬。这对于乙类墓出土的铜釜及铁釜的研究，具有比较重要的意义。

（2）套头葬定名问题

"套头葬"定名自报告发表后，已被普遍采用。但也有人称为"铜鼓套头葬"[①]。近年，更有人将其命名为"釜鼓葬"[②]。

称"铜鼓套头葬"，将套头的用具明确化，从方式上说没有错。但套头铜鼓仅一例。除铜鼓外，还有铜釜、铁釜，甚至还可能有铜洗。如为求得全面，还应将这些用具一起列上。那样无疑显得冗长累赘，使用十分不便。

而称"釜鼓葬"，可能是想沿用考古学中以葬具命名葬式的方法。这种方法已成为一种惯例，如"瓮棺葬""石棺葬""铜鼓葬"等，大家都理解，也认可。但葬具有其特定的释义。从有关名物词典虽查不到该词条，但《礼记·檀弓上》释"葬"："藏也；藏也者，欲人之弗得见也。"由此可知，葬具即藏具，将死者尸体或尸骨装殓或包裹不使外露的用具。因此，并非埋葬中用于死者身体的器具都可称为葬具。

可乐套头葬所用之鼓或釜仅套于死者头部，个别还套于足部，死者身

[①] 侯绍庄等：《贵州古代民族关系史》，贵州民族出版社，1991年，第48页。
[②] 张合荣：《"釜鼓葬"内涵试探》，载《中国历史博物馆馆刊》1997年1期。

体绝大部分不能藏于其中，起不到欲人弗得见的作用。还应注意的是，有的套头葬墓发现有漆木棺痕迹或竹席残片。木棺作用自不待言。竹席，报告认为可能用于裹尸，都应视为葬具。可见，鼓或釜在当时埋葬者眼中，并不视同于葬具。

广西西林普驮发现的铜鼓葬与此全然不相同，死者尸骨全部放在倒置的铜鼓中，另用铜鼓为盖。铜鼓成为完全意义的葬具。以铜鼓定名绝无异议。可乐套头葬釜、鼓用法是另一种性质，釜、鼓并不是葬具，所以援例定名为"釜鼓葬"十分不妥，也十分不必要。

"套头葬"定名不从葬具方法着眼，而从葬俗特征着眼，本属正确方法。从形象性、典型性角度说，定名相当贴切，而且多年来已为大家所认可。一个较好的古代文化现象定名，或文物定名，宜使之稳定化，不宜轻易更改。随意更改的结果，反造成理解混乱，使人无所适从，有弊无益。

二、关于威宁中水报告

威宁中水汉墓于1978年10月进行发掘，次年冬又作第二次发掘，各为一个报告发表。因系同一地点同一类墓葬，材料前后接续，本文作为同一考古报告讨论。使用引文时，分别称之前报告与后报告。

1. 行文或疏忽类问题

（1）前报告地层堆积部分介绍T1南壁地层文图有误（见P145）。文称第二层分A、B两层，但图三所示地层只标有1—4层序号，未划分2A与2B层。如果理解图中第2层即包含了A层与B层，测量地层厚度又与行文不相符。文称2层"厚32厘米—80厘米"，但图中2层最厚处仅36厘米。

另，文中4个地层厚度计量单位前后不统一，有的地方用"米"，有的地方用"厘米"。报告其他部分也有类似现象。应使用统一计量单位才合乎报告规范。

（2）前报告墓葬形制部分介绍I型墓之梨M19称"墓向170度"，而图六显示为350度（见P146）。按考古规程，无墓道的墓，墓葬方向以人头向为准。文误。

但图六另有一误，探方下端多绘了一条边框线，使探方面积变成5×3.4（米）。实际探方面积应是5×5（米）。

（3）前报告出土遗物部分介绍Ⅰ式陶碗，称"筒形平底"。（见P149）本意指碗下腹部腹壁内曲似筒形，小平底。但行文变成碗底是筒形。筒本为器体。陶器底应为平底、尖底、圜底、内凸底等。

（4）同节介绍Ⅰ式、Ⅱ式铜釜，都称"圆底"。（见P153）应为"圜底"之误。凡器物底部呈球面状，考古中称之圜底，不称圆底。段注《说文》："圜者，天体。天屈西北而不全，圜而全，则上下四旁如一，是为浑圜之物""浑圜则无不均之处也"。[①] 知考古说有所本。

（5）同节介绍铜镞，称"镞头"，又称"铤梃，已断"。（见P153）"镞头"应改为"镞"，镞即箭头，所谓镞头，则变成箭头之头，那就仅指尖端部。

"铤梃"提法很独特，不知是描述铤的状况，还是指镞的组成部分。镞之后端称"铤"，不知有"铤梃"之称。梃，按字义是形容木长，如以此指铤长，无须用此生僻字。如以此指木头箭杆，也未见过这种称呼。

（6）后报告遗物部分介绍器物分型分式屡有失误。如：

陶单耳罐称："分八式。其中有五式与第一次发掘的相同；但未发现Ⅲ式罐；另增加了Ⅳ、Ⅶ、Ⅷ三式。"（见P173）实际上第一次发掘单耳罐分为Ⅰ—Ⅴ式，第二次如未发现Ⅲ式，就只应有4式与第一次相同。所称第二次增加的"Ⅳ"式，应该为"Ⅵ"式。

陶杯称："有Ⅱ、Ⅲ、Ⅳ三式，未见Ⅰ式。"（见P175）此处未说明将陶杯进行分式，按本报告惯例则为延续前报告所分。但前报告陶杯共3件，并未进行分式。（见P151）

铜剑称："有Ⅰ、Ⅱ、Ⅲ式，未见Ⅳ式"。（见P176）但前报告铜剑只分Ⅰ—Ⅲ式。（见P152）

---

① 〔清〕段玉裁：《说文解字注·六篇下·囗部》，上海古籍出版社，1981年，第277页。

铁矛称："有Ⅱ、Ⅲ式，未发现Ⅰ式"。（见 P179）但前报告铁矛仅有1件，未分式。（见 P157）

（7）误用字或误印字。如：

P148　"工匠在湿陶丕上……"。"丕"为"坯"误。

P152　铜戈"均有阳线旅涡纹饰"。"旅"为"旋"误。

P153　Ⅱ式镞"梃的横断面"。"梃"为"铤"误。

P157　"冒钉"为"帽钉"之误。

P185　"游枚部落"。"枚"为"牧"误。

其他不详。

2. 观察或理解类问题

（1）前后报告陶器都有较多瓠和瓶，各分了数式

实际上从文字描述或绘图看，两类陶器并无太明显区别。陶瓠定名是否妥当，下文另有分析。这里须提出的是，器物分为不同类型，应有形制方面的主要区别，而且还要有一定规律可循。但报告中排比的陶瓠与陶瓶，究竟是口部大小、颈部长短、腹体粗细、体态高低，还是其他特征有明显区别，很难看出来。划分为两类器物非常勉强。

器物分类须有明显特征。如果不是在器物排比上反映出时代或区域演变规律，分类过细，反而不利于研究。这样分为两类，不如合并为一类。

（2）分型分式问题

对出土器物进行分型分式，是考古类型学进行断代研究的重要方法。分型分式要仔细，要注重规律性，但也不宜过细，流于烦琐。威宁报告器物分式总体感觉是过细。如单耳陶罐共分8式，陶豆分5式，陶杯分4式，陶瓶与陶瓠各分4式与3式等。其中不少分式仅1件器物，差异也很微小。从当时制陶工艺看，器物成型基本为手制，随意性很大，同类器物的个体差异并不都有规律性。如果将这种属偶然性的差异也加以分式，就失掉了考古类型学的基本意义。编写者累于烦琐，读者更不得要领。

3. 两点讨论

（1）关于陶觚

陶觚是威宁中水陶器中很有特色的一种器物，出土数量多，有些还刻有特殊的符号。但陶觚定名是否妥当很值得研究。

觚是中国青铜器中的一种酒器。《论语·雍也》："子曰：觚不觚，觚哉！觚哉！"《考工记》："梓人为饮器，勺一升，爵一升，觚三升。"但商周青铜器中，至今未见到自铭为觚的器物。今文物中所称之觚，是沿用宋人定名，严格说来，只是一种推测，尚不能证实。

威宁陶觚与商周铜觚并不很相像，定名缘由报告没有专述。但前报告分析刻划符号时谈到两点：一是彝文"δ"读"gu"，酒器义，与商周青铜觚的音、义同。二是威宁陶觚上刻有此彝文字，也"正是商代酒器觚的形制"。（见 P167）

彝族呼为"δ"的这种酒器是什么形式不得而知，是否与青铜觚有联系也不可确定。况且青铜觚的形制至今还只是推测，彝族酒器即使与之相似，又如何断言青铜器必定是觚呢？

《彝文字典》一时查不到，不了解该彝文字的准确形体。从报告描绘看，威宁陶觚上的符号与之并不相同。符号为∂，彝文为δ，二者形体结构相去甚远。报告将其视为一体，很牵强。

而且，陶器上的这个符号，是否自名之铭，也大可怀疑。报告确认为觚的陶器，两次发掘共出土17件，其中4件有刻划符号，4个符号各不相同，但仅这1件被认为是自名符号。威宁所有出土的51个陶器刻划符号中，也只有这1个自名符号。如果当时确有在器物上刻自名符号的习惯，可能不至仅此孤例。

在商周考古研究中，常通过铭文中的自名来辨识器物。但这些自名都是在记事或记器主时随带出现的，不会仅仅作为自身的宣传招牌一样而出现。其理由犹之今人在住房墙上书"房屋"，在汽车顶上书"汽车"一样，十分矫情和多余。

将威宁这种陶器指认为觚，有很大不妥。从形体上看，它更类似于瓶。我们前文已谈到这类陶器与瓶的差异不易分辨，如果径称之为瓶还不至引起他议。倘若一定认为与铜瓠有所相似，恐怕最多也只可以称之为"瓠形器"。

（2）关于刻划符号

报告对陶器刻划符号的性质，以及刻划符号与彝文的关系十分重视。前报告称有的符号"具有'指事'或'象形'文字的特点"，列出三个例子与《彝文字典》对照，并称"与彝文形似者甚多"，"也许能为彝文起源问题的研究，以及现代彝文规范化的工作，提供重要的实物依据"。（见P164、P167）

后报告的看法有进一步发展，直接提出刻划符号"是现代彝文的早期形式。彝文的历史，可据此推早到战国时代"。（见P181）但遗憾的是论证不多，对符号与彝文的直接关系，甚至没有提出比前报告更多的例子。

笔者不懂彝文。但从考古报告编写应持规范以及文字学的一般常识思考，感觉有些问题需予讨论。

考古报告首先要求真实客观、全面详尽。这也是所有科学报告的基本要求。编写者在工作过程和编写过程中，会有种种研究心得体会，但个人的心得不能代替报告材料产生的客观结果。报告者的职责是提供客观结果。个人的体会和推测可以在报告之外去阐述或发表。将个人体会当作报告结论，常常对阅读者产生先入为主的导向性影响，有悖于报告的客观性，不利于进一步研究的开展。

威宁报告比较急切地作出关于刻划符号的结论性意见，有欠于必要的慎重。且其论证的深度与广度不足，留下了不少疑点。

如报告称刻划符号"具有'指事'或'象形'文字的特点"，在表述上已混淆了汉字具体造字法与文字分类的概念。"指事""象形"是中国古代所称汉字造字法"六书"中的两种条例，可以说成指事字、象形字，所指的是汉字不同的结构特征与方法。但所谓"指事文字""象形文字"却属文字分类概念。所有文字在文字学中，划分为表形文字、表意文字及表音文字三种类型，其中表形文字可称为象形文字。显然，这里象形字与象形文字，属不同的概念。概念混淆会使立论先失去可靠的立足点。

又如后报告称，刻划符号"有不少可以在现代的彝文字典中找到"。但两次报告中列出可找到的例子仅四个。其中至少一个已使我们不敢信服，其他例子的准确性也颇可质疑。如果报告所称的"不少"能举出多一些例子，或全部列出，从而再作结论，会让人更容易信服一些。但报告恰恰把疑点交给了读者。

所以，关于刻划符号的性质，以及其与彝文的关系问题，我们赞同一定的比较和推测，但不赞同武断的结论。报告应将更大的余地留给更深入、更全面的研究。

三、关于普安铜鼓山报告

普安铜鼓山遗址是贵州考古发掘至今最大的一个遗址，在夜郎史研究中具有十分重要的价值。该报告未发表在专业杂志上，致使许多人不了解，十分令人遗憾。报告中存在的问题在三报告中最多，本文只能择要提出部分。讨论一节也只重点谈谈时代上下限问题。

遗址于1980年秋季发掘。1979年曾作过小规模试掘。因试掘报告内容不多，本文也不多旁顾。

1. 行文或疏忽类问题

（1）报告前言介绍发掘过程，不提1979年试掘，既忽略了同行那次工作，也不便于读者对遗址资料的全面了解。

（2）遗迹部分介绍陶窑，文图有误（见P67）。

文称火膛"南北长0.86米、东西宽1.07米"，窑床"南北长1.5米"。但图五所绘火膛为南北0.4米，东西1.32米，窑床为南北1米。如依文中尺寸，陶窑形状应有较大不同。无从判断图误还是文误。

文称"窑室残存部分，平面略呈长方形，残长2.6米"。此描述颇费解。窑室为火膛之后的部分，常以砖石或土坯砌筑。如果确有残存，报告应记述砌筑的材料、方式等，但文中只字未涉。从平面图看，似乎东西两侧存有边墙，但剖面图上又毫无踪迹可寻。文称"残长2.6米"，但平面图上所示较长的西侧，连火膛转弯段，也不到1.6米。

上述问题不论出于文还是图，根源都在于田野工作的基本操作上。

（3）报告中所有线图，除图三、图四标有尺寸比例外，其余10组156件器物图，以及T12地层剖面图都未标明尺寸比例。这是考古报告十分不该有的失误。

（4）绘图尺寸常有误。如：

Ⅱ式玉璧（P69图六：26）肉宽4.2厘米，绘成2厘米。（按文字描述肉厚的尺寸测量。）

Ⅱ式陶杯（P77图十：21）高3.3厘米，绘成4.4厘米。（按文字描述口径尺寸测量。）

陶碗（P77图十一：22）高4厘米，绘成5.7厘米。（按文字描述口径尺寸测量。）

其他不详举。

（5）文字表达常有误。如：

P81称"铜鼓山四周与今滇、桂、黔三省区相邻地带……"误用"与"，使地理方位不清，不熟悉地理的读者会误认为铜鼓山与滇、桂相邻。

P81称"亦零星出土过一批独具特色的兵器"。"零星"与"一批"不相协调。

P84称"这些都是佐证其为夜郎社会的条件"。言"是佐证……的条件"，语法不通。言一个遗址是夜郎社会，逻辑不通。

其他不详举。

（6）器物数字多有误。

报告文与附表1差错多，列表对照如下：

器类	文中数字	附表数字
玉石器	293件	289件
陶器	643件	652件

续表

器类	文中数字	附表数字
铁器	17件	17件
铅块	1件	1件
骨角器	28件	29件
铜器	45件	90件
漆器	2件	3件
钱币	2件	2件
总计	1031件	1083件

文中各类器物的总数与分件数也有不符。如骨角器总数28件，分件相加为29件；铜器总数45件，分件相加为65件，另有铜渣20粒；石模范总数45件，分件相加为43件，另2件为泥心，不属石类。

如此多的数据误差作为报告发表，实在太不应该。

（7）注释中11条引文不注明具体作者。这对作者劳动是一种不尊重，还不便于读者查找线索。还有多条古籍不注明版本亦不妥。

2. 观察或理解类问题

（1）文化遗物部分有石环与玉璧（见P70）。定名误。《尔雅·释器》："肉倍好谓之璧，好倍肉谓之瑗，肉好若一谓之环。"肉即边，好即孔。边宽大于孔径称璧，边宽小于孔径称为瑗，边宽孔径相当称环。报告中介绍的石环与玉璧，除一件玉璧（T53：2：18）外，边宽都小于孔径，应为瑗。

（2）同节介绍石模、石范，称"均为砂石制作"（见P73、74），是较大失误。笔者察看过文中介绍的5件剑茎模、1件乳钉纹模及部分范。6件模均为陶质，并非石质。

此失误造成长时期以来，除文博界少数专业人员外，其他人都不了解真情，引用时全当作砂石模的情况。陶模在当时估计是用来制作泥范的，说明当时贵州青铜铸造不仅仅广泛采用石范浇铸技术，同时也广泛采用泥范浇铸技术。

此外，报告还介绍"浇口范7件"。定名误。所谓浇口是指器物范上灌注铜液的部分，不是独立的器物，当然不需制作独立的范。所谓浇口范，实际是指器物范上残断的一部分，应归之残范中。

（3）同节介绍陶器为643件（见P75）。计件方式不妥。据报告，出土的完整陶器极少，多为残片。一器可破至数片、数十片，以陶片数计算器物数，必然大大超出。所以文中出现陶罐480余件这样难以置信的数目。

在介绍玉石器时，也出现类似问题。

（4）同节介绍陶罐，又另列出"小罐""有耳罐""带銎罐""圈足罐"等4种陶器（见P76）。实际上另列的这4种一并为罐，不应在陶罐之外另列。

其中有耳罐与带銎罐分类又误。銎即耳，指片状的耳。有耳罐即应包含带銎罐。

（5）同节介绍Ⅱ式圜底小杯，"通高3.3厘米、口径12厘米"。按高与口径之比，定名为杯不妥，应为碗或盏。绘图也误（见P76）。

此处"通高"使用不当。报告中多有此误。一件器物由不同部件组成，或口沿之上附有耳、提梁、盖等部件，测量高度时将几部件组合在一起测量，不以器口沿为高度的测量点，而以其他最高部位测量，这时称通高。不分情况。所有器物都称通高，会造成误解。

（6）结语部分称铜鼓山处于"素有豚水或牂柯江之称的北盘江流域。南及西南与历史上句町、漏卧相毗邻"（见P81）。

豚水或牂柯江只是某一时的古称。"素有"应为"自来就有"。北盘江如果一直有那些古称，解决夜郎的地域问题就不会有现在的争议了。"毗邻"是相连而邻。古句町与漏卧一般考证在云南、广西与贵州西南接界的地方。以报告所引王燕玉先生的意见，句町在云南富宁，延伸至广西百色、凌云一带。漏卧在云南广南、丘北、泸西（东南）三县之间[①]。皆未进贵州境。普安南边及西南边尚有兴仁县、安龙县、兴义市及盘县等市县相隔，才与云南和广西相连。言毗邻不妥。

（7）结语文化特征部分称陶器"以手制为主，部分碎片口沿可见慢轮加工痕迹"（见P82）。说法甚含混。既有为主的制法，就应有为辅的制法。

[①] 王燕玉：《西汉牂柯郡十七县今地辨》，见《贵州史专题考》，贵州人民出版社，1986年，第145—147页。

但报告未予介绍。不知后言慢轮加工是否指此？前文介绍出土遗物时又曾称"制法分手制和轮制两种，一般是先经泥条盘筑成形，再用慢轮修整"。此"一般是……"，不知是指轮制法，还是两种制法皆然？同样含混。

陶器轮制法与慢轮修整加工并非一回事。如果铜鼓山遗址出现轮制技术，那倒是值得认真介绍的。

（8）同节论述范、模，除质地有误外，又称"范上镌刻有几何形纹饰图案者，计6件，共同特点是在图案中心位置或显著地方，刻出一个或多个心形"。（见P83）

从报告中查，范上刻纹饰的仅T55∶1剑茎范1件，刻有一心形纹，并无其他几何纹。其他陶模刻图案的倒有6件，但也仅2件刻心形纹。结语所述与实物出入很大，不知何所本？

（9）同节称遗址因水土流失，"地势高的探方层位，与地势低的探方层位，在时代上是存在着差异的"。（见P83）表述未明。

探方相互间层位本来可以不相同，不相同的层位时代当然不一致。如报告之意见是指同一层位，就需进而说明如何将同地层的不同时代划明关系，如何将同时代的不同地层统一起来。

报告下文十分笼统地称"地势低的边沿探方第4—5层属早期，第1、2、3层属晚期；地势高的探方，第3层及其以下层位属早期，第1、2层属晚期。"但并未从出土物及土质土色等方面，将错位地层统一的原因交代清楚。而且，报告缺乏遗址地形图与探方分布图，行文也不列高地势探方与低地势探方的编号，使读者完全无法查寻。

还令人不解的是，在附表2与附表3中，这种区别又被忽略，所有的1—3层均标明为晚期，所有的4、5层被标明为早期。出土的器形、纹饰等按这样分期统计，形成混乱。

这说明在整个遗址的地层问题上，田野和整理工作都缺乏相当的细心与整体把握。

（10）同节论及遗址出土石范，称"石范制作材料有南方特征，表现文化的纹饰又有自身的特点"。（见P84）铜鼓山遗址如果在北方，这种分析颇有意义。但对贵州的铜鼓山，报告所指南方不知是否更南的南方？

（11）同节称范、模、坩埚等文物出土"证明铸造在这里既是一项新兴工业项目，也是这个遗址的重要经济成分"。（见P85）

仅从范等文物出土，并不能证明铸造是新兴工业。如果分析研究过遗址之前的工业项目，这种说法可成立。如果比较研究过遗址不同时期的工业项目，早期又不出青铜类文物，这种说法也可成立。但这些研究都没有，早期地层恰恰出土过铜器、铜渣及石范，"新兴"也就无从说起。

"重要经济成分"说也未加论证。是否重要，应有对青铜铸造业的状况分析，以及对不同经济项目的比较研究作为证据。这里将铸造称为"遗址"的经济成分也不妥。经济成分应对遗址所反映的当时的社会群体而言。对遗址而言，只有遗迹、遗物及环境，还有它们保存的信息。

（12）同节族属部分谈及僚人凿齿习俗时，提到遗址出土三枚人齿而无肢骨，称"此一线索不容忽视"。（见P85）这种暗示性提示很不必要，二者实际毫无联系。报告者似乎也自知缺乏把握，但用这种似是而非的方式不能增加所需证据，反而引起不必要的疑问。

3. 一点讨论

报告将遗址的年代，上限定为春秋，下限定为西汉中期，还认为"至迟延续到元帝或成帝时期"。（见P8）上限年代的确定，报告主要排列了几条根据：一是陶器与"贵州汉墓"相比，"明显早些"。二是与云南宾川白羊村遗址，以及四川巴县冬笋坝战国和汉墓[①]资料进行比较。[②]三是结合碳十四测量数据。其中主要是用了与云南及四川两地对比的材料。

将遗址陶器与贵州汉墓所出相比，报告未作详述，实际用得十分含混笼统。如果所指是与贵州东汉墓相比，的确可说"明显早些"。但贵州汉

[①] 该墓遗址位于今重庆市九龙坡区。——编者注
[②] 云南省博物馆：《云南宾川白羊村遗址》，载《考古学报》1981年3期；前西南博物院等：《四川巴县冬笋坝战国和汉墓清理简报》，载《考古通讯》1958年1期。

墓还包括许多西汉时代墓葬。铜鼓山遗址发掘时，赫章可乐与威宁中水的西汉墓群也已发掘过。与这些西汉墓相比，遗址陶器的相当部分遗存都属于同一时代的东西，绝不是"明显早些"。

与云南宾川白羊村遗址及四川巴县冬笋坝墓葬进行比较，选择的目的不清楚。两地点距铜鼓山遗址都很远。宾川在云南省西部，靠近洱海。巴县①在重庆市郊。二者与普安古代交通阻隔，并无地缘联系。从时代上看，白羊村遗址为新石器时代，与铜鼓山遗址上限年代相去甚远。冬笋坝墓群为战国晚期到西汉晚期，与铜鼓山遗址确定的上限年代也无涉。从文化面貌看，白羊村遗址出土大量磨制石器，如斧、锛、刀、镰、凿、镞等。陶器皆夹砂陶。器形中大缸、浅腹大平底皿、匜、带流罐、直口杯等，为铜鼓山遗址所不见。陶器纹饰复杂多样，以各种式样的划纹为主。总体显示为另一种系统的文化风格。冬笋坝墓群则明显具有巴蜀文化特征。其青铜器造型、青铜器上的纹饰与符号、平折沿陶罐、直口平肩陶罐、卷唇广肩陶罐、浅斜腹陶豆、陶盉、陶盆等，也完全是另一种文化面貌。很明显，这两处古代遗存与铜鼓山遗址并不存在可比较的实际意义。

运用异地考古材料进行对比研究，以帮助判断考古发掘遗存的文化体系或时代等，是考古学经常使用的研究方法。但选用的材料应有明确的目的性，有足够的可比性。比如：有一定的地缘联系，或有共同的文化特征，或有内在的文化传承关系，或属相近的时代阶段等。这样的比较研究才能成为判断与结论的可靠依据。普安报告所选用的对比材料，全不具备这些条件，对比的内容也就做不到全面和客观，使人读后找不到逻辑的轨迹，当然不能产生有说服力的结论。

至于碳十四测定数据，考古工作中并不将它作为断代的唯一依据，而是必须结合文化遗存的综合研究加以判断。因为测定数据可能会由于种种原因出现偏差，比如地质环境的影响、从取样直至测定过程中的失误等。铜鼓山遗址下层两个碳十四数据显示的年代相当于中原夏王朝时期，当时

---

① 巴县，今巴南区，属重庆主城区。——编者注

贵州不可能已进入到青铜时代。

因此测定数据只可暂为参考。普安报告没有以测定数据判断年代上限，但可能在数据影响下将上限年代提得偏早。

综合贵州有关考古资料，笔者主张遗址年代上限定为战国时期。恕不在此展开分析。报告将遗址年代下限定在西汉中期，当无大误。但称"至迟延续到元帝或成帝"，却缺乏可靠的证据。所有出土文物中，未发现一件可准确显示为汉元帝或成帝时期的实物，也没有证据可证实出土文物全都属汉成帝之前的实物，遗址第三层螺壳碳十四测定年代为距今1990±130年，如以此作为依据也不妥。上文已谈到过客观看待碳十四数据问题。即便不考虑这层要求，在测定数据中加入校正值后，与汉成帝的年代也无法吻合。而况，测定标本取自第三层，上边还叠压两个地层，并非最后的下限年代。下限年代应以最晚文化层确定。

因此，报告关于下限的"至迟"说欲图微观，却失之主观。客观的判断应是延续至西汉晚期。

普安铜鼓山报告需要补正和讨论的问题比较多，读者使用时需有所小心。

考古三报告补正至此只是较粗疏的整理，还有一些可以深入研究讨论的问题。由于本人未亲自参加这几次发掘，见解难免有失当处。恳请批评，并望读者使用时再加辨识。

总之，编撰考古报告是十分严谨的科学研究工作，是每一名考古人神圣的职责，切容不得一点轻慢与马虎。

原载《夜郎研究》，贵州民族出版社，2000年

可乐套头葬研究四题

1976年11月至1978年底，贵州在黔西北的赫章县可乐乡发掘战国至西汉墓葬207座。其中168座具有显著地方民族特色，发掘者将它们与其他汉式墓葬分别划为乙类墓与甲类墓。乙类墓又被称为"南夷墓"。乙类墓中有20座墓葬俗奇特，墓中用铜釜或铁釜或铜鼓套在死者头部，个别还同时在死者足部套一件铁釜。发掘报告将这种葬俗命名为"套头葬"[①]。

套头葬是国内考古发现中一种特有的葬俗。迄今除赫章可乐外，别处未见报道[②]。但关于套头葬的研究做得很少。不少文章或资料虽论及或引用这种独特的葬俗材料，但一般只是泛泛提到或与当地古代民族宗教信仰有关，不加具体论述。其中稍明确的意见有两种，一种由席克定先生提出："是一种原始崇拜的反映，反映出人们对灵魂的崇拜，对釜类器物的崇拜。……用铜釜（或铁釜）作为葬具套在尸体头部埋葬，能够给死者带来安宁，能够给生者一种慰藉。……这种'套头葬'的习俗，不是划分墓

---

① 贵州省博物馆考古组等：《赫章可乐发掘报告》，载《考古学报》1986年2期。
② 郑州大河村遗址属仰韶文化时期的一座瓮棺葬，以及宝鸡北首岭仰韶文化时期的一座瓮棺葬，都用陶瓮套于死者上半身。但与套头葬形式不同，且都是孤例，不宜认作一种普遍的葬俗。

主人社会地位高低，拥有财富多少的标准。"[1]另一种为杨淑荣先生的看法："这种奇特的埋葬方式似反映了这些墓主人在民族中身份特殊，另一方面也可能与当地先民重在保护头颅的特殊宗教信仰有关。"[2]两种意见虽将有关宗教信仰具体化，但也未深入展开。

目前对套头葬作专文研究的，仅见张合荣先生《夜郎"套头葬"试探》及《"釜鼓葬"内涵试探》两文。前文发表于1994年《贵州民族研究》2期，后文发表于1997年《中国历史博物馆馆刊》1期。两文主要内容基本相同。后文将套头葬更名为"釜鼓葬"，增加了与广西西林铜鼓葬的类比材料。张文试图从祖先崇拜即生殖崇拜角度去分析套头葬的内涵。探索精神可嘉，但在基本材料认识及思维方法上存在一些需要商榷的地方。

由于套头葬尚属国内罕见的葬俗，因而对其中的文化内涵与历史信息等问题大有研究的必要。研究的深入开展，有赖于基础材料的准确性，以及对材料认识的客观性。本文打算针对以往研究在这方面存在的一些问题谈谈个人分析，并阐述对套头葬内涵义的个人意见。愿对研究者能略有助益。

一、关于定名

套头葬在发掘报告公布后，引起不少学者注意。但使用这批材料时，常见有人改作他称。最初有古代铜鼓研究者把它认作是铜鼓用为葬具的考古例子。[3]后来有人直接称之"铜鼓葬"[4]或"铜鼓套头葬"[5]，继而更改称为"釜鼓葬"。

---

[1] 席克定：《灵魂安息的地方》第五章，贵州人民出版社，1990年。

[2] 于锦绣、杨淑荣：《中国各民族原始宗教资料集成·考古卷》P578"编者提示"，中国社会科学出版社，1996年。

[3] 中国古代铜鼓研究会：《中国古代铜鼓》第六章，文物出版社，1988年。

[4] 朱俊明：《夜郎史稿》第十二章第二节，贵州人民出版社，1990年。

[5] 侯绍庄等：《贵州古代民族关系史》，贵州民族出版社，1991年。

名称虽然不会改变葬俗性质，但反映了研究者对葬俗性质的确认。命名的混乱，不仅反映出认识的模糊和混乱，而且造成研究的不便，因此需要及时辨正廓清。

考古学对古代葬俗的命名，没有专门的规范原则，但也并非完全无章可循，主要采用约定俗成的一些方法。20世纪90年代初，徐吉军等在研究中，把中国古代的埋葬分两大类进行统计，一类是葬法，包括土葬、火葬、天葬等；另一类是葬式，包括仰身直肢一次葬、二次葬、屈肢葬等。① 其统计虽有所疏漏，但分类上还是较好的归纳法。考古学对埋葬命名还有其他一些方法，其中很重要的一种就是以葬具命名，如瓮棺葬、船棺葬、石棺葬、裸葬等。

前述将套头葬更名的人，大概采用的即是以葬具命名的办法。但是，套头葬使用的铜鼓、铜釜或铁釜，并不能认作葬具。

葬具，尚无成文规范的定义。汉语词典及有关名物工具书查不到该辞条，或许因历来认为理解上无歧义或无解释必要而忽略。

追溯古代葬具之说，至少战国时代已出现。庄子反对为其准备厚葬，对弟子说："吾以天地为棺椁，以日月为连璧，星辰为珠玑，万物为赍送，吾葬具岂不备邪？何以加此？"② 庄子所说葬具，似乎将棺椁以及随葬物都包括在内了，但恐怕这只是语言表达的一种概略法。战国时对随葬物已有清楚认识。《礼记》记载仲宪与曾子的对话："仲宪言于曾子曰：'夏后氏用明器，示民无知也。殷人用祭器，示民有知也。周人兼用之，示民疑也。'曾子曰：'其不然乎！其不然乎！夫明器，鬼器也；祭器，人器也。夫古之人胡为而死其亲乎？'"③ 类似明器说还见于《列子》等古籍中。④

随葬物有专门名称，葬具也应专有所指。从西汉人著作中可证实这一

---

① 徐吉军等：《中国丧葬礼俗》，浙江人民出版社，1991年。
② 《庄子·卷八·列御寇第三十二》，见《诸子集成》，世界书局，1935年。
③ 《礼记·檀弓上》，见阮元校刻《十三经注疏》，中华书局，1980年影印本。
④ 《列子·卷七·杨朱第七》："相捐之道，非不相哀也，不含珠玉，不服文锦，不陈牺牲，不设明器也。"见《诸子集成》，世界书局，1935年。

点。西汉刘向谏成帝营造昌陵、延陵疏提到："棺椁之作，自黄帝始。黄帝葬于桥山，尧葬济阴，丘垅皆小，葬具甚微。"[1] 显然以葬具对棺椁。今人所理解的随葬物与葬具，大体与古人一致，看来确有所本。

文献中对葬具虽无直接释义，但对葬有很清楚的解释。《礼记》："葬也者，藏也；藏也者，欲人之弗得见也。"[2] 以此说，葬具即藏具，藏殓死者尸体或尸骨使人弗得见之用具。以此释葬具，于古于今应无大谬。因此，自古以来使用的棺、椁、金缕玉衣、衾被、骨灰罐等，才是葬具之属。

可乐套头葬使用的铜鼓、铜釜或铁釜，仅仅套于死者头部或足部，躯体的主要部位置于墓坑当中，鼓和釜并未起到藏殓死者不使外露的作用。因此，不能看作是葬具。

还应注意到的是，套头葬中虽然不少采取了裸葬形式，墓坑内未发现任何棺木痕迹，但仍有8座墓发现残木或漆皮痕，其中至少1座墓可确认为漆木棺。另有2座墓发现竹席残片，被认为是用竹席裹尸的遗迹。即是说，在使用釜、鼓套头的时候，埋葬者同时也认可使用木棺或竹席一类葬具。这从另一角度证实，套头的鼓或釜，并不被埋葬者视为葬具。

广西西林铜鼓葬与可乐套头葬有很大不同。西林属二次葬，死者尸骨全装于铜鼓中，四件铜鼓分内外两层上下扣合，铜鼓起到藏殓死者不使外露的作用。按照以葬具命名的办法，称之铜鼓葬十分准确。可乐套头葬虽然使用了铜鼓，但埋葬形式和性质与西林铜鼓葬完全不相同，不可等同类比。而且鼓和釜不是葬具，同样称为"铜鼓葬"或"釜铜釜"也极不恰当。至于称为"铜鼓套头葬"恰是用个别特征代替一般特征，不能正确表现这种葬俗。

发掘报告定名为套头葬，不以葬具为名，而以埋葬的突出特征为名。这种方法在考古学中偶有采用，如残肢葬或割体葬。这样命名，形象地表现出埋葬的突出特征，便于接受和理解，不失为一种好方法。套头葬可谓

---

[1]《汉书·楚元王传第六》，中华书局，1962年标点本。
[2]《礼记·檀弓上》，见阮元校刻《十三经注疏》，中华书局，1980年影印本。

定名贴切，而且以发掘报告公诸于世，多年来已为多数人认可，因此，这样的命名完全应该使之稳定化。考古学对古代遗迹现象的定名大都如此。定名需慎重，定名一经问世，就不要动辄标新立异再随意更改，这既是对最初发掘研究者的尊重，又不致给后来研究者和观众造成多余的疑惑。

二、关于数量

发掘报告公布套头葬的数量为20座。实际可能不止此数。

可乐乙类墓出土大型铜釜和铁釜共24件，其中铜釜14件，铁釜10件。发掘报告记述铁釜为11件，但墓葬登记表记录为10件，以登记表为准。另外出土小型铜釜4件。

24件大型铜釜和铁釜中，20件出土于公布的套头葬墓。凡套头的釜，都侧立于墓坑内死者头顶部位置，距顶端墓壁0—0.6米不等。釜内皆发现少量头骨残片或零星牙齿。另外4件釜分别出土于M37、46、137及146，其中M46为铜釜，其余为铁釜。4墓均为竖穴土坑墓，时代为西汉前期至西汉晚期。墓坑长度在2.24—3.1米之间，宽度在1.05—3米之间，规模与套头葬墓相似。

从墓葬平面图看，这4件釜在墓坑的位置与套头葬墓相同，处于纵向中轴线距顶端墓壁0.3—0.5米处。放置方式，因器物残破，其中2件只可看到散置的碎片，但M46的铜釜与M146的铁釜可看出也是侧立放置，器口朝向死者头顶。4座墓的随葬器物与套头葬墓随葬器物的分布规律大体相同。从几方面情况分析，这4座墓应当也属套头葬。

从图上看，这4座墓未发现任何人骨架遗存，在釜范围内也无头骨或牙齿遗存。这可能是当时未认定为套头葬的主要原因。套头葬墓发现的少量头骨和牙齿，虽然与铜、铁釜的保护作用有关，但并不意味着这种作用都是一致的。如果铜、铁釜残损太早，或套头时位置较靠外，或死者较年轻，都可能造成头骨完全腐朽不存。另外还有可能是发掘时将本不明显的遗迹做掉了，因当时参加工作的人员多，除专业人员外，还有地县培训的人员和师范学院历史专业的学生。

可乐168座乙类墓中，64座未发现任何随葬器物，推测其中有的可能早年曾遭盗扰。被盗扰的墓中也可能存在套头葬墓。

因此，可乐发掘的套头葬墓应多于发掘报告公布的数量。这不仅仅关系到数量比例的问题，更重要的是还反映出乙类墓出土的大型铜釜和铁釜，全用于套头葬。这对研究套头葬铜釜和铁釜的功用性质，具有一定的意义。

三、关于鼓改釜

可乐 M91用于套头的立耳铜釜，除去立耳外，形体与铜鼓十分相像。将釜倒过来，胸、腰、足三段分明，胸最大径偏上，腰最小。径在胸腰交界处，足外侈，超过胸径垂直线。（见图1）发掘报告认为该器原为铜鼓，在口沿加铸一对立耳后改作铜釜，故称之"铜鼓改装的铜釜"。贵州省博物馆接收这件器物后，亦沿用此名[①]。

仔细观察分析，这件铜釜由铜鼓改装疑点甚多。笔者曾在提交古代铜鼓第四次国际学术讨论会的论文《赫章可乐出土的铜鼓与铜釜》中，作过初步讨论，论文集尚编印中[②]，今再补充分析如下：

从外形看，该铜釜倒扣后，与万家坝型铜鼓颇相似，但兼有石寨山型铜鼓一些较晚期的特征，同时又自有二者都不具备的一些特征。该器面径（暂用铜鼓各部名）26.8厘米，胸最大径31.6厘米，腰径28厘米，足径36.8厘米，器身高16厘米。体形偏扁，高度为宽度的43%。腰上端径最小。足口沿有一周宽约0.5厘米的棱边。这些为万家坝型铜鼓特征。但该器胸外突度明显较小，胸径比面径仅大出17%。而万家坝型铜鼓为31%—

[①] 见《贵州省博物馆藏品志》P79，贵州人民出版社，1990年。

[②] 铜鼓第四次国际学术讨论会于1998年10月在贵阳召开，论文集编辑后，因经费原因未能及时出版。成都考古研究中心知情后，慨然给予资助，现论文集正印中（论文集《铜鼓和青铜文化研究》已由贵州人民出版社于2001年11月出版）。

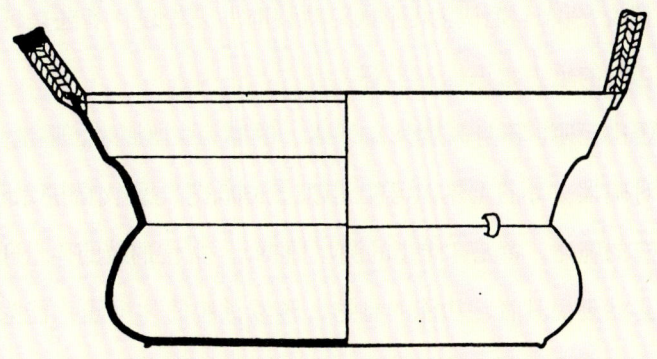

图 1 可乐 M91 出土铜釜

44%，而且胸部最大径偏上。这些与万家坝型铜鼓不同，却属于石寨山型铜鼓特征。而该器足部位置明显偏高，足段与腰段高度几乎相等，这是万家坝型铜鼓与石寨山型铜鼓都不具备的特征，是铜鼓晚期发展的趋向。因此，从时代性看，该釜如作为铜鼓，形制特征甚奇特。

该器除立耳外，通体无纹饰，连简单的光体和芒纹都没有。我国古代铜鼓中，只有属春秋时代早期的万家坝型铜鼓有类似现象。进入春秋中期后，万家坝型铜鼓开始出现简单纹饰，并不断从简向繁演变。进入战国晚期，不唯纹饰有很大发展，铜鼓形制也逐渐被石寨山类型所取代。铜鼓纹饰开始进入高度发展期。石寨山型铜鼓呈现出的精美、丰富的纹饰，已不仅仅是人们审美观念的反映，还明显透露出强烈的宗教含义。这时铜鼓的纹饰，不再是早期铜鼓那样可有可无的随意装饰，而应作为带宗教含义的意符，具有不可或缺的必然性。M91 此件铜器的素面现象，与这样的时代背景极不相符。

发掘报告认为该釜的立耳是加铸上去。即是说，该器胸腰间的两对扁条形环状耳，应是原鼓的鼓耳。但两对条形耳的纤小却令人吃惊。耳孔径为 0.4 厘米左右，耳条宽度为 0.5 厘米左右，厚度不及 0.2 厘米。稍粗的绳索很难从这样小的耳孔穿过。而且悬挂起来时，凭如此纤细的耳条，也无法长时间支承自身的重量与使用者敲击的外力。在各地可见到的古代铜鼓中,尚未发现类似的纤小鼓耳。因此,这两对小耳,与其说是用于悬挂的鼓件,不如说是仅具模仿与象征意义的装饰。无论设计者还是铸造者,都不至于连起码的重力常识也不了解。

该器矮小轻薄,器身高度为16厘米,壁厚为0.18厘米,重量为3750克。如减去一对硕大立耳的重量,可能不超过3000克。据中国古代铜鼓研究会对国内铜鼓的统计,尚无这样小的测量数据[①]。古代铜鼓的体量和重量虽无定制,但必然要受其音响功能的制约。该器共鸣筒体短浅,器壁轻薄,不可能发出一般铜鼓雄浑激越的声响。而且该器的铜含量为93%,锡含量仅5.7%,也会严重影响声响效果。石寨山型铜鼓的铅锡含量一般在14%以上,很多达到20%—30%,因当时人们已认识到较高的铅锡含量,可大大改善铜鼓的声响效果[②]。M91这件铜器如此忽视声响因素,很难以从铜鼓的功能中加以解释。

该器还有一个不显眼的现象,器底边缘(相当于鼓面边缘)有一圈断面为方形的垂直棱边,高宽均0.2厘米,棱角平齐,看不出外力敲击后留下的弧面或疤痕。如果此器过去曾是铜鼓,这圈棱边恐怕不能如此平整地保存下来。

种种现象说明,M91的铜釜并非由铜鼓改装而成。它铸造时应即作为铜釜来设计,只是形制上刻意模仿了铜鼓造型。

云南省昆明市羊甫头近年发掘了一批汉墓,笔者有幸参观了部分出土文物,发现其中有一种模仿铜鼓造型的陶釜,除口沿没有立耳外,与可乐M91的铜釜极为相似。尤其是腹部装饰性小耳,大小比例与铜釜几乎相同。笔者在四川省凉山彝族自治州博物馆还见到盐源县毛家坝汉墓中出土的3件铜鼓,其中2件与可乐M91铜釜很有相似处。鼓面与外壁无纹饰,布满厚厚的烟炱痕,内壁口沿一带有简单纹饰。腰部器耳比可乐铜釜略大,壁也较厚。值得注意的是,鼓面及胸部有多处火法修补的疤痕,显然

[①] 见中国古代铜鼓研究会编:《中国古代铜鼓》附录二、三,文物出版社,1988年。另,贵州省博物馆收藏一件清代小铜鼓,高8.8厘米,面径15厘米,但非实用器。

[②] 资料选自万辅彬等:《中国古代铜鼓科学研究》,广西民族出版社,1992年,以及《中国古代铜鼓》。

是为堵塞漏水而为。其中一件内壁底部附着一层似食物的炭化层。这两件器物很可能也是模仿铜鼓造型的铜釜。

这两处考古发现的实物，说明当时模仿铜鼓造形制作的生活用器，在铜器和陶器中都可能出现。赫章可乐 M91 铜釜应再邀请专家考察、鉴定，不宜再使用"鼓改釜"的旧称。

四、关于内涵义

1. 诸论简评

分析诸家有关套头葬内涵义的论点，有助于我们探讨认识这一问题。

席克定先生认为套头葬反映出对灵魂崇拜以及对釜类器物崇拜的心理。他同时认为，这种埋葬方式不是划分墓主人社会地位高低或拥有财富多少的标准。两论点虽未展开论证，但从逻辑上看，比较合乎推理，而且可以从民族学和考古学方面找到有关例子作为支持。不过，他提出用釜鼓套头能够给死者带来安宁，给生者带来慰藉，却因未加论述，使人无法了解具体原因所在，难以使人信服。

杨淑荣先生认为套头葬反映墓主人身份特殊，与席说似有冲突。但杨先生对身份特殊所在未加解释，也可理解其所言特殊未必是社会地位的不同。从葬俗现象看，用釜鼓套头并不像商周流行的列鼎制度那样，专用以显示死者的身份等级，而更主要是用以达到生者的某种心理需要。杨先生认为套头还可能与保护头颅的宗教信仰有关。这一观点需作商量。如果当时存在保护头颅的信仰，那应是该氏族成员普遍的需要。但套头葬在可乐乙类墓中仅占12%，所占比例太小。另外，如果仅仅是为保护头颅，就可能还会采用一些其他方法，比如用陶器或陶片盖在头部，这种现象在新石器时代青莲岗文化遗址发现过多例[①]。毕竟铜鼓及釜在夜郎时期的南夷部族

---

① 见江苏省文物工作队：《江苏连云港市二涧村遗址第二次发掘》，载《考古》1962年3期；常州市博物馆：《江苏常州圩墩村新石器时代遗址的调查和试掘》，载《考古》1974年2期。

中价值是较为昂贵的。

席、杨二人的论点，主要还是对套头葬内涵义的概略性推测，惜乎简略，使人难以完全理解作者的思维与立论依据。张合荣先生有较深入的论证，但需商榷处甚多。

前文已分析过套头葬使用的鼓和釜不能视为葬具问题。张先生还认为这种葬俗是祖先崇拜文化的体现。此说无大误。但他提出"祖先崇拜源于生殖崇拜"，认为"祖先崇拜的崇拜对象是体现男女生殖崇拜的综合器物或是蕴含有生殖观念的形象"，进而提出铜鼓、铜釜象征女阴，因而代表祖先。用釜鼓套头及广西铜鼓葬"是将死者灵魂导入象征祖先的铜鼓内，让死者重新回到祖先的母体里去"。这一系列论述却有失偏颇。

首先，祖先崇拜源于生殖崇拜便是难以成立的论点。

众所周知，祖先崇拜根源于灵魂观念。人类产生灵魂不死观念，并认为灵魂具有超凡能力，能够作祟或加佑于人，进而产生鬼魂崇拜。祖先崇拜是鬼魂崇拜的特化形式，人们祈愿祖先带来各种庇佑和福祉，其中也包括对生殖的庇佑。而生殖崇拜往往体现为祖先崇拜和自然崇拜的混合形式，人们不仅向祖先神祈求生殖庇佑，还向种种可能利于生殖的自然物祈求庇佑，如蛙、鱼、用自然物制成的生殖器、某个山洞、某棵大树等。这种自然崇拜导源于万物有灵观念。因此，祖先崇拜与生殖崇拜并不存在递生关系，甚至并不一定存在必然联系。

至于说祖先崇拜对象是与生殖有关的物或形象的观点，只要看看已发现的大量早期人类的神祇形象，就知道其忽视客观事实遽作论断的粗疏所在了。

张文提出铜鼓、铜釜象征女阴，主要论据有两条，一是新石器时代的瓮棺葬，一是《周易》的有关记述。

瓮棺葬是我国新石器时代颇为流行的一种葬俗，以仰韶文化遗址发现最多。使用的葬具除陶瓮外，还有陶盆、钵、缸、罐、鼎等，多为生活实用器。研究者有人提出反映当时人类死后回归母体的观念，但多数人更倾向于灵魂不灭和爱怜幼童的观点。瓮棺葬虽然已发现不少，但除个别外，基本是婴幼儿墓葬。如果当时有回归母体观念存在，这种葬俗应该有更广泛的反映。此外，将这样多种陶质实用器都看作女阴或母腹，需要十分丰富的想象力，当时要在那样广泛的地域内建立起如此一致的想象力，确使人难以置信。退一万步说，如果确有这样的信念和想象力，在实际生活中却同时使用各种象征庄严的器物来烧煮饮食，岂不又显得过于奇特甚至滑稽？

张文引用的《周易》条文，一为《系辞下》所言："坤，阴物也。"一为《说卦》所言："坤为釜。"由此便按照颇简单的置换原理，釜即阴物，即女阴。这里且不谈置换方法的不妥，其对原文先即未加完整引读。

《周易》本是西周晚期占筮书，虽充满神秘色彩，但隐含着编著者深邃的哲学思想。《系辞下》的原文整句应为："子曰：'乾坤，其易之门邪？乾，阳物也。坤，阴物也。阴阳合德而刚柔有体，以体天地之撰。'"这段话反映的明显是古人一种宏观的宇宙观，所言乾与坤、阳物与阴物，是对天地万物相辅相生现象的辩证认识，与男阴、女阴毫不相干。《周易》作者自己已经说得很清楚。《说卦》曰："昔者圣人之作易也，将以顺性命之理。是以立天之道曰阴与阳，立地之道曰柔与刚。"

张文引《说卦》的原文整句为："坤为地，为母，为釜，为吝啬，为均，为子母牛，为大舆，为文，为众，为柄，其于地也为黑。"这本是对坤卦的具体解析，基本观念也源自相同的哲学思想。这里有必要将唐代孔颖达《五经正义》的注解摘引出来："此一节广明坤象。坤既为地，受任生育，故谓之母也；为布，取其地广载也；为釜，取其化生成熟也；为吝啬，取其生物不转移也；为均，取其地道平均也；为子母牛，取其多蓄育而顺之也；为大舆，取其能载万物也；为文，取其万物多色杂也；为众，取其地载物非一也；为柄，取其生物之本也；其于地也为黑，取其极阴之色也。"[①] 很明显，孔颖达《五经正义》注解也是从哲学思辨的角度加以把握

---

① 《周易》原文及《正义》引文，均摘自阮元校刻《十三经注疏》，中华书局，1980年影印本。

的。坤之为釜，是因釜能通过烧煮，将生物转化为熟物。这里所说的釜非即特定器物，而是一般炊具的代名词。

张文引用《周易》为论据，或未仔细研读原文全句，难免作出片面理解。其论点也因此失掉依据而难以成立。

2. 铜鼓通灵功能分析

套头葬中使用了铜鼓。铜鼓在当时的使用性质有不少实物资料可供研究，因而从分析当时铜鼓的功能着手，应是探索套头葬内涵义的路径。

笔者曾探讨过早期铜鼓的性质，认为并不是很多人称为的少数民族礼器，而应该是原始宗教意义的"法器"或说"巫器"。持论的依据即是对铜鼓使用功能进行的分析[①]。为探索套头葬内涵义，谨将个人的分析和结论，在此作简略复述。

云南晋宁石寨山滇文化墓葬出土的铜鼓、贮贝器及铜牌饰上，有大量铸造或刻划的图像。观察分析发现，图像表现出的铜鼓几乎都用于隆重的祭祀仪式，在仪式中陈列起来，并占有重要地位。墓葬中随葬的铜鼓及鼓形贮贝器，多用以盛放海贝。从不同祭祀仪式看出，祭祀的对象不仅仅是祖先神或某一特定神灵，还包括更宽泛的多种神灵。铜鼓在祭祀中不是献享器，也不是祭祀对象，但陈列的形式庄重肃穆。从中国商代铜鼎曾用作通灵重器，以及原始民族中普遍存在通灵物的现象，推论当时铜鼓的主要功能，在于沟通人与鬼魂世界的作用上。

笔者进一步分析认为：

铜鼓用于祭祀仪式，是通过它向被祭祀的神灵传达祭祀、奉献牺牲的诚意，以及祈求的愿望和目的。

铜鼓用于殉葬，一方面可能是要将死者生前所拥有的掌握和使用铜鼓的权力及能力，通过铜鼓带到鬼魂世界去。另一方面可能也希望通过铜

---

① 拙作《法器与礼器——铜鼓与铜鼎比较研究》，见《铜鼓和青铜文化的再探索——中国南方及东南亚地区古代铜鼓和青铜文化第三次国际学术讨论会论文集》，民族艺术杂志社，1997年增刊。

鼓，让死者的灵魂时时庇护后人。

铜鼓用于贮贝，是希望通过其神秘的功能，将人世的财富送抵死者去往的鬼魂世界。

中国古代具有这种通灵功能的器物，至少还可以举出铜鼎、玉琮和陶鼓等三种。

《左传》记载有鲁宣公时代王孙满对楚庄王说的一段话："昔夏之方有德，远方图物，贡金九牧，铸鼎象物，百物而为之备，使民知神、奸。……用能协于上下，以承天休。"[1]这段话表明，春秋时代人认为早期图物之鼎是用来协调人神、天地关系的。张光直先生对青铜礼器的动物纹样作过专门研究，他指出："在商周之早期，神话中的动物的功能，发挥在人的世界与祖先及神的世界之沟通上。……礼乐铜器在当时显然用于祖先崇拜的仪式，而且与死后去参加祖先的行列的人一起埋葬。因此，这些铜器上之铸刻着作为人的世界与祖先及神的世界之沟通的媒介的神话性的动物花纹，毋宁说是很不难理解的现象。"[2]

玉琮是我国新石器时代即大量出现的玉器，研究者多认为是"绝地天通"的特殊器物。苏秉琦先生指出："玉琮是专用的祭天礼器，设计的样子是天人交流。随着从早到晚的演变，琮的制作越来越规范化，加层加高加大，反映对琮的使用趋向垄断，对天说话、与天交流已成最高礼仪。"[3]张光直先生也认为玉琮"是贯通天地的一项手段或法器"[4]。

陶鼓主要出土于黄河流域新石器时代遗址，过去被称为"喇叭形器""漏形器""异形器"等。高天麟先生进行比较研究后，统一称之为"陶

---

[1] 《左传·宣公三年》，见杨伯峻编著《春秋左传注》，中华书局，1981年。

[2] 张光直：《商周神话与美术中所见人与动物关系之演变》，见《中国青铜时代》，生活·读书·新知三联书店，1983年。

[3] 苏秉琦：《中国文明起源新探》，生活·读书·新知三联书店，1999年。

[4] 张光直：《谈"琮"及其在中国古史上的意义》，见《文物出版社成立三十周年纪念——文物与考古论集》，文物出版社，1986年。

鼓",指出:"或专为死者特制的通灵的陶器。"①

这些现象证明,当时人们将铜鼓看作沟通人神世界的法器是合乎人类早期思维规律的。

3. 套头葬的内涵义

套头葬的内涵义,从铜鼓沟通人神世界的使用功能中可以找到一种合理解释。

套头葬使用的铜鼓属石寨山型,时代为西汉晚期。云南晋宁石寨山青铜器图像已经说明,西汉正是铜鼓大量用来作为沟通人神世界重要法器的时期。可乐发现的铜鼓套头葬,应是这种通灵功能的一种使用方式。

但是套头葬使用的铜鼓仅仅一件,多数使用的是铜釜和铁釜。使用铜釜与铁釜是否与使用铜鼓具有同样的含义呢?

在对古代铜鼓的研究中发现,铜釜与铜鼓有着特别密切的关系。最突出的例子就是云南祥云大波那和楚雄万家坝发现的早期铜鼓与鼓形铜釜共出的现象。发掘者立马注意到二者间的特殊关系,提出从中探索铜鼓起源的问题。② 其中尤其值得重视的,是楚雄万家坝 M1 腰坑中出土一件铜鼓、一件鼓形铜釜和一套编钟。墓葬中的腰坑历来被认为与特殊的灵魂观念有关。M1 出土的青铜器达 110 件之多,特别要将铜鼓与铜釜放在腰坑中,二者间相似的功用和重要性反映得非常清楚。

铜釜在某些少数民族中的特殊性早已受到民族学家和考古学家的关注。童恩正先生研究铜鼓起源时,曾指出世界一些民族视铜釜为神圣之物,并举例说日蚀或月蚀时,柬埔寨人要敲打铜釜,以使魔鬼罗胡放出被蚀的日月。③

---

① 高天麟:《黄河流域新石器时代的陶鼓辨析》,载《考古学报》1991年2期。

② 见云南省文物工作队:《云南祥云大波那木椁铜棺墓清理报告》,载《考古》1964年12期;云南省文物工作队等:《云南省楚雄县万家坝古墓群发掘简报》,载《文物》1978年10期。

③ 童恩正:《再论早期铜鼓》,见《中国古代铜鼓研究会第二次学术讨论会论文集》,文物出版社,1986年,第11页。

铜釜与铜鼓具有这种特殊的联系，铜釜也具有神圣的功能，套头葬中铜釜与铜鼓替换使用，也就不足为奇了。而且套头葬中属战国晚期的10座墓，9座使用的都是喇叭口鼓形铜釜，与楚雄万家坝M1腰坑中的鼓形釜形制基本相同。另一座墓使用的铜釜即前文分析过的"铜鼓改装的铜釜"，也是鼓形铜釜。因此，完全有理由认为套头葬中使用的铜釜，与铜鼓具有同样的功用和涵义。

套头葬还使用有部分铁釜及其他形制的铜釜。从形制看，铁釜为中原特征，不像当地居民的产品。肩部附环形耳的铜釜与巴蜀地区铜釜相似。这应是汉武帝开西南夷后，中原包括巴蜀地区文化流入带来的影响。从葬俗意义说，并不改变使用鼓形铜釜时的性质。

套头葬中使用铜鼓的墓属西汉晚期，但这并不排除早期没有使用铜鼓的套头葬。可乐南夷墓只发掘了一小部分，多数墓的情况还无法了解。而且前文已谈到，64座空墓可能部分曾被盗扰，情况也不明。另一种可能是，由于经济原因，生前使用的铜鼓不愿用以随葬。从出土的鼓形铜釜看，工艺比较粗糙，器体比较轻薄，远远赶不上铜鼓的水平。这些墓的随葬品一般仅有几件，说明墓主人的经济力量有限。设想将价值昂贵的铜鼓传与后人，埋葬时用价值较低的铜釜替代，又不失其宗教意识需要，恐怕会是当时部族成员都视为合理的方法。

总之，套头葬中使用铜鼓、铜釜或铁釜，目的都在于沟通人与神灵的世界，使死者的灵魂顺利抵达神灵的世界，并且能时时庇佑部族后人的生产与生活。套头葬不是所有人都能使用的。在已发掘的168座乙类墓中，套头葬占12%。除去64座空墓不计，约占19%。这少部分人可能是部族中有声望的老人或宗教首领，或巫师类人物。从墓葬规模和随葬物看，他们的经济状况一般，社会地位不甚显要，以属中下层巫师类人物的可能性较大。

4. 重要的补证材料

套头葬为何将鼓和釜套于死者头顶，是个颇费解释的问题。最近云南的考古发现，提供了极有参考价值的材料。

《中国文物报》2000年1月5日报道，云南省考古所在昆明市官渡区羊甫头发掘了近500座西汉时期地方部族的墓葬。云南省考古所在全国考古工作汇报会上介绍了发掘情况，其中一件木漆制作的巫师造型十分值得注意，巫师踞坐于一件大铜鼓上，头顶上戴一件小铜鼓。[①]这件造型反映的，应是当时巫师作法时的真实状况。

巫师是人神沟通的中介人。这个巫师作法时的特殊状态，分明表现出铜鼓在人神沟通中的重要作用。由此联想到套头葬将铜鼓或釜套于死者头部，甚至也套在脚上，很可能即是对巫师生前作法形式的模仿或再现。因此，这种用于沟通人神世界的铜鼓和釜，需套于死者头顶，而不像一般随葬品那样散置于墓坑其他部位。这同时还证明我们关于套头葬可能属于中下层巫师的推测，有相当的合理性。

原载《四川大学考古专业创建四十周年暨冯汉骥教授百年诞辰纪念文集》，四川大学出版社，2001年

[①] 写作时因发掘报告尚未发表，不宜详细引用。承蒙云南省考古所同意，作此简介。后发掘报告《昆明羊甫头墓地》由科学出版社于2005年7月出版。

贵州出土的古代玉（石）器

贵州在古代非产玉地区。历史文献中，《后汉书·志第二十三》曾记载："牂牁郡……夜郎出雄黄、雌黄。"但历来出土文物中，并未发现过用雄精石制作的装饰物品。因古代玉矿资源贫乏，贵州至今考古发掘出土的古代玉（石）器很不丰富。但是，从已发掘的战国以来的古代遗址和墓葬中，仍出土过一些不同类型的玉（石）器。对于全国古代玉器研究，贵州出土的古代玉（石）器毕竟反映了一个地区的面貌，因而整理研究这些玉（石）器，仍值得重视。至少，对中国古代玉器的分布特征、玉文化的传播交流以及相关的社会问题，可提供一个区域的必要的实物资料。

一、玉（石）器出土概况

贵州新石器时代遗址发现很少。经正式考古发掘的仅平坝飞虎山洞穴遗址一处，但未发现玉（石）器。考古调查中，也基本未发现史前时期的玉（石）器。但值得一提的，是在盘县沙陀乡曾发现过一件磨制光润、色彩十分鲜艳的红色石锛（图1）。贵州省博物馆入藏时曾定石质为"鸡血石"。这件石锛是否为鸡血石，或是否为玉器还需认真鉴定，但作为一件"美石器"，却是当之无愧的。

图1
盘县沙陀乡出土
有肩石锛

贵州商周时期遗址也仅发掘过一处,也未发现玉(石)器。从战国至汉代的遗址和墓葬中,却发掘出土过较多玉(石)器,主要是小型装饰品,种类包括璧、环、玦、璜、管、珠等,无兵器和其他大型器物。其中以普安铜鼓山遗址[①]、威宁中水古墓群[②]及赫章可乐古墓群[③]出土的玉(石)器比较具有时代和地方特色。

魏晋南北朝时期的玉(石)器主要是项饰,以玉、玛瑙、水晶、绿松石及料珠等连缀成串,每串数粒至数十粒不等。很少发现单件的玉(石)器。唐代仅一座墓葬出土过玛瑙与料珠串饰。

① 发掘报告见《贵州田野考古四十年》,贵州民族出版社,1993年。
② 发掘报告见《考古学报》1981年2期,及《文物资料丛刊》1987年10期。
③ 发掘报告见《考古学报》1986年2期。2000年发掘报告整理中(后《赫章可乐二〇〇〇年发掘报告》由文物出版社于2008年6月出版)。

宋代墓葬发掘近150座，包括石室墓、土坑墓、石棺墓及岩洞葬，均不见玉（石）器，连魏晋南北朝时期流行的玛瑙串饰都不见。元代墓葬仅发掘过一座，未见玉（石）器。明代以后，玉（石）器出土甚多，但器形和工艺与中原及其他省区已无区别，明显表现出文化的一致性。

因此，本文分析讨论的贵州出土的古代玉（石）器，下限截止于唐代。明清时代出土玉（石）器因无特殊性，不列入讨论范围，今后另从美学和工艺学角度再作探讨。

二、出土玉（石）器分析

贵州出土古代玉（石）器主要集中于两个时期，一为战国至西汉，相当于贵州夜郎国时期；一为魏晋南北朝时期。战国至西汉时期玉（石）器主要发现于普安铜鼓山遗址、威宁中水古墓群及赫章可乐古墓群等三个地点。三地点的玉（石）器有一定共性，又有一些区别。为便于了解，将三地点分别加以分析介绍。魏晋南北朝时期和唐代玉（石）器因无明显地区差别，只作综合性分析介绍。分析中主要选择有代表性的重要器物。

1. 普安铜鼓山遗址玉（石）器

普安铜鼓山遗址1980年秋发掘1500余平方米，时代属战国至西汉[①]，是夜郎国时期一个重要遗址。出土石、陶、铜、铁、骨、漆等质地器物千余件，其中有较多浇铸青铜器的石范和陶模尤其引人注目。

遗址出土玉（石）器较多，但由于未作检测，在质地判断上存在分歧。发掘报告确认为玉器的仅4件，包括2件玉璧和2件玉管。但移交贵州省博物馆入藏时，很多原定为石器的，被重新认定为玉器。这种改认的玉器至少有20件，包括玦、佩饰、璜、瑗、环、管等，另有10多件存有疑虑，

[①] 发掘报告认为遗址时代上限为春秋时期，下限为西汉晚期。但其时代上限的认定缺乏依据。笔者与较多同仁主张定为战国较妥。详见拙著《考古三报告补正与讨论》，见《夜郎研究》，贵州民族出版社，2000年，第54页。

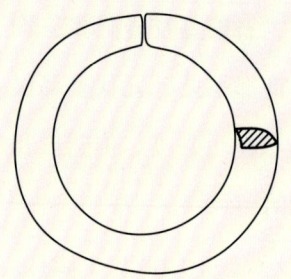

图 2
普安铜鼓山遗址
Ⅰ 式玦（T5∶4∶11）

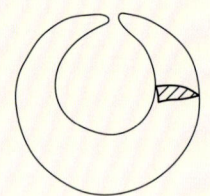

图 3
普安铜鼓山遗址
Ⅱ 式玦（T40∶3∶5）

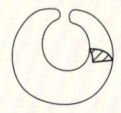

图 4
普安铜鼓山遗址
Ⅱ 式玦（T24∶2∶6）

称之为"玉石器"。本文从"美石为玉"角度，将这些器物都纳入分析范畴，同时还偶旁及个别石器。

玦 发掘报告报道石玦计30件，贵州省博物馆入藏重新定为玉或玉（石）玦者计8件。可分为两式。

Ⅰ式 圆环形，好居于正中，肉内厚外薄，剖面呈扁圆形。玦口两端平直，距离很小，仅0.1厘米。（图2）

Ⅱ式 圆环形，好偏向玦口一侧，肉内厚外薄，剖面呈扁圆形。玦口两端有的呈尖头状，有的呈平头状。两端距离常不及0.1厘米。Ⅱ式玦形体多偏小。（图3、4）

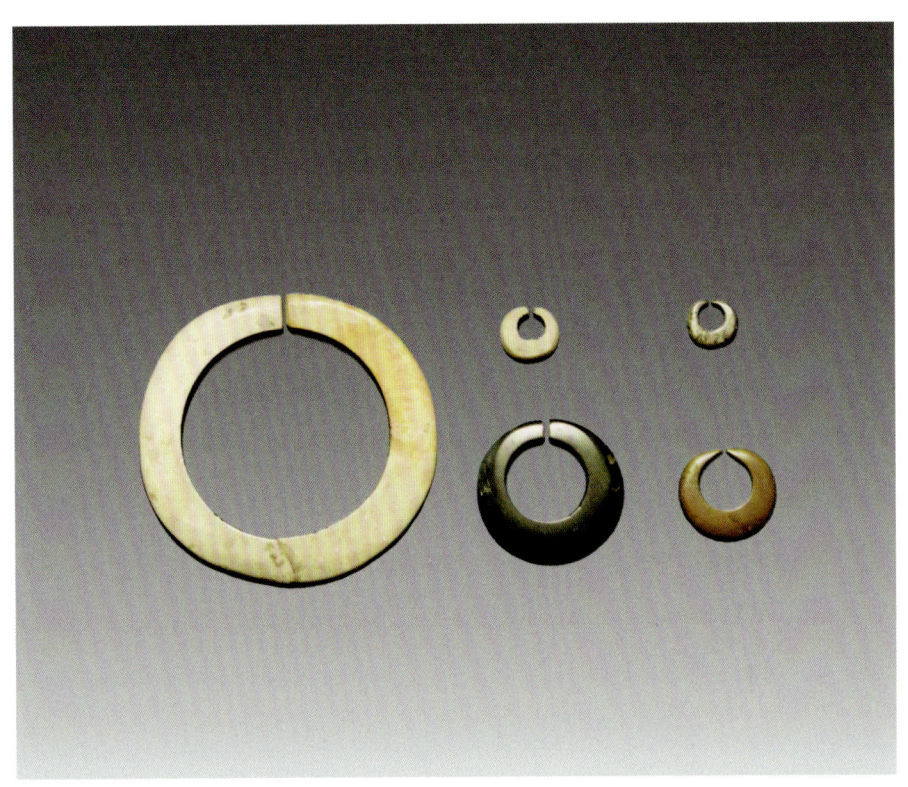

图 5 普安铜鼓山遗址玉（石）玦

玦是普安铜鼓山遗址中很有特色的一种玉（石）器，体形大小不一，大者直径6厘米，小者直径仅1.1厘米。色泽多样，有牙白色、米色、豆汤色、青灰色、棕黄色、黑色等，磨制光润，基本不透明或微透明（图5）。其中Ⅱ式玦发掘报告未作报道。实际上这种玦数量较多，形制特殊，在其他地区不多见。

管　管是出土较多的一类玉（石）器，发掘报告报道的玉管计2件，石管计35件，贵州省博物馆从石管中重新认定的玉管及玉（石）管为18件。

玉（石）管基本磨制成不规则圆柱形，还有的呈扁圆柱或多棱柱形，两端或一端往往略偏细。管中心纵向钻有贯通小孔。长度2—6.5厘米，直径0.5—0.9厘米不等。（图6）

考古研究·贵州出土的古代玉（石）器　·　113

图 6 普安铜鼓山遗址玉（石）管

玉（石）管中心钻孔采用从两头对钻及从一头钻通两种方法。采用对钻法的玉（石）管，两端孔口较大，口径大体一致，口壁明显有外倾的弧形面。这可能是钻具在孔口反复旋转时，晃动倾斜造成的。曾见有人认为这种弧形斜面是使用过程中挂在绳上磨成的，实际上绳子磨成的可能性极小。以玉石的硬度，靠绳子磨出那样弧形的斜面，不知需多少年的工夫。采用一头钻法的玉（石）管，钻孔明显呈现出一端口大、一端口小，大口端口壁有外倾弧形面，小口端口壁却平直，甚至微显内敛。笔者测量过两件采用一头钻法的玉（石）管，大口端孔径分别为0.3和0.4厘米，小口端孔径分别为0.15和0.2厘米，差别很明显。（图7）从图片上也可明显看出大口端口壁外倾的弧形斜面，而小口端则绝不相同。由此也可说明挂绳磨出弧形斜面的推测缺乏依据。

笔者观察遗址出土的14件玉（石）管，只有5件采用一头钻孔方法，约占总数的1/3，其余都采用两头钻孔方法。这大概与两种钻孔法的难易程度不同有关。

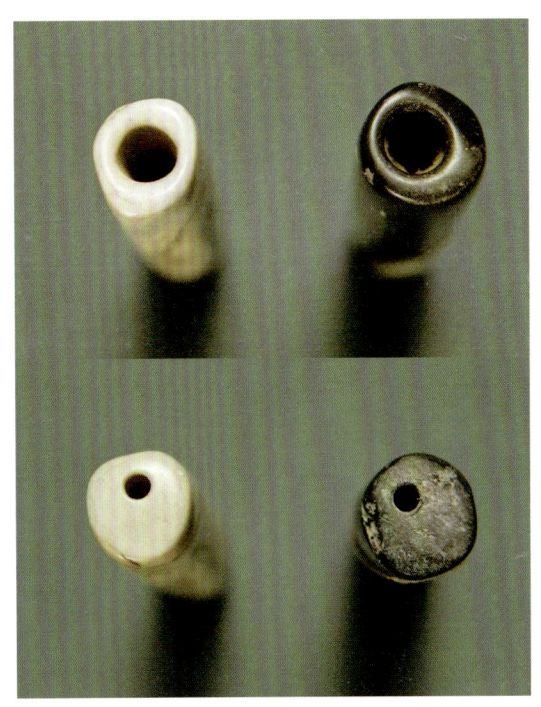

图7 普安铜鼓山遗址玉（石）管两端孔口对照（T22、T20）

图8 普安铜鼓山遗址玉（石）管形坠饰 T42:1:1

玉（石）管中有一件管形坠饰造形特殊。这件坠饰长5.7厘米，直径比一般玉（石）管粗，一端中心钻孔至全器约1/4处，又从侧面横向对钻两孔与中心孔连通。这样穿绳带时，可从两侧孔穿入，汇集到中心孔，再从顶端穿出。（图8）这种形制的管形坠共出土10多件，除这一件外，其余都为石质，且形体大，长度达10多厘米，用作装饰品似不恰当。

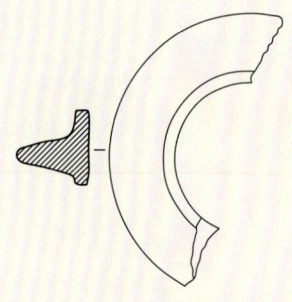
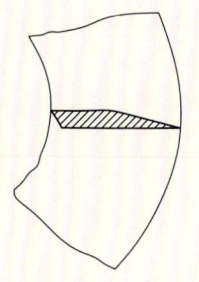

图 9
普安铜鼓山遗址
玉（石）钏（T40∶3∶4）

图 10
普安铜鼓山遗址
玉（石）璧（T53∶2∶18）

钏 数量不多，仅5件，主要为石质。贵州省博物馆将其中2件重定为玉（石）钏。从实物观察，石质白中透红褐色晕或米灰色晕，器表不光润，硬度也不高。其形制特点是肉内缘有突起之棱。突棱分两面起棱和一面起棱两种。两面起棱者断面呈 T 形；一面起棱者断面呈 7 形。仔细观察，两面起棱者，棱的高度被制成一面高一面低，断面是不对称 T 形。这种断面呈现不对称 T 形的钏是该遗址的一个特征。（图9）

璧 出土2件。其中一件呈苍绿色，细腻光润，透明度较好，内含较多絮状物。这在贵州出土的古代玉器中是很独特的。肉较薄，一面平直，一面从中部转折向外倾斜，剖面呈楔形。可惜残缺严重，仅余一小段。（图10）

遗址还出土3件绿松石管形珠和4件玛瑙珠，器形都很小。该遗址很少出绿松石和玛瑙器的情况，与威宁中水墓群及赫章可乐墓群的出土情况，形成较大的区别。

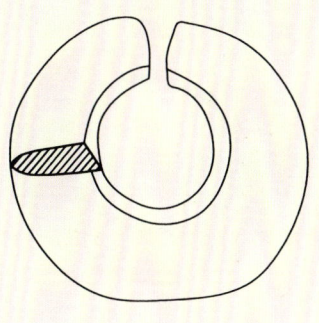

图11
威宁汉墓
玉(石)玦(独 M1∶3)

图12
威宁汉墓玉(石)玦线图
(独 M1∶3)

2. 威宁中水墓群

威宁中水墓群于1978年10月和1979年冬先后发掘两次，共发掘墓葬58座，年代为战国中期至西汉末，个别墓晚至东汉初期。墓群出土玉(石)器以玦、钏和玛瑙管饰较有特色。

玦　发掘报告报道石玦2件，其中一件外径为18.6厘米，置于死者右上肢与腰胯部位。用细白砂石制成。惜原物残碎已不可见。另一件报告未作报道，出土于威独M1，用一种质地较软的石料制成，淡肉红色间白色斑纹，细腻光润。略呈圆环形，好稍偏向玦口一侧，玦口为弧形，两端最近距离仅0.1厘米。与玦口相对的外缘略磨成一段直边，直径2.3厘米，肉厚0.2厘米。(图11、12)，这种好略偏的玦与普安铜鼓山Ⅱ式玦有相似之处。

钏　发掘报告称手镯。因剖面呈T形，本文统一归之为钏。玉(石)钏出土一件，棕红色，不透明，间有黄色晕斑。内缘两侧有突棱，两侧突棱高度相同。直径12.5厘米，肉厚0.4厘米。(图13)另出有相同形制的石钏4件。其中一件石质较粗糙，质软，白色，肉上钻有4个小孔。钏直径10.8厘米，肉厚0.5—0.9厘米。(图14)除石钏外，还出有铜钏与骨钏，形

图13
威宁中水汉墓
玉（石）钏（独M3∶1）

图14
威宁中水汉墓
石钏（梨M8∶1）

图15　威宁中水汉墓玛瑙管

制相同。这种剖面呈T形的钏是当地很流行的一种器形。是否都作为手镯使用还值得研究。

管　共3件，玛瑙制成。圆柱状，中心钻孔贯通，橘红色，微透明。长1.9—3.8厘米，直径0.85—1.2厘米（图15）。发掘报告认为是耳坠，但从赫章可乐出土相同型式的玛瑙管饰看，作耳坠的可能性不大。

另外还出土3件玉珠，算珠形，不甚规整，绿色。直径0.7—1.2厘米、高0.4—0.8厘米。

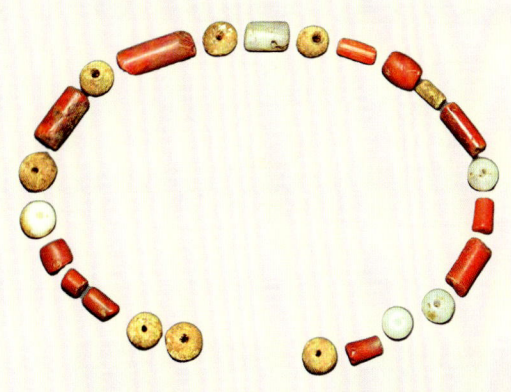

图16
赫章可乐汉墓出土
玛瑙、玉项饰（M274）

3. 赫章可乐古墓群

赫章可乐分布有大量战国至东汉墓葬。比较大规模的发掘有两次，即1976年底至1978年底发掘战国至西汉墓葬207座；2000年9月至10月发掘战国至西汉墓葬111座。[①] 出土较多玉（石）管、玛瑙管及玉（石）珠。2000年的发掘尚在整理中，故确切的统计数字一时出不来，估计总数约数十件。另外出土的玉玦、玉璜、水晶管及绿松石扣饰也值得重视。

玛瑙管 圆柱状，中心钻孔，多为橘红色，色泽艳丽。长度一般3—4厘米，基本不超过5厘米，直径多为1厘米左右。出土时与玉（石）珠、骨珠等间隔成行排放，常位于死者颈部，应是穿缀成的项饰。（图16）

玦 玉（石）玦出土不多，但形制特殊。可分为两式。

Ⅰ式 整体为近正方形的矩形片，好仍为圆形，从矩形一条边的中部磨切出玦口。出土2件。A件长2.85厘米，宽2.45厘米，厚0.2厘米。一

---

① 写作时发掘资料正整理中，报告尚未发表。承贵州考古所领队宋世坤先生同意，使用部分有关玉（石）器资料。后发掘报告《赫章可乐二〇〇〇年发掘报告》由文物出版社于2008年8月出版。

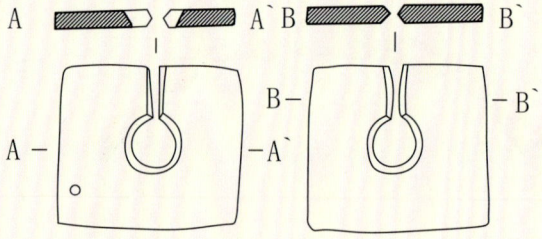

图 17
赫章可乐汉墓
方形玉玦（M187∶8）及线图

角钻有一个小圆孔。B 件长 2.8 厘米，宽 2.8 厘米，厚 0.2 厘米。均墨绿色，有灰白色晕，光润，半透明。玦口从两面磨切而成，断面呈三角形。（图17）这种形制的玦过去没见过，以至发掘报告称之为方形片饰。虽然古人释玦为"环之不周"者，但我国自史前即有异形玦。陈星灿先生在《中国史前的玉（石）玦初探》一文中专门划分有 V 型的钳形玦、Ⅵ 型的三角形玦和 Ⅶ 型的兽形玦[1]即是。故这两件方形片饰实应定为方形玦。

Ⅱ式　基本形体为璧形，但外缘对称分布有 4 个突起的冠，每冠作六齿。全器乳白色，光润，不透明。（图18）这种玦与广东石峡四期墓葬中出土的带"山"字形角的玉玦有相似之处。相类似的玦在台湾圆山文化遗址和卑南文化遗址，以及香港的东湾都曾出土。[2] 台湾圆山文化的玦，外缘突起为圆弧形角；卑南文化玦除圆弧形角外，还有倒三角片状角，且

---

[1] 陈星灿：《中国史前的玉（石）玦初探》，载《东亚玉器》，（香港）中国文化研究所中国艺术研究中心专刊（十），1998年。

[2] 见陈仲玉：《台湾史前的玉器工业》，出处同《东亚玉器》；陈公哲：《香港考古发掘》，载《考古学报》1957年4期。

图 18
赫章可乐
带冠璧形玉玦（M341∶6）

图 19
赫章可乐
玉璜（M312∶2∶3）

不止四角。赫章可乐带冠的玦时代要晚许多，其间是否存在有文化上的联系，恐怕难以遽下定语。

璜　　出土 2 件。出土时璜相向平铺于墓底，位于死者腰偏上部位。A 件两端磨成圆弧形，一端圆弧中部有一个小圆缺口，两端各钻一个小圆穿。白色，间蓝灰色纹斑，光润，不透明。B 件两端为斜直边，外弧背一侧偏中部有一条状外突边。一端钻一圆穿，另一端钻两圆穿。白色，间黄色晕斑，光润，不透明。两璜均不大规整，似有意磨制成变形鱼或兽状。（图 19）

绿松石饰　　绿松石有磨制成单件的饰品。如 M58 出土一个略似动物形的扣饰，背面中部斜钻二孔，孔底部相通。整体造型较随意，可能是依据自然形态略作加工而成。最长 2.3 厘米，宽 1.6 厘米。（图 20）常见的绿松石装饰是宽边铜手镯上的镶嵌，将绿松石切割成很小的圆形或多棱形薄片，片径约 0.15 厘米，中心有一小孔。小薄片成行粘贴于手镯面上，或四行，或五、六行不等。（图 21）这种镶嵌绿松石的装饰方式在滇文化中常有发现，除装饰手镯外，还装饰铜护心镜等器物。此外，2000 年发掘可乐

考古研究·贵州出土的古代玉（石）器　•　121

图20
赫章可乐
绿松石扣饰（M58∶6）

图21
赫章可乐
嵌绿松石片铜镯（M365∶6-9）

图22
赫章可乐
水晶管（M162∶9）

墓群时，在两座墓葬发现大量成片的小绿松石珠，每墓多达数百粒，散布于死者胸前及头后。清理时可看出绿松石珠一行行成串排列。估计当时是一种连缀成片状或成串重叠披挂的装饰品。

水晶管　水晶饰品主要为管形或珠形。M162出土的水晶管呈橄榄形，长2.1厘米，直径0.6—0.95厘米。从两头钻孔。透过外壁可清楚地看到两头钻孔时略有偏差，到中部连通时有明显错位现象。（图22）这是一件反映当时钻孔技术的形象器物。

4. 魏晋南北朝时期玉（石）器

贵州东汉时期墓葬几乎都曾遭盗扰，发掘出土的玉（石）器很少，仅发现一些琥珀坠饰。估计当时玉（石）器不多，而较普遍流行使用琥珀饰品。在此不多介绍。

魏晋南北朝时期墓葬在黔中的清镇、平坝一带发掘过近50座，很少出土单件玉（石）器，发现较多由玛瑙、水晶、玉及料珠、管组合的串饰。每墓出土数量不等，有的墓出土三四串。总计约50串。串饰以玛瑙为主要组件。玛瑙色泽艳丽，多呈橘红色或橘黄色，间白色及灰褐色斑纹，琢磨为球形、管形或多棱橄榄形，大小尺寸不甚规范，但每个单件都磨制得颇

图23
平坝
玛瑙、玉串饰（M34）

图24
平坝
玛瑙、玉串饰（M37）

精美。水晶一般琢磨成管形或橄榄形；玉一般琢磨成蹲兽形或球形；料一般制成算珠形。用线绳将不同质料的饰件穿缀成串，一般每串一二十件，最多可达60多件。串饰中常间插少量琥珀、银或绿松石小饰品。1965年平坝M34出土串饰4串，其中1串由玛瑙、绿松石、料及玉饰件组成，计玛瑙球13件，直径1.2—1.5厘米；玛瑙六棱橄榄形管1件，长1.9厘米；玉狮形坠1件，长2.05厘米，宽1.6厘米，高1.1厘米；另有绿松石1件，料珠5件，共21件。（图23）平坝M37出土串饰4串，其中1串由玛瑙、水晶、琥珀、绿松石、料、玉等组成，多达68件。其中以不同造型的玛瑙件最多，有球形玛瑙最大件直径为2.5厘米；多棱橄榄形玛瑙管最大件长5.2厘米，直径2.5厘米；还有一件碟形玛瑙直径为4.1厘米。这是出土串饰中组合件数最多、最丰富的一套。（图24）这种色泽鲜艳、质地多样的串饰，形成魏晋南北朝时期贵州黔中地区富有民族特色的装饰风格。

玛瑙除大量装饰品外，还在平坝发现一枚印章。印呈不规则覆斗形。原有钮，已缺失。印面为不规则方形，面积为2×1.75平方厘米，残高1.6厘米。印文为阴文，或释读为"山狼"。（图25）

图 25
平坝
"山狼"玛瑙印

图 26
平坝
玛瑙、料珠串饰（M56）

5. 唐代玉（石）器

贵州发掘确认的唐代墓葬仅3座。其中仅平坝 M56 出土一串玛瑙和料珠组合的串饰。计有玛瑙珠3件。1件为五棱橄榄形，长1.25厘米，直径0.85厘米。2件为球形，直径分别为0.7和0.8厘米。另有蓝色料珠7件，直径为0.5—0.9厘米。（图26）串饰显得甚简陋，玛瑙珠不仅件小，磨制也很不规整。与魏晋南北朝时期串饰相比，全无那种光彩富丽的气氛。

三、几点讨论

1. 贵州古代无出产玉矿的记载。现代地矿调查中，在晴隆一带发现翠绿色和淡绿色的次生石英岩，称之为"贵州玉"或"贵翠"[①]。贵州出土的古代玉（石）器并非这种玉料制成。从目前地矿资料看，贵州出土的古代玉（石）器，应是外来文化交流传播的结果。

战国至西汉，正是夜郎国兴盛时期。按司马迁《史记》记载："西南夷君长以什数，夜郎最大。"夜郎国当时在西南地区的势力和影响应是相

[①] 见赵松龄、陈康德编著：《宝玉石鉴赏指南》，东方出版社，1992年。

当大的，它与周边地区应有种种经济和文化上的交流。在贵州夜郎国分布的范围内已经发现的有关文物中，屡屡出现一些与滇文化及巴蜀文化相近的因素。比如普安铜鼓山遗址及威宁中水墓葬都有出土的断面呈 T 形的玉（石）钏和铜钏，在滇文化中就多有发现，在早期巴蜀文化遗址中也大量发现。又如赫章可乐战国墓葬中出土的鼓形铜釜，在云南祥云大波那和楚雄万家坝都曾出土。赫章可乐战国至西汉墓葬中出土的铜剑中有不少巴蜀式柳叶形铜剑；铜戈中有滇文化常见的形制与纹饰。可见当时夜郎与滇及巴蜀之间经济文化的交流是比较密切的。在这种交流过程中，滇与巴蜀地区出产的玉完全可能通过不同渠道传入夜郎地区。

2. 或许正是由于夜郎与滇及巴蜀之间密切的经济文化交流，使贵州战国至西汉时期玉（石）器使用显得较为普遍，且富有地方民族特色。进入东汉后，玉（石）器数量很少，主要发现于汉式墓葬中，也缺乏地方特征。魏晋南北朝时期，玉（石）器使用又显出明显发展，这应与当时全国民族的大迁徙和融合有关。从隋唐起，玉（石）器再度呈现衰退趋势，这可能是贵州地区当时的羁縻制度造成封闭社会状态的一种反映。这种状态一直延续到明代。明初贵州建省，道路交通得到较大改善，文化面貌逐渐与全国趋于一致，明清时期的玉（石）器也出现明显工艺化、市俗化的趋向，虽有不少雕工精美件，但不再保持地方和民族特色。

3. 贵州古代玉（石）器一直作为佩戴的装饰品，从未经历过礼器或重器阶段，也看不出曾用于一定宗教仪式。装饰用玉也无证据说明曾被用作反映社会地位的标志。迄今战国至唐代墓葬中出土的玉（石）器，都看不出存在明显的等级区别。有一定身份者的大墓可能出土较多玉（石）器，也可能不出玉（石）器，而一般平民的小墓很多不出玉（石）器，但有的也出土玉（石）器。是否使用玉（石）装饰品，似乎主要根据个人经济能力和审美观念来决定。

4. 贵州古代使用玉（石）装饰品，包括玉（石）玦，并不一定专属于女性的习惯。如赫章可乐出土玉玦的 341 号墓，出土习见的青铜剑和戈，应是一名武士的墓，死者为男性的可能性大。另有一些武士墓，出土骨玦，可见当时男性有佩戴耳玦的习惯。

5. 夜郎时期从滇和巴蜀地区传入的玉（石）器，有的可能直接是器物的传入。如赫章可乐出土的璧形带冠玉玦及变形兽形玉璜，从玉料到造形和工艺都显得很特别，外来传入的可能性极大。更多的还应是制玉（石）技术的传入。如普安铜鼓山遗址出较多玉（石）管、玦、钏、环等，应是当地人的产品。遗址同时出土大量石质管、玦、钏、环等，所采用的切割、磨制、钻孔技术，都与玉（石）器技术相同。其中有些器物，如好偏向玦口一侧的玦，显然是当地居民的一种创作。

6. 贵州古代对玉的认识似乎并无成见，基本遵循"美石为玉"的自然法则。战国以来的古代玉（石）器中，有些属于今天"真玉"的范畴，但有些则显然不属今天的"玉"。如普安铜鼓山遗址的石管、威宁中水墓葬的石玦等。当时人认为只要石质光润，或色泽漂亮，就选来制成自己喜爱的装饰品。可以说，当时对石材的丰富性已具备一定知识，但并不真正存在"玉"的观念。

（本文图片摄影：梁太鹤）
原载《海峡两岸古玉学会议论文专辑》(Ⅰ)，
台湾大学出版委员会出版，2001年

夜郎文化的考古学定名问题

最近查检资料，在《贵州文物工作》2001年第1期上，见有省内考古人员撰写的《夜郎文化综论》（下称《综论》）一文，非常确定地将贵州已发现的夜郎时期考古遗存命名为"夜郎文化"，并将它划分为三个"区域性文化类型"，还推测了另一个"可能属于夜郎文化的早期阶段的区域文化"。阅后颇觉诧异。

考古学文化定名具有严格的学术规范。每一种考古学文化，总是在经过大量研究和慎重思考后才会提出来，决不是一件可以仓促遽定朝令夕改的事情。贵州已发现的夜郎时期考古遗存是否能够确定考古学文化定名，自20世纪以来，已有一些学者关心和讨论过，多取否定性意见。《综论》作者或许对这一状况不甚了解，或许不以为然，又拿出一套似乎很专业化的命名方案，还分解得颇细。但其基本观点和基本方法有违考古学科的严密规范，其良苦用心反变成为不负责任的草率。

该文刊发在省内重要的文物杂志上，可能使不了解考古学文化命名规律的文物工作者，以及学界人士真伪莫辨，给今后的文物考古工作带来不利影响。因此有必要对考古学文化及其定名原则加以介绍、阐释，并对夜郎文化的考古学定名提出客观分析，以期省内文物界及社会有关方面对贵州夜郎考古工作建立起广泛的科学认识和科学态度，促进这项工作长期正常发展。

一、考古学文化与考古学文化定名

考古学文化是一种有特定意义的概念，它与一般语义上的文化概念不同。一般语义上的文化，指人类社会物质财富和精神财富的总和，它几乎涵盖了人类文明的所有方面。而考古学文化则不然。国内对考古学文化问题关注最早的，是著名的考古学家夏鼐先生。他在20世纪50年代撰文指出：

> （考古学文化）"是某一个社会（尤其是原始社会）的文化在物质方面遗留下来可供我们观察到的一群东西的总称"，"是表示考古学遗迹中（尤其是原始社会的遗迹中），所观察到的共同体"。[1]

在20世纪80年代出版的《中国大百科全书·考古学》的卷首总述中，夏鼐先生更准确地指出：

> "考古学文化"是代表同一时代的、集中于一定地域的、有一定的地方性特征的遗迹和遗物的共同体。

夏先生的意见久已成为中国考古学界所公认和遵循的关于考古学文化的定义。

很清楚，考古学文化指的是物，是考古发现中可见、可触摸、有特定内涵关系的遗迹与遗物的组合。它与一般语义的文化，区别是明显的，二者决不可等同或互换。

明确这一点十分重要，它使我们进一步明白，作为有特定内涵关系的物的组合，其命名是必须遵循一定的规则和方法的。

夏鼐先生20世纪50年代撰文已指出考古学文化命名的三个条件：第一是必须有一群特征，第二是所发现的遗迹和遗物共同体不止一处，第三是对其有相当充分的认识。这就是被中国考古学界普遍认同的考古学文化

---

[1] 夏鼐：《关于考古学上文化的定名问题》，载《考古》1959年4期。

命名三原则。夏先生当时还明确提出应以世界上通行的，用考古第一次发现的典型遗迹的小地名来作为该考古文化的名称。[①] 夏先生提出的三原则，后来有人又依据80年代的定义，以时间、空间和内涵来加以诠释。这样的诠释与夏先生最初提出的三原则实质是一致的。

在夏先生提出考古学文化命名原则和方法之前，中国考古学曾采用过一些别的命名方法，比如特征命名法、区域命名法等。其中以特征命名法影响较大，过去大家常听到的"彩陶文化""黑陶文化"之类便是流传广泛的特征命名法。由于这些方法存在明显的缺陷，所以自夏先生提出更科学的方法以后，中国考古学便不再采用那些方法。

从20世纪80年代后期以来，随着国内考古发现大量增加，关于考古学文化命名方法出现一些新的意见和争论，其中最突出的争论是，究竟应以第一次发现的遗址的小地名来作为该文化的名称，还是应以最典型的遗址的小地名来作为文化名称。这种争论估计还会继续下去。但认真说来，这并不是对基本理论的否定或质疑，而只是针对实际工作中一些复杂现象的不同处理方式展开的讨论。

近年来，随着国外有关新考古学等理论的传入，关于考古学文化的概念，也开始有人提出新的探索。但这对于学界关于考古学文化的基本理解，并不能形成冲击影响。这些新的讨论或探索是科学发展的必然现象，将不断促进学术理论的深化与提高。不论讨论将来如何发展，有一点是可以肯定的，即考古学文化作为一种独具特定内涵概念的实质将不会改变。在专业学科范畴，考古学文化永不会与一般语义的文化概念混同起来。

这里值得特别指出的是，至此我们所谈的，基本限于史前时期的考古学文化。进入历史时期的考古学文化，定名时还有不同需要，即以族名来命名一种文化。夏鼐先生对此也提出过专门意见：

以族名来命名的办法，只能适用于较晚的一些文化，并且须要精

---

① 夏鼐：《关于考古学上文化的定名问题》，载《考古》1959年4期。

确的考据；否则乱扣帽子，产生许多谬论，反而引起历史研究的混乱。除非考据得确实无疑，否则最好仍以小地名命名而另行指出这文化可能属于某一族。①

夏先生的意见代表了中国考古学界对于以族名命名考古学文化的十分审慎的态度。考古学界在此问题上的做法一直非常小心，这可以巴蜀文化的定名过程为例。

20世纪20年代末，四川广汉出土一批玉石器，关于巴蜀文化的研究便拉开了序幕。至40年代初，已有考古学者正式提出了"巴蜀文化"，但因发现的遗存太少，长期不能得到学界的公认。50年代，尽管相继有昭化宝轮院墓群、巴县冬笋坝船棺葬、成都羊子山土台遗址、新繁水观音遗址等一批重要的考古资料出土，"巴蜀文化"的定名仍被认为依据不足。1959年，彭县（今彭州市）竹瓦街出土一处窖藏，其中不仅有属于四川地方特色的铜兵器和铜容器，还有两件分别带有"覃父癸""牧正父己"铭文的铜觯。经徐中舒先生考证，认为这是蜀人参加周武王伐纣的"最直接有力的物证"，印证了古籍的记载②，从而提供了蜀族商周时期分布地域的证据。因而从60年代开始，巴蜀文化的定名才逐渐为学界所接受。巴蜀文化普遍得到考古学界的认可，是在80年代广汉三星堆遗址、成都十二桥遗址等一大批重要考古遗址出土，初步构筑起巴蜀考古文化系列之后。

巴蜀文化长达数十年的认定过程，反映出以族名确定考古文化的困难程度。类似例子在国内考古工作中还有不少，比如滇文化的命名也不仅仅因为在云南出土大量滇国时期考古遗存，还因为在晋宁石寨山6号墓出土金质蛇钮"滇王之印"③，提供了滇王室墓葬的可靠证据。但即便如此，由于滇族考古文化的区系框架尚不完全清楚，滇文化的命名在考古学界的认

---

① 夏鼐：《关于考古学上文化的定名问题》，载《考古》1959年4期。
② 徐中舒：《四川彭县濛阳镇出土的殷代二觯》，载《文物》1962年6期。
③ 云南省博物馆：《云南晋宁石寨山古墓群发掘报告》，文物出版社，1959年。

可程度仍在部分人中打有很大折扣。

因而，以族名命名考古学文化，是比命名史前考古文化更须慎重的事，匆匆忙忙凭感觉或想象就作决定，违背实事求是的科学精神，将给科学研究造成混乱。为了避免考古学文化定名上各行其是，夏先生曾提议，对考古学文化定名应组织讨论和审查。这在操作中有不少困难，所以一直未能在工作中实行。近年有学者又发出呼吁，希望设立考古学文化命名的"确认程序"，提出，"研究者除了有提出考古学文化命名的建议权，不能随意使用自己的命名。文化命名的确认要通过国家级的学术机构"。[1] 国家目前对此未作明确规定，但考古文化命名的科学性和严肃性，却是每一个考古工作者必须高度重视的。各省的文物主管部门和文物考古机构也可以在本省范围内，建立起必要的学术讨论和确认程序，以提高本省考古文化命名的规范性和科学性，避免失误发生。

二、夜郎文化命名问题

在考古学范畴，夜郎文化显然是以族名命名的文化。夜郎文化的确认，是贵州夜郎考古追求的必然目标。贵州夜郎考古虽然在1995年被列为重要课题正式展开，但此项工作从20世纪50年代已随贵州考古工作的肇始而起步。随着一批批夜郎时期考古遗存被发现，至80年代，贵州考古界已重视并开展了对夜郎时期考古遗存定性问题的探讨。当时主要出现两种意见。一种以李衍垣先生为代表，认为贵州已发现的相关文物，应"看作夜郎文物"，连同"夜郎旁小邑"的文物，也应"暂统于夜郎文物中"。[2] 李先生没有直接提出考古学文化的定性，但他对相关文物的定性，却是十分肯定的。

---

[1] 知原主编：《面向大地的求索——20世纪的中国考古学》，文物出版社，1999年，第240页。

[2] 李衍垣：《夜郎青铜时代的文物》，见贵州省社会科学院历史研究所编《夜郎史探》，贵州人民出版社，1988年，第283页。

另一种意见以宋世坤先生为代表，认为已发现的考古遗存"从考古学上正式命名为一种文化，条件尚不成熟"，主张笼统称之为"贵州古夜郎时期青铜文化"。他认为条件不成熟主要表现在两方面：一是发现的地域不够广泛；二是典型遗址、墓葬和遗物发掘太少，使"文化的起源、类型、分期、各期文化的特征、典型器物等问题，均不甚清楚"。[①]宋先生的意见显然比较审慎，较为符合夏先生提出的命名原则。因此这种意见得到省内较多同行的赞同。

值得一提的还有席克定先生的意见，他认为贵州威宁中水墓葬及赫章可乐墓葬"是'夜郎'的墓葬，墓葬中出土的随葬品，是夜郎的遗物"，但他同时认为"尚不能称为考古学意义上的'夜郎文化'"。其原因也在于需待大量遗存被发现，分布和文化面貌都有了解后"才能确定"。[②]席先生的意见分为两部分，在文化定性方面，他与宋先生相同；但在具体遗存方面，他与李先生一致。不过，这种关于具体遗存的定性，也是很值得商榷的。尽管威宁中水与赫章可乐墓葬，以及贵州其他地区相关考古遗存具有突出的地方民族特色，根据史籍记载，这些地方当时应属夜郎范围，因而这些遗存极可能为夜郎族所遗留。但毕竟在这些考古发现中，没有一件可作为夜郎族属的直接证据。我们在研究中，虽可以提出种种推断和假设，但在直接证据尚未发现时，是不能作出最后定论的。以推断和假设代替定论，只能是一种违背科学原则的武断。如果我们这时将具体遗存确定为夜郎之物，实际上已经是在不负责任地为考古文化悄悄定性了。

夜郎文化定名的争论长时间来已趋于冷寂，笔者20世纪90年代末撰文曾提及这一段讨论，再次肯定宋先生的意见"更合乎考古学科规范"[③]。原以为在相当时间内此话题不须再提，因为给夜郎文化定名条件不成熟确为大家所公认，而且关于考古学文化定名的原则是每一个考古工作者都

---

① 宋世坤：《关于"夜郎考古"的几个问题》，见《贵州省博物馆馆刊》第五期，1988年。
② 席克定：《从考古材料探寻夜郎》，载《贵州文史丛刊》1993年3期。
③ 梁太鹤：《夜郎考古思辨与述评》，载《贵州民族研究》1997年2期。

熟悉的基本常识。不意现在又有专业工作者毫无顾忌地再提出夜郎文化定名，而且还不厌其详地划分出文化类型。

这是否因为夜郎文化命名的客观条件发生了根本变化呢？毕竟十多年时间已经过去了。

从20世纪80年代以来，贵州夜郎考古取得一系列进展，调查发现了十多个夜郎时期遗址，在黔西北的赫章、威宁，黔西的六枝、盘县，黔西南的普定、普安、兴仁、兴义、安龙、望谟、贞丰、册亨及晴隆等县市，陆续出土一批具有地方民族特色的重要文物，还相继再次发掘了赫章可乐"南夷墓"和普安铜鼓山遗址，有许多重要新发现，赫章可乐墓葬因而被评为2001年度全国十大考古新发现。

但是，这些进展对于夜郎文化命名的条件，并未带来突破性的改善。

在兴义、安龙及普安新发现的十多个夜郎时期遗址，分布面积都不大，地层堆积也不厚，更主要是基本未作过试掘性详细调查，文化面貌还不明了。从黔西北到黔西南陆续出土的重要文物，整体数量还有限，所包括的器类也不多，虽然从不同地点的出土文物中，可寻觅到一些文化因素的重要联系，但要从这些文物中全面归纳出较为明确的器物组合特征及规律，还很难办到。近期进行的两次大规模发掘，都是在20世纪发掘点上进行的扩大发掘，虽提供了不少新资料和新认识，但在地域上并未增加新的遗址点。

很显然，20世纪80年代时，学者们所认为的确定文化命名的缺憾，现在依然存在。而且，作为夜郎族属的实物证据，至今也没有任何发现。在这种情况下，夜郎考古所应开展的工作，一是加大田野调查和发掘力度，以找到更多遗存，获得突破性发现。二是加强综合性研究，从已有资料中获取更多信息，以提供科学判断。而不必匆匆忙忙提出夜郎文化命名问题。考古文化，包括文化类型，一点不需抢占先机争夺冠名权和首发权，唯一需要的，是不容置疑的客观依据。

由于《综论》未遵循学科规范，脱离客观依据，其论述自然也就难免存在弊端。如关于文化类型的划分，就牵强且混乱。文中划分的三种文化类型分别为"青山铜鼓山区域性文化类型""可乐类型""中水文化类型"。[①]且不说其实质是否正确,仅看其名称,三种类型,三种命名方式,先就失去基本统一规范。

考古文化类型,本是一种考古文化内不同地域的文化变体。其与该考古文化,相当于子文化与母文化的关系。文化类型的命名原则和方法,与考古文化基本相同。所不同的是,文化类型须在该文化已经确定后才可能确定。而《综论》划分的三种文化类型,第一种所谓"青山铜鼓山区域性文化类型",将两个地名重叠使用,不符合以小地名命名的规范,而且所加"区域性文化"数字属于多余。第二种所谓"可乐类型",虽大体合乎规范,但所用地名不是发掘地的小地名,可乐是镇及村的名称,今后在这里还有不同的具体发掘地点,将会发生确切地名的问题。第三种所谓"中水文化类型"也存在小地名问题,而且"文化"二字也属多余,用在这里,不知是说中水文化,还是说中水类型?三种命名方式如此缺乏规范,或可能因一时粗心而造成,但从立论和研究的基本逻辑思维方面看,当夜郎文化作为第一层次的母体文化尚且不能确定,其文化基本面貌、基本器物组合都缺乏归纳总结时,作为第二层次的文化类型又如何能够产生?应该说,《综论》一文在基本方法和逻辑上存在的问题非一时疏忽造成。

普安铜鼓山遗址、赫章可乐墓葬群和威宁中水墓葬群是贵州已发掘的夜郎时期考古遗存中最重要的三处遗存,它们之间的确存在着相同的时代和地域文化气息,也可以找出一些相互联系的文化因素。但是从各自的文化面貌中,从相互间存在的联系因素中,还不能归纳出一套可作为一种文化统一的组合规律。而且,几处遗存有一些明显的差异现象使人不能不注意到它们的区别。比如:

赫章可乐的"套头葬"在别处就未发现;普安出土的喇叭形空首一字格曲刃铜剑仅见于黔西南地区和清镇,再往北的地区都不见;赫章可乐特色鲜明的卷云纹茎首铜柄铁剑不见于其他地点;威宁中水陶器上众多的刻

[①] 刘恩元:《夜郎文化综论》,载《贵州文物工作》2001年1期。

划符号也不见于别处；普安和黔西南地区出土的带 ⌒ 符号的铜钺也不见于普安以北的区域；等等。这些明显差异可能与现有发现地点和数量的局限性有关，但也不能排除考古文化谱系差异存在的可能性。按《史记》等史籍记载，夜郎时期，西南夷君长"以百数"[1]，其中虽然可能很多属于同一族系不同部落的差异，但可能也存在不同族系的差异。这两种差异在文化面貌上的区别，性质必然是不相同的。贵州已有考古发现中存在的差异，究竟反映的是不同族系的差异，还是同一族系中不同部落支系的差异，现在还不能确定。当考古发现尚未揭示更多有规律性的资料时，简单地把不同地点的考古遗存划归为一种文化的不同类型，就可能会混淆和抹杀族系文化间的区别。这对夜郎文化的探寻和研究是十分不利的。

应当指出，在社会宣传和有关的历史研究中，"夜郎文化"将是一个频繁出现的概念。在历史学和一般社会文化的范畴，这样的概念并没有错，可以广泛采用。但是在考古学研究中，决不可因社会公众对夜郎考古的热心和关注，就随意使用"夜郎文化"的概念。考古作为一门实证性科学，决不能盲目跟风、媚众，只能老老实实遵循科学规律。

夜郎考古将是一个长期的过程，夜郎文化的考古学定名将在这个长过程的大量积累和取得突破性发现后才可以确定。这里必须杜绝浮躁，杜绝急功近利。在夜郎考古开展的过程中，我们主张，以"夜郎时期考古遗存"或"夜郎时期文物"等名称，或者直接以小地名连缀考古遗存（如"铜鼓山遗址"）来称呼有关发现，以保证考古工作的客观性和科学性。

原载《贵州文物工作》2003年1期

---

[1]《史记·西南夷列传》，中华书局标点本，1959年。

可乐考古与地方历史文化资源的开发和保护

赫章可乐自20世纪60年代初首次进行考古发掘以来，40余年间陆续开展过多次考古发掘，在国内产生很大影响。2000年9至10月可乐罗德成地墓群的发掘被评为2001年度全国十大考古新发现，更引起全国学界以至世界考古界极大的关注，赫章的知名度也因而大有提高。赫章县委、县政府日益认识到地方历史文化资源的重要价值，在寻求地方经济发展之路时，提出"历史文化兴县"的口号，要将历史文化资源的开发引入地方经济建设发展的大战略中。全面回顾和客观认识、评价可乐考古，对于理清历史文化资源开发的思路，制定恰当的策略方针，显得大有必要。

一、可乐考古概况

可乐考古遗存的发现，始于20世纪50年代后期。其中1958年辅处罗戈寨农民修整水渠时挖出的石寨山型铜鼓尤其引人关注，那是贵州境内出土的时代最早、纹饰最清晰完整的一面铜鼓。1960年省博物馆考古人员在可乐发掘了7座汉墓，[①] 正式揭开可乐考古的序幕。此后，从20世纪70年

---

① 贵州省博物馆：《贵州赫章县汉墓发掘简报》，载《考古》1966年1期。

代直至21世纪初，省考古部门相继在可乐又进行了7次以上考古发掘。这当中尤以1977、1978和2000年3次大规模的墓葬发掘，以及1988和1994年2次遗址发掘较为重要。

1977和1978年的2次墓葬发掘，连同1976年的墓葬发掘，已合并整理为一个发掘报告发表。[①]发掘的战国至西汉时期墓葬共207座，其中168座为地方土著民族墓葬，报告称为乙类墓。此外还试掘了柳家沟战国时期遗址75平方米。墓葬和遗址共出土陶、铜、铁、漆等质地的随葬品1300多件，另有铜币5000余枚。乙类墓中发现"套头葬"墓20座。这是一种用铜釜、铜鼓或铁釜套在死者头顶埋葬的丧葬习俗，在国内从未发现过，世界上也未见过报道。乙类墓出土的文物很多具有鲜明的地方民族特色。

2000年的发掘是迄今在可乐进行的最后一次考古工作，共发掘战国至西汉时期墓葬111座，其中108座属地方土著民族墓葬。共出土随葬器物500多件。这次发掘大大丰富了20世纪70年代的发掘资料。除了新出土一批精美、重要的文物外，还新发现一些不同形式的套头葬及其他埋葬方式。如：在套头葬墓坑底沿四壁垒筑一周石块；在套头葬死者面部及双臂盖铜洗；在死者头部套铜釜，另在足部垫铜洗；在死者头下垫铜洗；在死者头侧墓底插一件铜戈等。发掘中还核实和弥补了以往工作中忽略的一些细节资料。由于发掘资料独特、重要且搜集得较完整，在此年举行的全国考古工作汇报会上引起国家文物局领导和专家的关注，被中国社会科学院考古研究所特邀参加首次在北京举办的2001年中国考古新发现学术报告会。《中国文物报》《考古》等国家级报刊登载了特约报道。[②]2002年4月，这次发掘被评为2001年度全国十大考古新发现。

1988和1994年2次遗址发掘点都位于可乐河和麻腮河交汇处的高地上，发掘面积共350平方米，时代为东汉时期。出土一些残陶器和房屋的板瓦、

---

① 贵州省博物馆考古组、贵州省赫章县文化馆：《赫章可乐发掘报告》，载《考古学报》1986年2期。

② 《中国文物报》2002年3月22日；《考古》2002年7期。

筒瓦及带有牛车人物图案的砖，还出土少量铜币和铜镞等。由于揭露面积不大，遗迹现象发现不多，仅有10多个灰坑。因主持发掘人员的变故，这批资料尚未作正式报道。

除这几次重要发掘外，其他发掘规模相对较小，主要包括一些战国至西汉时期的民族墓葬和东汉时期的砖墓等。

二、可乐考古价值综评

可乐考古是贵州夜郎考古开展工作最多、收获最大、可预见发展前景最好的区域考古项目。大家都知道，夜郎是战国至西汉时存在于"西南夷"地区的重要方国，司马迁在《史记·西南夷列传》中称："西南夷君长以什数，夜郎最大。"夜郎国的地望据历史学、考古学及历史地理学的研究，多数学者认为，主要地域在今贵州境。应当说，夜郎国是贵州古代史中最富神秘色彩、最显赫的一段时期。因而探索这一段历史，成为贵州各界共同关注的重要课题。鉴于史籍记载的简缺，人们现在都将关注的目光集中于考古发现上。在如此背景下，可乐考古的价值就显得尤为突出。将可乐考古的工作量与其他地点稍加比较，这问题就会看得比较清楚。

贵州夜郎考古工作做得最多的重要地区除可乐外，还有威宁县中水及普安县青山2处。

威宁中水于1978年10月和1979年冬相继作过2次墓葬发掘，以后仅零散作过一些考古调查。1995年和2002年曾在吴家大坪一带作过2次小规模试掘。

普安青山于1980年在铜鼓山进行第一次遗址发掘，以后陆续开展过一些考古调查和复查。2002年春对铜鼓山遗址又进行了第二次发掘。

与上述两地相比，可乐自20世纪60年代进行第一次考古发掘以来，较大规模的考古发掘共进行了8次以上，70年代、80年代、90年代以及21世纪初都分别开展过，这在贵州是独一无二的。一方面这是因为可乐与夜郎有关的考古遗存特别丰富，另一方面是因为考古学界深刻意识到这些遗存的重要价值。

可乐考古的重要价值可从以下几方面简单概括：

1. 考古遗存特别丰富

威宁中水2次发掘，考古人员共发现战国晚期至东汉初期的墓葬58座，虽然可以推断还有其他古墓葬，但对它们的分布范围和数量都很不清楚。调查发现，在中水的吴家大坪可能存在有属于新石器时期的遗址，但尚难判断是否存在与夜郎有关的遗址。

普安铜鼓山为夜郎时期具有作坊性质的遗址，在附近调查发现还有10个同时期的遗址，但面积都较小，文化层不厚，难以进行成规模的发掘。虽然一直力图通过调查发现同期的墓葬，但至今没有任何线索。

而可乐在不及5平方公里的范围内，已发现与夜郎直接或间接有关的古墓葬群14处，古遗址2处以上。每处墓群的墓葬数虽然还不清楚，但已发掘的锅落包、祖家老包、罗德成地等3处，每处的墓葬数都在百座甚至数百座以上。古遗址地层堆积较厚，分布面积很可观，现已发现的铸造青铜器的石范、带有铭文的汉砖等文物都提示这是2处很值得重视的遗址。从可乐已露头的一些迹象看，该地区可能还存在其他遗址。可乐考古遗存的类别丰富程度、数量以及时代的连续性研究价值在全省都是屈指可数的。

2. 遗迹和遗物的地方民族特点特别突出

可乐乙类墓所发现的套头葬及用铜洗垫头、用铜洗盖头、用铜戈插于死者头侧地面等几种葬俗，在全国其他地区从未发现过。按目前已发掘墓葬统计，套头葬墓约占总数的10%。套头葬墓出土的随葬品明显比其他墓丰富得多，其中最多的一座随葬品达百件以上。这座墓用于套头的铜釜形体硕大，铸造精美，口沿两侧各铸造一只威武的立虎，还出土一枚隶书"敬事"铜印，是已发掘的可乐土著墓葬中级别最高的一座墓。显然，套头葬是当时部族中有特殊身份的少数人物才能使用的埋葬方式，对反映当时的社会结构、宗教意识及民俗习惯等具有重要价值。

套头葬墓曾出土一件"石寨山型"铜鼓，纹饰和造型都与云南滇文化同类铜鼓十分相像，极有可能来自滇文化区。这是中国古代铜鼓用于墓葬中的一条很特殊的材料，对研究古代铜鼓有重要价值。同时对研究夜郎文化与滇文化的关系也值得重视。

可乐还出土许多特殊的兵器、工具、装饰品及明器。如铜柄铁剑，茎首饰精美的卷云纹和其他纹饰，是夜郎地区最有代表性的一种兵器。直援无胡铜戈的内上饰人物图案及其他纹饰，是与铜剑配合使用最多的一种兵器。工具中有长条形铜锄。装饰品中有不同造型的铜手镯、铜发钗、铜戒指、铜扣饰及玛瑙、玉、骨等不同质地的管饰、珠饰和玦等。在汉式墓中出土的一些器物也融入地方民族特色，如干栏式陶屋模型便是汉式建筑与当地民族建筑相结合的民居形式。

3. 考古遗存包含的信息特别重要

可乐考古遗存包含的重要信息前文已多有反映，值得重视的信息还很多。如可乐大量夜郎时期墓葬和遗址以及东汉时期墓葬和遗址的集中分布，在省内尚无他例。省内其他地区汉墓较多的地点或缺少明显的地方民族特色，如务川；或主要是东汉墓，如清镇、平坝、兴仁、兴义、黔西、金沙、毕节等，且这些地点都未发现遗址；有遗址的地点往往又没有墓葬，如普安、贞丰、安龙等；安顺虽然有大量墓葬和遗址，但属于东汉时期。可乐夜郎时期遗存这样集中的分布明显反映一个事实，即夜郎时期这里是一个重要的、人口十分集中的"邑聚"之处。这里应是汉武帝开西南夷后，中央王朝派官设吏、迁徙豪民的一个据点。夜郎灭国后，直至东汉时期，这里仍然是汉王朝控制"南夷"地方的据点。

2000年的发掘显示，当时可能存在一种墓地等级差异。这次发掘的两个工区处于同一个坡地上，相距约20米，但两片墓葬分布状况很不一样。一片密集拥挤，在不到330平方米范围分布了81座墓，很多墓相互叠压打破，多数墓不出随葬品，或仅有少量随葬品。另一片墓葬却分布疏朗，5

座"套头葬"墓都处在这一片，随葬品也出土较多，最多的达百余件。这种现象在贵州其他地区从未见过，是反映当时社会结构形态的重要资料。

兵器中有代表意义的铜柄铁剑已出土10多件，但在贵州夜郎考古其他地区却从未发现。而贵州兴义地区出土多件的另一种有代表性的兵器——带⌒符号的铜钺，可乐又从未发现。这很可能显示了一种部族文化差异。但非常值得重视的是，可乐出土的饰有人物图案装饰的铜戈，在兴义地区同样屡有发现，尤其是在普安铜鼓山遗址出土一件铸造这种铜戈的残陶模。这种相同的文化因素将两地的差异又联系起来，成为我们探寻、研究夜郎地域范围十分重要的线索。

正是由于考古信息特别重要，2000年的发掘才被评上全国十大考古新发现。这在贵州历史时期考古中是从未获得过的赞誉，未来若干年也未必还能获得。

4. 考古发展前景广阔

考古遗存的数量及时代的延续性，是决定一地考古持续开展最重要的因素。可乐考古遗存在这两方面的优势都很明显。实际上，可乐考古遗存已知的数据还不是完整的统计数字，因过去的考古调查多是在考古发掘的间隙穿插开展的，势必会有疏漏或不详处。而仅按现有的资料，根据贵州省目前的考古力量估计，可乐考古再持续数十年也难以做到基本完满，更别说结束。无怪乎，在贵州从事考古工作已三十多年的专家宋世坤先生要称可乐是贵州考古的"殷墟"。

殷墟位于河南安阳，是商朝后期的都邑。从1928年起，那里就是我国考古的重点地区，算来已有75年考古经历。发掘地点已达几十处，发现大面积宫殿建筑基址、王陵、贵族墓、排葬坑、祭祀坑、小墓、车马坑、手工作坊等，出土数以万计的甲骨文，大量的青铜器、玉器及陶器等。但是，殷墟的考古还远未结束，不仅有许多重要遗存未发掘，还有许多重大问题没有解决，比如当时的城墙遗址一直未找到，城内的完整布局也是未解的课题。

可乐考古当然不可能达到殷墟那样的规模，但作为贵州考古遗存最丰富的夜郎时期重要的"邑聚"，需长期持续开展的考古工作是省内其他地点无法比拟的。可以十分乐观地认为，可乐只要开展考古发掘，就一定会有新的重要资料源源不断地被揭示出来。

三、历史文化资源的开发与保护

历史文化资源的开发近年日益受到社会各方面的重视，这是社会经济高速发展，国民素质普遍提高，人民群众精神文化需求不断提高的必然趋势。赫章在规划全县经济发展战略时，意识到自身历史文化资源的优势，提出"历史文化兴县，矿产资源强县，农特产品富县"的部署，还正式提出更改县名为"夜郎县"的申请。毕节行署[①]全力支持并将申请上报省民政厅，引起高度重视。省有关部门为此召开相关机构领导及专家的咨询会，征求各方意见，以作决策。更改县名有否必要姑且不论，省、地、县三级领导共同将一个地方的历史文化资源开发提上议事日程，在贵州前所未有，值得赞赏。正确认识历史文化资源的开发，将这样的开发建立在可持续发展的科学基础上，使之既有利于当前的经济发展，又有利于社会和民族的长远利益，是我们必须高度重视的问题。

1. 开发首先应加强保护

文化资源的开发与自然资源的开发有着根本的不同。自然资源开发是对资源的直接索取，将资源原生状态转变成人为掌握状态，再加以使用，比如煤炭挖掘、石油开采等。这种索取同时也意味着资源的破坏。而文化资源的开发虽然也是一种索取，但所取是其内在的价值，让其从人所不知变为多有所知，从人所无视变为多有重视，并让人们从重视和寻访中得到

[①] 原毕节地区行政管理机关，2011年撤地区设市，其由毕节市人民政府取代。——编者注

知识补益和精神享娱。显然，这样的索取不能是对资源本身的破坏，反而必须依靠资源真实状态的长久保存。

因而，要搞好历史文化资源的开发，首先要搞好历史文化资源的保护。这种保护，关键的一点是对资源原真性的保护。

不深刻认识这一点，在开发中可能会造成难以弥补的损失。以贵州遵义为例。遵义是知名的历史文化名城，其历史文化资源最重要的一项组成即遵义会议会址。会址原位于一条老街中，街上有不少清末民初的建筑，保存了黔北早期街镇建筑的风貌，形成一种浓郁的文化氛围，大大丰富了那里的历史文化内涵。但据说为了加快城市现代化建设和凸显遵义会议会址的重要地位，这条老街和附近的民居被统统拆掉，开辟成市区的中心广场。文物部门闻讯后，曾一再阻止，终于无效。广场建成后，会址失掉了原有的建筑环境，孤单单地面临空旷的广场，与高大气派的洋楼相向，会址的形象非但没有凸显出来，反倒变得矮小灰暗。后来，国家文物主管部门直接干预，市里在会址两侧重又建起仿古建筑。但"新房"已非旧貌，已损失的文化资源永不可恢复。

类似的教训还很多。这是我们急功近利、自以为是留给历史的创伤，是后世子孙难以原谅的愚昧。令人遗憾的是，这样的事例至今还屡见报端，其中绝大多数发生在各级地方急于作出政绩的负责人身上。这不能不引起我们高度的警惕。

2. 开发需建立在科学的基础上

历史文化资源开发是其真实面貌和价值的开发，因而必须建立在科学的即实事求是的基础上。

科学的态度首先体现在客观地认识、评价和宣传历史文化资源的价值上。曾见有人为强调赫章历史文化资源的重要性，撰文提出夜郎国故都在赫章，且已具备何等的规模，所举论据凿凿。但细细看来，问题却很多，其中史籍文献的问题姑且不说，仅谈谈考古资料的问题。

文称1960年发掘7座汉墓，出土300多件文物，周恩来总理为此还作了指示，等等。实际上按发掘报告，这7座墓仅出土48件文物。另有166枚铜币。考古中铜币的计件往往较慎重，不会以枚作为文物件数统计。假若将铜币也加入计算，总数仍远不到300。而所谓周总理的指示，无论省主管部门，还是业务部门，都从未听到过，更没有记载档案。不知文章依据从何而来？

文又称，可乐出土文物共8000多件，占全省夜郎文物总数70%以上。还说其中国家级珍贵文物1件、一级文物50多件、二级文物2000多件、其余皆三级文物等。这里的文物总数问题和前文所说相同。而所谓全省夜郎文物总数根本没统计，也不可能统计得出来。因为从考古学角度，"夜郎文物"目前并不能完全确指，目前能够确指的，仅是"夜郎时期有地方民族特色的文物"。这两个概念并不能等同。而根据国家文物局颁发的文物定级标准，我国文物划分为一、二、三级和普通文物，三级以上都属珍贵文物，并不存在所谓国家级文物。对赫章出土文物，省文物考古部门从来没做过详细级别鉴定，绝没有所谓文物级别的数字。显然该文的论据与事实相去太远，其结论当然不能使人信服。读这种文章，打一个不恰当比喻，好比看街头的虚假广告，人们对其中可能真实的部分也将不屑一顾。

可乐是贵州夜郎考古最值得重视的地区之一，但无论从文献还是从考古发现，目前还远不能证明这里曾是夜郎国故都。我们所能做的，应是实事求是把可乐考古遗存的价值和重要性向公众予以说明。急于求成、虚报浮夸，对事实不负责任的歪曲，其实是对历史的无视，是对广大公众的戏弄，最终造成的后果是对历史文化资源的破坏。

科学的态度还体现在扎扎实实开展深入的调查和发掘工作上。尽管可乐考古工作在省内开展得最多，但全面系统的调查并未进行，不同类型、不同时期的考古遗存的发掘还有待逐步开展。

此外，科学态度还体现在开发方案的科学制定上。只有多方听取不同部门的意见，邀请各种意见的专家反复论证，在深入调研的基础上，才能制定出合理可行的方案，不致发生头脑膨胀、滥造假古董、编造现代神话等贻笑后人的错误。

3. 开发应做好文化资源的整合

夜郎是赫章开发历史文化资源最重要的一张牌，但仅依赖于此是不够的，还须重视所有文化资源的整合。

河南安阳殷墟的考古文化遗存，论历史价值、规模及国内外的影响，都远在赫章可乐之上，但至今除少数专家、学者外，普通游客很少到那里参观游览。其中一个重要原因是文化资源单一，可提供给一般游客的观赏性、休闲性景物及设施不多。寄情于山水景物是现代文化旅游不可或缺的组成部分。如果赫章的历史文化资源开发仅仅将目光停留在考古发掘方面，其效果恐怕会比安阳还差。

文化资源的整合，一方面要发现和弄清所有值得开发的项目，另一方面要扩大文化资源的观念。赫章县已经注意到文化资源中的民族民俗、太平天国遗址、红军战斗遗址等内容，但文化资源中能够开发的项目还值得深入探究，特别要探究开发那些具有自身独到特点的项目。如赫章及周邻地区的民间传统工艺就有值得关注的价值。赫章土法炼锌曾造就了历史上有名的矿冶业，前些年还曾经兴旺一时。由于对矿产的浪费和对环境的污染，现已被取缔。但作为一种传统矿冶技术，却有让人们认识的历史价值。设想如果有计划地恢复一两处表演性作坊，配以科学知识和历史知识的解说，供游人参观，对于形象地保存这种传统技术，对于吸引国内外游客，不会没有意义。如果再把周邻地区知名传统工艺（如大方漆器、织金砂锅、咸宁荞酥、传统造纸等）集中起来加以展示，所能产生的吸引力将是别具一格的。

对于文化、文化资源、文化遗产等观念，人们正逐步扩大过去的认识，不再将它们仅仅局限于人的行为上。人们已越来越深刻地认识到，人类的生存和活动从来离不开自然环境，人自身便是自然的一个组成部分。因而生态环境应该纳入到有关文化的视野中。历史文化资源的开发，自然也应当把地方生态环境资源包括进去。比如赫章拥有贵州最高的山峰——韭菜坪，这对于越来越热衷于户外旅游和探险的游客来说就有特殊吸引力。据说那里有成片罕见的野韭菜和独特的山色，如果仔细调查，可能还会发现一些特殊景点和物产。赫章还有久已闻名的优质核桃、樱桃、荞麦、药材等农林产品，这些产品的种植和深加工也有值得研究、从文化资源开发角度加以发展的前景；在河镇发现的大片植物化石，或许能开发成有特殊魅力的旅游点；等等。所有这些资源与未列入或未发现资源充分整合，完全可望在黔西北形成一道格外引人注目的风景线。如果再将毕节地区有特色的风景名胜点，如织金洞、威宁草海、黔西观音洞文化与百里杜鹃、大方奢香史迹与彝文化等纳入整体规划和宣传，联合打造成贵州一条新的黄金旅游线，其历史文化资源的开发将迈上一个新台阶。

4. 开发与基础设施建设

基础设施建设不是本文重点讨论的问题，但它是开发中的硬件建设，应引起高度重视。赫章现有的交通等基础设施建设虽已有明显改善，但总体上还比较落后，不利于社会经济的发展，也有碍于历史文化资源的开发。尽快改变这种落后状态，是实现开发目标的当务之急。

总之，历史文化资源是赫章可资开发利用的一种优势资源，打好夜郎文化牌，全面开发文化资源，促进社会经济的高速发展，符合全县60多万人民尽快脱贫致富的愿望。只要我们从可持续发展的高度出发，将开发和保护统一起来，制定合理可行的措施，一定能在这种优势资源的开发中取得显著成效。

原载《乌蒙论坛》2004年1期

误读的历史与历史的释读
——反观夜郎文明的几点思考

一、"夜郎自大"误读

"夜郎自大"属汉语圈认知率最高的一类成语。汉语工具书都把它释为对妄自尊大者的讽喻,典出汉代夜郎国君与汉王朝使者的对话。很多人正是通过这个成语知道古代西南曾经有一个夜郎国。但这成语其实是一段误读的历史。

夜郎故事首见于司马迁的《史记》。汉武帝开发西南夷后,为寻找通往身毒(今印度)的通道,于公元前122年派遣使者到达今云南的滇国,再无法西进。逗留期间,滇王问汉使:"汉与滇谁大?"后来汉使返长安时经过夜郎,夜郎国君也提出了同样问题。这段很平常的故事后来便演变成家喻户晓的成语。

"夜郎自大"成语至迟在清代已广为流行。清前期著名文学家蒲松龄在《聊斋志异·绛妃》中写道:"驾炮车之狂云,遂以夜郎自大。恃贪狼之逆气,漫以河伯为尊。"成书于光绪后期的晚清小说代表作《孽海花》第二十四回写道:"饿虎思斗,夜郎自大,我国若不大张挞伐,一奋神威,靠着各国的空文劝阻,他哪里肯甘心就范呢?"

其实夜郎国君并非妄自尊大向汉王朝叫板。夜郎是僻处大山的方国,即便现在交通也多受限制,两千多年前更是山隔水阻,偶有山外客来,急于打听山外世界,实为人之常情。要说有所反映,其实这反映了夜郎人期盼认识世界的渴求，极该褒奖和鼓励。而后世出现的成语，却从另一角度误读了这段历史，变为轻蔑和讽喻。因此真正妄自尊大的反该是成语作者，他抱着根深蒂固的近乎傲慢的优越感，对事实的判断失掉客观性，傲慢才是真该被讽喻的无知。

不过，一个有偏误的成语，不经意间广泛宣扬了一个古国的历史，至少，在最广大民众中恒久延续了一个古代的记忆，这又是成语作者不曾想到的。也许在汉语文史上，可算得上一段佳话吧。

二、夜郎文明释读

从司马迁《史记》后，还有一些史籍记载了夜郎的历史。但越往后越增添了神秘的传说。夜郎国的真实历史，当以生活于夜郎国时代的司马迁所记最为可靠。

《史记·西南夷列传》称："西南夷君长以什数，夜郎最大。"大约战国时代，夜郎已是雄踞西南的一个少数民族君长国。汉武帝时，唐蒙奉命于公元前135年出使南越国，在那里得知夜郎。后又进一步了解到夜郎位于巴蜀通往南越的要道上，有便捷的水路可通抵南越的都邑，夜郎还拥有精兵十余万。于是唐蒙向朝廷建议开发西南夷，依靠巴蜀的富裕、夜郎的水路和精兵，有效控制南越的分裂变乱。汉武帝采纳了他的建议，在夜郎地区设置郡县，将夜郎划入版图。十余年后，汉使从滇国到夜郎，发生了前述与夜郎国君对话的故事。公元前111年，夜郎派兵协同征伐南越反叛，遣使入朝，汉王朝授予夜郎王金印。

夜郎国的具体位置，史籍记载都很简略，只说"临牂柯江"，其西是滇国。牂柯江是汉代以前的水名，今人根据其向西南通抵南越国都邑番禺（今广州）的记载，考订为贵州的北盘江和南盘江。在云南的考古发掘已证实，古滇国东边的疆域大致在今曲靖地区。因而，多数人认为，夜郎国的地域主要在今贵州的西部，可能还包括云南东北、四川南部及广西西北部的一些地区。从明代以来，关于夜郎国的地域已发生过许多争论。在考古发掘未提供出可靠证据前，这样的争论必然还将继续下去。

夜郎灭国于西汉末期，汉成帝河平年时（公元前28—前25年），夜郎与南方小国发生争斗，不服从朝廷调解。汉廷新上任的牂柯郡守陈立深入夜郎腹地，果断地斩杀了名叫兴的夜郎末代国王，并机智地平定了其臣属及附属部落的叛乱。从此后，夜郎文明不再见于史籍。

夜郎国存在了约三百年，其文明发展在西南地区具有较大影响。汉开发西南夷后，在巩固国家统一的大战略中，它主要发挥了积极的作用。在中华辉煌的古代文明史中，夜郎文明是不可缺少的一个组成部分。

三、历史上还有过的"夜郎"

进入21世纪后，贵州数县市及湖南有关县市曾争相更名为夜郎。似乎历史上曾出现过不同的夜郎。事实还真如此。

唐代著名诗人李白多次在诗作中提到过夜郎：

"我愁远谪夜郎去，何日金鸡放赦回。"（《流夜郎赠辛判官》）

"天地再新法令宽，夜郎迁客带霜寒。"（《江夏赠韦南陵冰》）

李白所说夜郎，为唐玄宗天宝年间在今贵州桐梓一带所设的夜郎郡，时间上距夜郎灭国已七百多年。此前晋朝也曾在贵州设置过夜郎郡，地点大约在今贵州北盘江上游，距夜郎灭国也已三百多年。

历史上用夜郎作县名更出现过多次，上述前后两夜郎郡的首邑都叫夜郎县。此外，唐初在今贵州石阡一带曾设置过夜郎县。不久在今湖南新晃一带又设置过夜郎县（此夜郎县于天宝年在贵州设置夜郎郡时改称峨山县）。宋代又短时间在湖南新晃设置过夜郎县，这是历史上最后一个叫夜郎的县名。

这些夜郎地名除晋朝夜郎郡外，存在时间都不长，从南到北，从西到东，往复变换。这说明一个事实，它们与古代夜郎文明已无直接联系，更多只是后人附庸古称的地名符号罢。不过作为历史时间上的连缀点，这些符号仍是大有意义的。试想，如果没有这些连缀符号，没有李白的诗句，夜郎还能保持广泛的知名度吗？或许，这也正是后来"夜郎自大"成语得以形成的历史基础。

四、以考古释读夜郎

以考古释读夜郎，是今人共同的认识。因史籍记载的简约，已使多年来对夜郎的研究陷于无尽的文字争论怪圈。只有地下揭示的实物资料，才能最后澄清争论，释读一个真夜郎。

新中国的考古收获，已基本揭示开巴蜀、滇、南越及楚文明的概貌。从地域分布看，这几种南方古代的主要文明正包围着以贵州为主的一块地域。这与多数人长期以来对夜郎文明地域的推断恰好吻合。根据《史记》和其他史籍记载，在这个区域内，战国至西汉时期的主流文明应是夜郎文明。

贵州考古在毕节、六盘水及黔西南地区，已发现许多战国至西汉时期具有浓厚地方色彩的考古遗存。无论生产工具、兵器、生活用具、装饰品，都表现出青铜文化为主的许多特殊风格，与周边巴蜀、滇等青铜文化明显不属同一个体系。在赫章发现的套头葬，用铜鼓或铜釜等套于死者头顶埋葬，表现出独特的原始宗教意识。是国内其他地区从未发现过的特殊葬俗。

夜郎考古是贵州重要的科研课题。对夜郎考古的科学态度将成为推动其持续发展的关键。由于滇王金印20世纪50年代在云南出土，有人将夜郎考古的目标简单定位在夜郎王金印的出土上。《史记》记载："西南夷君长以百数，独夜郎、滇受王印。"夜郎王受印可能确为历史的真实，夜郎王印也是判断夜郎考古文化十分重要的一种依据，但王印并非夜郎文化的直接构成。而且，王印出土的概率，可说是微乎其微。因为按照汉代制度，除非得到皇帝特批，诸侯王印是不能用于殉葬的。云南发现的滇王金印，多认为只是滇王私底下的仿制品。

夜郎考古最重要的目标，是大量发现和揭示夜郎民族所创造的物质遗存，从中获取夜郎社会各方面的信息，最终全面展现夜郎文明的真实面貌。

贵州已发现的夜郎时期考古遗存是否为夜郎考古文化，是需要考古研究者科学分析的问题。这些考古遗存虽然总体表现出不同于周边文明的风貌，但在不同具体地区出土的考古遗存也存在许多差异。据记载，当时夜郎地区存在众多的部落君长，它们之间有可能属于相同的民族体系，也可能属于不同的民族体系。目前我们所看到的考古遗存差异，与这样的记载正相符。而且，我们目前还没有找到任何属于夜郎民族的直接证据。当考古遗存出土量尚未达到一定积累时，如果匆匆忙忙地认定它们属于一种文化或几种文化，将大大有碍于夜郎文化研究的客观性。考古作为实证性科学，必须杜绝急功近利，必须谨防浮躁学风的影响。

探寻夜郎文明是我们的历史职责，用科学客观态度看待探寻夜郎文明的工作是应有的平常心。夜郎的神秘性，以及历史文化潜在的巨大现实社会价值，已引起社会各方面对夜郎的关注。前文所说发生在贵州、湖南的地名之争，是这种关注的一种极端体现。关注应是理性的深层作为，不能蒙上太多功利色彩。作为华夏子孙，作为中华文明的传承者，我们有责任关注夜郎文明，有责任为探寻夜郎文明贡献自己的一份力量。这责任不仅仅是道义上的，还是历史所赋予的。可喜的是，已有越来越多的人认识或感受到这种责任。这将是探寻、解开夜郎文明之谜最重要的社会基础。

原载《夜郎重释》，作家出版社，2004年

贵州夜郎考古观察

夜郎考古是贵州考古工作的重要内容。1995年贵州成立以分管副省长为组长的夜郎考古领导小组，夜郎考古从此被正式列为重点课题展开工作。事实上，夜郎是贵州古代史中十分重要的一段时期，从20世纪50年代起，贵州的考古就不曾离开过对这段历史时期文化遗存的寻觅和探索。近年来，夜郎考古课题所开展的大量工作，也是在以往数十年工作基础上进行的。对贵州夜郎考古的综合研究，须将以往工作都包括进去。过去已有学者作过这样的研究。[①] 随着近年田野工作的深入，一些新资料被揭示，一些新认识也随之产生。同时考古学科整体理论近年有很大发展，促使我们研究问题的思想水平得以提高。因而对夜郎考古的新观察，已大为必要。这将有助于我们对夜郎考古总体目标的把握，有助于对具体工作计划的调整，也有助于关心此项工作的同行及各界专家了解相关信息，给此项工作更多支持。

[①] 如宋世坤：《贵州古夜郎地区青铜文化初论》，见《中国考古学会第二次年会论文集》，文物出版社，1982年；宋世坤：《贵州古夜郎地区青铜文化再论》，载《贵州文物》1997年1期。

一、已有的发现及各自的特征

贵州夜郎考古已有的重要发现，可分为考古发掘、考古调查及零散出土文物三部分，分别介绍如下：

1. 普安铜鼓山遗址

普安县位于黔西南布依族苗族自治州，县北境是北盘江，南盘江支流马别河从县南境注入主流。铜鼓山遗址位于一座相对高度约80米的小石山上，分布面积约4000平方米。1979年对该遗址曾作过小型试掘，第二年进行了一次发掘，揭露遗址北半部1500多平方米范围。发掘报告刊于贵州省博物馆考古所编《贵州田野考古四十年》一书（贵州民族出版社，1993年版）。鉴于发掘报告未能在正式专业刊物发表，很多人对资料不了解，遗址的很多问题也需要加深认识和了解。2002年4—5月，贵州省文物考古研究所又进行了第二次发掘，揭露遗址东南部约900平方米范围。

由于遗址主要位于山顶，后期破坏严重，山顶文化层堆积很薄，多被扰乱。稍靠下的斜坡阶地，部分文化层堆积可分5层。时代为战国至西汉。

两次发掘出土大量陶片，完整陶器极少。陶质基本为夹砂陶，烧制火候甚高。陶色以红色、灰褐色、黑褐色为多，陶色往往不匀。有的内、外壁呈不同颜色，如外壁呈黑褐色，内壁却呈红色。最显得特别的，是一种内外壁呈红色，陶胎呈黑色或黑褐色的陶片，似乎表现了一种两次烧制的工艺。从一般工艺过程看，这应是陶器第一次烧制并渗炭后，在器表加一层泥浆，第二次又用氧化焰烧制形成的效果。这种陶片占有一定数量。出土陶片带纹饰的很多，以绳纹占绝大多数，还有少量方格纹、刻划纹等。纹饰常从口沿满铺至器底。器物以手制成型，其中罐类较多。已发现的器底中很少平底和圈足，主要为圜底。从陶质、陶色及纹饰风格看，遗址主人已较好地掌握了陶器烧窑技术，对陶器具有较高的审美要求。

遗址出土部分青铜器，其中以带有 ⌒ 符号的铜钺最有特色。符号铸于钺面靠銎口处，两面相同。1980年发掘时在当地曾采集到2件这种钺。

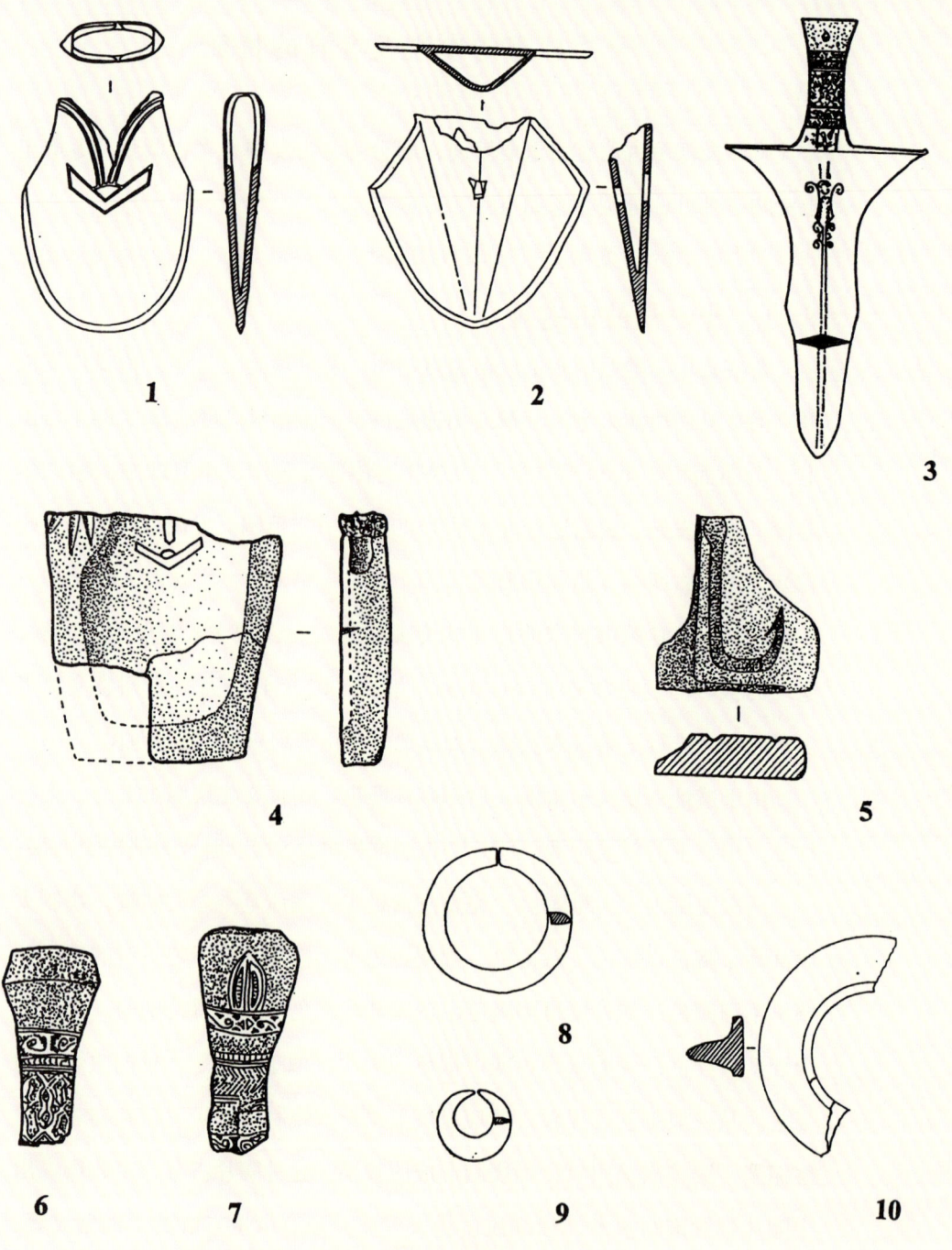

图一 普安铜鼓山遗址出土文物

1. 铜钺（T71 1/4）
2. 铜锄（T81 1/4）
3. 喇叭形空首一字格曲刃铜剑（采1/4）
4. 钺范（79T：3 1/3）
5. 鱼钩范（T40：1 1/4）
6. 剑茎模（T13②：2 1/2）
7. 剑茎模（T57②：5 1/2）
8. 玉玦（T5④：11 1/2）
9. 玉玦（T40③：5 1/2）
10. 玉镯（T40③：4 1/2）

注：为便于编排，器物图均未用比例尺，只以大约比例分数标示器物大小。后同。

2002年发掘时在地层中又出土2件。形制略有差异,但符号基本相同。这种符号至今仅发现于贵州。除钺外,1980年采集到的喇叭形空首一字格曲刃铜剑是另一种很有特色的兵器。据发现者介绍,铜剑出土于遗址。两次发掘都出土一批青铜雕刻工具,应与制作浇铸青铜器的范和模有关。

遗址中出土大量玉质、石质的装饰品,包括管饰、玦、内缘带唇边的手镯等,还出土较多石臼。

遗址最值得重视的,是出土大量浇铸青铜器的石范和陶模,包括剑茎模、戈模、钺范、剑范、铃范、鱼钩范等。其中1979年试掘出土的钺范,刻有⋀符号,形制与2002年发掘出土的铜钺相同。2002年发掘出土的一件残戈模也很重要,模上刻有3个相互牵手上举的人物图案,构图与赫章可乐墓葬出土的铜戈十分相似。

从出土物及遗迹现象分析,这里主要是一处制作青铜兵器和小型工具的遗址。(出土物见图一)

2. 赫章可乐墓葬

赫章县位于黔西北毕节地区,可乐是县境西北部的一个民族乡。从20世纪60年代起,这里就不断发现汉墓。经调查,在可乐坝子方圆不到5平方公里范围,分布有战国至汉代墓群14处,遗址2处。20世纪70年代末,考古部门发掘了战国至汉代墓葬207座,分甲、乙两种类型。其中乙类墓168座,为当地土著民族墓葬,被称为"南夷墓"。发掘报告刊于1986年第2期《考古学报》。2000年9—10月贵州省文物考古研究所再次发掘111座同时期墓葬,其中108座属"南夷墓"。由于发现不同形式的特殊葬俗和一批独具特色的精美文物,该次发掘被评为2001年度全国十大考古新发现。[1]

"套头葬"是可乐墓葬最为重要的遗迹现象,现已发现几种不同形式

---

[1] 写作时发掘报告正整理中,相关介绍可见《文物天地》2002年4期、《考古》2002年7期。后相关成果整理为《赫章可乐二〇〇〇年发掘报告》。

的"套头葬"。

最常见的形式是在死者头部套1件鼓形铜釜，铜釜仅罩于头顶部，面部大部分露于釜口沿之外。这种形式的"套头葬"有两例较特殊，一例是在墓坑底部沿四壁垒放了3—4层石块，石块长30—50厘米，未经修凿。另一例套头使用的是1件铜鼓。

另一种形式的"套头葬"，除了在死者头部套1件铜釜，在死者足部也套1件铜釜或铁釜。2000年发掘的274号墓套头和套足的铜釜都铸造精良，腹部饰一对硕大的辫索纹环耳。用于套头的铜釜，肩部还铸有一对昂首扬尾的猛虎，在口沿两侧相向而立，极力显示出无比的威力和权势。死者脸部还盖有1件铜洗，在右臂上盖有2件铜洗，在左臂外侧立1件铜洗，整体充满神秘气氛。这座墓出土器物是可乐发掘墓葬中最丰富的，达100余件，主人应是当地部族首领级人物。

还有一种形式的"套头葬"，是在死者足下另垫1件大铜洗。2000年发掘的273号墓采用的即这种形式，死者右臂下另垫有1件铜洗，左臂外侧立1件铜洗。

"套头葬"按两次发掘报道，共发现25座。但从有关资料看，前一次发掘统计时可能有少数疏漏。总数可能接近30座，在发掘的"南夷墓"中所占比例超过10%。

"套头葬"用于套头的器物有铜鼓、铜釜及铁釜。其中铜鼓仅1例，使用了1件典型的石寨山型鼓，胴部饰竞渡纹，腰部饰牛纹。铁釜共6例。铜釜中多数为鼓形铜釜，与云南楚雄万家坝出土春秋时期的鼓形铜釜十分相像。[1]

除"套头葬"外，还发现几种颇奇特的埋葬方式。

一种是在死者脸上盖1件铜洗，发现2墓。另一种是在死者头下垫1件铜洗，发现1墓。还有一种是在死者头旁地上斜插1件铜戈，发现4墓。这几种奇特葬式数量相对较少，但也反映出当地居民特殊的丧葬意识。

---

[1] 云南省文物工作队：《楚雄万家坝古墓群发掘报告》，载《考古学报》1983年3期。

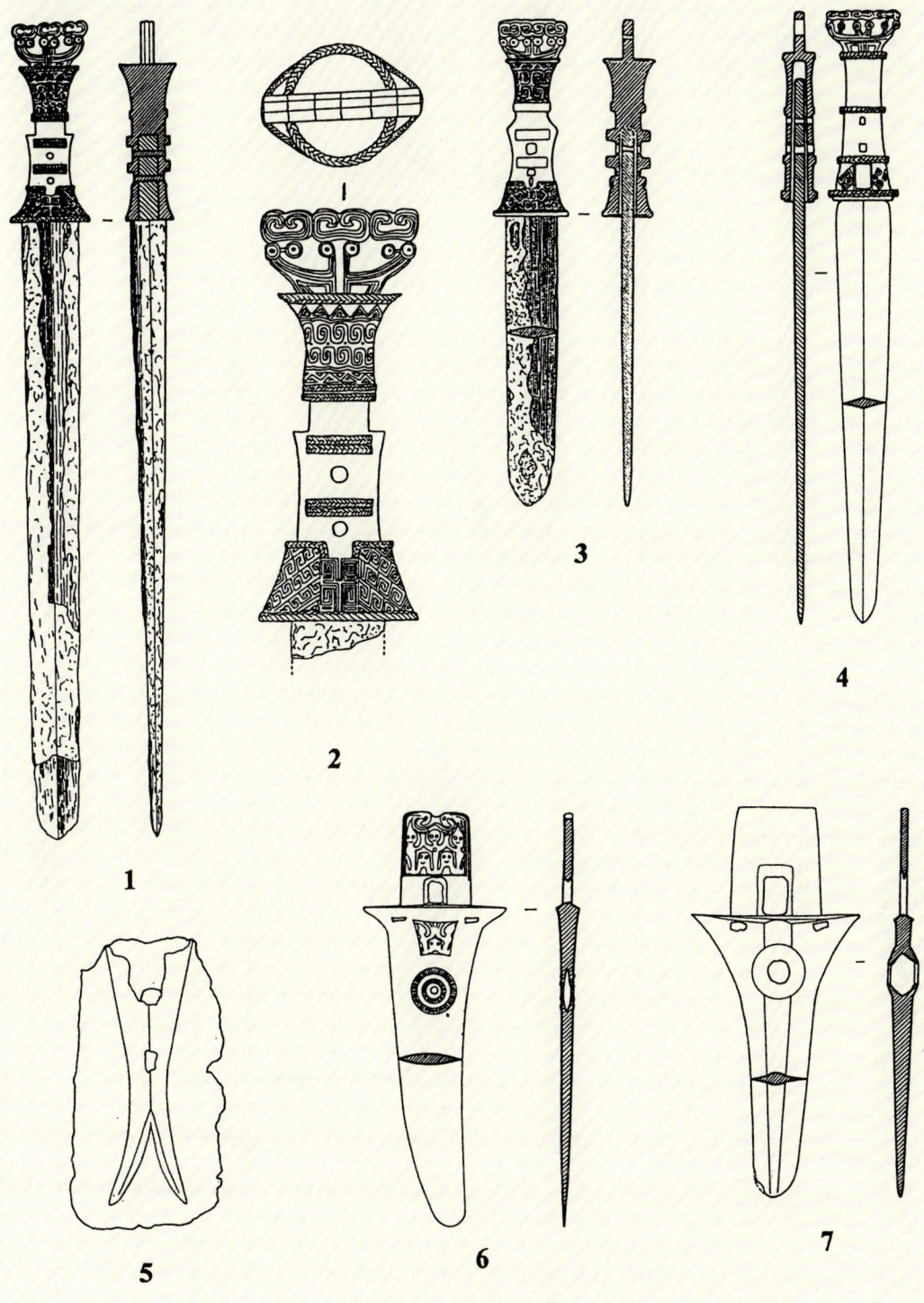

图二 赫章可乐墓葬出土文物

1. 铜柄铁剑（M273：1 1/4）
2. 铜剑柄（M274：92 1/2）
3. 铜柄铁剑（M324：1 1/4）
4. 铜剑（M365：5 1/4）
5. 铜锄（M189：1 1/4）
6. 铜戈（M365：5 1/4）
7. 铜戈（M334：1 1/4）

考古研究·贵州夜郎考古观察

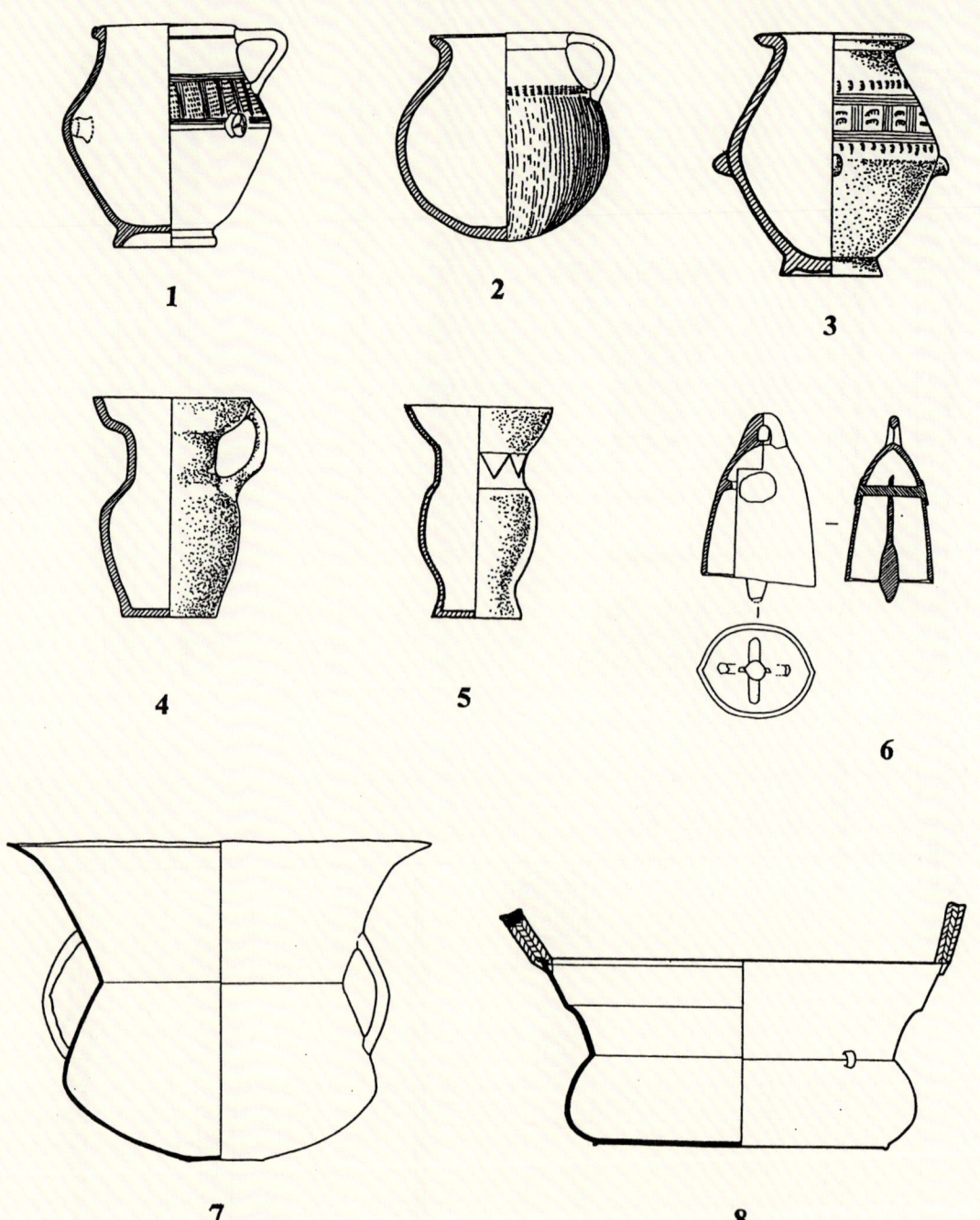

图三 赫章可乐墓葬出土文物

1. 单耳折腹陶罐（M322∶1 1/4）
2. 单耳陶罐（DT0905 采 1/4）
3. 陶罐（M304∶1 1/4）
4. 陶杯（BT0502∶1 1/4）
5. 陶杯（M292∶1 1/3）
6. 铜铃（M310∶2 1/2）
7. 鼓形铜釜（M25∶1 1/6）
8. 立耳鼓形铜釜（M91∶1 1/6）

可乐"南夷墓"出土陶器不多，陶质基本为夹砂陶，陶色主要为褐色或灰色，手制成型，烧制火候不高，工艺显得甚粗糙。纹饰使用不多，未见通体或大部施用纹饰的陶器。纹饰除绳纹外，还有戳刺纹、划纹等。器形以单耳折腹罐、宽沿盘口瓶等较有特色。罐常在腹部饰有数个突出的乳钉。

金属兵器主要为剑和戈。其中卷云纹茎首铜剑、卷云纹茎首铜柄铁剑及直援无胡铜戈等最具特色。铜剑和铜柄铁剑的茎，形制与纹饰很相似，但后者比前者精细很多，浇铸时采用了失蜡法技术。两种剑的主体风格明显反映出前后承袭关系。这种铜剑仅见于赫章，已出土4件。铜柄铁剑已出土10余件，另在云南曾出土过3件。这应是流行于当地的一种代表性兵器。

直援无胡铜戈援身多数较窄，少数略呈三角形。有的援面下半部装饰有心形纹（又称"胡桃纹"）。内基本为长方形，有些内端变化为双弧线，整体略似 m 形。内上常铸有图纹装饰，其中4件铸有3个互相牵手上举人形图案。类似图案及援上心形纹，在黔西南地区青铜戈上也有发现。

兵器中还出土少量巴蜀式铜剑，个别滇式蛇头茎首铜剑、喇叭形茎首铜柄铁剑，少量铜镞等。不见铜钺和铜矛。

墓葬中出土不少装饰品，包括铜发钗、骨玦、玉玦、铜手镯、玛瑙管、骨珠、玉璜、绿松石珠、铜带钩、铜扣饰及铜铃等。铜手镯往往多只成组佩戴，两手不一定对称，最多的可戴至10只。有的手镯造型特殊，宽带形镯面上整齐地镶嵌有一行行细小的绿松石片。（出土物见图二、图三）

3. 威宁中水墓葬

威宁与赫章县相邻，是贵州省平均海拔最高的县。中水镇自20世纪60年代以来就陆续发现过一些磨制石器、陶器和青铜器。1977年和1978年，省考古部门先后两次在中水梨园等地进行发掘，共发掘古墓葬58座，时代主要为战国中期至西汉末，个别为东汉。发掘报告分别刊于1981年第2期《考古学报》和1987年第10期《文物资料丛刊》。发掘者将这批墓葬

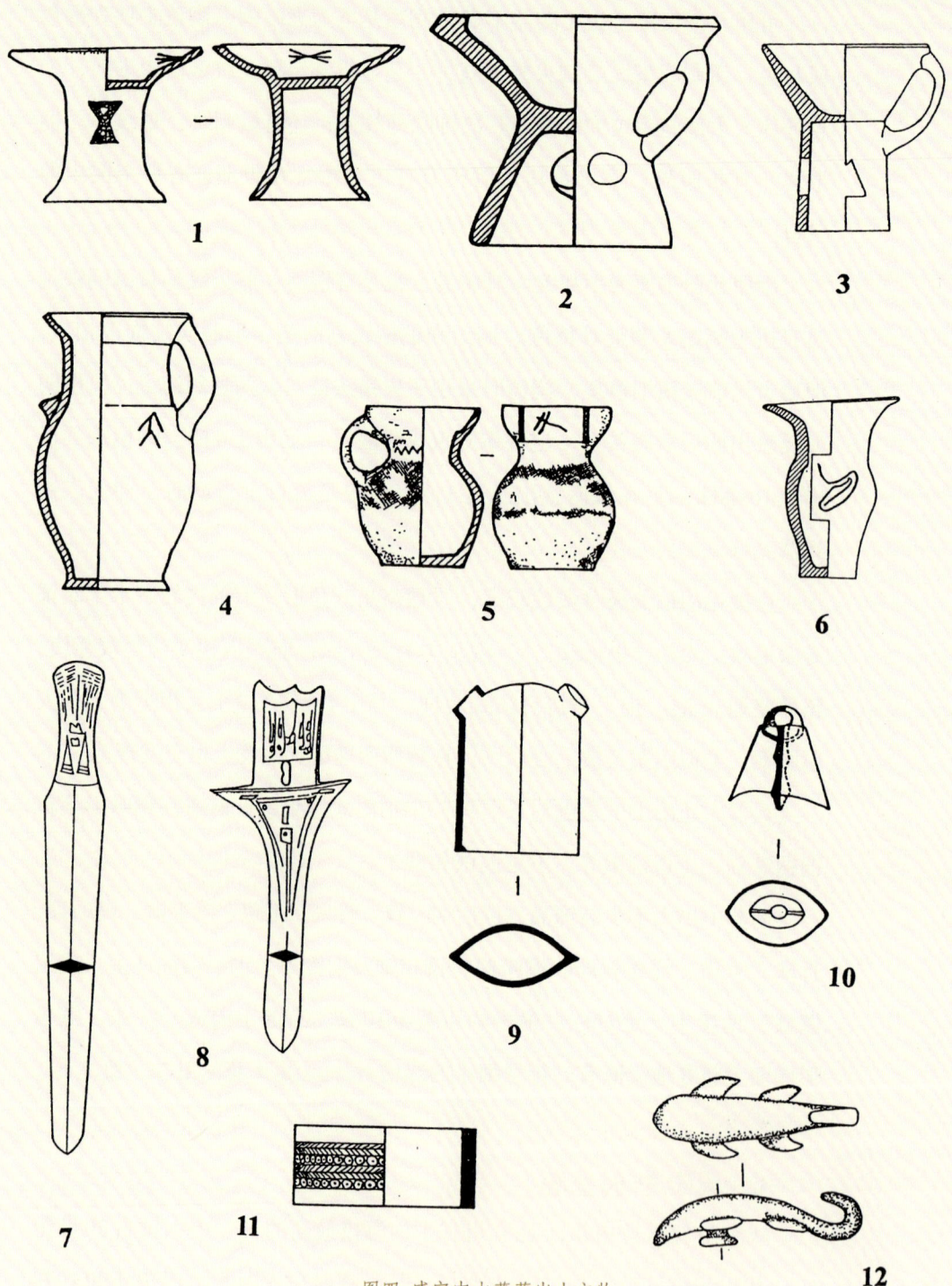

图四 威宁中水墓葬出土文物

1. 陶豆（M33:3 1/6）
2. 陶豆（M44:1 1/6）
3. 陶豆（M2:2 1/6）
4. 单耳陶罐（M37:2 1/5）
5. 单耳陶罐（M31:6 1/5）
6. 陶杯（M21:12 1/4）
7. 蛇头形茎铜剑（M22:1 1/5）
8. 铜戈（M26:1 1/3）
9. 管形耳铜铃（M2:1 1/4）
10. 铜铃（M2:3 1/2）
11. 铜镯（M21:1 1/2）
12. 鲵鱼形铜带钩（M19:12 1/3）

分为两种类型,认为Ⅱ型墓为"夜郎旁小邑"的墓,Ⅰ型墓则"以汉族风格为主"。遗憾的是报告未将两类墓葬出土器物分别整理报道,使后来研究者甚为不便。

这批墓葬出土陶器较多,陶质有夹砂陶和泥质陶两种。夹砂陶多为灰色或白色,泥质陶主要为红色。陶器基本为手制成型,制作较粗糙。纹饰较简单,主要为刻划纹和绳纹,陶豆足部还常有不同形状的镂孔。不少陶器素面无纹饰。器形以盘口单耳罐、高足镂孔豆、觚[①]等富有特色。陶器中最引人注目的,是不少器物腹部或口沿上刻有不同符号。已发现51个,除去重复种类,可分为41种。发掘者认为这些符号为古彝文,[②]但研究者多不同意。

青铜兵器中,有地方特色的是戈和剑。戈皆直援无胡形。援有的窄长,援面铸有旋涡纹等纹饰。有的呈三角形,援面铸有山字形等纹饰。戈内长方形,内端有的变化为双弧线,与赫章可乐戈的弧线方向相反,外形略呈山字。内上往往铸有图形纹饰。

铜剑有蛇头茎首剑、扁平茎无格剑及柳叶形剑等不同形式。另外出土少量长骹铜矛。不见铜钺。

出土装饰品中,牛头形铜带钩、鲵鱼形铜带钩、飞鸟形铜带钩、镂虎(狮)形铜带钩等造型别致,仿生性强,但主要出土于Ⅰ型墓中。另外还出土不少铜发钗、铜手镯、铜扣饰及铜铃等。其中铜手镯中宽带形手镯铸有连续圆圈纹和人字纹等纹饰,铜铃中弧形顶附一对管形耳的大铃[③]等显示出地方民族特色。

墓葬中还出土部分铁刀、铁矛等,应为汉式器物。(出土物见图四)

---

① 报告称为觚,但定名为瓶较妥。详见拙著《考古三报告补正与讨论》,见《夜郎研究》,贵州民族出版社,2000年,第62页。
② 古彝文说仅一家之言,未见充分证据。且彝族当时进入贵州与否也缺乏线索。
③ 报告原称"钟",但综合贵州所出类似文物,定名为铃较妥。

4. 零散出土文物

贵州零散出土文物中,属于古代夜郎时期,并具有明显地方民族特色的文物,主要分布于兴义、兴仁、安龙、望谟、贞丰、册亨、晴隆、普定、六枝、盘县及修文等县市。现选取部分特点突出的出土物加以介绍。

喇叭形空首一字格曲刃铜剑 除普安铜鼓山遗址出土过1件外,在兴义市郑屯和顶效各出土1件,在安龙县新安和龙广各出土1件,此外,20世纪50年代在清镇汉墓中还出土过1件,被误称为铜矛。[①] 这些剑造型大体相同,茎中空,略呈束腰筒状,茎首外张似喇叭。格作一字形,较长。剑身基部较宽,双刃急弧上收,至中段外折又内收,形成曲刃。剑身两面铸有似箭矢或麦穗状纹饰,茎上也有不同纹饰。(图五:1)已故著名考古学家童恩正先生认为这种剑"也许可以视为夜郎文化的孑遗"。[②]

T形茎一字格曲刃铜剑 安龙县龙广出土,铸造精美,形制特异。茎首呈宽片状,边缘有齿状装饰。茎向上渐变为椭圆状,中段至格中空,有对称两排镂孔。茎两面均有细密的纹饰。剑身曲刃,曲折处靠上,接近剑锋。剑身两面亦有与喇叭形空首一字格曲刃剑相似的纹饰,应是相同文化因素的反映。(图五:2)

扁圆茎无格曲刃铜剑 安龙县龙广出土,茎首弧形,茎中空,横剖面呈扁圆形。茎首有一列纵向镂孔,茎两面满饰细密的纹饰。剑身曲刃为弧线,无折角点。全剑较秀气。(图五:3)

葫芦形扁茎无格铜剑 普定县化处出土。茎呈葫芦形片状,有一列长方形镂孔。剑身窄长,中部起脊。(图五:4)

[①] 贵州省博物馆:《贵州清镇平坝汉墓发掘报告》,载《考古学报》1959年1期。
[②] 童恩正:《我国西南地区青铜剑的研究》,载《考古学报》1977年2期。

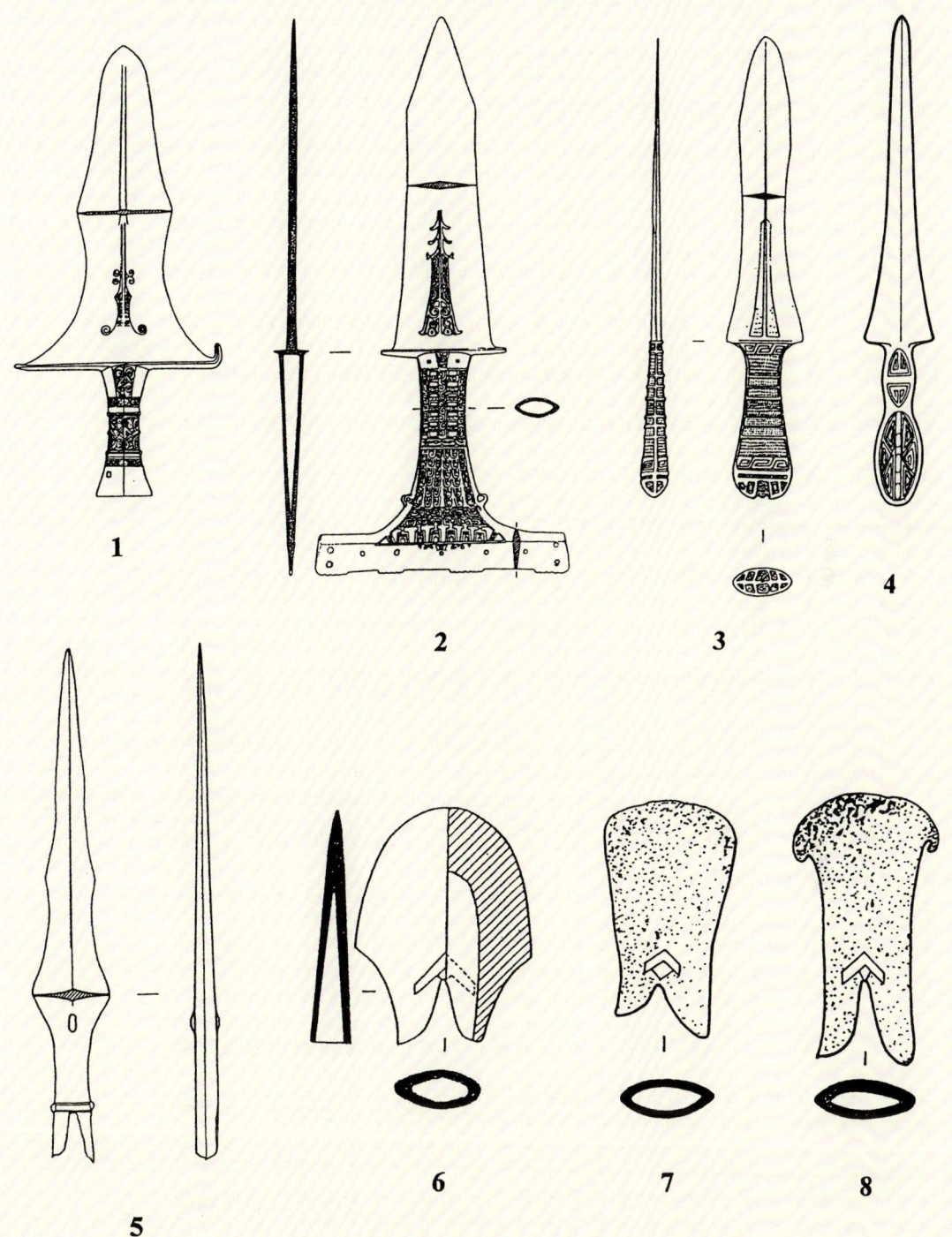

图五 贵州部分地区出土文物

1. 喇叭形空首一字格曲刃铜剑（安龙 1/4）
2. T形茎一字格曲刃铜剑（安龙 1/4）
3. 扁圆茎无格曲刃铜剑（安龙 1/4）
4. 葫芦形扁茎无格铜剑（普定 1/4）
5. 曲刃铜矛（兴义 1/4）
6. 铜钺（兴义 1/4）
7. 铜钺（普安 1/2）
8. 铜钺（普安 1/2）

曲刃铜矛 兴义市马岭及顶效各出土1件，安龙龙广出土1件，形制大体相同。骹部横剖面呈菱形，安龙1件骹口内凹呈V形。骹与刃连接部外展为三角状，双刃中下部有明显外曲转折。（图五：5）

带∧符号的铜钺 在兴义市顶效、下午屯及巴结，普安县青山、楼下，册亨县等地出土7件，普安铜鼓山遗址还发掘出土2件。形制大体为三种。三种的銎皆为V形。一种钺较大，弧形刃一直延伸至钺体两侧，銎与刃相连处有一折肩。另两种钺体较小，弧形刃仅在钺体前端，其中一种弧刃两端略外展上卷。三种钺的符号都铸于钺身靠V形銎口尖端处。这种铜钺仅见于贵州。（图五：6、7、8）

直援无胡铜戈 在兴义市威舍、马岭等地出土4件，形制与赫章可乐"南夷墓"出土的铜戈大体相同。其中2件援略呈三角形，另2件窄长。内作长方形，有的内端变化为m形。4件戈援面都铸有心形纹（胡桃纹）装饰，有2件内上铸有人形图案。（图六：1、2）另在晴隆县出土1件，形制略异。

船形铜斧 兴义市巴结出土，造型奇特，又有人称为鞋形铜斧。斧身正视略似一单篷小船。弧形刃较长，似船底。銎高出，仅占斧身一半，略似小船的单篷。形体薄小，通长仅10.8厘米。（图六：3）

尖叶形铜锄 在盘县和兴义市出土3件。此外在普安铜鼓山遗址发掘出土过1件。形制与云南出土的滇式铜锄十分相似。（图六：4）

羊角钮铜钟 安龙出土2件，形体较大，其中1件为国内目前发现羊角钮铜钟中最大的。钟体合瓦形，正视如斜弧盔形，顶部伸出一对弧形外展片状耳，形似羊角。（图六：5）

管形耳铜铃 在威宁、六枝、贞丰、望谟、普安及兴仁等县市出土多

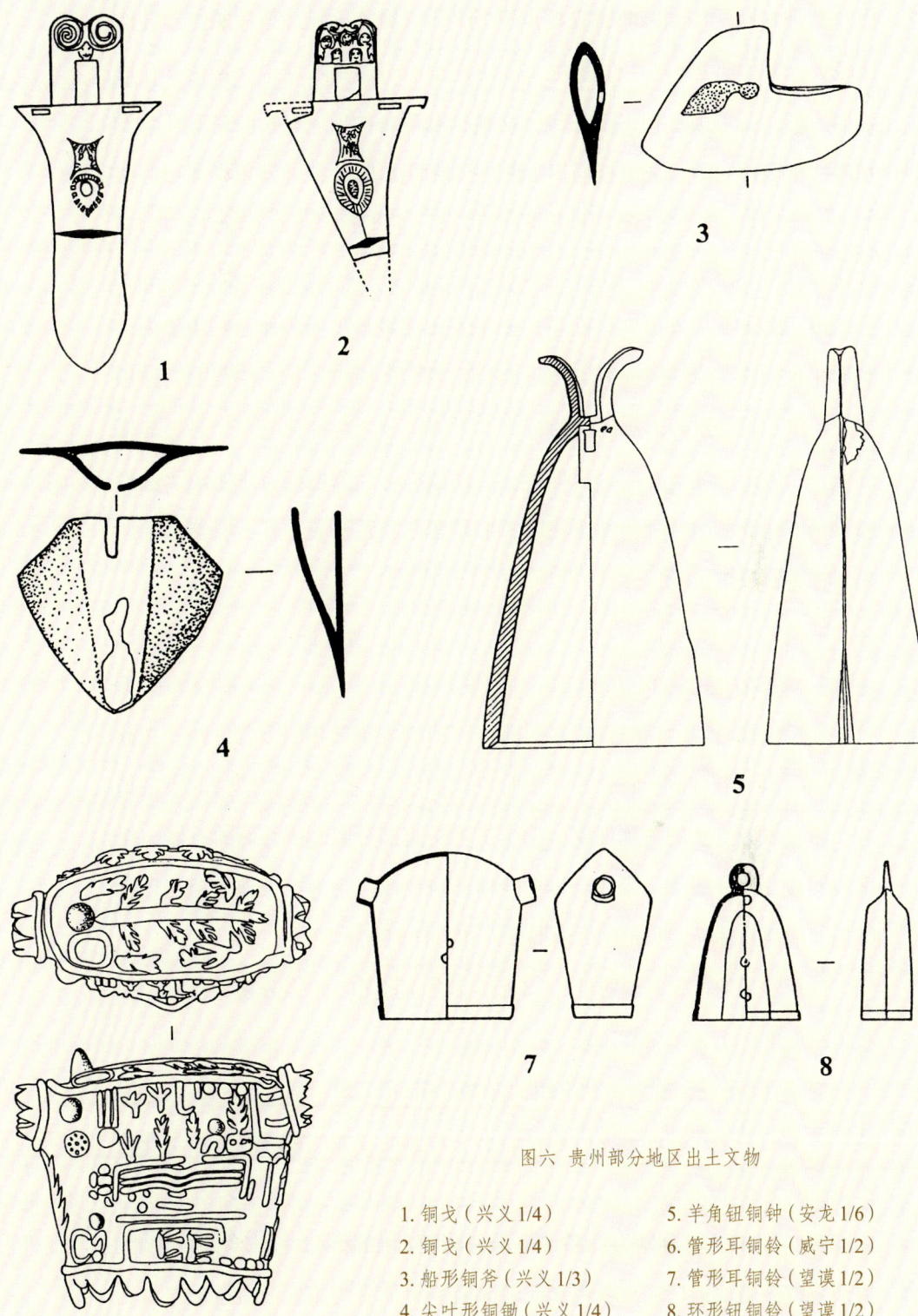

图六 贵州部分地区出土文物

1. 铜戈（兴义 1/4）　　5. 羊角钮铜钟（安龙 1/6）
2. 铜戈（兴义 1/4）　　6. 管形耳铜铃（威宁 1/2）
3. 船形铜斧（兴义 1/3）　7. 管形耳铜铃（望谟 1/2）
4. 尖叶形铜锄（兴义 1/4）8. 环形钮铜铃（望谟 1/2）

件。此外在威宁中水墓葬曾发掘出土1件。这种铃比起环形钮铜铃多数形体较大，其中兴仁出土1件最大，高18厘米。一般高数厘米。铃体合瓦形或椭圆形，弧形顶，顶正中无钮，从弧顶两侧各伸出一只短圆筒形耳。发现时往往多件同出，如六枝同出7件，望谟同出13件，并同出许多环形钮铜铃。铃体多素面，但六枝出土的1件及威宁采集到的数件，器表铸有人、动物和植物等浮雕图案。（图六：6、7）

环形钮铜铃 在修文、册亨、贞丰及望谟等县出土多件，其中望谟一次即出土41件。此外在赫章、威宁墓葬发掘中也有出土，在普安铜鼓山遗址还出土铸造这种形制铜铃的石范。大体可分为两种类型，一种铃体横剖面呈六棱形，或合瓦形，弧形顶，形体稍大，铃身两面有十字形、圆形或三角形穿孔；另一种铃体合瓦形，形体较小，铃身无穿孔。赫章墓葬所出，都铸有纹饰。（图六：8）

5. 调查发现的遗址

贵州夜郎时期遗址经正式发掘的，只有普安铜鼓山1处。另外，在赫章可乐柳家沟曾发现1个遗址，当时仅试掘了3个探方，很多情况不甚清楚，未发现较完整的遗迹现象，出土遗物中有部分磨制或打制的石器、个别残铜器及部分陶片。陶片全为夹砂陶，陶色以灰色为主，有少量黑色和红色。陶片总体面貌与可乐"南夷墓"相近。时代为战国。

调查发现的夜郎时期遗址计18处，其中兴义市2处，分别为：郑屯镇右里屯遗址、七舍镇城脚遗址。

安龙县6处，分别为：龙广镇纳万营盘遗址、龙广镇柘仑上头营遗址、龙广镇佳皂大子营遗址、龙广镇佳皂小子营遗址、龙广镇坡院遗址、龙广镇板拉营盘遗址。

普安县10处，分别为：雪浦乡土司湾营盘山遗址、雪浦乡大坡遗址、雪浦乡铜壶山遗址、新店乡屯脚河营盘山遗址、青山镇大坡上遗址、青山镇大营山遗址、青山镇小营山遗址、青山镇大院子遗址、青山镇屯上遗址、青山镇狮子山遗址。

这些遗址共同的特点是：分布相对集中，如安龙龙广镇一带分布了6处，普安青山坝子一带分布了11处；遗址大都坐落于相对高度不及百米的石灰岩小山顶上，山上土层不厚，多有岩石裸露；遗址面积不大，超过3000平方米的仅7处；遗址中发现的陶片皆夹砂陶，陶色一般为灰褐色或灰色，红色很少，器表多饰有绳纹或方格纹，陶片的风格与普安铜鼓山遗址相近。

二、考古学观察一：文化面貌呈现独立体系趋向

贵州夜郎考古发现的重要遗存，总体上虽然还不十分丰富，但数量已不少，分布范围从黔西北延至黔西南。在这些地区，虽零散发现过一些巴蜀文化及滇文化风格文物，但文化面貌总体显然与这两种文化不同。与东部的楚文化及南部的南越文化相比，相互差异更大，明显呈现出一种独立文化体系的趋向。主要表现为：

1. 独特的丧葬习俗。赫章可乐发现的不同形式的"套头葬"，以及其他特殊葬俗，在贵州四邻青铜文化中从未发现过，在国内其他地区也未见过。其中"套头葬"尤为引人注目。这种葬俗延续时间较长，从战国至西汉晚期都有发现。从所占数量比例看，这是一种流行但并非普通部族成员可以随意采用的埋葬方式，仅使用于具有某种特殊身份人员中。已发现的"套头葬"墓，一般都有较多的随葬器物，最多的达百余件。"套头葬"墓主人的身份及埋葬方式的用意尚需研究，但无疑反映了当时居民的某种宗教意识及生活习俗。

2. 粗放的制陶工艺及陶制品。已发现的陶器，制作工艺都甚为粗放。绝大多数陶器都是夹砂陶。威宁中水墓葬出土少量泥质陶，其他地区泥质陶仅为个别现象。陶器成型皆手制，烧制火候不够高，窑温不均衡，陶色多不均匀。纹饰加工也较粗率，以绳纹为主，另有少量刻划纹、戳划纹等。器形种类不多，以中小型罐较常见，另有杯、碗、豆等。其中赫章单耳乳钉圈足罐和威宁高柄大镂孔豆、盘口杯等器形很有地方特色。整体陶器水

平与四邻地区及中原地区相比，显示出更多原始性。

陶器中值得特别提出的，是威宁陶器上的数十种刻划符号。这种现象在云南昭通地区的墓葬中也有发现，应是同一种地域文化的反映。

3. 自成风格的青铜兵器。出土的青铜器中，以兵器数量最多，这反映当时征战频仍的社会现象。铜兵器中最有代表性的，包括喇叭形空首一字格铜剑、卷云纹茎首铜剑、卷云纹茎首铜柄铁剑、T形茎一字格曲刃铜剑、扁圆茎无格曲刃铜剑、直援无胡铜戈、饰 ∽ 符号的铜钺、曲刃铜矛等。这些风格特殊的铜兵器，多数不见于四邻青铜文化中，有的虽有相似性，但也具有自身的特色。如直援无胡铜戈，戈援上铸有心形纹（胡桃纹），戈内上铸有3个牵手上举的人形图案。类似的铜戈在云南滇文化中也有出土，但贵州出土铜戈，内上的图案浮雕较浅，而滇文化铜戈图案浮雕较高。从贵州普安铜鼓山遗址出土的刻有相似图案的陶模来看，说明贵州这种铜戈系当地铸造，有自身的工艺特点。

4. 青铜器中大型容器不多，已发现的大型容器仅有铜釜一种器物，出土于赫章可乐墓葬，全用于"套头葬"。这些铜釜外壁多有烟炱痕，可能曾用作炊煮器。中原地区商周时期习见的鼎、簋、壶、罍等青铜礼器从未发现过。三足铜器也很少见，仅赫章出土过小型矮蹄足铜鍪。普安铜鼓山遗址出土很多铸造青铜器的石范和陶模，器形基本都是兵器和小型工具。这种现象可能反映出当地的社会发展不曾进入礼制等级阶段，原始巫神信仰可能是社会普遍崇尚的习俗。

5. 丰富的装饰用品。不少县市都发现装饰用品，尤其几处考古发掘点出土丰富。装饰品中发钗、耳饰、项饰、手镯等较有特色。

赫章可乐和威宁中水出土铜发钗较多，形制有U形条状双股钗、簧形首双股钗、簧形首单股钗等不同类型。赫章可乐墓铜发钗常发现于死者头顶上方相距数厘米之处，可看出死者生前在头顶扎有较高的发髻。《史记·西南夷列传》称夜郎为"魋结"之民，与出土遗迹正可相互印证。

耳饰主要为玉（石）玦和骨玦，佩戴时有3只重叠戴于一耳的。项饰主要由玛瑙管、玉（石）管、玉（石）珠等连缀成串。

手镯主要有铜质和玉（石）质两类。铜手镯多有宽带形，常铸有圆圈纹，或镶嵌有成列的绿松石片，显示出高超的玉（石）加工水平。玉（石）手镯内缘起唇边，断面呈T字的形制较多。这种造型在四川地区和云南地区也曾有发现。

装饰品中铜铃值得重视，出土的地点多，数量也多，在望谟等几个地点，都是近十件，或数十件同时出土。当时这样集中收藏的原因虽难以判断，但显示出收藏者对铜铃的高度重视。其中弧形顶附管耳铜铃造型甚奇特，形体较大。云南江川李家山墓1972年曾出土数件，[①]研究者认为属马饰物。贵州这种铜铃的用途不清。但威宁及六枝出土的这种铜铃，铸有相当丰富的浮雕图案，似非马饰之物。

丰富的装饰品反映出当地居民强烈的审美意识和取向。

6.少玉器及金器。典型的玉器出土不多，所见的玉（石）饰品，更多为质地坚细的石类。典型的玉礼器从未发现过。金器也无发现。赫章可乐"南夷墓"曾出土2件鎏金铜鍪，但从器形及工艺看，属汉式器物的可能性极大。玉器与金器的缺少，一方面与当地矿产资源有关，另一方面也与地区文化传统形成的人的意识观念有关。

总体而言，贵州夜郎考古遗存独立文化体系的趋向较为明显，所发现的部分巴蜀文化或滇文化风格的器物，只是这两种文化中极少的器类，且其本源文化特征明显，应是相邻地区文化交流中的物物交流现象，并不反映文化亲缘或文化亲附的趋向。从地域分布和文化面貌基本特征看，夜郎考古遗存表现出的独立体系趋向，应是有别于巴蜀、滇及南越的考古文化的征兆。

三、考古学观察二：联系性与差异性问题

贵州不同地区夜郎考古遗存的联系性，在前两章中大体已经反映出来。比如说，制陶工艺的相对原始性；青铜器中少大型容器，不见铜礼

[①] 云南省博物馆：《云南江川李家山古墓群发掘报告》，载《考古学报》1975年2期。

器；丰富的装饰品，多有铜发钗；很少典型玉器及金器；等等。这些相似的文化因素反映了相近的生产工艺水平、相近的社会生活状况及相近的精神意识和文化传统习俗。如果作进一步观察，还可找出一些更具体的联系现象。比如，从黔西北至黔西南发现的铜戈，皆直援无胡直内形，不见带胡形或曲内形，也不见带銎形。援分弧形窄援和三角形援两种。其中弧形窄援上饰心形纹，内上饰人形图案的铜戈，在赫章及兴义地区都屡有发现。尤其普安铜鼓山遗址还出土相似的残戈模。

又如铜铃，各地区都有发现，都显示出一定的重视程度。其中弧形顶附管形耳铜铃，从威宁至六枝、至兴义地区已多次出土，风格极相似。

还有一个值得重视的现象是，这些考古遗存都属于同一时期，相当于战国至西汉晚期。这正是古代夜郎存在时期。而贵州战国之前的历史文化遗存极少有发现，进入东汉时期的考古遗存，又主要为汉式遗存。这种集中发现于同一时期的考古遗存，说明贵州在这一段历史时期存在着一种相当繁荣显赫的地方文化。

贵州不同地区的夜郎考古遗存，也表现出一些较明显的差异性，如：

1. "套头葬"仅仅发现于赫章可乐。从出土数量看，"套头葬"不是一种偶然埋葬现象，但目前除赫章可乐外，其他地点都未发现。与赫章县相邻的威宁县，在中水镇梨园等三个地点发掘58座墓，其中多数为土著民族墓葬，但未发现有"套头葬"。贵州其他夜郎时期遗址及文物出土点，没有发掘过墓葬，但也没有出土过与"套头葬"类似的大型铜釜等文物，因此无法推测是否存在有"套头葬"这样的埋葬方式。估计这种埋葬方式的分布范围会更宽一些。但据目前资料，还只能看作是局部区域独有的丧葬习俗。

2. 已发现的陶器虽然各地区工艺水平大致相当，但仍存在不同的风格特点。如：

威宁中水墓葬陶器与赫章可乐墓葬陶器，从器形和纹饰风格看，有较多相近处。如威宁的陶瓶在赫章有相似者出土，赫章的单耳圆腹陶罐与威宁的相近。两地陶器都有不少素面者，有纹饰的器物较多刻划纹，刻于器物局部位置，刻纹细且浅。绳纹也有，但并不特别多。然而威宁陶器上特别引人注目的刻划符号却不见于赫章。而且威宁有部分泥质陶，赫章却基本无泥质陶。威宁很典型的高柄大镂孔豆，赫章很典型的饰乳钉的单耳折腹罐，在对方陶器中均无出土。

普安铜鼓山遗址陶器的差异性较大。因出土完整器少，器形上难以作全面比较，但从器底陶片看，显然少见平底器和圈足器，主要是圜底器。装饰风格上，明显表现为绳纹特别突出，大量器物用绳纹装饰，而且往往满饰于器物从口沿至底部的外壁。除绳纹外，还有方格纹、刻划纹等。陶器中施用厚陶衣的工艺也很特殊，陶色则以红色占较大比例。

3. 出土铜兵器依不同特点，大致可分为三个地区，即赫章可乐、威宁中水及黔西南。

赫章可乐最具代表性的兵器是剑和戈。其中典型剑是卷云纹茎首铜柄铁剑及相似茎首的铜剑。典型戈是直援无胡戈，援较窄，呈弧形刃。镞不多。不见铜矛。

威宁中水兵器主要有剑、戈、矛及镞。其中，剑以蛇头茎首剑和扁茎剑较典型，不见赫章卷云纹茎首剑。戈亦直援无胡形，但援近栏处宽展，弧形较大，内端往往呈山字形。矛为长骹，窄弧刃。镞较多，有不同造型。

黔西南兵器主要出土于普安、安龙及兴义，以剑、钺和矛最具代表性。剑中以喇叭形空首一字格曲刃剑为典型，在普安、兴义及安龙都有出土，应是这一带较流行的一种剑。此外，在安龙出土的T形茎首剑和扁圆茎首剑也十分别致，从造型和工艺看，可能属特殊规格兵器，但剑身纹饰显示出与喇叭形空首剑的密切关系。钺以饰有 ∞ 符号者最典型，在普安、安龙及兴义出土过多件，在普安铜鼓山遗址出土铸造这种铜钺的石范。矛以骹剖面呈菱形的曲刃矛为典型，在安龙及兴义出土过数件，也应是地区流行的一种兵器。

4. 铜农具出土不多，其中赫章出土为条形锄，而普安、兴义及盘县出土为尖叶形锄。

5. 在赫章可乐及普安铜鼓山都出土不少作为耳饰的玦，其中赫章多为骨玦，有少量玉玦，普安铜鼓山主要为玉玦。但威宁极少见玦，此外仅见

1件细铜条小环状耳饰。

6.威宁中水出土牛头形等形象生动的仿生造形铜带钩，主要出土于Ⅰ型墓，也有少量出土于Ⅱ型土著民族墓葬。这是否表现一种民族特色尚难肯定，但仅见于此地，特征突出，亦提出留待研究。

概括而言，贵州不同地区夜郎考古遗存之间文化面貌上反映出的联系性，是建立在相似的社会背景、相似的生态环境及相近的文化传统基础上的，这极可能与各地居民之间部族的联盟性，或者血缘性有关。而不同文化因素差异性的存在，可能与不同族系或支系的差异有关。按司马迁《史记·西南夷列传》记载，当时西南夷君长多至"以百数"。其中族系及支系的差异必然很多。据《汉书·西南夷传》记载，汉成帝河平年间，夜郎王兴被诛后，其岳父及儿子曾"迫协旁二十二邑反"。可见在夜郎国统辖下的"君长"即不少于"二十二邑"。这些不同的君长部族，表现出不同的文化因素，应属正常现象。

四、考古学观察三：夜郎考古遗存的定性与夜郎考古目标的定位

夜郎考古遗存的定性，本不该成为大问题，因为按照考古学科须遵循的基本规律，这个问题易于说清楚，也易于理解。贵州考古学者曾对此作过讨论。但近年来，关于这个问题的一些不确切提法常常出现，考古学界有人也盲从附和。因此，有必要提出再加以澄清。

20世纪80年代，贵州考古学者讨论此问题，主要有两种意见。一种以李衍垣先生为代表，认为已发现的有关文物应"看作夜郎文物"，包括"夜郎旁小邑"的文物，也应"暂统于夜郎文物中"。[①]另一种以宋世坤先生为代表，认为已发现的考古遗存，"从考古学上正式命名为一种文化，

---

① 李衍垣：《夜郎青铜时代的文物》，见贵州省社会科学院历史研究所编《夜郎史探》，贵州人民出版社，1988年，第283页。

条件尚不成熟"，主张笼统称为"贵州古夜郎时期青铜文化"。[①]

宋先生认为条件不成熟的理由有两条，一是发现的地域不够广泛；二是典型遗址、墓葬和遗物发掘太少，造成"文化的起源、类型、分期、各期文化特征、典型器物等问题，均不甚清楚"。宋先生的意见，符合夏鼐先生提出、得到中国考古学界所公认的考古文化定名的三要素原则，[②]因而得到贵州多数同行的赞同。笔者20世纪90年代末撰文回顾这一过程，曾提出，宋先生的意见"更合乎考古学科规范"。[③]

从那时至今，十多年时间过去了，"夜郎文化"命名的条件是否已经具备了呢？这十多年来，贵州夜郎考古取得一些进展，新发现一些遗址和遗物，在赫章可乐和普安铜鼓山进行了再次发掘，有不少重要遗存出土。但是，有关夜郎的典型遗址和墓葬的发掘点并没有增加。而且，对已有不同考古遗存之间文化因素的联系性和差异性认识的深化，使我们看到，要在这当中作出结论性判断，田野工作量还需大量增加。即是说，只有大量田野考古资料出土后，我们才能确定它们之间所存在的是同一种考古文化的地区差异，还是不同文化的区别。因此，过去所认为尚不成熟的条件，现在并未得到突破性改善。

而且还需特别提出的是，夜郎文化作为以族名命名的考古文化，除了需具备一般考古文化定名的三要素之外，还必须具备确凿的族属证明资料。这一点对考古探索来说，既有相当难度，又必不可少。滇文化的命名，除了古代物质遗存的必要条件外，还因为滇王金印出土，证实了一批典型墓葬属滇族王室。巴蜀文化命名得到公认，也是因为出土文物提供了可靠的族属依据。可见，夜郎文化即使在物质遗存方面取得大量突破意义的发现，如果不能发现族属依据资料，从考古学上也还难以确立其文化定名，那将只能按照考古学惯例，以典型遗址的小地名来命名。因此，现在

---

① 宋世坤：《关于"夜郎考古"的几个问题》，见《贵州省博物馆馆刊》第五期，1988年。

② 夏鼐：《关于考古学上文化的定名问题》，载《考古》1959年4期。

③ 梁太鹤：《夜郎考古思辨与述评》，载《贵州民族研究》1997年2期。

从考古学上确立"夜郎文化"的命名，显然为时尚早。

近年，有考古人员急于将贵州已发现的夜郎时期考古遗存命名为"夜郎文化"，甚至还划分出几种类型。这种十分缺乏科学依据的草率行为，会造成极坏的误导性影响，有损夜郎考古工作的正常开展。

由于夜郎研究日益引起公众关注，现在社会上常常见到诸如"夜郎国文化""夜郎文化"等提法。从一般历史学角度，这样的提法并不错。由于不了解考古学文化命名原则，有人还会将这样的提法引入到考古发现中。我们对此无须苛责。但作为考古学专业范畴研究，却必须严格遵循科学规律，并且要准确地将科学概念介绍给公众。当前，社会上急功近利的风气已大量渗入科学研究领域，我们须保持清醒头脑，杜绝考古学研究中的浮躁学风。

夜郎考古目标定位，也是一个与学科规范有关的问题。在很多人心目中，夜郎考古的目标就是要解开夜郎国的历史谜团。不少人还认为，找到夜郎王印和夜郎国都城，便是目标完成的标准。

解开夜郎国历史谜团，的确是夜郎考古需积极努力的方向。但是，夜郎考古的目标，却不能简单以此定位。尤其是不能以王印和都城的出土作为衡量目标的标准。

考古学是一门通过科学手段，揭示古代人类遗留下来的物质文化遗存，进而研究其中保存的各种信息的科学。夜郎考古的目标，首先就是要寻找和揭示夜郎时期人们遗留下来的物质文化遗存。这是一种大量的、基础性的工作。其第二步目标，是要在前一步工作基础上，研究物质文化遗存中保存的所有信息。这里不仅有关于夜郎国的历史信息，还有关于当时人们行为、人与自然生态关系、人的思维与精神生活等方面的信息。

夜郎王印与夜郎国都城，是夜郎时期物质文化遗存的重要组成部分，但它们只是夜郎考古所要揭示的物质文化遗存中的一小部分。夜郎国的历史，以及夜郎时期的其他信息，仅仅从这一小部分遗存中是不能获得全部资料、解决所有问题的。夜郎考古的目标，显然比此要高得多。夜郎考古的工作范围，也必然比此要宽得多。它不仅需要考古专业人员的大量工作，还需要其他不同学科，包括自然科学相关学科人员的大量合作。

考古工作有其不可避免的局限性，夜郎考古同样如此。因而，我们不能设想，夜郎考古就能够将有关夜郎的问题全部解决。尤其不能设想，在愿望有限的年份内就得以解决。如人们所注目的夜郎王印，它是否留存了下来，是否能够发掘出土，是任何人都无法确定的未知数。而夜郎国都城是否存在中原都城那样的设施，是否有过那样长久的设置，也是一个未知数。古代物质文化遗存，多由于偶然原因才得以传留下来。这些遗存，只能是当时社会全部文化构成中极有限的一些局部。而考古所能寻觅发现到的，又只是这局部遗存中有限的一些局部。考古研究从中所能认识到的信息，往往还只是这有限发现中的部分信息。这样一次又一次局部的缩减，使考古实际所能达到的目标，与人愿望中的目标，会形成很大距离。我们必须正确认识和估计到考古学的局限性，在对夜郎考古寄以最高希望的同时，又给主观期望值留有最大的余地。

夜郎考古是一项长期的、艰苦的科学工作，只有始终保持科学的态度和努力奋斗的精神，才能使工作正常开展，取得应有的成果。

（本文绘图：赵红坤）
原载《夜郎重释》（首届六盘水"夜郎文化论坛"论文集），
作家出版社，2004年

再谈夜郎文化的考古学定名问题

我于2003年第1期《贵州文物工作》杂志发表《夜郎文化的考古学定名问题》一文,针对近年考古学界有人急于提出夜郎文化定名现象发表了一点个人意见,认为:考古学文化定名有严格的学科规范,贵州现已发现的夜郎时期考古遗存,经科学发掘的地点不多,这些考古遗存具有明显的地方民族特征,同时在共同文化背景下,又表现出不容忽视的差异性,此外尚无有关族属的确切证据出土,因而,从考古学上给夜郎文化定名为时尚早;草率地将贵州现有夜郎时期考古遗存定名为夜郎文化,或划分为几个类型,不符合客观事实,有违考古学科基本规范;当前好大喜功、急功近利之风影响到社会许多领域,科学研究领域也未能幸免,如果考古学界对此不能保持冷静,以浮躁态度随随便便就为这些考古遗存定名,势必对今后的夜郎历史研究和夜郎考古工作带来极为不利的影响。

夜郎文化的考古学定名虽然属于考古学基础理论问题,但业外人士对考古学理论了解不多,此问题过去也缺乏充分讨论,在相当一些人,甚至文博界人士中,难免还存在一些似是而非或含混不清的认识。当前社会各方对夜郎问题关注热度的不断升温,促使很多人希冀全面了解这方面情况。因而,这个问题有必要再提出加以讨论,并愿得到更多人士的关注、指教。

一、考古学文化如何定名

考古学文化是具有特定条件要求的古代物质遗存组合体。其特定条件包括"同一时代""一定地域""一定的地方性特征"这三方面[①]。中国考古学界对考古学文化的这种定名标准，从20世纪50年代起，在夏鼐先生倡导下，已基本形成共识。我前一篇关于考古学文化定名的文章（即《夜郎文化的考古学定名问题》）对此已有概略介绍，此不复述。仅简单介绍在考古工作中，这三方面条件是如何确定的。

考古工作者每发掘一处古代遗存，无论是遗址还是墓葬，都会特别注意遗存中出土的反映当时社会生活的基本遗迹和遗物，力图通过这些遗迹和遗物研究其所处的时代和当时社会生活的方方面面。当另一处遗存被发掘时，同样的注意和研究工作会再次重复。这是由考古学的基本目标所决定的。考古发掘和考古调查多了，在一定地域内会发现属于同一个时代的不同现象的遗存。这时，考古工作者还会关注这些不同遗存之间是否存在有相同或相似的遗物及遗迹现象。当相同或相似现象达到一定量时，就会思考它们的主人之间具有什么样的关系。大体上说，考古学文化便在这样的过程中被确认。

为使考古学文化的确定合乎客观规律，不致因人为因素变得无章可循，经过二三十年实践，考古学文化确认的三要素理论才在国内提出并被普遍接受，成为中国考古学科的一条规范。按此规范，一处考古遗存，无论其遗迹遗物特征如何突出，都是不宜立刻命名为一种考古学文化的。只有当属于同一时代、具有相同文化因素的遗存在不同地点发现多处，人们对其基本规律已掌握后，考古学文化命名才具备应有的条件。这里，不同遗存的相同文化因素是怎样辨别的呢？

考古发掘中，反映一个考古遗存当时社会生活的基本遗迹和遗物，比

[①] 夏鼐、王仲殊：《考古学》，见《中国大百科全书·考古学》，中国大百科全书出版社，1986年，第1页。

如生产工具、兵器、主要生活用品等，对那个遗存来说无疑是最重要的，因为它们是反映那一段特定历史最重要的实物证据。但是，在判断不同遗存间相同文化因素时，却可能并不仅仅局限于这些基本遗迹和遗物。这时所重视的，是它们之间相同的那些特征因素，而不在乎这些特征表现在基本遗迹遗物上，抑或非基本遗迹遗物上。因为大体相同的生产力水平和大体相同的地理条件，会使不同遗存中许多基本的遗迹遗物出现相同的形态；而不同遗存中由不同的民族构成，以及不同的文化传统形成的各自文化特征，却可能更多出现在非基本遗迹遗物上。因而，作为一种考古学文化代表性特征的物质共同体，除了一些基本遗迹遗物外，还可能包括一些非基本遗迹遗物。考古工作者通过综合比较分析，找出相关的不同遗存中具有相同文化因素的一组遗物和遗迹现象，作为一种考古学文化的代表性物质组合。当某处考古遗存明显出现这种代表性组合时，就可以把它划入这一种考古学文化体系加以研究。

比如仰韶文化，是我国黄河中游地区约公元前5000—前3000年的一种新石器时代文化，在渭、洛、汾河等黄河支流为中心的地区，已发现遗址千余处。这种文化在经济类型、社会结构、生产技术、工艺特征、丧葬习俗、艺术审美等方面，都有着十分丰富的内涵，但是作为考古学文化，其最基本的代表性物质组合却被归纳为一组陶器组合，其器形包括以泥质红陶和夹砂红陶制成的小口尖底瓶、蒜头壶、葫芦瓶、平底盆和碗、小平底瓮等，其装饰风格包括泥质陶器上常有黑彩绘制的圆点勾叶等植物纹，以及鸟纹、蛙纹、鱼纹、人面纹等。可以绝对一些说，仰韶文化即是与这些代表性物质组合共存的物质共同体。

由于仰韶文化时间跨度大，地域分布广，在仰韶文化不同的时期或不同的地域，上述代表性物质组合表现出不同的变异，但它们之间的渊源传承却有明显的规律可循。随着考古研究的发展，人们已经将这些变异按一定的规律，划分为仰韶文化的不同类型。如半坡类型，基本为上述主要特征。但庙底沟类型，陶器器形中新增曲腹盆、曲腹碗等，彩陶新出现白衣彩陶、有弧边三角及曲线组成的带状纹等。西王村类型、秦王寨类型等又有不同特点。这些不同类型的划分，是在仰韶文化的基本特征已经确认以后，对不同地域或不同时期相关的考古遗存的深化认识。

其实，考古学研究目标的深入和研究范围的扩大，使考古出土遗物和遗迹已无所谓基本、非基本之分，每一件遗物或遗迹都包含有当时人类活动的不同信息，都是考古发掘研究过程中不应忽视的。本文说法，是为尊重人们研究历史时最关注人的生存和社会存在条件的习惯思维。事实上，对于考古学文化的定义，在世界考古学界早已有新的认识。如英国考古学家戈登·柴尔德就认为考古学文化并不仅仅是物质文化的组合，应当把它们看作了解古代人类生存、劳动分工、经济形态及交流传播等信息的来源。[1]

二、贵州已发现夜郎时期考古遗存情况如何

贵州已发现的夜郎时期考古遗存主要集中在赫章地区、威宁地区以及黔西南地区等三块。这三块遗存大体情况如下：

赫章地区，主要为可乐墓葬群和遗址。其中"套头葬"习俗最引人注目。陶器多为夹炭夹砂陶，器形主要为手制成型的平底、圈足器，纹饰不多，折腹饰乳钉纹罐是代表性陶器。兵器主要为卷云纹茎首铜柄铁剑和直内无胡铜戈，有的铜戈直内上饰牵手人物图案。农具有条形铜锄等。

威宁地区，主要为中水墓葬群。陶器为夹砂陶，器形主要为手制成型的平底、圈足器，纹饰不多，代表性器物有镂孔圈足豆、盘口瓶、单耳罐等。许多器物上刻划有不同符号。兵器主要有直内无胡铜戈、扁平茎铜剑和铜矛。还出土有管形耳铜铃等。

黔西南地区，主要为普安铜鼓山遗址及其他遗址，另有兴义、安龙等地出土的铜器，此外，还可包括六盘水一带出土的铜器等。遗址陶器为夹砂陶，器形主要为手制成型的圜底器，多饰满铺绳纹，还有方格纹等，器形主要为罐类。铜兵器主要为刻有符号的钺、一字格曲刃剑、曲刃矛、直

---

[1] 陈淳：《考古学理论》第六章，复旦大学出版社，2004年，第71页。

内无胡戈,有的戈内上饰牵手人物图案,遗址中还出土铸造铜戈的刻有牵手人物图案的陶模。农具有尖叶形铜锄、铜犁铧等。还出土羊角钮铜钟及较多管形耳铜铃等。

综合看待这三块考古遗存情况,它们明显不同于四邻的巴蜀、滇及南越文化,具有突出的地方特点。三者之间显示了大体相同的文化背景,比如较粗放的制陶工艺,主要使用青铜兵器、青铜农具,不见青铜礼器,多有铜发钗和玉(石)类装饰品等。三者之间还存在一些有直接联系的文化因素,如赫章与黔西南地区相似的直内无胡铜戈,铜戈上相似的牵手人物图案。威宁与黔西南地区的管形耳铜铃等。但是从考古学文化定名的学科规范看,我们却难以从三块中寻找到一组为三者所共有、足以代表各块遗存文化特征的物质组合,比如共同形制的铜兵器、铜农具;具有共同工艺或形制或装饰风格的陶器;共同的丧葬习俗等。相反,除了上述所列举的共性和联系性因素外,我们从各块遗存最具代表性的物质遗存现象中,更多看到一些各自不同的特点。

比如,赫章的"套头葬"、卷云纹茎首铜柄铁剑、夹炭陶等不见于其他二处。而威宁的陶器刻划符号、大镂孔粗柄陶豆、扁平茎铜剑等不见于其他二处,直内无胡铜戈形制也自为体系。黔西南地区的刻符号的铜钺、一字格曲刃铜剑、曲刃铜矛、满饰绳纹的陶器等又不见于其他二处。这些各自地区最具代表性的物质遗存现象中明显的独立性,是我们研究其文化特性,尤其是研究其考古学文化定名时不可不重视的问题。

三、"夜郎文化"及"夜郎文物"尚不能确定

贵州上述三块考古遗存基本属于战国至西汉时期。联系起来看,分布范围包括贵州西部多数地区。但是,其内涵特征的共性因素却明显不足以成为它们之间的最主要倾向。在考古学文化定名三原则中,一定的地域性特征具有至关重要的意义。一定的地域性特征,在考古学文化中,就直接归纳为特征性物质组合。我们已经看到,贵州三块考古遗存还无法归纳出

为三者所共有的特征性物质组合。因此，现在要将它们作为一种考古学文化来看待，显然缺乏充足的科学依据。

有人急于把这些考古遗存定名为考古学上的"夜郎文化"，因避不开三块遗存中客观存在的差异，就将它们命名为"夜郎文化"下的三种文化类型。

我们已经知道，一种考古学文化的确可能存在不同地域及不同时期的多个文化类型，但是文化类型也是考古发现的物质共同体，其特征性物质组合必然是该种文化代表性物质组合的变异。如果一种文化的代表性物质组合还不能归纳并加以认识，其变异也就无从谈起。因而，当"夜郎文化"作为一种考古学文化尚且不能确定时，随意命名夜郎文化的不同类型，不仅不能解决遗存中客观存在的差异现象问题，还使人对这种命名方式的基本逻辑性产生怀疑。

还须强调指出，在命名夜郎文化时，不光要在一定地域，一定时期不同的考古遗存中归纳出一定特征的物质组合，还必须找到这些物质遗存属于夜郎民族的直接证据。虽然这具有相当大的难度，却是考古学科规范所必需的。从理论上说，按考古学文化命名原则，如果找不到这样的证据，就永远不能命名夜郎文化。这时在具体工作和研究中，可以用首次发现的典型遗址的小地名来作为考古学文化名称，同时指出其可能为夜郎民族所创造。

按此原则，对贵州考古发现的不同地点的文物，是否可以确定为"夜郎文物"呢？回答显然也是否定的。所谓"夜郎文物"，应指夜郎民族所创造、遗留下来的物体。对夜郎文物的确定，只能在两种条件下进行，一是文物自身具有夜郎族的证据；另一种是夜郎文化已确定。

在某件文物上找到夜郎族的证据，会是十分难以达到的事。所谓夜郎，是当时的汉族人根据音译所作的记载。夜郎人可能并没有文字。即便有文字，我们现在也无法识读。但这也并不等于无法从文物自身找到夜郎族的证据。滇文物和巴蜀文物在这方面都提供了很好的实例。云南在晋宁石寨山土著民族上层人物墓葬中，发现铸有"滇王之印"的蛇钮金印，根据史籍记载，证明这是滇王室的墓葬，墓葬中出土的典型器物也因而具有了滇族的印记，成为标准器物。巴蜀文物则由徐中舒先生在大量考古发掘资料的基础上，考证四川彭县竹瓦街出土的"覃父癸""牧正父己"铭文觯，为史籍记载蜀人参加周武王伐纣战役所获之物[①]，与之同出的地方特征器物也因而具备了巴蜀族印记。尤其是不断出土的刻铸于青铜器物上的巴蜀图语，更成为巴蜀文物的直接证据。就目前贵州的发现看，尚无一件文物出现过类似滇或巴蜀的情况。

夜郎文化的确定本来离不开夜郎文物的确定，之所以提出夜郎文化的确定为另一个条件，是因为夜郎文物不只是一件或几件，它必然涉及社会生活的方方面面。夜郎文物的发现，可能会偶然在一处遗存中发现一件或相关的几件，但更多文物却必须依靠夜郎文化确定后才能广泛确定。不过夜郎文化的确定在现阶段的不可能性已如前述。

或有人以为，虽上述两个条件目前均不成立，但还可以从器物特征，以及夜郎分布地域来推断夜郎文物。但稍加分析，便知这是缺乏科学依据的。

我们已经知道，贵州已发现的夜郎时期文物，不同于巴蜀、滇、南越及楚，具有自身鲜明的地方特征。但是，这并不足以支持我们推断这些文物就属于夜郎族。根据司马迁《史记》记载，当时西南夷地区"君长以百数"。在整个夜郎地区，不同的部族也会很多。我们现在无法确定，这些不同部族是属于同一族系的分支，还是属于不同族系，抑或两种情况都有。如果为前者，其物质文化上的反映，大体会呈现为同一种基本文化，而同时出现一些变异现象。这就有如考古学上一种考古文化及其之下不同的类型。如果为第二种情况，其物质文化就会呈现较大差异，反映在考古学上，也就很难把它们划为一种考古学文化的不同类型。如果为第三种情况，在考古学文化的辨认和确定上，就会反映出较大的复杂性。

我们已经看到，贵州已有的几块夜郎时期考古遗存，在相似的大文化

---

① 徐中舒：《四川彭县濛阳镇出土的殷代二觯》，载《文物》1962年6期。

背景下，存在一定的差异性。因考古发掘量的局限，我们还不能对其间的规律加以全面总结。即是说，我们还不能确定它们是同一种考古学文化的不同类型，还是不同的考古学文化。那么，这些夜郎时期文物又如何确认哪些当属于夜郎文物呢？

至于夜郎地域，从清代至今，一直存在多种不同的考证认识。我们可以从中找出多数人趋同的一种或几种意见，但是不能断然以为这便是最真实的历史。如以此作为推断夜郎文物的依据，首先就失掉了客观性。何况，在夜郎地域范围内，还有不同族系部落联盟存在的可能性。我们如何从中分辨出夜郎族及其他族系的不同文物呢？

可见夜郎文物的确定，决不要认为会比夜郎文化的确定简单。夜郎文化的确定离不开夜郎文物的确定，而夜郎文物能够确定的时候，夜郎文化的确定不说随之即解决，也必因之而显露端倪了。

四、贵州夜郎时期考古遗存如何称呼

贵州夜郎时期考古遗存目前虽然还不具备考古学文化命名条件，但从整体上给予一个称呼是很有必要的。20世纪80年代以来，宋世坤先生提出"贵州古夜郎地区青铜文化"称呼。[①]我曾加以评述，认为较之其他意见，这样称呼"更合乎考古学科规范"，同时也认为，这种称呼"严格说还未成为考古文化意义的准确命名，只是对已有考古发现的文化特质所作的一般文化意义上的概括"。[②]今天来看，宋先生的提法虽有不尽完善处，但仍不失为一种较好的称呼。这种称呼不是一种考古学文化的定名。宋先生在提出看法时也已明确表示过，因发现地域、发掘遗址的局限，对有关问题认识不能清楚，命名为夜郎文化条件"尚不成熟"。因而我们不能用

---

① 宋世坤：《贵州古夜郎地区青铜文化初论》，见《中国考古学会第二次年会论文集》，文物出版社，1982年；宋世坤：《关于"夜郎考古"的几个问题》，见《贵州省博物馆馆刊》第五期，1988年。

② 梁太鹤：《夜郎考古思辨与述评》，载《贵州民族研究》1997年2期。

考古学文化定名的标准和方法来对照、评论这种称呼。这种称呼只是对相关考古发现所作的一种基本性质的概括，或说是一种泛称。在国内所有考古学文化中，还没有一种考古学文化是用这种泛称来作为定名的。而在考古研究中，却常见使用类似的泛称对某一地区、某一阶段考古文化现象进行概括。这些属于常识性问题，无须在此举例。

宋先生提出的"青铜文化"概念，是有其道理的。贵州已发现的夜郎时期考古遗存，的确表现出以青铜文化为主的面貌，虽然从战国晚期开始，已陆续出现一些铁器，但无论兵器、农具还是生活用具，最有地方民族特征的，主要还是铜器。纵观贵州已有的考古资料，参照有关古籍记载，对照与夜郎同时期的邻国滇的考古发现，可以认为，夜郎文明属于一种以青铜文化为主要构成的古代文明。这个问题在学术上还可以深入探讨，如：应如何看待夜郎时期发现的铁器？夜郎时期属于青铜时代，还是铁器时代，或者早期铁器时代？但无论讨论结果如何，不能改变的一个基本事实是，只有青铜文化最集中反映了这些考古遗存的地方民族特征。这里值得强调的一个问题是，青铜文化并不仅仅存在于青铜时代。铁器时代，尤其是早期铁器时代，青铜文化还大量存在，并长久地保持其耀眼的光辉。正因为此，学术界凡论及我国古代青铜文化史相关问题时，无不将汉代的青铜文化作为一个重要部分。因此，贵州夜郎时期多种铁器出土，不能作为诟病、否定"青铜文化"提法的理由。

宋先生提出的"贵州古夜郎地区"遭到一些质疑。因对夜郎地域的考证自来存在许多分歧，这易于理解。但细细想来，古夜郎地区提法其实无大误，从地域概念说，夜郎地区和夜郎国并不能画等号。作为一种区域文化观，夜郎地区应包括夜郎国以及受夜郎文化深刻影响的所有"旁小邑"地区。无论对夜郎地域考证意见如何，贵州已有的夜郎时期考古发现，都没有超出这样的地域范围。因而"古夜郎地区"提法具有很大的包容性，并不致产生歧见。

宋先生提法中真正有所不足的，在于对青铜文化的时间界定上。前文已说过，青铜文化同样存在于铁器时代，古夜郎地区的青铜文化就不仅包括夜郎时期，还包括了夜郎之后的各个历史时期。贵州从东汉到南北朝时期，青铜文化仍很发达，也很有特色。宋明时期的青铜器也时有出土。如果时间界定上没有一个较明确的限制，会使视界过宽，冲淡我们所要关注和探讨的考古遗存。

因此，对贵州这段考古遗存的泛称，我主张在学术范围多用"贵州夜郎时期考古遗存"。"夜郎时期"可将时间界定限制在夜郎国存在或还包括逐步形成的特定阶段，避免视界过宽的不足。在一般讨论及社会公众宣传范围宜用"贵州夜郎时期青铜文化"称呼。这里的青铜文化概指当时社会文化的整体面貌，因而不仅仅指青铜器，还连带与之相关的陶器、玉石器，甚至铁器等。

总之，夜郎考古及研究是一项长期的科学系统工程，需要我们时时保持平静、客观的科学态度。决不可急于求成，更不可在急功近利浮夸学风影响下，放弃一名科学研究者的原则。

原载《贵州文物工作》2004年4期

贵州夜郎地区出土的巴蜀式铜兵器

古代夜郎的疆域是一个悬而未决的历史难题。本文所说夜郎地区且采用学界较具倾向性的意见，以广义夜郎视角，大体框划在贵州西部范围为主的地区，不开展这方面讨论。目前贵州已发现的属于夜郎时期的地方特色突出的考古遗存，主要分布在这个范围内。在这些考古遗存中，包含有一些明显来自巴蜀地区的铜兵器，这些铜兵器主要出土于赫章可乐地区。可乐自20世纪70年代以来，先后发掘了300余座战国至汉代地方民族墓葬，发掘报告划分为"乙类墓"，[①] 出土一大批风格独特的遗迹和遗物，尤其是以铜釜、铜鼓或铁釜套于死者头顶的埋葬形式，是国内外从未见有报道的特殊葬俗，发掘者称之为"套头葬"。可乐乙类墓中出土的巴蜀式铜兵器非常典型，在当地兵器组合中占有较大比例，而且其中一些现象对于研究当时巴蜀与西南夷地区间的经济、文化交流等问题具有特殊意义。本文拟在概括介绍这些发现的基础上，开展相关讨论，并就教于学界同行。

在贵州广义夜郎区域内，另有威宁中水于1978年和1979年两次发掘过一批具有地方特色的战国至西汉墓葬，报道称出土和采集有数件柳叶形

---

① 贵州省文物考古研究所编：《赫章可乐二〇〇〇年发掘报告》，文物出版社，2008年。

铜剑，在发掘报告中分类为Ⅲ式铜剑，发掘者认为属"巴式"铜剑。[①]但重新观察威宁所有出土和采集的柳叶形铜剑实物，计8件，发现其中除2件（分别出土于咸梨M33和M40）有可能来自巴蜀地区外，其余都显得特别轻薄，工艺十分粗劣，形制很不规整，无论从形制还是工艺上看，都与巴蜀地区柳叶形铜剑相去甚远，其中的原因有待另作讨论。因而，本文的相关研究，不多论威宁中水资料。

一、有关出土兵器

可乐乙类墓在1977和1978年的发掘中，曾出土一批柳叶形铁剑，引起学者关注。但当时尚未发现有巴蜀式柳叶形铜剑。2000年秋季再次发掘的108座乙类墓中，出土柳叶形铜剑11件。这些剑各自存在不同的形制差异，但总体从形制、纹饰和工艺特点上看，与巴蜀地区出土柳叶形铜剑完全相同，明显皆自巴蜀地区传入。该次发掘乙类墓出土的兵器包括戈和剑两种类型。其中各式剑总共为18件，除上述巴蜀式剑外，还有当地特点剑6件，滇式剑1件。其中当地特点剑或直接由柳叶形铜剑配柄改装而成，或在改装基础上又进一步演化发展而成。显然巴蜀式剑在该部族使用的短兵器中占有很重要的比例。这11件柳叶形铜剑，根据四川学者江章华先生对巴蜀式铜剑的研究，分属D型Ⅱ式和Ⅲ式、E型及F型。[②]相关标本介绍如下：

D型Ⅱ式剑3件，分别出土于M309、M318、M356。这种剑剑身与剑茎呈斜弧线相连，无明显分界。茎上有一穿或二穿。如M318：2通长31.7厘米，最宽处3.1厘米。剑身中部起脊，两从略下凹。茎末一圆形穿，居中。茎上残留缠绕的树木韧皮，韧皮内包裹有纵向插入的小木条。应是当初捆扎而成的剑茎。（图1）根据江先生研究，这种剑在巴蜀地区流行时代可早到战

---

① 贵州省博物馆考古组等：《威宁中水汉墓》，载《考古学报》1981年2期；贵州省博物馆考古组：《贵州威宁中水汉墓第二次发掘》，载《文物资料丛刊》1987年10期。

② 江章华：《巴蜀柳叶形剑研究》，载《考古》1996年9期。

国早期。

D 型Ⅲ式剑2件。分别出土于 M298、M301。这种剑剑身与剑茎连接部同于 D 型Ⅱ式，剑茎内收变窄、厚，茎上有一穿或二穿。如301：1通长34厘米，最宽处3.85厘米。剑身中部起脊，茎上二圆形穿，茎末穿居中，另一穿偏向边缘。茎上残留有缠绕的树木韧皮。（图2）另一件 M298：7剑茎上缠有密密的麻丝，麻丝外残存少量纵向小木条。剑身基部残存两片翼状装饰铜片。剑茎当初是插于木柄内还是另作其他形式已难判断。（图3）这种剑在巴蜀地区主要流行于战国晚期，并延续至西汉。

E 型2件，分别出土于 M317、M350。这种剑较宽、长，剑身常饰有虎斑纹、半圆纹，本部饰有手纹、虎纹等。如 M350：1通长41.3厘米，最宽处4.2厘米。茎上二圆形穿，茎末穿居中，另一穿偏向边缘。剑身中部起脊，两从下凹。本部一面饰虎纹、水波纹，另一面饰手纹、心形纹。（图4）这种剑在巴蜀地区主要流行于战国中期至秦汉之际。

F 型4件，分别出土于 M277、M296、M319、M348。这种剑属改装型，剑身与剑茎连接部分分界明显，有直角或近乎直角转折。如 M348：1通长34.8厘米，最宽处3.7厘米。茎上三圆形穿，三穿皆位于茎正中，穿两侧各有一道浅槽。（图5）这种剑剑身与剑茎间的转角有的铸造时已形成，有的却是铸为柳叶形后再加錾磨形成，如 M296：3转角处留有明显的錾磨加工痕迹。这种剑在巴蜀地区流行于战国晚期至西汉。

目前在可乐乙类墓中，尚未发现巴蜀式铜剑较早期的其他形式。已出土巴蜀式铜剑在所出墓中的分布，都是一墓一件，未发现一墓重复两件以上者。

二、巴蜀式兵器在当地文化的稳定融入与演变发展

从延续时间和使用方式看，巴蜀式铜剑在赫章可乐传入后，就非常稳定地融入到当地文化中，在该部族社会生活中很受重视，发挥着重要作用，而且其形制随着时间推移还进一步发生了新的演变。

前述11件巴蜀式铜剑分别出土于可乐一期墓葬和二期墓葬。可乐一期墓葬主要为战国中期墓，少数可至战国早期。二期墓葬主要为战国晚期墓。即是说，按照墓葬所属时代，巴蜀式铜剑传入可乐地区，前后持续时间可达约200年。

巴蜀式铜剑在乙类墓中的存放状况，可显示出一种稳定的使用方式。11件铜剑中有4件单独放置墓中，该墓主人仅有这样1件兵器。有7件则分别在墓中与1件地方特点的铜戈形成一戈一剑的典型组合。可乐乙类墓中虽有较多兵器出土，但总体上看，该部族兵器种类不多，拥有量也不是很丰富。这种一戈一剑的长短兵搭配，是乙类墓中具有一定身份的武士才能拥有的兵器配备。因而，由巴蜀式铜剑与地方特色铜戈构成的兵器组合，给人留下很深印象，反映了柳叶形铜剑受到的重视程度。

还值得注意的是，柳叶形铜剑随着时间推移发生一些新的演化。1977年和1978年的发掘，曾出土16件柳叶形铁剑。2000年的发掘，又出土2件这样的铁剑。（图6）这应是柳叶形铜剑最直接的一种演化。有意思的是，巴蜀地区尽管出土了大量柳叶形铜剑，但未见有关柳叶形铁剑的报道。可乐如此集中发现柳叶形铁剑，应当不是巴蜀地区铸造后的传入，而是当地所铸造。柳叶形铁剑出土后，贵州学者宋世坤即提出这样的观点，并对出现原因作出两种推测：一是夜郎地区人民"在与巴蜀人民交往中，仿制'巴蜀式'铜剑的结果"；二是与秦灭巴蜀后南迁的蜀人直接相关。[①]

宋先生提出的推测之二，目前看来还缺乏相关证据。可乐地区虽出土不少明显传自巴蜀地区的柳叶形铜剑，以及少量巴蜀式铜带钩或铜鍪等铜器，但其乙类墓所反映的整体文化面貌与巴蜀文化面貌存在很大差异，看不出其作为一种民族群体迁徙形成的文化渊源关系。而且秦灭巴蜀发生在战国中后期，其时铁器技术在巴蜀并未大量普及，很难想象因战乱南迁的蜀人能够将先进的铁器技术和大量铁原料一同带到夜郎地区，并在这里创造出铁质的柳叶形剑来。

---

① 宋世坤：《赫章可乐铁剑刍论》，载《贵州省博物馆馆刊》1985年创刊号。

柳叶形铁剑在可乐出现的时间，大体在战国晚期，符合铁器在这个地区开始产生的历史。从出现的时代顺序看，柳叶形铜剑从战国早期或中期传入可乐后，稳定地融入到当地文化中。至战国晚期，随着铁器的传入，当地部族很快掌握了铁器加工技术，并用以铸造加工出同样造型的铁剑来。而此时，巴蜀地区柳叶形铜剑已开始趋于衰落，因而不见柳叶形铁剑属于正常。而可乐地区由于柳叶形铜剑长期处于深受重视状态，用新技术加工柳叶形铁剑会具有广泛的社会认同性，这就形成可乐集中产生大量柳叶形铁剑的现象。

柳叶形铜剑在可乐发生的演化更值得关注的，是剑柄方面的发展。出土的柳叶形铜剑中，多件都发现在剑茎部用树木韧皮捆扎木条以作握柄的现象，捆扎方式还不一样。柳叶形铜剑在巴蜀地区的剑柄装置方式尚未见专门的研究整理，在报道中见过剑茎残存捆扎物的实例，但具体都有哪些方式不够了解。可乐出土柳叶形铜剑捆扎剑柄现象，反映该部族很重视对剑柄的配置加工。2000年发掘时又出土3件带铜剑柄的组合铜剑，剑柄造型很有地方特点，发掘报告称之牌形茎首铜柄铜剑。（图7）这种铜柄铸造成空心状，将剑身插入其中后，用木质铆钉穿过剑柄和剑茎上的穿孔加以固定。类似造型剑柄在其他地区从未见过，应是当地铸造的产品。出土的3件带柄组合铜剑都可以清楚看出，插入铜柄的剑身均为巴蜀式柳叶形铜剑，铜柄的体量以及柄上的穿孔位置都正好与柳叶形剑吻合，有理由推测这正是从捆扎式剑柄逐渐演化发展成的铜铸剑柄。

这种铜柄铜剑分别出土于M308、M341和M365。其中M308、M341属于一期墓，M365属于二期墓。在其他一期和二期墓葬中同时出土有多件剑茎上仍保存捆扎木片剑柄痕迹的柳叶形铜剑，以及看不出剑柄形式的柳叶形铜剑。可见这种组合铜柄的柳叶形铜剑甚为稀少，并非所有人都有机会使用，能使用者只是他们当中很少一部分人。这3件铜柄铜剑所在墓葬都出土较丰富的随葬品，说明使用这种剑的人可能是部族中地位较高的成员。抑或配备这种造型的剑，是部族中一种特别身份的象征。

值得注意的是，可乐所出近20件柳叶形铁剑，都看不出剑柄的具体

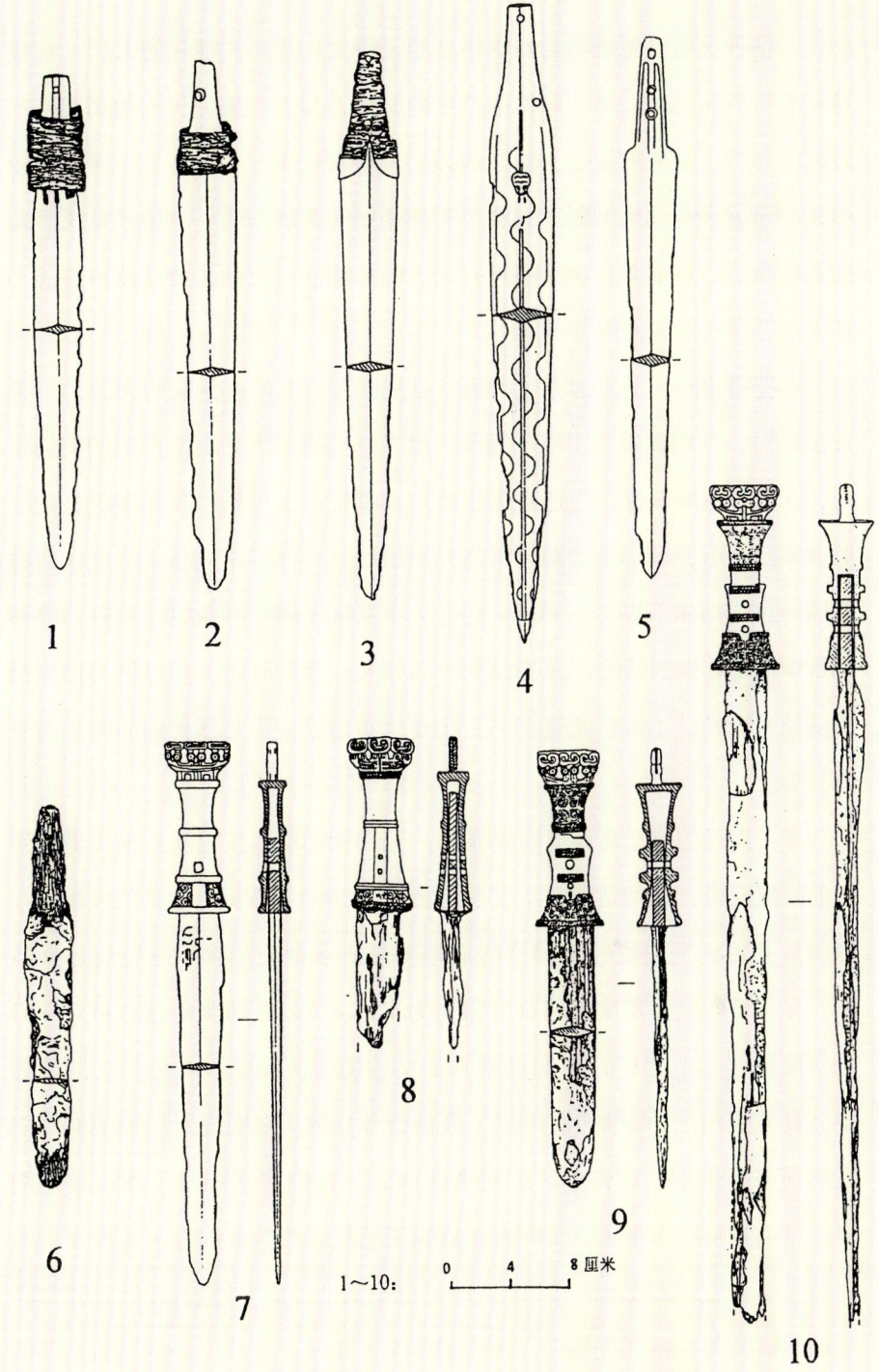

1. D型Ⅱ式柳叶形铜剑（M318：2）
2. D型Ⅲ式柳叶形铜剑（M301：1）
3. D型Ⅲ式柳叶形铜剑（M298：7）
4. E型柳叶形铜剑（M350：1）
5. F型柳叶形铜剑（M348：1）
6. 柳叶形铁剑（M331：2）
7. 铜柄铜剑（M308：3）
8. 铜柄铁剑（赫章县藏）
9. 铜柄铁剑（M324：1）
10. 铜柄铁长剑（M374：92）

形式，估计这些铁剑当初的剑柄仍主要采用捆扎方式，捆扎的木片、树皮等有机物朽坏无存。柳叶形铁剑产生的时代，显然在铜剑传入使用相当一段时间之后，从使用效果上说，应该会较快取代柳叶形铜剑。但考古发掘中，尚未发现与铜柄铜剑形制和工艺都相同的铜柄铁剑。这似乎从又一角度告诉我们，牌形茎首铜剑柄具有相当的稀缺性，它的主要功能或许还不在于更方便有效的使用上。

本文撰写时，笔者有幸见到赫章县文管所收藏的一件铜柄铁剑，剑身大部残损，但明显看得出属于短剑，剑柄造型基本与前述3件铜柄铜剑相同，工艺已有所改进，但还甚为粗糙。此剑征集于可乐，显然这应是柳叶形铁剑产生后，牌形茎首铜柄铜剑开始出现的一种更新。承毕节地区文物部门同意，图示于本文。（图8）这进一步说明，柳叶形铁剑产生后，能够配置牌形茎首铜剑柄的，只是极少一部分人。究其原因，虽可能与铜剑柄铸造技术困难、不够普及等有关，但更大可能还应当与这种剑的使用者身份有关。

考古发现的牌形茎首铜柄剑显示，铜剑柄的制作技术随后很快进入到新的发展阶段，铜柄造型和工艺愈趋精美。2000年发掘，在M324出土一件牌形茎首铜柄铁短剑，铜柄的造型明显比赫章县文管所征集的那件精细，结构变得更多层次，纹饰变得更为丰富。（图9）该剑曾送北京大学考古学院进行X光摄影，证实铁剑身的结构确为柳叶形。在可乐三期墓葬中，还发掘出土2件铜柄铁长剑，铜柄造型显然从铜柄铜剑、铜柄铁短剑发展而来，但铜柄制作工艺达到极高水准，比例非常协调，花纹繁复细密，使人过目叹为观止。研究古代青铜工艺技术的学者认为，此种剑柄的铸造采用了失蜡法技术。（图10）这应是可乐铜柄铁剑发展到最高峰的形式。这种铜柄铁剑1978年发掘时已出土过5件，2000年又出土2件，加上以往零星发现，在可乐出土量已逾10件。由于出土集中，造型特点突出，工艺精良，有研究者誉之为夜郎地区最具代表性的典型兵器。

回顾可乐柳叶形铜剑出现组合铜剑柄后的发展演化过程，可以看出，从最初的铜柄铜剑，到相似的铜柄铁剑，再到更新后的铜柄铁剑，最后到精美化的铜柄铁长剑，作为一种地方性兵器，这一演变过程已构成一种源流清晰的颇为完整的演化系列。

三、巴蜀式兵器传输与"民间通道"问题

巴蜀式柳叶形铜剑相当长时期持续地输入可乐地区，以实物证据说明从巴蜀到夜郎地区，很早就有一条较为通畅的通道。这可能是一条由于民间经济往来逐渐形成的小道。

关于古代巴蜀与夜郎之间的交通，学界很早就有关于"五尺道"的研究。《史记·西南夷列传》记载："秦时常頞略通五尺道，诸此国颇置吏焉。"多有论者认为这是从巴蜀至夜郎最早的交通线。

五尺道是一条正式的官道。研究者已指出官道开通前，民间应当就存在有较小的通道。比如葛剑雄先生提出，如不然，"要在短时间既开通道路，又实行军事征服并建立行政机构，显然是完全不可能的"。常頞所作"只是整修扩大，使之畅通"。[①] 还有研究者讨论过其他史籍所反映巴蜀与夜郎早期交往的相关记载。

但五尺道的具体走向却是颇有争议的问题。向达先生历20余年研究，于20世纪60年代初出版的《蛮书校注》提出：唐之石门道即秦五尺道，此道"自今四川宜宾南行，经庆符、筠连，入云南之盐津、大关、昭通，以至曲靖，至今为川滇一通道"。[②] 其中庆符为旧县名，1960年撤销，并入高县。此说得到诸多治西南秦汉史学者认同。但此路线在西南夷域内似较为偏西，一旦涉及夜郎时则会感觉有不甚顺畅的问题。因而，贵州学者后来论及五尺道时，往往认为路线自宜宾抵达昭通后，曾折入贵州的威

---

① 葛剑雄：《关于古代西南交通的几个问题》，见四川大学历史系编《中国西南的古代交通与文化》，四川大学出版社，1994年，第3页。

② 〔唐〕樊绰撰，向达校注：《蛮书校注》卷一，中华书局，1962年，第27页。

宁，以至赫章，然后再转向云南的曲靖。[①]而实际上向达先生本义似未有自昭通折入贵州的路线，应是从昭通直接南下，沿乌蒙山西麓通往曲靖。此与《史记》所述甚协。《史记》所言五尺道在庄蹻王滇地区，应不关乎夜郎。

笔者对历史地理缺乏研究，但颇疑五尺道是否折入过贵州的威宁和赫章。一方面折入威宁等地，需深入或穿越山势险峻的乌蒙山脉地区，困难极大，当时并无付出这样巨大代价的必要。另一方面从考古出土文物遗存看，威宁与赫章在接受来自巴蜀地区的中原文化影响方面，并未发现在秦代有大规模传入的突变现象。赫章可乐出土的巴蜀式铜剑所反映的，却是从战国早期开始即建立起的稳定传入影响。而且如果比较赫章和威宁两地出土的巴蜀式铜剑状况，明显看出，若论来自巴蜀地区的文化影响因素，两地十分不均衡，威宁显得非常微弱，赫章则特别明显。这与论者所谓五尺道折入贵州先经威宁，再抵赫章之说，有难以相符的矛盾。如果五尺道依次折入过威宁、赫章，通过这条道路传入的文化影响一般应依次递减，或至少反映相当才是。

笔者以为向达先生对五尺道的考证甚合理，今人不必强证五尺道曾开入到夜郎地区。事实上，从史籍记载汉武帝时期唐蒙发巴蜀卒治南夷道"自僰道指牂牁江"历尽艰辛，恰说明秦开五尺道并未进入夜郎地区。倘有五尺道通夜郎在先，汉另历艰辛开辟南夷道岂非很属下策？何不沿五尺道旧迹疏浚，反倒大大便捷？

赫章可乐出土巴蜀式柳叶形铜剑反映的民间通道路线，目前还缺乏文献和考古实物证据。但极可能会与西汉所治南夷道路线有关。南夷道路线，依贵州学者侯绍庄先生考证认为，"当自今宜宾沿南广河，经高县、

[①] 从昭通折向贵州威宁再入云南说者，如侯绍庄等《贵州古代民族关系史》第二章，贵州民族出版社，1991年，第58页。

昭通折向贵州威宁，再向赫章，然后入云南说者，如史继忠《"五尺道"、"南夷道"对开发夜郎有何影响》，见贵州年鉴社编《解析夜郎千古之谜》，中共党史出版社，2007年，第85页。

筠连，走云南镇雄，入贵州赫章、威宁，而达于六枝、普安"。[1] 此路线的后半段，即贵州境内走向姑且不论，但从宜宾南下路线具有很大合理性。更早时期，赫章可乐从巴蜀传入的铜器来自这样一条路线，也比较符合地理形势。汉武帝时唐蒙修筑南夷道，应当与秦时常頞修筑五尺道的方式相似，主要利用原有的民间通道线加以扩宽整修。所惜乌蒙山连绵艰险，困难太大，官道终未修筑成功。

战国从巴蜀通往夜郎地区的民间通道信息在史籍中曾有过一些透露。比如《史记·货殖列传》记载，战国末期，居于临邛的山东迁虏程郑氏铸铁"贾椎髻之民"致富，"富埒卓氏"。同书记载卓氏"即铁山鼓铸"乃"倾滇蜀之民"，显然程郑氏的贸易对象与卓氏有所区别，其所贾椎髻之民若除开滇与邛都，就应该是西南夷中号称"最大"的夜郎。这样从临邛通往夜郎地区当时确应存在民间通道。又如《史记·西南夷列传》记载蜀贾人向唐蒙介绍蜀产枸酱南流番禺时称，"多持窃出市夜郎"，再经牂柯江南运。可见从蜀地通往夜郎的民间通道长时间相当通畅，才能形成枸酱的固定运转路线。

可乐出土巴蜀式铜剑的输入应当也是通过这样的民间通道。

四、兵器品种的局限问题

贵州可乐出土的巴蜀式兵器至今仅发现柳叶形铜剑。从这种剑在当地短兵器中所占比例看，输入量是不小的。但很引人注意的是，除柳叶形铜剑外，巴蜀其他常见长兵器（如铜矛、铜戈、铜钺等）从未在贵州地区出土过。这些长兵器在巴蜀地区都是非常重要的军事装备，特点突出，工艺精良，出土量很大。而贵州可乐地区如此长时间大批使用柳叶形铜剑，却不见任何巴蜀式长兵器，这无论从使用者心理角度看，还是从商业投入或运输通道角度看，都是甚不合常理的事。

---

[1] 侯绍庄、钟莉：《夜郎研究述评》第一章，贵州人民出版社，2003年，第47页。

从一般逻辑说，使用者既然如此接受和重视来自巴蜀的青铜剑，必然不会排斥更具有威力的那些长兵器。可乐出土不少地方特点的铜戈，说明他们本很懂得长兵器威力的社会效应。而从事青铜剑运输交易的商贾，携带剑与携带不装长柄的戈、矛等长兵器，所需付出的运力及方式基本相当。商贾们既能长期输运铜剑，应该也同样能输运铜戈、铜矛等。况且从商业利润说，威力大的兵器应具有更大的升值空间，对于商贾的诱惑力会更大。但巴蜀长兵器始终未出现在铜剑一再传入的可乐地区。一种近乎尖锐却又不能不让人作出推测的解释是，长兵器当时从巴蜀地区输出，受到很严格的限制。虽然商贾可以不断将铜剑类短兵器"窃出"输往夜郎地区，但无法将长兵器通过同样渠道输出巴蜀地区。如果此推测可以成立，则可进一步认为，巴蜀地区当时实行过某种近似现代"武器管制与禁运"的特别政策，而且这种政策的严峻使商贾不能或不敢将长兵器输往夜郎地区。

目前这样的推测还只能停留在基于一般表象的推理阶段，缺乏文献记载和其他证据支持，尚需进一步的发现和多方研究予以考证。不过，赫章可乐出土巴蜀式铜兵器品种显现出的奇特的局限现象，确值得引起今人的关注和探讨，这应是一个颇具研究价值的历史课题。

（本文绘图：赵红坤）
原载四川省社会科学院主办的《中华文化论坛》，2008年12月增刊

给考古报告开窗口

——关于《赫章可乐二〇〇〇年发掘报告》编写构想的思考

一直想要编写一部好的考古报告——客观、翔实，还有些新意——好读。不仅源自每名考古学人都会萌生的职业愿望，还源自10余年前读到的一组讨论考古的文章。

1996年《读书》杂志第12期发表有关考古学讨论的4篇特约文章，作者除陈星灿属考古专业学者外，其余三位包括李零、陈平原、葛兆光，均来自考古专业之外，但都是人文学科令人尊敬的知名学者。三位学者不约而同地都谈到对考古叙述语言的疑惑与畏难。读后使人很受刺激，简言之或可叫"大为震撼"，以至于久难复趋平静，始终耿耿于心。

选摘数文于后：

李零《说考古"围城"》: "圈里的人（笔者注：指考古人）干久了，难免有职业病，团结、紧张、严肃有余而活泼不足，出土材料在头脑中板结成一块，拆不开，打不散，除了'报告语言'就不会说话。况且他们还受工作压力，风吹日晒，辛苦异常，很多人不仅没时间读书，就连考古材料都来不及消化。而圈外的人看考古报告又如读天书，不知所云，不但不知道怎么找材料，也不知道怎么读材料和用材料。"

陈平原《文学史家的考古学视野》:"对于像我这样以明清以降文学为主要研究对象的学者来说,考古学几乎是一本打不开的'天书',一个遥远而神秘的'故事'。

作为一门用实物资料来研究人类古代历史的科学,考古学有一整套'不足为外人道也'的理论术语,阻碍了普通人的接受与欣赏。自然科学及技术科学手段的大量介入,更使得众多热心的门外汉望而生畏。就拿我来说,明明知道正在削价出售的考古报告很有学术价值,可就是没有勇气把它们抱回家,原因是读不懂。……

感兴趣而又读不懂,于是方才有了'天书'与'故事'的慨叹。"

葛兆光《槛外人说槛内事》:"其次,考古文献专用的术语概念,造成了考古与思想学术的历史的第二层隔膜,它的'文化'、'类型'、'地层',在发掘报告中有它特定的涵意,那种看上去规范而整齐的考古简报常常冷冰冰地使人无法运用他的想象力,多年以来,考古学尽管在大学总是与历史系有缘,但是,他们的论文和著作却始终自我封闭地在运用很接近自然科学的语言、格式,当外行人读他们的报告时,要么觉得他们的话让人难懂,要么觉得他们是在自言自语。……考古可以不断地挖出新的遗址、发现新的文物,但是无论如何这只是学科内的事情,因为那一套叙述语言如果只是专业内的密码,那么,发现尽管很珍贵,使内部的人看到它就会激动,但是对于他人,它就只是一堆意义不明的符号。"

考古人读这些话语,或许会感受到一些不自在。但冷静想一想,三位先生所说真正发自肺腑,对考古学堪谓责之也深,但实因爱之也切!以文化层次论,这都是国内高档次、多造诣的学者,非常关注考古学进展,并时刻希望能将考古提供的新信息吸纳到自己从事的学术研究中。其中李零先生甚至还出自考古学门。他们何尝会不体谅考古工作者的苦辛?但他们以切身之痛看到的考古学确实如此!社会其他方面的人们,尤其人文学界之外更多的读者，又当如何看待考古学呢？

　　社会文明进展很快，现在社会各界有越来越多人士极希望了解考古学及其成果。在社会历史各个方面的研究工作中，也越来越需要更多考古资料去提供古籍中缺失的大量信息。平心而论，这是每个社会人都该享有的一份权利。作为考古人，我们可曾从职业的社会职责角度去考虑过社会各方人士的需要呢？考古学作为一门通过发掘实物遗存资料，探寻研究古代社会历史的学科，难道不该承担起这一份社会职责吗？

　　我不知考古界同仁们是否思考过这样的问题。至少，我过去没有认真思考过，因此我完全没有料到来自学术界的朋友会有那样强烈甚而痛切的感受！

　　20世纪50年代，中国考古学发生过关于"见物不见人"问题的争论。我们没赶上争论，但听过若干声音。其实撇开其中带时代烙印的偏激成分，所说"见人"和"见物"的提法，还真是概括精辟的不错概念。我们自以为在考古实践中不会重陷单纯"见物"的弊端，会很客观做到多去"见人"。但没有想过，真正做好"见人"，并不仅仅是见古人，另还有让今人见的问题。今人且不可见、无法见，何谓做到见古人呢？考古最核心的真谛本来是今人与古人的直面对话。考古人因职业之利首先获得这样的权利和机会，并不等于社会其他公众就不能、不该参与到这种对话中来，他们也同样是对话一方的构成主体，因而，他们要想了解考古成果，要想了解考古人是如何在与古人进行对话的。这也是一种权利。考古作为社会的一门职业，不能忽略甚而拒绝这一种权利。考古报告是考古人将揭示和认识的古代遗存公之于世的直接形式，也是社会公众真实了解考古成果最希望阅读的主要材料。但如果考古报告始终只能成为考古业内人士才能读懂的"内部资料"时，考古是不能说已切实履行到自身的社会职责的。直言之，考古人从开始已经不经意忽略了社会公众应享有的那一份权利。这份权利本该还给公众！

　　因此，考古成果如何社会化？其社会效应如何最大化？这已是考古学需要直面的一个重要问题。

于是有了编写好报告之想。所幸也得到一次机会。

从报告构想之初，就反复盘算怎样在做好"见物"的同时，又做好"见人"，这里自然包括了我们见人和让人见两方面。田野发掘工作早已结束，田野中的不足和失误已是定局，非后知之力可以挽回。但尽可能扩大视角，报道所有已被我们从地下挖出的信息——不论当时被主观注意到或没有注意到，也不论主观认为重要或不重要——却是作报告时能办到，并且不可忽略的。以此确定为做好见人的最基本要求。因而，报告中除了尽可能翔实梳理报道已有的发现，还特意将我们在田野工作中的一些失误或疏忽之处也如实加以报道。这恐怕是真正如实报道所有发现最彻底的方法，因为田野工作的失误常常难以避免，其中会包含很多有用信息。另一方面，每一次失误的如实记录，会帮助自己和其他考古人逐渐将田野失误减少到最小。

而让人见，是特别费思量的另一方面工作。考古报告规范来自考古学界多年实践的经验，有充分的合理性，需认真遵循。在这当中着意增加对遗存中古人行为方式、生活实景甚至思维和精神层面的揭示，虽在见人的同时增加了让人见的可亲近性，但还远不足以根本改变考古报告令人隔膜和生畏的旧形象。只有当一名普通读者，比如具有中等以上文化程度人员拿到报告，就可以顺利地读进去，或较方便地就寻到读进去的路径时，考古报告那种已固化的形象才能发生彻底改变，戴在它头顶的"天书"之帽才能被摘下，人们才不再畏于翻开那些本该公之于众的考古成果。思量再三，最终决定在报告各基本编的后部，开设一个《发掘者说》章，为报告开启一些面向普通读者的沟通之窗，让他们有机会从窗口得窥报告的基本面目，还可以走进报告，到报告中查寻更详细的信息。这或许是在保证学科规范的前提下，可实实在在迈出的一种较合理的尝试性步伐。

虽然循这样的构想很用心地作了努力，但距离一份好报告的标准还会很远。少经验自不必说，视界和研究深度局限是另一原因。可庆幸周折之后终于完成尝试，并形成一本文稿供大家取用和批评。

或有人把这视为"越轨"。我乐意接受各种批评，但不认同此说。毕竟这是在恪守考古规范前提下带摸索性的尝试。特别要说的是，这笃定是反思之后的冷静行为，绝不想赶时髦。即将搁笔时，想到陈星灿先生在那篇《读书》特约文章中提到的忠告，即考古学家有限的认识能力与从考古遗存追寻人类行为和思想的危险性。这是现今冷静的考古学者认真思考着的一个命题。作为考古人，每面对从地下揭开来的未知世界，我何尝不时时深感个人的无知和有限？尤其在力图直面古人寻求对话时。不过，除加紧弥补无知外，仍不愿囿于有限能力而放弃寻求更真切、更深入、更广泛对话的机会，特别是这可以让许多有愿望的社会公众也获得机会。陈先生会认为这一步跨得过大吗？但学问事有时也会逼到要去跨大步的，只要不是为追求功利目的，只要不是强不懂装懂，跨出去就成就了一次努力。除了有收获，还会有提高，于己、于人、于事皆益。很希望有人愿继续做下去，或寻出更成功的好方式来。

原载《中国文物报》2008年8月13日4版

夜郎竹崇拜问题

夜郎竹崇拜源起于夜郎竹王传说。夜郎竹王传说本是一件历史悬案，自古便遭一些学者质疑。但囿于古籍传播面窄，前人对之了解极有限。20世纪70年代末，贵州省社会科学院联合有关单位，在贵阳连续召开夜郎史学术讨论会，[1]形成一次夜郎研究热潮。这当中，有学者关注到夜郎竹王传说问题，对之进行了较认真的清理，其中王燕玉《夜郎沿革考》及何积全《竹王传说初探》是有代表性的论文。[2]但当时研究局限于较小的学术层面，有些问题展开深度也不够，因此仍未引起社会多方重视，产生的影响力不大。以后再鲜有人深入探讨此问题。竹崇拜长期被广泛作为阐释夜郎文化，或考据夜郎族属及信仰的标尺之一。近年来，随着社会各方对夜郎问题重视度升温，人们越来越急于想清晰地展现出可视的夜郎文化。无奈史籍记载和考古发掘难以充分满足这种急切需要，于是仅有的记载不论其产生的时代，不论其有否必要的可信度，都被需要者尽量拉来演绎所谓

---

[1] 1978年第一次学术讨论会由贵州省哲学社会科学研究所主持召开，时社会科学院正筹备中。1979年第二次学术讨论会由贵州省社会科学院历史研究所与贵州人民出版社联合主持召开。

[2] 王燕玉：《夜郎沿革考》，见《夜郎考：讨论文集之一》，贵州人民出版社，1979年，第56页；何积全：《竹王传说初探》，见《夜郎史探》，贵州人民出版社，1988年，第326页。

"夜郎文化"。其中竹文化就成为开发夜郎文化时几乎不可遗漏的重要内容：开辟竹园、修建竹王祠、展现民俗中竹崇拜现象……竹文化在许多人眼中已定格为夜郎文化的一种特质。

事实上，所谓夜郎竹崇拜并不是一个可以随意想象简化处理的问题。虽然历史记载中的确留有这方面传说，但，记载不一定就是历史真实。我们如不认真梳理它的演变过程，不仔细探究它的发生原委，作出清醒识别和判断，可能就会在一时的研究和开发热中，因盲目甚至浮躁，留下种种为后世子孙所讪笑的遗憾。

一、关于传说的历史记载

最早记载夜郎历史的史籍是《史记》。作者司马迁是伟大的历史学家，生活的时代适处汉武帝开发夜郎时期。但他虽饶有兴致地记述了夜郎被发现和开发的过程，却没有只字关于夜郎竹王的记载。

最早完整记载夜郎从开发至消亡全过程的史籍是《汉书》。作者班固生活在东汉初，距夜郎灭国仅数十年。班固父班彪为东汉初史学家，曾"继采前史遗事，傍贯异闻"，撰《史记后传》。班固《汉书》即在此书基础上撰成。在司马迁之后，他对夜郎的观察，可谓最得近距离多方位之便，但也是没有只字关于夜郎竹王的记述。

最早记载竹王传说的史籍是《华阳国志》。该书卷四《南中志》记载楚将军庄蹻出且兰，伐夜郎，王滇池后，另起行写道：

> 有竹王者，兴于遯水。有一女子浣于水滨，有三节大竹流入女子足间，推之不肯去。闻有儿声，取持归破之，得一男儿。长养，有才武，遂雄夷（狄）〔濮〕。氏以竹为姓。捐所破竹于野，成竹林，今竹王祠竹林是也。王与从人尝止大石上，命作羹，从者曰："无水。"王以剑击石，水出，今〔竹〕王水是也，破石存焉。后渐骄恣。

此段之后记唐蒙开夜郎,"奉币帛见夜郎侯,喻以威德,为置吏"。又记司马相如开西夷等。再记唐蒙开牂柯:"武帝转拜唐蒙为都尉,开牂柯,以重币喻告诸种侯王,侯王服从。因斩竹王,置牂柯郡,以吴霸为太守;……后夷濮阻城,咸怨竹王非血气所生,求立后嗣。霸表封其三子列侯;死,配食父祠,今竹王三郎神是也。"①

之后记汉昭帝平益州二十四县民反。再记汉成帝时杀夜郎王事。

《华阳国志》作者常璩,生卒年不详,据考,书撰成于东晋永和四年至永和十一年间(公元348—355年)。②这时距夜郎灭国已320多年。从记述内容和行文顺序看,常璩显然不认为竹王即夜郎首领。其所记唐蒙开夜郎,会见的是夜郎侯,并非竹王。又明言竹王被杀在汉武帝时,而后有其子封侯。所记末代夜郎王被杀亦依《汉书》明确为汉成帝时,与竹王被杀相距约百年。常璩对二者的区分脉络很清晰。

将竹王与夜郎混为一谈的史籍,首见于《后汉书》。该书《南蛮西南夷列传》写道:

> 夜郎者,初有女子浣于遁水,有三节大竹流入足间,闻其中有号声,剖竹视之,得一男儿,归而养之。及长,有才武,自立为夜郎侯,以竹为姓。武帝元鼎六年,平南夷,为牂柯郡,夜郎侯迎降,天子赐其王印绶。后遂杀之。夷僚咸以竹王非血气所生,甚重之,求为立后。牂柯太守吴霸以闻,天子乃封其三子为侯。死,配食其父。今夜郎县有竹王三郎神是也。③

《后汉书》作者范晔,生活于南北朝刘宋时代,文帝元嘉二十二年(公元445年)因案被杀,其时该书志的部分尚未完成。范撰书年代,在常璩

---

① 〔晋〕常璩撰,刘琳校注:《华阳国志校注》,巴蜀书社,1984年,第339—343页。
② 〔晋〕常璩撰,刘琳校注:《华阳国志校注》前言,巴蜀书社,1984年,第2页。
③ 〔宋〕范晔撰,〔唐〕李贤等注:《后汉书》,中华书局,1965年标点本,第2844页。

之后约百年，即是说，上距夜郎灭国已420多年。

此外，稍晚于范晔的北魏时期地理学家郦道元撰《水经注》，也记述有竹王传说，内容不同于范，基本同于《华阳国志》，但不穿插于夜郎历史。此不录。

记载夜郎历史较早期的史籍主要是以上几部。以后虽有辗转摘录者，对本文辨析题旨意义不大，且略而不论。

二、传说演化分析

上文按时间顺序，排列了所谓夜郎竹王传说发生的过程。可以看出，竹王传说的演化经历了一个漫长时期。

最初记载夜郎历史的《史记》和《汉书》，本是对这段历史了解最直接、最有发言权的史籍，但完全不提竹王传说。分析其原因，最大的可能是传说在当时不存在。如果竹王传说当时已流行，而且如《后汉书》所载与夜郎王有那样密切的关系，作为一代史学家的司马迁或班固，不至于对它绝不关注。汉代神仙思想盛行，这对司马迁的影响在其著述中已屡有体现，如《龟策列传》中言："君子谓夫轻卜筮，无神明者，悖；背人道，信祯祥者，鬼神不得其正。"[①]《史记》全书记述奇异传说的内容虽然不多，但偶亦有之。如《大宛列传》记"安息长老传闻条枝有弱水、西王母，而未尝见。"同卷又记张骞言匈奴单于收养乌孙国昆莫，因遭弃于野时，"鸟嗛肉蜚其上，狼往乳之。单于怪以为神"。[②]《汉书》情况大体相似，上述"安息"条录于《西域传》；"昆莫"条稍改，收于《张骞传》。可见《史》《汉》对奇异传说并不绝对排斥，只是少用、慎用。对《史》《汉》不见竹王传说，当代学者徐中舒等人分析过，认为竹王传说系受东汉哀牢妇触沉木生子传

---

① 〔汉〕司马迁撰：《史记》，中华书局，1959年标点本，第3225页。
② 〔汉〕司马迁撰：《史记》，中华书局，1959年标点本，第3165页。

说的影响而产生，时代在东汉以后。[1]王燕玉也认为传说不出于汉以前。

夜郎灭国300多年后，常璩撰《华阳国志》，追述西南地区相关方国、部族历史，生动地采用了竹王传说。如前文所引，常并未将竹王与夜郎王等同为一人，其所述竹王、竹王三子侯、夜郎侯、夜郎王，各条线索很清楚。稍加细读便可明了。过去指出《华阳国志》实将竹王与夜郎王视作两人的学者，除前文提到的王燕玉、何积全外，还有张英志、顾大全等人。[2]应当说，常璩所处的时代，竹王传说可能客观上的确存在，而且可能主要流传于过去的夜郎国区域。所以，书中将这一传说穿插于汉开发夜郎的过程中，而且在记述晋夜郎县时，特别提到有竹王三郎祠，必有所本。竹王传说发生在常璩生活的魏晋时代，本符合当时的时代特征。有关分析将在后文另述。常璩选用竹王传说，正是时代特点的反映。客观说，他在具体录用这个传说时，是相当认真审慎的，有穿插但并不混淆。却不料这种穿插也还是埋下为后世误用、误解，甚至引发争论的一段伏笔。

彻底造成竹王传说混乱的是又经百年之后的范晔，他在《后汉书》中牵强地演化了竹王传说，将竹王和夜郎王直接混同为一人。范的演化虽言之凿凿，却难免留下诸多疑点，因而从古至今已遭质疑。何积全《竹王传说初探》曾摘选前人质疑之说，此不妨也录于下：

> 宋乐史在所编纂的《太平寰宇记》中就说："晔（即范晔——笔者注。）所撰，乃引《华阳国志》。又按《汉书》，其夜郎侯降，封王，不言杀之，至成帝时犹谓之夜郎王。晔焉得云竹王被杀，后封其子为侯，与班文全乖，自疑《华阳国志》为怪诞也。大抵范晔叙述多称诡异，若无他书可以辨证，则且因习纂录不复刊革之也。"民国《贵州通志》对此也有评论："盖常志不过杂采众说，范书乃以之牵合史传，而

---

[1] 徐中舒、唐嘉弘：《夜郎史迹初探》，见《夜郎考：讨论文集之三》，贵州人民出版社，1983年，第33页。

[2] 张英志、顾大全：《试论两汉夜郎奴隶社会》，见《夜郎史探》，贵州人民出版社，1988年，第268页。

不自知其说之矛盾，顾缘此误。"[1]

今人批驳范晔，以王燕玉最厉，他指出："自从《后汉书》把这个传说任意增减改动，附会西汉的夜郎侯、王史事，就造成混乱，贻误后世，后人多不深察，口耳流闻，篇章转播，袭讹踵谬，以至近代，竟成为竹王即是夜郎国缘起的典故，增加讨溯夜郎国的许多烦扰。"他的论文对夜郎竹王说共列举九条辩驳意见，其中六条专驳《后汉书》与史实不符之疑。最后结论说："现在追溯整理古夜郎国史事，应该把关于竹王传说的材料排除在外，不再牵缠，去掉一重障碍。"王的驳论深中肯綮，所惜未详细展开。

有人或认为对范晔的责伐过甚，觉得既然可以认为常璩《华阳国志》乃选用当时确已存在的竹王传说，何不认为竹王传说经百余年至范晔时期又发生新变化，以至成为夜郎竹王传说呢？理论上这样推想确能成立，但稍加分析便知范晔人为牵强增改的可能性更大。

分析一，如果传说已演化，则祭祀之神祠也应随之演化。从社会心理学角度说，具有神异身份并由中央王朝敕封的夜郎王，要比纯民间传说身份神异的竹王地位高得多。但《后汉书》称："死，配食其父。今夜郎县有竹王三郎神是也。"可见当时所存祭祠仍为竹王祠。由此可知，当时民间传说实无新演化。

分析二，郦道元撰《水经注》比《后汉书》晚50年以上，所录竹王传说仍与《华阳国志》基本相同。如果范晔撰《后汉书》时竹王传说就已演化，郦道元必然会据实际传说亦作增减。郦好学博览，是才识俱佳的地理学家，其注《水经》，引用各种古书达400多种。对竹王传说，不用《后汉书》演化之说，而沿用《华阳国志》旧说，显然做过甄别取舍。这也说明当时流行的传说并无大演化，原有的神祠也未变。至1000多年后，清人记述在贵州所见竹王祠，祠名依旧，即为旁证。因而，范晔牵强附会造

---

[1] 何积全：《竹王传说初探》，见《夜郎史探》，贵州人民出版社，1988年，第328—329页。

成混乱之过，实难辞其咎。

三、传说产生的时代背景

竹王传说发生在夜郎灭国300多年之后，或更准确说对传说的记述出现在那个时候，这本是那一时代的必然现象。魏晋南北朝是中国文学发展史上志怪小说肇始和大发展时期。所谓志怪小说，是指用小说体裁记载"古今神祇灵异人物变化"，一方面这要有文人的普遍关注和投入，另一方面必定还有广阔的社会土壤为基础，包括民间神祇灵异传说长期流传的积淀，以及社会民众对其的认同和热心。

魏晋南北朝之前，中国经历了秦汉神仙思想大发展时期。秦始皇、汉武帝都是当时追仙祈福不遗余力的一代君王，他们的追仙行为和意识持续影响整个社会数百年。至东汉，佛学传入中国，佛学中的因果报应和轮回观，很快与社会上的神仙思想互为回应，更助长了从王侯到平民神仙观念的极大普及。中国固有的道家思想也在这时演化发展成为本土宗教——道教。在这种背景下，社会生活的方方面面无不渗透浓郁的神灵观，各种神异传说的流行也属自然。我国迄今考古发掘的2万多座大小汉墓，无论是埋葬形式、随葬器物或装饰画像，每每可见到这种神灵观的细微体现。汉代末期至魏晋，社会急剧动荡，不断的战争造成大量人员流徙，使各类神异传说广为传播。志怪小说产生在这样的社会背景下，势为必然。而西南作为多民族地区，一向盛行多种原始宗教，这种时期产生并流行竹王传说，完全不足为怪。

也不排除竹王传说在此前已经历一个发生、发展过程，直至魏晋南北朝时期，才被治史者收录于书的可能。此前的史籍，收录神异传说的现象不多见。但这时期撰成的史籍，却每见收录。如《华阳国志》，粗加统计，所收神异传说近30处，其中《巴志》3处，《蜀志》8处，《南中志》5处，《大同志》1处，《李特等志》1处，《先贤士女总赞》8处，《序志》1处。又如《后汉书》，仅《东夷列传》《南蛮西南夷列传》就收录这类传说近10

处。这些传说在民间自然经历了一定的流传过程。当时学者在社会背景的影响下，很自然会将注意力投向各类民间传说，并录于著作。值得注意的是，学者收录一方面会有所本，另一方面也可能发挥想象，杂糅添加再行创作。《后汉书》的竹王传说即属后者。

四、传说与图腾崇拜

竹王传说被当代一些学者视为夜郎民族的图腾崇拜反映，并以此作为探讨夜郎族属的重要依据。前文分析《后汉书》造成竹王与夜郎之混，本已否定其属夜郎民族文化构成。但由于图腾问题颇带神秘性，竹王传说形式与图腾崇拜间极易寻到联系点，因而夜郎竹图腾论的影响力很大，甚至有学者在质疑竹王传说的同时，仍认为传说反映了夜郎民族的图腾崇拜。因此有必要对图腾崇拜问题专予分析。

图腾崇拜研究在世界上从19世纪后期出现以来，尽管产生了许多不同观点，但现在较一致的意见认为，图腾崇拜是人类进化过程中早期氏族社会出现的普遍现象。我国著名的民族学家杨堃先生即指出，图腾崇拜作为一种原始宗教形式，主要属氏族宗教（尤其母系氏族宗教），当其过渡到部落宗教后，图腾主义便逐渐衰落，仅保留一些残留形式。部落宗教时期的原始宗教形式除图腾崇拜外，还包括自然崇拜、灵物崇拜、祖先崇拜、偶像崇拜、英雄崇拜、萨满教等。[①]

图腾制是否属原始宗教形式，这里不加讨论。图腾崇拜主要属氏族时期的观点已得到众多研究者认同。世界上许多学者通过大量调查认为，部落图腾的确晚于氏族图腾，部落图腾崇拜仅仅是氏族图腾崇拜的残余。因此，研究不同时期、不同民族的图腾崇拜问题，分析其具体形式尤具重要意义。不同形式的崇拜有不同的本质义，如果将各种纷繁的崇拜现象笼统

---

① 杨堃：《中译本序》，见（苏）Д.Е.海通：《图腾崇拜》，何星亮译，广西师范大学出版社，2004年，第3页。

归入图腾崇拜,势必造成图腾研究的混乱。

国外很早以来就有学者致力于图腾本质的研究,其中苏联学者 Д.Е.海通先生的研究最值得重视。Д.Е.海通先生是当代著名的人类学家,他非常明确地将图腾崇拜的基本构成概括为六方面:

1. 相信群体起源于图腾或与图腾结合的祖先。
2. 具有共同的群体图腾名称。
3. 图腾群体成员相信自己与图腾存在血缘亲属关系,因而崇敬图腾,完全或部分地禁止给图腾物带来灾害。
4. 相信图腾群体成员能够化身为图腾或图腾化身为人。
(5. 6. 略)[1]

Д.Е.海通先生认为不符合这些基本构成的崇拜现象不属于图腾崇拜。他的分析可说代表了图腾本质研究中逻辑理念最为明晰的一种观点。分析竹王传说是否反映图腾崇拜,不妨暂不考虑所属民族,且看看它是否具有图腾崇拜的基本构成因素,或哪怕仅仅一些迹象。

显然,无论是最先出现的,还是已经发生演化的竹王传说,虽然都说竹王源出于大竹,甚至还称其"以竹为姓",但竹王对于氏族或部落,始终只是外来者。虽然他长成后"雄长"该群落,但群落成员并不认为他们间存在血缘亲属关系,他不是群落的祖先,群落也不因他而以竹为姓。相反,群落成员虽然敬重他,却一致认为他"非血气所生"。后来在当地出现竹王祠一类崇拜,更明显属宗教性崇拜,绝不缘于竹是族群的标志或名称。这些都与图腾崇拜的基本特征全不相符。Д.Е.海通先生专门指出过:"信仰群体起源于拥有化身能力的图腾祖先,并以图腾命名,这才是图腾崇拜的主要观念,是图腾崇拜的最初的核心。"可见,竹王崇拜传说的基本内容与图腾崇拜的核心要素其实相去甚远。

---

[1] (苏)Д.Е.海通:《图腾崇拜》,何星亮译,广西师范大学出版社,2004年,第39页。

西汉初期夜郎的社会结构，按多数学者研究，处于部落或部落联盟时期。按照图腾发展的一般规律，这时夜郎民族即便确存在图腾崇拜，也只会是趋于衰落的图腾意识。此时兴盛的原始宗教意识，应包含其他更多内容和崇拜形式，诚如前述杨堃先生所说，有灵物崇拜、偶像崇拜、英雄崇拜等等。而适应部落时期的崇拜当占据着最重要位置。因而，史籍中追记的竹王传说，如果真是当时夜郎遗民历代相沿保留下来的一种传说，无论其内容或形式，充其量也只能说反映了夜郎民族的偶像崇拜或英雄崇拜，与图腾崇拜无涉。这里还值得重视的是，这个传说的构成与一般的创世传说全不相似。

五、图腾制研究新进展

Д.E.海通先生的图腾理论具有极大的逻辑说服力，但并非图腾理论的全部研究和终极标准。近年来，随着科学资料不断增多，人们综合利用各相关学科研究成果的视角不断扩宽，关于图腾制研究又取得一些突破性进展。其中特别值得一提的是俞伟超先生的研究。

俞伟超先生是中国著名考古学家，长期关注运用考古学资料对人类古代历史的研究。20世纪末，他在学术界对人类起源和人类社会发展史研究的新成果基础上，对图腾制进行了新视角的研究，在《中国历史博物馆馆刊》1995年第1期与汤惠生先生联名发表长篇论文《图腾制与人类历史的起点》，第一次将图腾制与原始宗教信仰及祖先崇拜剥离开来，明确提出：命名制度才是图腾制度。

他指出，"图腾制的根本内容和特征其实只有两个：命名制和'族外婚'"。认为，"一百年以前英国人类学家泰勒所说图腾制是为巩固氏族以及氏族联合在一起的意见，是极为深刻的。用现在的认识来说，为稳定'族外婚'以及实行不同人群集团的联盟，就是图腾制产生和存在的根本原因；以各种生物乃至某些自然或精神现象作为这种人群集团的命名标志，以及若干禁忌、信仰、崇拜意识等等现象的出现，则都是派生的，因而往往因地而异，存在着很大差别"。

为进一步论证这样的观点，他再次探讨了人类进化问题，认为人类最终形成的根本标志不在其他，在于族外婚和行为的文化性。而图腾制正产生于人类从猿进化到智人的时期，即母系氏族的初期。因而他作出结论："可进而把现代智人、氏族制和图腾认为是三位一体地同时发生在这个时期。"这里关于图腾产生的观点，可以说是十分大胆的。在人类形成的标志问题上，近些年已有不少人类学家赞同行为所具文化性的观点，但将族外婚也并列看作人类形成的标志之一，却十分罕见。按照俞先生的研究，族外婚是图腾制产生的根本原因，因而图腾制的产生应追溯到人类形成的初期。这种观点显然还需要得到较多证据支持，但在图腾制产生的研究中已提出一种全新的理论。

图腾制消亡也是俞先生研究的重点，同样值得重视。他认为人类发展到父系社会时期，人群集团联盟的方式和目的都出现根本性变化，进而原来严格的图腾命名制度也随之逐渐式微，甚至解体。"此时人们肯定已渐渐遗忘图腾命名的原初意义是什么了，从而这种传统的称谓制度后来演变成某种宗教信仰或者其他崇拜形式"。他特别指出："图腾制消亡的突出表象是图腾禁忌、仪式以及将某种动植物认同为祖先的观念（但这是图腾制中衍生出来的，故不具普遍性），逐渐被祖先崇拜等宗教信仰所替代。"这里，俞先生虽未分析图腾制的祖先观念体现与后来祖先崇拜的宗教信仰二者之间的具体不同处，但他已明确提出二者具有本质的差异。

俞先生的研究是对传统图腾制研究具有突破意义的提升。他的观点与前述杨堃先生以及许多仔细研究了图腾演变史的人类学家的观点之间，存在许多值得重视的相同之处，比如在图腾制产生和衰亡的时代上；又比如在图腾制的祖先观念以及发展到父系社会时期被祖先崇拜等宗教信仰所替代等方面。由此再回顾所谓夜郎竹崇拜的图腾问题，就更清楚其无法成立的道理。

六、结语

看待夜郎竹崇拜问题，须仔细分析史籍中关于竹王传说的记载。相关记载不出现在最值得重视的早期史籍中,却出现在夜郎灭国300多年后撰成的史籍中,记载并未将它与夜郎王直接相联。至再历百年后,才被人为演化成夜郎竹王传说,强附于历史。可见,竹王传说的发生与演化,有其特定的时代背景,客观说它只是后来民间流行传说与撰者杂糅奇想的反映,绝不能直接看成夜郎历史的真实反映。

竹王传说内容与图腾崇拜构成要素相去甚远,论之为图腾崇拜需格外慎重。毋宁说反映了当时某部族中一种偶像崇拜或英雄崇拜。

在夜郎文化开发中展现竹文化,当无不可。且因其曾出现于历史记载中亦无可厚非。但同时应将历史记载发生的真实过程公之于众,还以历史真面目。

总之,在研究和开发夜郎文化的热情中始终保持科学精神,是我们须谨记的历史责任。

原载《汉代文明国际学术研讨会论文集》,
北京燕山出版社,2009年

专业化，专门话

——能否让考古报告走出象牙塔？

《读书》2008年第10期"短长书"栏目刊李航先生文《专业兼顾普及的尝试，是否成功？》，对文物出版社6月出版的《赫章可乐二〇〇〇年发掘报告》提出评述意见。这是一部关于贵州夜郎时期一批地方民族墓葬的大型考古报告。由于该次发掘被评选为年度全国十大考古新发现，所以近年这部报告尚在编撰过程中，就已经有一些学界人士予以特别的关注。

作为报告编撰者，真要诚恳感谢李航先生对一部专业性报告难能可贵的关心和指正。李航先生在文中说明自己是一名专业外读者，不过能感觉他对考古学甚为关心，也有相当了解，所以提出不少颇具深度的见解。但李先生认为赫章可乐考古报告在主要资料编中增设"发掘者说"章很新颖，只是作为一种普及形式有嫌多余，专业与普及应分作两步走，放在一处"兼顾"并无意义。此外，我们颇意外看到李先生最后提出："对希望利用考古材料的非专业读者似乎也应该提一点最低要求，即他至少要有一点基本常识。"因为"很难想象，不了解考古学的基本方法，不熟悉考古报告的基本语汇，而能够正确使用考古材料。真正把考古成果运用于学术研究，毕竟仍然需要直接阅读、直接征引正式的发掘报告"。李先生的评述自是基于他对报告的解读，见仁见智，十分正常。不过对李先生文末的提议，我站在考古人角度想说的是，赞同其后一句话的意见，却不能同意其前一半意见。虽然从大道理说，要求非专业读者具备考古常识不能算错，但如果作为他们使用考古材料的前提，却未免有失公允。

考古学特殊的专业性，众所周知。作为考古田野工作直接成果的发掘报告，历来具有专门的叙述方式和语汇，也一直为各方人士所了解。但是，据我所知，几乎没有人认为可以十分欣然接受这样的事实。凡见谈及考古报告的学界朋友和其他方面人士，全异口同声地说，考古报告太难读！也几乎没有发现过为了顺利使用考古报告资料而专门去系统学习考古学基本方法和基本语汇的人。但我一向把这看作是自然生成，不曾有疑义，更不会想专业外读者该去补充相关常识以形成阅读能力。因为虽然从事考古，我与好多同事也认为考古报告难以卒读，主要原因亦在于表述方式和语言。而要让专业外的读者去学习补充这方面常识，困难太多，且无必要。这样的观念盘桓于胸多年，始终未认真作进一步思索，因久已习惯学科的规范程式。

变化发生在十二年前，与《读书》的一次学术关心密切相关。

《读书》1996年12期刊载一组人文学者讨论"考古学与人文知识问题"的文章，作者都是在各自学科卓有成就的学者。读后感受十分强烈，全未料到在这样高层次的人文学者中，对于考古学表述方式同样具有难以接受的鲜明态度！文章或呼之"打不开的天书"，或喻之"专业内的密码"，或直论"除了报告语言就不会说话"，使外人"不知道怎么找材料，也不知道怎么读材料和用材料"。这简直是代表考古界外的学者们给予考古报告的一通棒喝，我直觉以往所惯常的专业思维甚至专业尊严感遭受到一次破坏性冲击，也因此开始认真思考一个问题：错？谁的错？考古人当担何责？

思考的结论是，考古人不经意中忽视甚至根本忘记了自己职业中很重要的一份社会责任。

考古干着揭示古代各时期文化遗存的工作，揭示的目的是使今人得以与古人直接对话。这是社会付与考古学科的基本任务，也是考古在社会中得以成立为专门职业的意义所在。无论就性质还是实际工作内容，考古都是涉猎社会门类最多的人文学科，其成果公布理应具有同样广泛的面向性。因为与古人对话绝不仅仅属于考古发掘人员的特权，而是属于社会各方面成员的共同权利。即是说，考古是为全体社会成员的考古。很明显，随着社会文明进程加快，关心并渴望加入到与自己祖先直接对话中来的人们已越来越多。但由于学科方法论所形成的一系列规范要求，长期以来考古成果的公布形式始终定格在专业化框架内，固定为一套专门话语。除专业人员外，他人几乎无法直接使用这些成果。于是，考古几乎变成了仅为少数人的考古。《读书》当年发表讨论文章表达的正是社会众多关注者无奈的声音。从现象上说，这相当于在无形中剥夺了多数社会成员要求与前人直接对话的权利。虽然不能将此归罪于考古人蓄意所为，但考古人只专注自己的科学研究，不思考社会公众的广泛要求，无疑要算一种职业的失责。

有人会提出，对考古成果的了解还可以阅读相关的普及读物呀。诚然，这是向公众宣传考古成果的一种好方式。但这与直接认识和使用考古成果具有根本差异。李航先生在其评述文章中就有清楚说明。毋庸讳言，普及读物由于编写者的水平参差不齐，再加上当今社会多种经济动机以及受一些学术腐败之风的影响，其可靠性是要大打折扣的，更无法作为进行认真研究、思考时的依据。因此，作为考古人，仅仅关注和致力于考古的普及宣传还远不足以弥补职业失责，更为要紧的是尽快设法让考古成果的公布方式实现社会化，使之不仅为考古学科所接受，还能为社会其他方面读者所欢迎。考古成果从本质上就应当是一种属于全社会共用的历史文化资源。

因此，遭受那番棒喝多年后，有机会编撰《赫章可乐二〇〇〇年发掘报告》时，我们便毅然选择了这样的主导思想。一方面高度重视考古发掘出的古人遗存中所有信息的多样性和系统性，高度重视报告框架的学科规范要求。另一方面着意于寻找一种让专业外读者可以进入和读懂报告，可以方便查找到自己所需资料的表述方式。报告各编中增设的"发掘者说"章就是基于这种思考的新设计。在首先确保基本内容科学性、可靠性基础上，另开辟出一个不大空间，稍变换使用上公众都熟悉的通俗话语，将最主要资料加以概略介绍，交代其基本价值点，说明在报告的某具体部位可以进一步查到详细资料。随文配上基本器物图照，提供直观形象。还有意识地结合内容简单介绍一些相关的考古知识，让读者在自然阅读中逐渐积累起必要的专业知识。

我们将这种尝试比作替考古报告开设的一些窗口。如果过去的考古报告被看成筑有森严高墙不可窥见的神秘庭院，希望利用这些窗口能使墙外困惑的各方观者得以一睹院内建筑概貌，并方便寻到进入庭院的路径。料想，这可以让考古报告不再与大众那么隔膜、遥远。

李航先生认为这种尝试是兼顾专业的普及，其实属于一种误解。这种设计从开始就并不为普及，而在使科学翔实但又太专业化的考古成果报告，能最终成为学科内与学科外各方读者都可以直接阅读和使用的可靠资源。用一句过去常说的风雅比喻，这是要让考古报告走出象牙塔。这与普及不仅性质有异，而且在内容、形式的安排，以及语言组织上都不相同。李先生误解了它的定位，自然会认为普及与专业共于一书是多余的叠加，也才会发出不解意义何在之叹。

当然，我们设计的窗口还有未臻完善之处，而且这种形式本身就不可超脱报告内容，难免使人产生重复之嫌。但这实是得失权衡后的无奈之举，因为我们不能确定考古报告如果进行整体语言转换，是否会危及学科根本的严整性。而开设窗口无损报告本体，只要严格控制好量，以达到公众导引目的为限，同时补入报告中不得以割弃的一些信息，相信所产生的些许形式重复易获谅解，因其显而易见的更重要的实质效果足以消弭这类新枝节之累。可乐报告出版后，我们咨询过一些考古人士，不少人表示，宁愿先阅读这些新开的窗口，轻松、愉快，且已初识大体。

不敢说考古界都赞同让考古报告走出象牙塔，但考古界外却一定有大量读者期待这一改变。我们的尝试是否做到让考古报告走出象牙塔，还需得到实践的检验。李航先生文中所问"是否成功？"还真不显多余。这毕竟是我们一己的设计。除此，还有哪些更好的方式可以促使考古报告走出象牙塔，这值得更多考古人一起来继续探索。聊感欣慰的是，已迈出了实际一步。即使是小小一步，终实践了一个新的开端。愿这可以成为考古界完善自身社会职责的一次宣示，也盼以此引各界朋友共同来推动考古学科进步。

原载生活·读书·新知三联书店主办《读书》2009年1期，
发表时刊物将之更名为《让考古报告走出象牙塔》

附记：

《赫章可乐二〇〇〇年发掘报告》十四年前在文物出版社出版，作为一名贵州考古人，实乃一大幸——每名考古人毕生不一定都能得机会编撰一部大型发掘报告，更莫说在贵州。

那时想在考古报告编写方式上做一次有意义的尝试，实有感于考古人对完善履行应尽社会职责尚有未臻，于心不安！走了小小一步，也未见成功，知万非简单之题。其间经历过的两个小故事久存记忆中，难以轻忘：

初稿完成后，送先生们请教。北京一位权威专家当面径称：我考古报告就是拿给考古界看的，不考虑其他人是否看懂。闻罢不能面争，敛气怏怏而归。第二天，这位专家却来了电话，说：读了报告的"发掘者说"，你们还是把它保留书中吧。

送出版社，尚恐编写体例会成为问题遭质，沟通后未受大阻。不过提出各篇的"发掘者说"望用灰调颜色纸印刷，被社方力拒，称不是考古报告编印方式，最多使用白色铜版纸。我们未再坚持，选择让步。至今却深留后悔。当初如加用浅色绿纸或黄纸，难不真成为考古报告的一抹新风景？

思量，考古报告如何编写终该再探讨！真希望有人再做！

（2022年3月14日补笔）

给"公众考古"以恰当定位

——2008年公众考古案例盘点

"公众考古"一词，在国内许多人的观念中仍较新颖，虽然它在国内出现已有多年时间。2003年曹兵武先生撰成《考古学：追寻人类遗失的过去》一书（学苑出版社2004年5月出版），有专节讨论过"公众考古学"。此后还有学者撰文探讨过公众考古学的理论问题。但"公众考古"融入人们的习惯语汇，是一个渐进过程，当考古面向大众的工作逐渐被视同于这个新词的涵盖义后，公众考古才开始成为公共媒体较关注的话题。尤其2008年，这个词出现的频率显然增多。其中一个重要原因是考古学界明显增大了这方面的工作力度。盘点2008年考古学界采取主动行为，努力让考古走近公众的活动可以举出很多事例，这里先列出其中最值得重视的三个，或视为代表了三方面的典范案例。

案例一：《中国文物报》开设"公众考古"栏目。《中国文物报》2008年7月11日总第1639期，在"考古"版首开"公众考古"栏目，刊发了山东遗址发掘队在发掘工地开展的活动。此后，"公众考古"栏目不定期在文物报"考古""综合""视点"等版面刊载，陆续发表相关文章约10篇，内容包括对各地公众考古实践活动的报道，以及学者对公众考古理论的阐述、探讨等。文物报以往时不时也会刊载考古面向公众的一些活动，但以"公众考古"为题设立专门栏目却展示了重要意义，它向社会传达出一个明确信号，反映出国内考古学界对此问题的认识提升到一个新高度，同时也反映出国家文物考古行政管理部门对这方面学术动向和实践活动的认同与重视。

案例二：中国社会科学院考古研究所建立公共考古中心。2008年10月，中国社会科学院考古研究所公共考古中心正式成立，这是由该所所长直接领导的一个非实体性机构。所长王巍先生表示，成立中心的宗旨是要成为考古学家和公众联系的桥梁，成为学者和文物考古爱好者交流的平台，成为国内外了解中国考古最新成果的窗口（《中国文物报》2008年12月19日7版）。12月初，该中心联络中国收藏家协会玉器收藏委员会、北京东亚玉文化交流中心在浙江绍兴举办了面向公众的中国玉文化名家论坛，并打算今后陆续在不同城市举办不同主题的论坛，起到以精准的学术研究引领大众收藏的社会效应。就事情性质而言，作为国家级专业性考古研究机构，率先在内部业务组织构成中建立一个以公共考古为名的部门，将考古面向大众列为常态工作，持续付诸实践，反映出中国考古学科将公众考古视为自身职责的意识与行动，已跨入自在自为的必然阶段。

案例三：北京大学考古文博学院召开"共享考古"国际学术讨论会。2008年11月初，中国文化遗产保护与考古学研究国际中心、北京大学公众考古与艺术中心、英国纽卡斯尔大学文化与遗产国际中心在北京大学考古文博学院联合召开"人类遗产的诠释——共享与传播"国际学术讨论会，国家文物局局长单霁翔与会，并作主题发言。会议以"共享考古"为主题，将共享考古问题细分成考古学家与其他学科专家共享、考古学与大众共享、共享考古与文化遗产保护等三个专题加以研讨。由中国考古学最高学府策划召开这样一个高层次的国际学术会议，可视为中国考古学对公众考古问题从学术观念角度向国际社会作出的一次宣示，反映出中国考古学将以更积极开放的姿态面向社会和大众的决心。

上述三案例的行为主体分别与国家级报刊、国家级科研机构以及国内最具影响的大学有关，对于一个国家的考古学科而言，它们的代表性意义毋庸置疑。三项活动内容所涉，一者关乎考古学主流媒体的舆论导向，一者关乎具体考古部门的机构设置，一者关乎重大学术研究动向，均属直接影响整个学科建设和发展的最重要层面。因此，我们以三案例作为2008年公众考古活动首选典范。它们同出现于一个年度也许属于偶然，但这种偶然的集结离不开共同的社会背景因素，因而足以构成整个学科时段性的重大标识，代表了公众考古在中国当下的状态和趋向。

展望一年来全国考古学界在这方面开展活动的状况，与此甚相一致。除了继续有一批考古科普读物问世外，各地不少考古机构以及大学考古专业都积极开展过向公众开放考古工地，让公众近距离接触出土文物和遗迹，同时让考古专家给公众现场讲解或开设普及讲座等不同形式的与公众互动活动。如江西省考古研究所、安徽省考古研究所、山东省考古研究所、河南省考古研究所、四川省考古研究院、成都市考古研究所、重庆市考古研究所、河北省考古研究所、山西省考古研究所、中国文化遗产研究院、四川大学考古系、北京大学考古文博学院等都先后成功举办过这类活动。其中山西省考古研究所举办的活动在《中国文物报》上作过详细报道（见《中国文物报》2009年2月4日、3月6日、3月20日），我们将其作为地方考古机构公众考古活动的典型案例。

案例四：山西省考古研究所"走近考古，步入宋金——2008年山西考古新发现新闻发布会暨公益讲座"。讲座于2009年元月初在太原市举办，但从2008年12月起，考古所便开始筹划准备。他们赴北京召开论证会，与媒体接洽商量合作，组织专家研究讲座内容，通过试讲不断完善讲稿和讲述方式。活动当天除由专家主讲、听众提问、嘉宾点评外，还通过抽签的方式组织部分听众赴考古发掘现场实地考察。会上还发放一份很有意义的调查问卷，回收率接近80%，为公众考古活动研究提供了极有价值的第一手资料。由于活动效益显著，《中国文物报》接连刊发活动报道、研究人员对调查问卷的分析，以及评价讲座活动的署名文章。

山西省考古研究所的这项公益讲座是近年来各省考古部门在公众考古活动方面开展得非常成功的范例，从设计组织，到后期总结研究、公布资料，都用心投入、善始善终。这是国内考古学界公众考古自觉理念渐趋成熟的客观反映。

这种组织公众亲历发掘现场感受和认识考古的活动，是各地考古机构开展公众考古采用较多的一种形式。不过，也有考古学者开始将工作扩展到更多领域，如贵州省文物考古研究所2008年编撰出版的考古发掘报告，大胆探索革新报告编写体例，就是值得关注的范例。

案例五：《赫章可乐二〇〇〇年发掘报告》发表。贵州省文物考古研究所2000年在赫章县可乐乡发掘100多座战国至汉代地方少数民族墓葬，被评为年度全国十大考古新发现。报告编撰者有感于多年来考古学科外学者对考古报告"天书"的评价，着手编撰时用心良苦地对报告体例作了一次革新尝试。一方面确保报告严格的学科规范，力求资料的客观、详尽和准确；另一方面分别在几个主要资料编的末尾各设置了一个"发掘者说"章，换用报告惯例之外的通俗语言和视角，随文配上相关照片图像，对该编内容和关注点等加以概略讲述，并引导读者了解如何到报告某相关部分去查核所需的详细资料。另外也记入考古人发掘过程中的一些感受和联想，还辅以介绍一些考古常识，让人读起来很轻松。一般读者拿到报告，可以跳过报告正文，直接阅读这个章节，就能大体了解报告。编撰者将这样的方式比喻为给考古报告"开窗口"，试图使关心和使用报告资料的业外人士获得一条便捷路径。编撰者特别提出，其主导思想是要将社会公众应有的一份权利归还给公众。报告2008年6月由文物出版社编印出版。

贵州考古报告编撰体例创新的主要价值所在，是直接将考古成果变成社会公众都便于使用的历史文化资源。这与编撰出版考古普及读物的着眼点与具体目标不尽相同。它不光创设了考古报告一种新的表述方式，还从深层次触动了考古报告编写的传统观念。长期以来，考古报告一直定位在专提供考古学界阅读使用的思维模式上，几成为学界内不逾的潜规则。尽管这早已受到质疑，但基本未引起考古学界认真反思。因此，这项创新从公众考古角度说具有突破性意义，虽然从篇幅上看，所作出的具体变革并不算特别大。

盘点2008年公众考古活动事例，我们还关注到一个现象，即国内考古学界公众考古的主动意识有明显增强，公众考古实践活动在不同层面、不同地域广泛开展，但有关公众考古理论上的探讨却开展得不多，无论从互联网，还是有关报刊上，都难以查到几篇有理论深度的研究文章。这种反差应当是国内考古学界对此理论关注热情不高的客观反映。但同时也说明，公众考古在中国，本不存在需经历先期启蒙、传播，形成理论先导后，再加推广实施的过程模式。

有论者认为所谓公众考古学是西方的"舶来品"，其兴起以1972年麦吉姆西（McGimsey）出版的《公共考古学》（或译为《公众考古学》）一书为标志。也有人认为始自更早的20世纪60年代，但未详出处。"舶来品"应当不假，至今国内对公众考古学的一些探讨，仍大体未离西方相关理论的圈子。不过对西方舶来的这套理论，该怎样作出冷静的分析认识，值得高度重视，尤其在与中国考古学的关系问题上，如不建立起清晰的体系认识，将会影响公众考古在中国的顺利发展。

公众考古学在西方诞生，有其自身的一系列背景，与其考古机构的性质、考古工作的性质、考古学的价值观、考古机构与国家有关部门和单位之间的关系、殖民时代遗留下来的社会人际种族冲突等有着密切关系。此外还与西方考古学家们对这些背景的认识和判断有关。而中国考古学这些方面的背景与西方存在很大差别，简单化地将西方的理念全盘移植来定位我们的公众考古学，难免会出现偏差。

比如强调西方概念的全新性，却无视中国考古学在面向社会大众方面已有的良好基础。中国考古学自20世纪50年代以来，始终倡导为历史、为人民的价值观。从大学的考古教育开始，就不断提出考古面向社会、面向大众的要求。可以说在学科基本价值观方面，已形成数代人的良好传统。曾长期担任中国考古学会理事长的苏秉琦先生的一系列文章和讲话，集中代表了中国考古学在考古事业大众化问题上的态度。如1984年在北京大学文物爱好者协会成立会上的讲话，他谈到中国考古学的两个主要特点："一是它同各门学科（包括自然科学和社会科学）的互相渗透"，"二是它要面向社会。就是面向人民群众，面向未来"。1987年在庆祝中国社会科学院建院十周年时撰文指出："考古不再是少数人的专业，它将越来越大众化，真正成为人民的事业。"（苏秉琦：《华人·龙的传人·中国人——考古寻根记》，辽宁大学出版社，1994年9月）类似观点，在苏先生20世纪50年代以来的文章中反复出现。近来有学者还将中国考古学大众化历程细分为三个阶段，认为从20世纪50年代以来，以文物发现、保护、利用传播为核心的实践性公众考古学活动，就不断在持续和发展（见shenzhao998，http://wenda.cntianya.cn）。客观审视西方公众考古学理论的构成，尽管有应时代而生的一系列深刻研究命题，但其最核心内容，还在于考古的大众化。因此面对西方新的概念和命题，我们不能割断自己的历史。我们所需要的，是反思以往在面向大众方面成功与不足的经验，检讨过去这方面思辨中所缺乏的创新活力。大不必自以居后而怅叹，急恐趋之不及，甚而茫然失掉自我。

再比如不能客观看待所谓媒体时代影响，甚至认为只因媒体时代才导致公众考古学产生。媒体时代的确为考古学走向社会公众提供了极大便利，但绝不是公众考古学诞生的根本原因。讲一个很浅显的道理：我们前文所列的5个案例，如果放到20年前去，除了方式和深度会有差异外，相信不至于令人感觉全无可能，也不会感觉与中国考古格格不入。这说明，现代媒体技术对公众考古学起到很好的催化剂作用，但公众考古并不必须依赖于现代媒体技术。因此，在科学技术高度发展的今天，公众考古非常需要利用好媒体技术，但公众考古绝不能因此就尽可能去迎合或满足媒体的价值取向，更不可变成为媒体的附庸性炒作。

又比如由于"公众考古学"颇具有重要的现实意义，因此有论述称它将是国内考古学中"呼之欲出"的一个分支。就所需研究的范围和问题来说，把它作为学术研究的一种方向，分支说自有成立的理由。但是否即建立为新的分支学科，却值得细加估量。学术研究的一个方向和一个分支学科之间并不能简单划等号，但学术浮躁之风日甚，造成二者严格标准不断被忽略，各门学科的所谓分支学科被大量随意制造出来，以致严重影响科学研究的正常发展。公众考古学在西方出现虽已有三四十年，新世纪以来还发行有《公众考古学》学术季刊（曹兵武：《考古学：追寻人类遗失的过去》），但它在西方也未必成为公认的分支学科。如西方当今著名的一套考古学教材——剑桥大学著名考古学教授科林·伦福儒与考古学作家保罗·巴恩编撰的《考古学：理论、方法与实践》（中国社会科学院考古研究所译，文物出版社2004年10月），虽一再介绍和强调考古与公众的重要关系问题，但绝不见"公众考古学"提法，更未将之作为分支学科来讲述。这当然不是一种疏忽。应该说，在中国，公众考古学作为一个新的研究方向，非常值得重视和发展，但是否构成考古学的一个分支学科同样值得再深入研究和论证，切不可急于赶着跟风或附庸时尚。

总之，伴随社会文明急速进步，考古学已进入大发展时代。我们要以必要的敏锐和包容来探讨和研究公众考古学，但也需要冷静地给其以恰当定位，不让盲目的渲染干扰我们的视野，影响公众考古扎实工作的持续开展。

原载《中国文物报》2009年6月26日7版。报载更名为《2008年公众考古案例盘点及思考》，现恢复原名

赫章可乐墓地套头葬研究

套头葬是贵州省赫章县可乐乡战国至西汉墓葬中发现的一种特殊葬俗。其基本特征是在死者头顶套一件大型金属釜（个别为铜鼓）埋葬，釜侧立墓坑一端，似戴于死者头顶的帽子。在国内外以往的考古发现中从未见过类似现象。因形式独特，发掘者遂以此特征称之为"套头葬"。

套头葬初发现于1977年至1978年的考古发掘。贵州省博物馆考古队在可乐发掘168座地方民族墓葬和39座汉式墓葬，民族墓葬中包含有20座套头葬墓。该发掘报告刊于《考古学报》1986年第2期（后文简称为"1978报告"）。报告将包括套头葬在内的所有地方民族墓葬划为"乙类墓"，将同时发掘的汉式墓葬划为"甲类墓"。由于套头葬葬俗非常罕见，开始引起研究者注意。

2000年，贵州省文物考古研究所在可乐乡再次发掘108座乙类墓，从中又发现5座套头葬墓，形式更为多样，再度引起学界关注（后文将此次发掘报告简称为"2000报告"）[1]。但迄今对套头葬进行的研究还很少，人

---

[1] 本文所用1977年至1978年发掘的套头葬等资料俱引自贵州省博物馆考古组等编《赫章可乐发掘报告》（载《考古学报》1986年2期）。所用2000年发掘的套头葬等资料俱引自贵州省文物考古研究所编《赫章可乐二〇〇〇年发掘报告》（文物出版社，2008年6月出版）。相关插图也录自两报告。下不另注。此外，昆明羊甫头M113漆木跪坐女俑插图录自云南省文物考古研究所等编《昆明羊甫头墓地》，特予说明。

们对这种葬俗的了解有限，因此，有必要对两次发掘的套头葬资料进行梳理，并对一些相关问题展开综合讨论，以便学界和社会公众较全面地认识这种特殊葬俗，共同开展对这一考古课题的深入研究。

一、套头葬的形式与特点

已发现的套头葬墓全为长方形竖穴土坑墓，无墓道，规模较小。除去2座残墓不便统计，根据完整墓坑数据，墓坑长度超过3米的仅2座，其余长度在2—2.85米之间，平均长度为2.49米。墓坑宽度在0.8—1.43米之间，平均宽度为1.08米，其中宽度不到1米的占30%。从中国已发现的战国秦汉土坑墓看，这些套头葬墓都属于小型窄长方形墓葬。不过在可乐已发掘的乙类墓中，套头葬墓的规模仍相对偏大。套头葬墓以外的乙类墓，很多墓坑长度不到2米，宽度不到1米。以2000年发掘为例，103座普通乙类墓，长度不到2米的占30%，能达到套头葬墓平均长度的仅22座墓；宽度不到1米的占95%，能达到套头葬墓平均宽度的仅7座墓。

可乐乙类墓共同的一个特点是，墓坑修整都不够规整，常前后宽窄不一，边线不平齐，转角多呈弧形，坑壁上下存在一定收分。2000年发掘还发现少量乙类墓在墓坑两侧壁前后端，有向外略突出的小圆弧面。外突圆弧多不规整，但显然是有意而为。发掘报告根据墓坑平面形状称之为"哑铃形墓"。这种墓共18座，还看不出明显规律。但值得注意的是，5座套头葬墓全都是这种形状的墓坑。哑铃形墓与墓主人身份有何关系，是值得再研究的问题。1978年发掘未作这方面报道。据发掘者回忆，不排除也有哑铃形墓现象，但当时工作经验不足，对墓坑记录多不够精确，现拿不出这方面证据。①

套头葬形式主要可分三种：

第一种是仅在死者头顶套一件器物（图一）。计22墓。所用套头器物

---

① 笔者咨询1978年发掘参加人宋世坤、唐文元等获知。

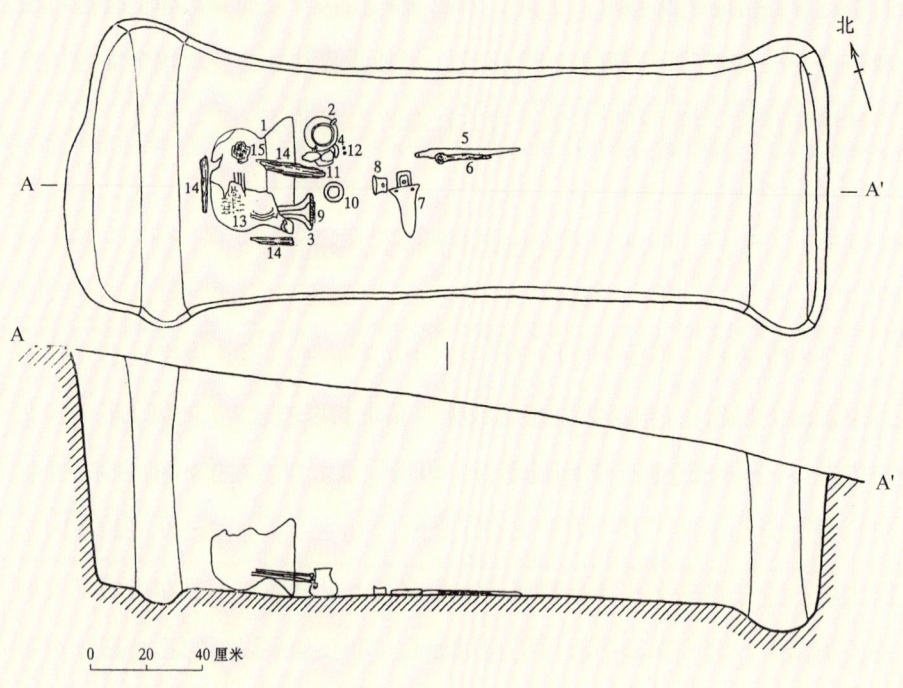

图一 M277平、剖面图

1.铜釜 2.铜鍪 3、9.铜发钗 4.骨玦 5.柳叶形铜剑 6.铁削刀 7.铜戈 8.铜柲冒 10.骨玦 11.头骨碎片 12.牙齿 13.竹席残片 14.朽木 15.纺织物残片

包括：鼓形铜釜计12件，其他形式铜釜计3件，铁釜计6件，铜鼓1件。

这种形式的套头葬墓中，有一座（M264）在墓坑底部沿坑壁四周垒置一圈石块，石块叠放二三层，不加粘接料。（图二）可乐已发掘乙类墓中使用石块垒砌墓坑的现象仅此一例。

第二种是在死者头顶套1件器物的同时，在死者足部也套1件器物，计2墓。其中M274套头与套足都使用圜底大铜釜，同时在死者面部盖1件铜洗，在右臂上盖2件铜洗，左臂外侧立1件铜洗。（图三）M58套头使用立耳铜釜，套足使用铁釜。

第三种是在死者头顶套1件器物的同时，在死者足部垫1件铜洗，仅1墓（M273）。该墓套头使用圜底大铜釜，同时在死者右臂下垫1件铜洗，左

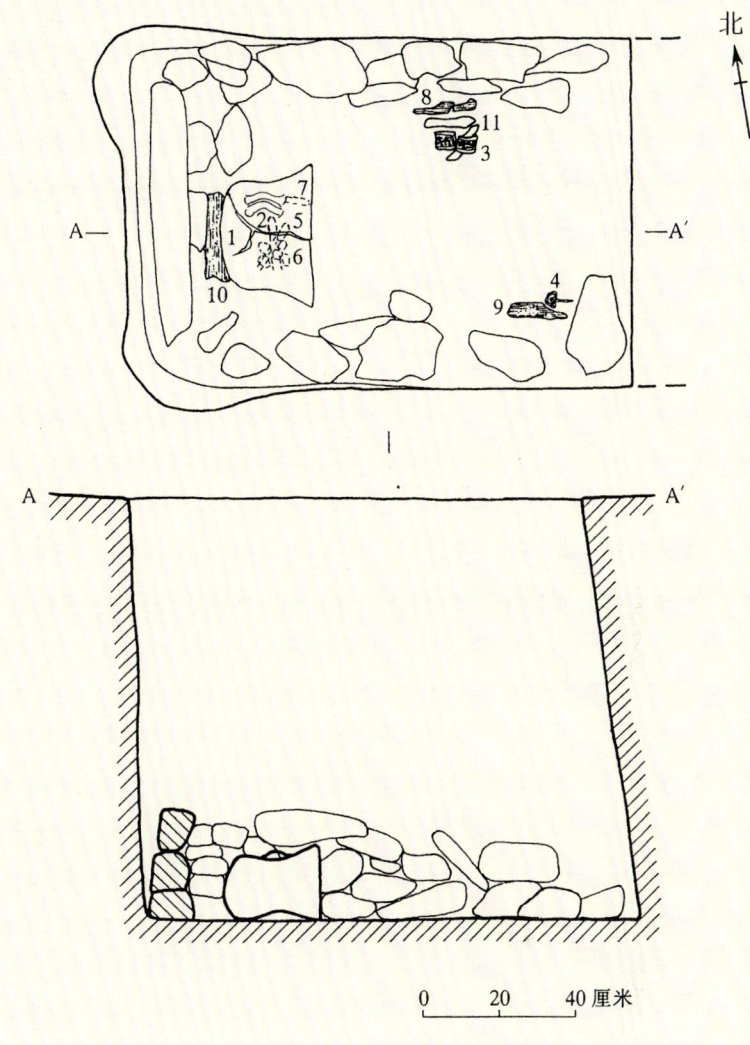

图二 M264平、剖面图

1.铜釜 2、5.铜发钗 3.铜手镯 4.铁削刀 6.头骨碎片
7.竹席痕 8~10.朽木 11.上肢残骨

臂外侧立1件铜洗。（图四）

  套头葬使用葬具情况总体不十分清楚。2000年发掘的5座都有木棺痕。其中M264和M277还发现少量竹席痕，显示木棺内曾垫有竹席。但1978年发掘套头葬墓的葬具情况不甚明了，报告中仅M153和M160注明使用木棺，其余未作交代。重新查阅当时现场发掘记录，套头葬中至少还有

考古研究·赫章可乐墓地套头葬研究   229

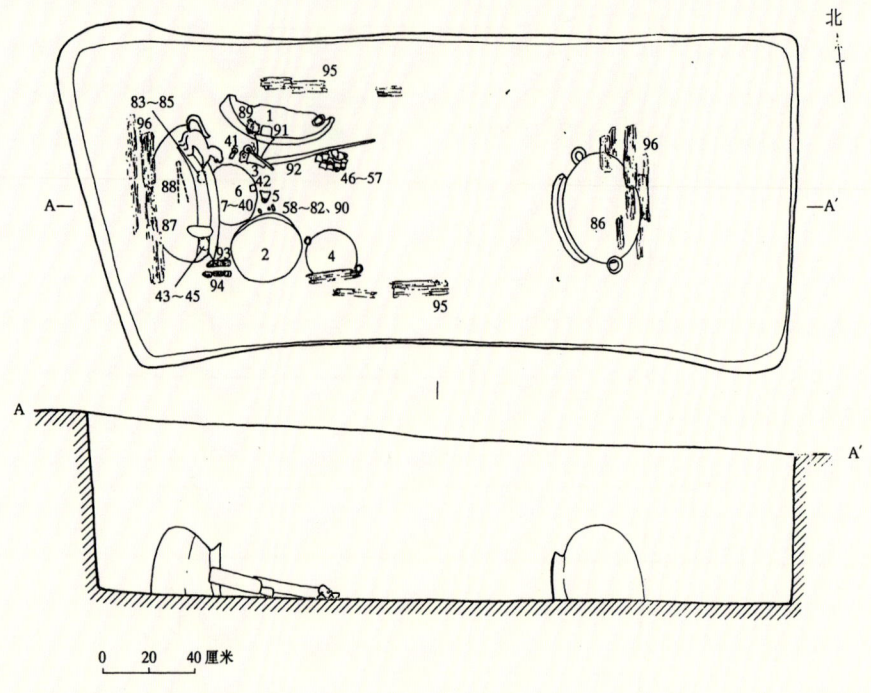

图三 M274平、剖面图

1、2、4、6.铜洗 3.铁削刀 5、46~57.铜铃 7~40.项部串饰(玛瑙珠、玛瑙管、骨珠、骨管、铜铃) 41.铁削刀 42.铜印 43~45、83~85.骨玦 58~82.项部串饰(铜铃、玛瑙管、玉髓珠、骨珠、贝饰、铜鼓形挂饰、铜虎形挂饰) 86、87.铜釜 88.铜发钗 89.铜柲冒 90.铜双齿挂饰 91.铁戈 92.镂空牌形茎首铜柄铁剑 93、94.铁刮刀 95、96.棺木残片

M58、74、91、144等4墓出土有残木片,从木片所在位置看,可能亦属木棺痕。由于当地土壤偏酸性,有机质类物品难以长期保存,所以其他无明显残木痕的墓葬是否使用木棺,不能简单作出否定结论。根据已发现的有木棺痕的墓葬所占比例,推测套头葬墓多数都曾使用木棺。不过,2000年发掘已明确判断在普通乙类墓中存在有不使用葬具的墓,因而也不能排除套头葬墓中同样存在不使用葬具的可能性。

套头葬墓填土中都混夹有许多红烧土颗粒。因属所有乙类墓共同的特点,这里不作分析。此外,在2000年发掘中,还在普通乙类墓中发现少数用

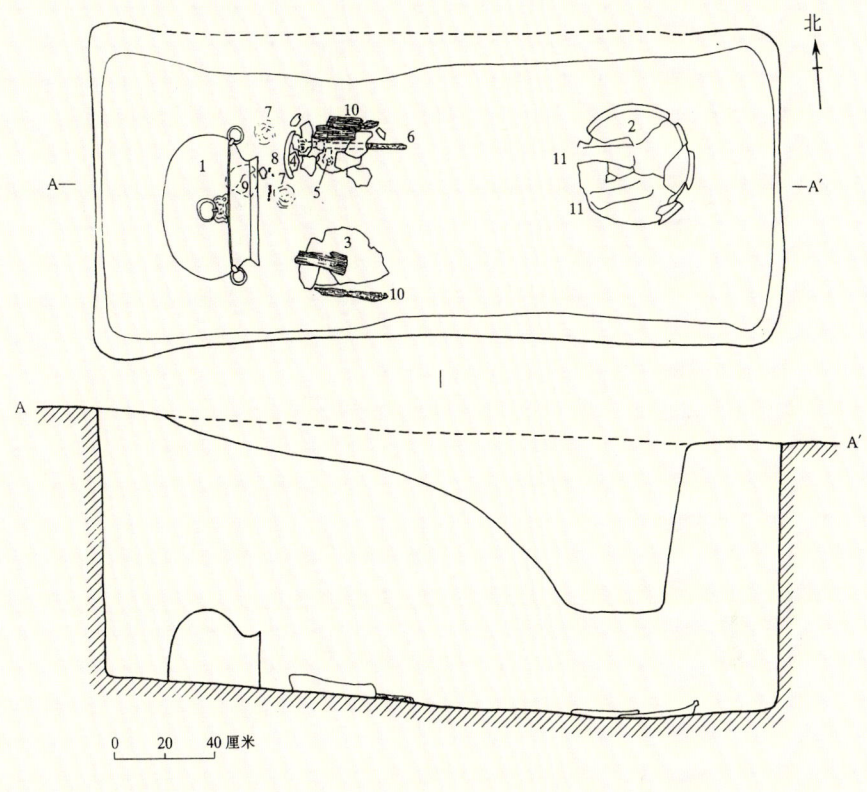

图四 M273平、剖面图

1.铜釜 2~4.铜洗 5.铁削刀 6.镂空牌形茎首铜柄铁剑 7.漆痕 8.牙齿 9.头骨碎片 10.朽木 11.下肢残骨痕

铜洗盖在死者面部，或垫于死者头下的特殊埋葬方式，也不在这里加以讨论。

二、套头葬分布及数量

已发掘可乐乙类墓集中分布在锅落包、祖家老包和罗德成地等3个小土山上。3座土山大体呈品字形相比邻。3处都发现有套头葬墓，其中锅落包4座，祖家老包15座，罗德成地6座。（图五、图六）

总体看，套头葬墓多散布于乙类墓群中，1座套头葬墓周围往往有多座普通乙类墓。但罗德成地2000年发掘似稍显不同，5座套头葬墓均出现

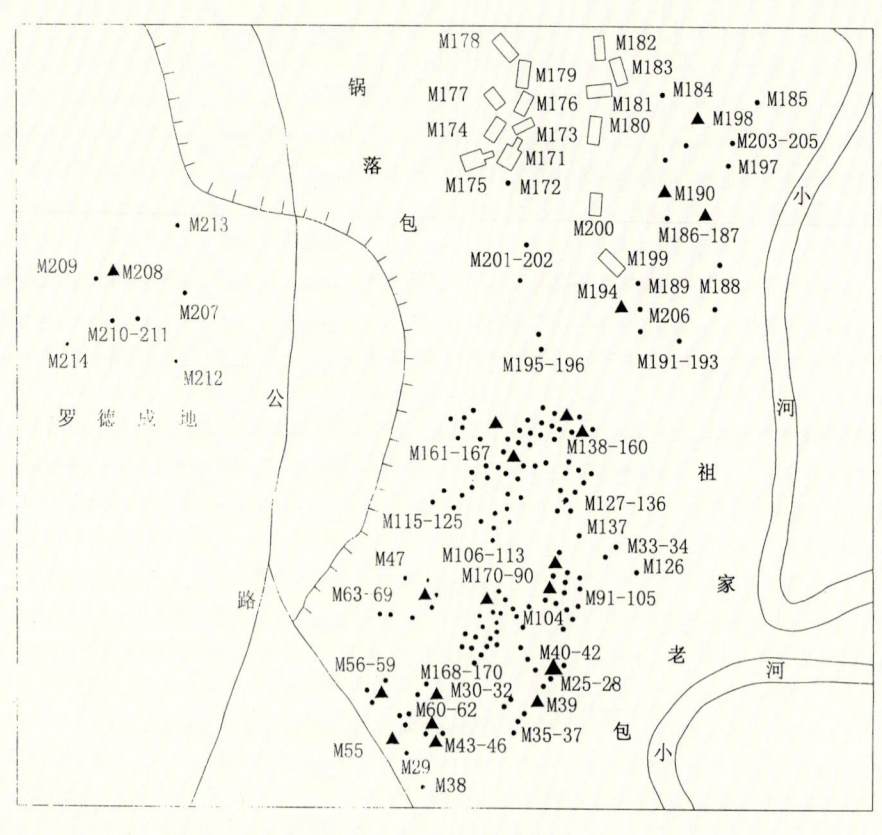

图五 可乐墓地1978年发掘套头藏墓分布图

于位置较低的发掘Ⅰ工区，较为集中。其中2座紧邻，墓坑侧壁略有打破。而相距约40米的发掘Ⅱ工区却没有1座套头葬墓。两工区的墓葬整体分布状况差异较明显，Ⅰ工区发掘面积370平方米，共有26座墓葬，分布比较疏朗，仅一组墓葬存在打破关系。（图六）Ⅱ工区发掘面积350平方米，共有81座墓葬，分布异常密集，共15组计55座墓葬存在打破关系，最多一组打破关系涉及8座墓。（图七）

罗德成地两工区墓葬分布的这种差异，似乎显示两片墓地存在某种区域性选择划分趋向。套头葬墓相对集中，所在区域较宽敞；其他普通乙类墓区域却异常密集，几致拥挤不堪。不过，发掘中未发现任何明显划分区

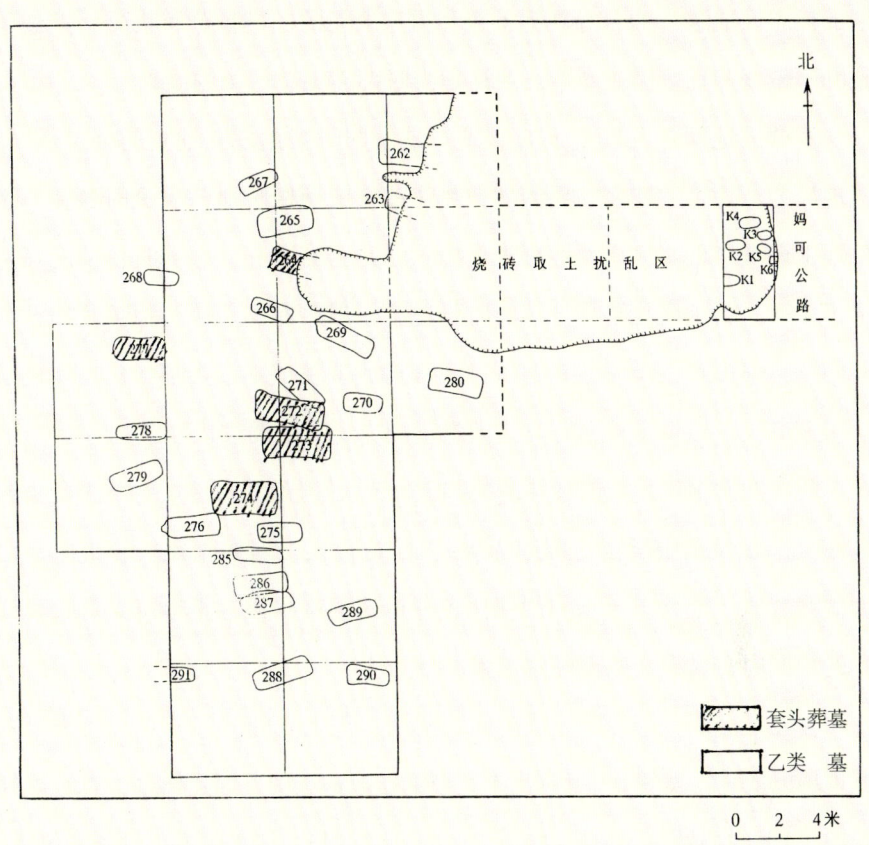

图六 可乐罗德成地Ⅰ工区墓葬分布图

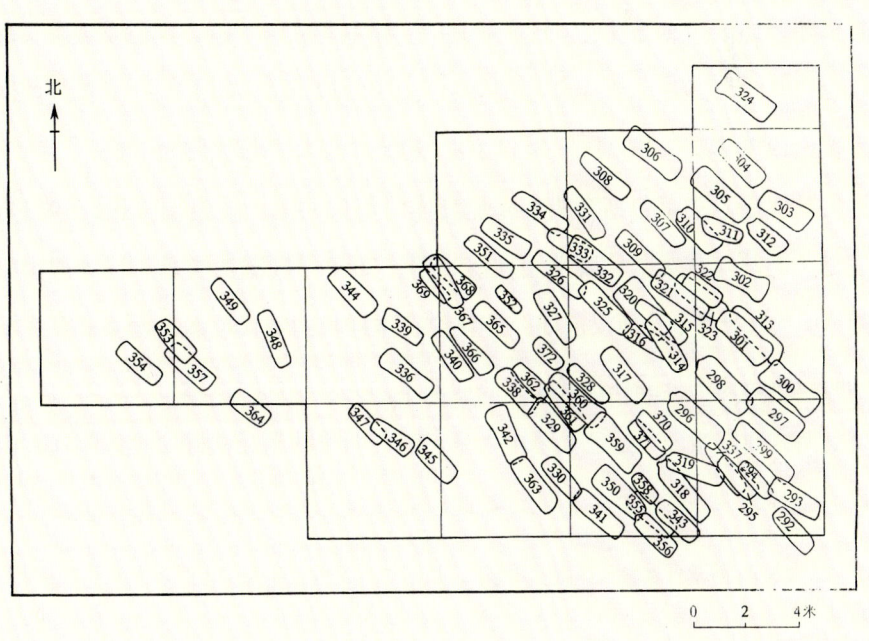

图七 可乐罗德成地Ⅱ工区墓葬分布图

考古研究·赫章可乐墓地套头葬研究

域的标志性遗迹,而且综观锅落包和祖家老包的乙类墓分布状况,这种现象并不带普遍性。因此尚难认定这是当时部族刻意行为的结果。

罗德成地两片发掘工区的形成,是发掘时根据现存地貌的临时选择。该地原为一片自然坡地,后因农业耕作改造成两级阶地,发掘时各在一级阶地上选点,两工区之间地域未作揭示,是否有墓葬、墓葬具体情况等完全不了解。目前所见墓葬分布的差异现象,或带有偶然性。但可留作一个问题待将来田野工作再作专题探讨。考虑到罗德成地乙类墓年代总体较早于祖家老包,这里是否会有时代因素影响,还有必要加以注意。

两次发掘报告公布的套头葬墓共25座,乙类墓总数为276座,套头葬墓在全部乙类墓中所占比例约为9%。但这仅仅是对数据比较分析中一个大概略数值,要作进一步的细化比较分析却很难,因为至今可见有关套头葬的数据中,具有一些不确定因素。

首先是套头葬墓准确数量的确认问题。笔者查阅1978年可乐乙类墓发掘现场记录时,发现其中4座出土大型铜釜或铁釜的普通乙类墓,存在误判问题。4墓的编号为:M37、M46、M137及M146。将墓中铜、铁釜的位置、摆放方式,以及墓葬其他情况与所有套头葬墓进行比较,这4座墓实际应为套头葬。详论另文已发表,此不赘述。[①] 如笔者分析不错,则已发现套头葬墓总数应增至29座,在全部乙类墓中所占比例需调整为10.5%。具体到两次发掘,1978年套头葬墓比例为14.3%,2000年套头葬墓比例为4.6%。

其次是乙类墓包括套头葬墓更具体的年代问题。按发掘报告,1978年发掘乙类墓年代为战国晚期至西汉晚期,2000年发掘乙类墓年代为战国中期(少量或更早)至西汉前期。应该说在这样长的年代范围,套头葬墓在不同时段所占比例可能存在变化。然而如果具体到不同时段进行比较分析,会碰到两方面困难。一是乙类墓中大量无随葬器物的墓无法确定具体年代,因

[①] 梁太鹤:《赫章可乐套头葬研究四题》,见四川大学考古学系编《四川大学考古专业创建四十年暨冯汉骥教授百年诞辰纪念文集》,四川大学出版社,2001年。本书亦有收录。需特予说明,拙文提出乙类墓中有4座应重认定为套头葬,实际上还有M30情况也类似,但根据现场发掘图,铁釜仅残存小段口沿,无法确认即大铁釜,故弃而未计。

墓口所处原生地层已遭多年农耕破坏，失去断代依据。其中1978年发掘的这种无器物墓为64座，占总数的38%；2000年为52座，占总数的48%。这样多的无法确认年代的墓如果不计入统计系列，就不可能得出各个时段准确的比较数据。二是1978年发掘对乙类墓包括套头葬墓的年代判断上可能存在一些偏差。如1978报告将所有出土鼓形铜釜墓（皆套头葬）确定为战国晚期，所持依据就有嫌简单化。2000报告已指出，1978年这批定为战国晚期的套头葬墓中，有的出土铁器所占比例很高，明显与"铁器在西南地区流行的时代特征大不相符"，其时代应至西汉[1]。此外，在其他断代问题上还存在一些疑点。这就造成分时段进行比较分析缺少可资信任的数据基础。

以1978年发掘战国晚期套头葬墓为例，根据墓葬登记表资料，该期确认的乙类墓总数为13座，其中套头葬墓10座，如按可确认年代墓葬计算，战国时期套头葬墓所占比例高达77%。这与1978年发掘西汉前期套头葬墓比例（10%），以及所有套头葬墓在全部乙类墓中的比例（10.5%）对照，都相去太远，显然不可取信。

因而，本需进行的细化比较分析目前无法开展。上述套头葬墓总体概数的比例值，可暂视为宏观研究中一种大致的参考系。

对2000年发掘所作的分析显示，套头葬墓从第二期即战国晚期，发展到第三期即战国末期至西汉前期，在乙类墓中的比例呈现上升趋势。根据可确定年代的墓葬计算，2000年第一期乙类墓中无套头葬墓。第二期中套头葬墓占8.7%，第三期中套头葬墓占16.7%。尽管这样的数据不是套头葬墓比例的完全真实反映，但作为同一条件下所显现出的变化曲线却值得参考。对照1978报告相关数据，西汉前期与西汉晚期，套头葬墓所占比例分别为10%与18%，也呈上升态势。综合起来观察，套头葬习俗在该部族群体中，从早期到后期，使用人员或范围有逐渐增多、扩大的趋势。

---

[1] 贵州省文物考古研究所编：《赫章可乐二〇〇〇年发掘报告》，文物出版社，2008年，第122页。

三、主要随葬器物及特点

套头葬墓主要随葬器物可分为套头器具、兵器和装饰品三类。

1. 套头器具

套头器具包括铜鼓、铜釜和铁釜。这些是套头葬墓明显有别于其他乙类墓的一类器物，最需关注。在已发掘的乙类墓中，所有大型铜釜和铁釜都被用于套头葬。铜釜形式较多，具有明显的地方特点，尤其鼓形铜釜和圜底鼓腹大铜釜较突出。

鼓形铜釜共12件，在所有套头器具中几占一半。这种釜倒扣起来与早期万家坝型铜鼓相像，但形体较小（图八：1）。类似铜釜最初出土于云南祥云大波那木椁铜棺墓中，发掘者当时就提出，这种釜在探讨铜鼓起源问题上，是值得注意的线索。[①]论者以后习称之为"鼓形铜釜"。后来在滇文化考古发掘中，数次出土这种铜釜，其时代大体从春秋晚期延续至西汉。

与滇文化的发现相比，可乐目前所见鼓形铜釜开始使用年代较晚，所有用这种铜釜套头的墓年代为战国晚期至西汉前期，其中有的釜制作年代或许会稍早，恐也难以早至春秋。但可乐鼓形铜釜出土更为集中，在276座乙类墓中出土12件。另加当地零星的发掘清理和采集，总数已近20件。而云南这种铜釜虽在数地有出土，但数量都不多。如羊甫头墓地发掘滇文化墓葬810座，只出土9件鼓形铜釜，分布比例显然比可乐小得多。[②]此外，可乐鼓形铜釜的使用方式独特，已见诸报道的12件全用于套头葬。而滇文化墓葬中，没有这种使用方式。因此，可乐鼓形铜釜与滇文化鼓形铜釜之间的关系，还有待进一步研究。

可乐鼓形铜釜还值得重视的一种现象是制作原料。对2000发掘出土的三件鼓形铜釜作过成分检测，原料均为红铜。将其他鼓形釜与这三件进

[①] 云南省文物工作队：《云南祥云大波那木椁铜棺墓清理报告》，载《考古》1964年12期。
[②] 云南省文物考古研究所等编：《昆明羊甫头墓地》，科学出版社，2005年，第66页。

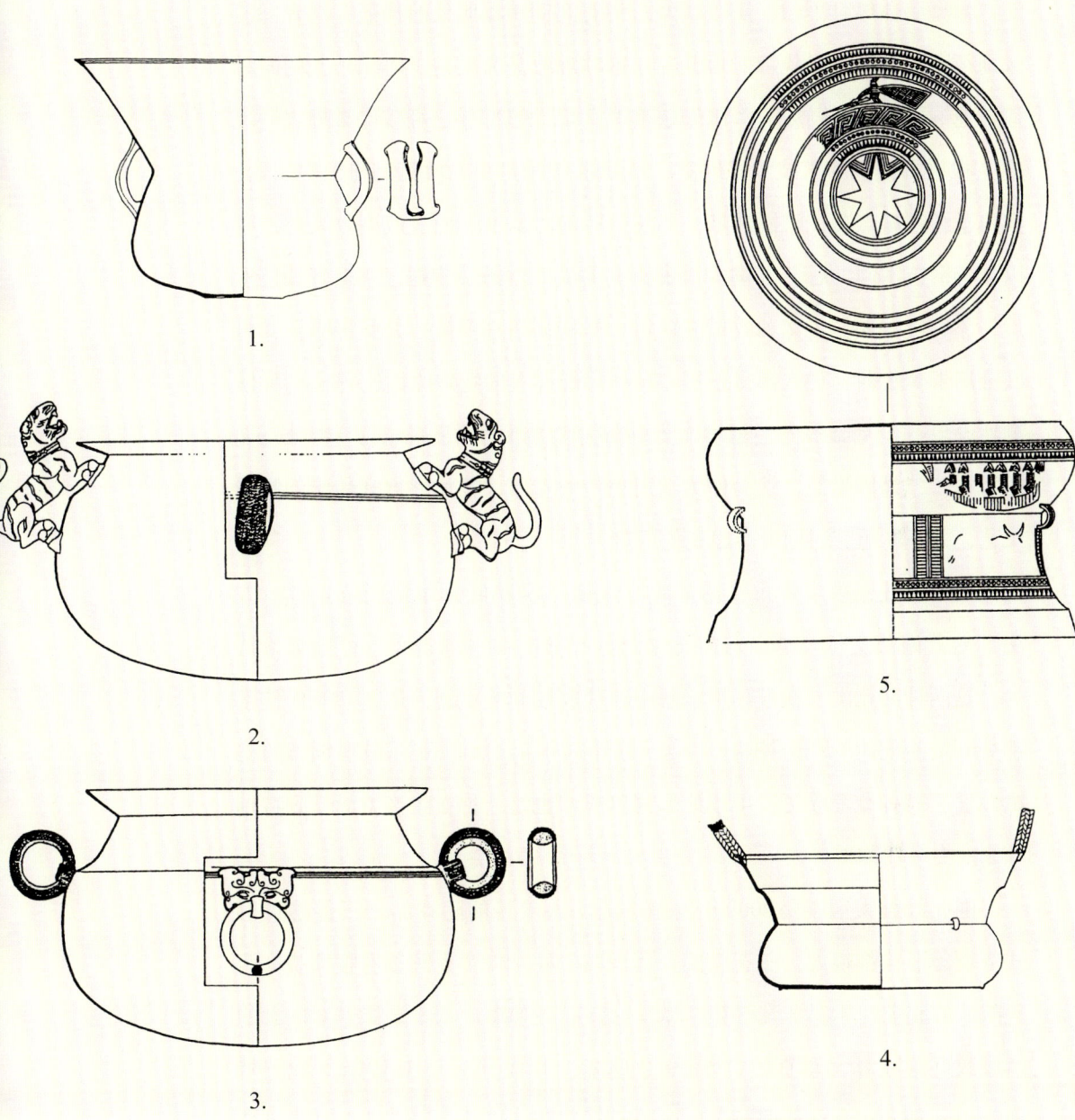

图八 套头葬墓出土器物（一）

1. 鼓形铜釜（M272：1） 2. 立虎圈底大铜釜（M274：87） 3. 辅首衔环大铜釜（M273：1）
4. 立耳鼓形铜釜（M91：1） 5. 铜鼓（M153：3）

行对比，其外形特征和工艺特征都非常相同，器形很不规整，外表相当粗糙，器壁胎体厚且不匀，满布孔隙，带有红铜铸器明显的特征，与青铜器区别很大。从工艺时代特征角度看，这种现象甚为反常。可乐出土的同时代其他铜器均以青铜加工，制作颇精美，显示该部族已经较好掌握青铜技术。根据古代铜加工技术发展史，红铜器曾经是最初浇铸制作的金属器，但由于红铜熔点高，流淌性差，不仅熔铸加工困难，而且成型效果差，所以当青铜技术问世后，红铜器很快就被淘汰。但该部族在已掌握青铜技术后，不顾红铜制作工艺和效果的缺陷，坚持采用红铜铸造大型容器，并将其全用于套头葬，使人不得不思考其中可能存有的特殊原因，作出两种推测性设想：一是因敬畏，延续使用祖先代代传承遗留下来的具有特殊意义的器物；二是因崇信，认为作为功用独特的重器，需始终严守传统的制作工艺，并不看重其表面可能出现的瑕疵。

近年来北京大学考古文博学院崔剑锋、吴小红采用铅同位素考古方法，对云南滇文化及越南东山文化铜器开展矿料来源研究，得出结论认为，这两种文化中，铜鼓等用于祭祀和代表权利的重器，原料和制作技术都受到统治集团的严格控制。[1]这一结论对于上述有关可乐鼓形铜釜的推测性设想很有参考意义，可乐鼓形铜釜或许也是一种在生产方面受到特别控制的专有器物。

圜底鼓腹大铜釜是2000年发掘中最引人注目的随葬品。三件这种形式的铜釜形体都很大，工艺精美，尤其M274∶87套头铜釜肩腹部装饰两只威武的立虎，别具非凡气势（图八∶2）。三件釜腹部都装置一对硕大的辫索纹环形立耳，耳直径7.75—9.35厘米，耳面宽3—3.35厘米，地方特点突出。辫索纹耳在战国至汉代巴蜀地区和西南夷地区青铜器中是常见的构件，但如此硕大的立耳仍属罕见。这种铜釜的一些装饰风格同时带有中原青铜文化特点，比如M273∶1铜釜腹部的一对铺首衔环装饰，就属商

---

[1] 崔剑锋、吴小红：《铅同位素考古研究：以中国云南和越南出土青铜器为例》，文物出版社，2008年，第91页。

周铜器中的常见纹饰（图八：3）。M274：87铜釜上的立虎颈部铸一条饰海贝纹的项圈，与徐州狮子山西汉楚王陵出土玉豹颈部的项圈十分相似。[①]这些特点从一个角度说明，当地青铜文化与中原商周以来的青铜文化传统有着割不断的渊源关系。

其他形式套头铜釜包括立耳鼓形铜釜、立耳鼓腹铜釜等，也很有特点。其中立耳鼓形铜釜一度被认为是利用铜鼓加耳改装而成（图八：4），后研究论证，原物并非铜鼓，只是造型上刻意模仿了铜鼓。[②]

套头葬还使用有一件铜鼓，这是国内古代铜鼓使用方式中很特殊的一例。铜鼓属典型的石寨山型，铸有翔鹭纹、竞渡纹、牛纹等，很精美（图八：5）。

套头葬使用的铁釜都属中原汉代釜形式，应系直接传入的器物。使用铁釜的墓葬时代全为汉代，属套头葬后一阶段，符合铁器传入该地区的时代背景。

根据墓葬年代，套头葬器具的使用呈现从单一形式向多样形式发展的趋向，发展系列大体有三阶段，第一阶段：鼓形铜釜→第二阶段：鼓形铜釜、圜底鼓腹铜釜、立耳鼓腹铜釜等→第三阶段：圜底鼓腹铜釜、铜鼓、铁釜等。

2. 兵器

套头葬墓出土兵器较多，兵器种类包括铜剑、铜戈、铜柄铁剑、铁剑、铁刀及铁戈等，其中最值得关注的是镂空牌形茎首铜柄铁剑。这种剑造型别致，工艺精良，地方特点十分突出。剑茎首装饰镂空卷云纹牌形片，茎部铸有细密的三角雷纹、雷纹、云纹、辫索纹等，层次丰富，比例协调。从纹饰结构特点看，可能采用失蜡法工艺铸造而成。在可乐乙类墓所有随葬品中，无疑属最精美的兵器（图九：1）。

---

① 狮子山楚王陵考古发掘队：《徐州狮子山西汉楚王陵发掘简报》，载《文物》1998年8期。

② 梁太鹤：《赫章可乐出土的铜鼓与铜釜》，见贵州省博物馆编《黔博耕耘录》，贵州人民出版社，1998年。该件铜釜入藏贵州省博物馆时曾被定名为"鼓改装的铜釜"。

图九 套头葬墓出土器物（二）

1.镂空牌形茎首铜柄铁剑（M274：92） 2.铁戈（M274：91） 3.铜戈（M277：7） 4.铜柲冒（274：89） 5.簧形首铜钗（M277：3） 6.U形铜钗（M274：88） 7.骨玦（M274：68） 8.玉玦（M187：8） 9.铜镯（M264：3） 10.铜铃（M374：26） 11.铜铃（M274：5） 12."敬事"铜印（M274：42）

240 ◆ 梁太鹤集

这种剑两次发掘共出土8件，其中5件分别出自5座套头葬墓。2000年在M273、M274两座重要的套头葬墓各出土的1件，都位于死者左胸部，茎首朝向人头部，死者左臂上曲拥剑，显示其生前对这种剑的珍爱。少数铜柄铁剑出土于普通乙类墓，可能也非一般部族成员拥有。其中有的墓还需再加探讨，比如2000年发掘的M324，墓坑深度仅存0.05—0.08米，墓上层全被后来的农耕活动破坏，墓底唯剩1件铜柄铁剑，显然已不是完整的随葬器物全貌，不排除这原来是一座套头葬墓的可能。

至今这种剑主要出土于可乐。除发掘出土的8件外，当地文物管理部门还陆续有零星采集，出土总数超过10件。研究者曾使用过不同名称，2000报告将之命名为"镂空牌形茎首铜柄铁剑"。除可乐以外，这种剑在云南昭通地区及昆明李家山遗址曾有零星出土，但滇文化其他遗存地从未发现过。根据造型和出土特点等，有研究者提出，这是当时夜郎地区最具代表性的兵器。

套头葬墓随葬兵器除铜柄铁剑外，还有M274出土的铁戈甚为罕见。铁戈直内，无胡（图九：2），与当地铜戈形式相近（图九：3）。国内战国至西汉考古中虽发现过铁戈，但未见完整器报道。整理2000发掘报告时为不损伤器物，未对铁戈作成分检测分析。但从墓地其他铁器的检测结果看，工具和兵器均采用钢材制成，尤其兵器，均为优质钢材制品，说明该部族已熟练掌握铁加工技术。因此，推测这件铁戈亦由钢材制成。该戈使用时，木柲顶端装配有一件饰立虎的铜柲冒（图九：4），显示拥有此铁戈不同一般的意义。

套头葬墓其他兵器与普通乙类墓相似。不过，套头葬墓中随葬有兵器的墓，所占比例明显较高。1978年发掘的24座套头葬墓中，17座出土兵器，所占比例达71%。而其他144座乙类墓中出土兵器的墓为19座，所占比例为13%。2000年发掘的5座套头葬墓中，3座出土兵器，所占比例达60%。而其他103座乙类墓中出土兵器的墓为27座，所占比例为26%。

套头葬墓与普通乙类墓随葬兵器共同的一个特点是，每座墓兵器不多，仅有1件或2件。但随葬兵器的墓往往伴出其他随葬品，有的随葬品还相当多。比起大量无随葬品的墓和仅有一两件普通器物的墓，拥有兵器的墓主人生前在部族中显然更受到尊重，或社会地位较高。套头葬墓随葬兵器比例明显居高，也说明了这一点。

3. 装饰品

套头葬墓出土的装饰品富有地方特色，包括发钗、耳玦、手镯及项饰等。此外，有少量衣饰品。

发钗皆铜质，有簧形首双股钗（图九：5）、U形双股钗（图九：6）及条形钗，其中条形钗实为发簪。1978年发掘的套头葬墓，其中3座墓中出土铜簪，其余21座均无铜簪或铜钗。其他乙类墓有3座出土铜簪。2000年发掘的套头葬墓在3座墓中出土铜钗，其他乙类墓有14座出土铜钗。总体数量和分布密度都大于1978年发掘数。发钗形体较大，簧形首钗最长的达25.9厘米；U形双股钗一般有15厘米左右。发钗的使用与发型密切相关。按照《史记》《汉书》记载，西汉时期西南夷中夜郎地区和滇、邛都地区普遍流行"椎髻"发型。可乐出土较多铜发钗，形体还如此大，证实确有"椎髻"发型存在，这种发型在套头葬和普通乙类墓中没有明显差别。至于很多墓葬不出土铜发钗，或可能该部族除椎髻发型外，还存在其他发型；或可能"椎髻"发型采用不同的绾结方式，无须借助发钗帮助；亦可能使用其他质料如木发钗，因早年腐朽已无存。

套头葬墓出土耳玦有骨质和玉质两种。其中骨玦是所有乙类墓中较多见的耳饰品。套头葬墓共有3座墓出土骨玦（图九：7），皆双耳对称佩戴。其中M274骨玦共6件，左右耳各重叠佩戴3件。玉玦在M187出土2件，方形，甚少见，1978报告未明确使用方式，称为"方形片饰"。从出土位置以及与骨玦使用状对比，应为耳玦（图九：8）。可乐普通乙类墓出土的耳饰品还有仅佩戴单耳的，如M341出土1件带冠璧形玉玦，放置于死者右耳部位。

套头葬墓出土铜镯不多，共有4座墓出土，每墓仅1件，形制有宽片状与窄条状两种。宽片状镯面嵌有数列整齐的孔雀石小圆片（图九：9）。这4座套头葬墓中，铜镯都仅佩戴单件。不对称佩戴铜镯的特点在普通乙类墓也普遍存在，最典型如M365，共出土4件宽片状铜镯，以3件戴于左臂，1件戴于右臂。另如M341出土19件窄条状铜镯，右臂戴10件，左臂戴9件。但乙类墓多数铜镯都是双臂对称佩戴。铜镯与耳饰品普遍出现这样不同的佩戴方式，反映了该部族尚美的习俗，以及多样化的审美观。

项饰出土很少，套头葬墓中仅2座墓可确认有项饰。其中M274所出十分典型，组件包括玛瑙管、玛瑙珠、骨珠、铜铃、铜挂件、贝饰等计60件，出土时位于死者颈胸部，穿缀的线绳已无痕迹，但基本可看出当初交错连缀的位置，是一套组合得十分丰富的项饰品。另一座套头葬墓M187项饰为数十枚料珠。其他乙类墓出土项饰品不多。总体看，该部族普遍不使用项饰，偶有使用则异常丰富，如M330出土一件孔雀石串珠项饰，石珠粒径虽很小，但总数达2131粒，用线串连起来长度超过3.3米。

佩戴的装饰品中还有M274所出铜铃颇值得关注。该墓铜铃共19件，其中7件与玛瑙管等组合为上述的项饰，另有12件位于死者左臂前端，铃身平铺，铃钮向内排为一个圆形，估计曾用绳条穿缀为环，戴于手腕部。这种方式除了装饰效果，可能同时具有别种特殊使用意义，比如充当宗教仪式的某种响器（图九：10；图九：11）。

衣饰品很少，有少量铜扣饰或绿松石扣饰。此外另有5座套头葬墓出土铜带钩或铁带钩，形制属中原常见形式。

29座套头葬墓中有12座不出任何装饰品，说明装饰品不与墓主人身份存在直接联系，而由墓主人各自的经济力量所决定。能显示墓主人特殊身份的标志只是套头器具。

此外，在11座套头葬墓中发现零星漆器痕，但已不辨器形。套头葬墓出土的其他生活用品很少，只在5座墓中出土6件陶器，在4座墓中出土5件铜鍪、铜鐎斗、铜柄木梳等小型用具，在1座墓中出土2件铁农具等。

四、套头葬性质与文化内涵分析

由于套头葬在其他地方考古中从未发现过，采用这种特殊葬俗目的何在，成为普遍关注的话题。探究这一问题已进入对古人精神领域研究范畴，有论者不主张考古研究多涉足此范畴，认为资料的诸多不确定性，以及人的主观臆测性是极大弊端。此说有一定道理，但探索古人精神领域更是考古研究不应回避的一个目标。因而，本文尽力小心做到以考古遗存资料为基本依据，同时参考其他考古学与人类学相关资料，以避免主观性弊端带来的不利影响，寻求较客观的结论。

1. 墓主的经济地位

总体上看，套头葬属于乙类墓中随葬品较为丰富的一类墓葬。

1978年和2000年发掘的276座乙类墓中，套头葬墓29座，全都出土有随葬品。普通乙类墓247座，仅131座出土有随葬品，其余墓葬无任何随葬品，无随葬品墓占47%。

29座套头葬墓随葬品情况又可大致分为三组：仅出土1件的1座，占这类墓葬的3.4%；出土2—9件的24座，占82.8%；出土10件以上的4座，占13.8%。

131座出土随葬品的普通乙类墓也对应分为三组：仅出土1件的45座，占这类墓葬的34.4%；出土2—9件的78座，占59.9%；出土10件以上的8座，占6.1%。

上述统计数据无论从无随葬品墓比例，还是不同件数组别比例，都说明套头葬墓主人整体在部族中经济地位较高。实际上如果再具体分析随葬品的类别和质量，可更进一步说明这个问题，前文分析套头葬随葬器物时已有提及。

不过这里应注意到，在出土10件以上随葬品组别的墓中，套头葬墓M274虽然有随葬品多达95件，是所有乙类墓中随葬器物最丰富的，但另外3座墓随葬品都不超过15件。而同组别普通乙类墓中随葬品超过15件的却为7座，且都多达30件以上。这说明，套头葬墓主人虽然总体具有较高经济地位，但未采用套头葬的其他部族成员中同样有部分人具有较高的经济地位，甚至不亚于套头葬墓主人。

以上分析可作出这样一些结论：该部族成员间经济地位存在差异；套

头葬墓主人整体所处的经济地位较高，但他们之间也存在较明显差异，而且从经济地位层面看，他们不构成部族中一个单独的等级群体；该部族的经济分配权由套头葬墓中的少量成员与普通乙类墓中的少量成员组成的特别群体共同掌控。

2. 墓主的社会地位

前述有关经济现象的分析已经部分反映出套头葬墓主人的社会地位，因该时期部族成员的经济地位与社会地位有着密不可分的正比关系。此外，从有关遗存中还可以看到其他一些更深层次的反映。

套头葬墓中M274是非常典型的例子。该墓随葬器物不仅最多最好，而且多处显示出特别的气势。如套头铜釜所饰一对象征权威的立虎威武凛然，虎脖子上还铸造一条饰有贝纹的项圈，显示铜釜主人对虎的驾驭力。随葬兵器中拥有最具代表意义的牌形茎首铜柄铁剑，以及十分罕见的铁戈。铁戈所附铜柲冒上饰有一只同样象征权威的立虎。墓主胸颈部位置所出隶书"敬事"印文铜印（图九：12），属典型汉式印，从墓主人的珍视度分析，铜印或为友情赠品，或为重要信物，都应当与西汉王朝开发西南夷后，进入该地的汉廷官吏或豪民有关。这些说明墓主人的身份非同一般，不仅占有很高的经济地位，而且可能曾经掌握着该部族群重要的行政权力。这是目前发掘的所有乙类墓中规格最高的一座墓。

不过，M274这样高规格的套头葬墓只是极少数。套头葬墓中出土10件以上随葬品的墓葬仅占套头葬墓总数的13.8%，而出土5件以下随葬品的套头葬墓为15座，占套头葬墓总数的52%。因而，推测只出土少量随葬品的套头葬墓主人并不属于掌握部族行政权力的群体。部族行政权力的掌控者与经济分配权状况相同，除套头葬墓中的少量成员外，应当还包括乙类墓中随葬品特别丰富的其他少数成员。

套头葬墓的修建形式以及在墓群中的分布状况也是值得注意的另一现象。前文已分析过，套头葬墓修建形式除整体稍宽大一些外，与普通乙类墓相比并无太特殊处。而所处位置基本是散布在普通乙类墓群中，每座套头葬墓周围既有包含随葬器物的普通乙类墓，也有无任何随葬器物的乙类墓。从这两方面看，无论是套头葬墓，还是包含有随葬器物的普通乙类墓，以及无任何随葬器物的乙类墓，其墓主人在部族群体中的人身地位基本是平等的，相互间不存在明显的依附或奴役关系。即是说，套头葬墓主人具有的特殊身份主要体现于某种社会职能上，不是体现在人身地位上。

3. 墓主的年龄与性别构成

1978年可乐发掘未作人骨鉴定，所发现套头葬墓主人的年龄和性别已无从判定。2000年发掘中，对5座套头葬墓进行的人骨鉴定，成为推断套头葬墓主人年龄和性别构成的依据。

人骨鉴定结论认为，年龄方面有二墓（M274、M277）为20岁左右青年；二墓（M272、M273）为30—40岁中年；另一墓（M264）因标本量太少无法判断年龄，但从出土的随葬品及摆放位置看，也属成年人。性别方面因标本局限多无从鉴定，只能大致认为其中M272为疑似男性，M273为疑似女性。

根据鉴定材料，基本可得出这样的判断：套头葬使用者为成年人，其中既有青年人，也有中年人。显然这并不是专属最年长者的葬俗。2000年发掘还对其他19座普通乙类墓作过人骨鉴定，其中也有多例达到35—40岁的成年个体。目前所作人骨鉴定尚未发现更高龄的老年个体。而套头葬使用者的性别似无特别限定，可能男女性皆有。

可以认为，套头葬的使用，主要与使用者特殊的社会职能有关，不存在年龄和性别上的限制标准。不过这种社会职能似需其进入成年期后才可能具备。

4. 套头用具若干现象分析

关于套头葬用意，陆续有人提出过一些看法。有必要通过考古遗存资料，尤其是套头用具若干现象的分析，对其中主要观点略加梳理，将有助于我们廓清这方面思路。

我们已知套头用具有不同类别和形式，如最大的铜釜口内径近40厘米，深度近30厘米，但都作帽子状套在死者头顶，并不将头颅整体装进去，死者面部基本露在釜外。而且套头葬墓在全部乙类墓中仅占约1/10，大多数墓葬无任何遮蔽死者头颅的措施。因此，这样使用金属器套头不能反映部族中存在对死者头颅进行特别保护的观念。①

可乐乙类墓所有大型铜釜、铁釜及铜鼓都用于套头，未发现任何用于盛放尸骨的现象。而且多座套头葬墓都发现曾使用木棺作为葬具。即是说，套头用具仅是特殊随葬品，并不是葬具。这与广西百色龙川公社平乐大队（今龙川镇平乐村）发现的用铜鼓将尸骨罩于扁平石块上的铜鼓葬，②以及西林普驮发现的4件铜鼓重叠相扣装殓尸骨的铜鼓葬，③性质不相同。因此，把它们视为同一类葬俗加以讨论，在归类定性上先已失当。④

可乐乙类墓所有大型釜与鼓，至今未发现一例被用于供奉或陈列。此外，几乎所有套头铜釜外壁都附有黑色烟炱痕，说明曾作为炊具使用。因此，如认为套头的釜与鼓代表一种祖灵，甚或视套头葬为回归祖先母体，不仅缺乏相应依据，也不符合正常推理。在人类学资料中，从未见过人类在奉行原始宗教时期，将象征祖灵的神物用于烹煮生活食物甚至祭祀物的相关报道。从一般逻辑上说，这与祖灵崇拜的观念也明显相抵牾。⑤

见诸有关探索讨论的这几种观点，显然经不住对照考古遗存资料后的进一步推敲。在此前分析中我们已经指出，套头葬者的特殊身份不与是否掌控经济分配权力或行政权力，也不与年龄性别必然相关，而应与某种社

---

① 杨淑荣先生提出：套头葬"可能与当地先民重在保护头颅的特殊宗教观念有关"，见于锦绣、杨淑荣主编《中国各民族原始宗教资料集成·考古卷》，中国社会科学出版社，1996年，第578页。

② 蒋廷瑜：《西林铜鼓墓与汉代句町国》注27，载《考古》1982年2期。

③ 广西壮族自治区文物工作队：《广西西林县普驮铜鼓墓葬》，载《文物》1978年9期。

④ 因套头葬中使用过铜鼓，有学者认为属于古代铜鼓用作葬具的案例，或直接称之为"铜鼓葬"，见中国古代铜鼓研究会编《中国古代铜鼓》第六章，文物出版社，1988年；朱俊明《夜郎史稿》第十二章二节，贵州人民出版社，1990年。

⑤ 祖灵崇拜与回归母体观点见张合荣《夜郎"套头葬"试探》，载《贵州民族研究》1994年2期。

会职能相关。可以想见，这种社会职能在部族群体中一定很重要。那么，从套头用具相关现象的进一步分析中能否找到有价值的线索呢？

可乐套头葬年代从战国延续至西汉晚期，套头用具经历了不同形式的发展变化，因此这里需要从最早期套头用具观察入手，才能分析其基本用途与意义。套头葬早期用具是鼓形铜釜，这种釜宽沿外敞，器身中部内束，如套在人头上，充作一顶特殊时候使用的帽子，是一种有可能的选择。

发掘出土的鼓形铜釜修复完整者仅有4件。经测量，其口部直径在30—40厘米间，腹中部内束处直径则分别为：21厘米（M25∶1）、19—21厘米（M264∶1）、18.5—21.5厘米（M272∶1）、19.3—19.7厘米（M277∶8）。4件釜中M272∶1体量较大，重量为4.3公斤。M25∶1较小，重量为3.75公斤。从尺寸和重量数据看，这些釜如戴在人头上时，腹中部内束处恰可搁置于人头顶部，宽敞的釜沿外敞下垂，可局部屏蔽人面部，同时起到平衡铜釜重心的作用。虽然釜重量在4公斤左右，但仍在一般人能够承受的范围。尤其当戴起来会成为某种特殊象征时，这点重量更不致成为障碍。因此有理由认为，这种釜在墓主人生前的某些时候，可能确被戴在头顶上使用，以象征或表达某种意念。

对这样的推测，需进一步找到其他印证材料。

5. 与云南相关考古资料对比

云南昆明羊甫头滇文化墓葬中出土的一件漆木跪坐女俑具有重要参考价值。俑出土于M113腰坑中，呈贵妇形象，跪坐于一件大铜鼓上，头上戴一件小铜鼓（图十）。发掘报告很慎重，称头上所戴为"鼓形帽"。[①] 实际上小铜鼓造型很清楚，连髹漆颜色都呈铜黄色。昆明市官渡区博物馆2003年所编《昆明羊甫头文物精粹》径称之"跪坐女巫"，"头顶一小铜鼓"。[②] 中国国家博物馆与云南省文化厅2004年在北京联合举办的"云南

---

① 云南省文物考古研究所等编：《昆明羊甫头墓地》，科学出版社，2005年，第246页。
② 昆明市官渡区博物馆编：《昆明羊甫头文物精粹》，云南人民出版社，2003年，第252页。

图十 云南滇文化漆木俑（昆明羊甫头 M113∶381）

文明之光——滇王国文物展",将这件展品定名为"漆木跪坐女巫",并说明"妇人头顶小铜鼓"。[①] 这应当是一件表现当时巫师作法的造像,巫师头顶小铜鼓,以之作为通神助势的法具。

巫师作法造像应当是现实生活的真实写照。不过在羊甫头墓地未发现能供巫师实际使用的小铜鼓,墓地出土的一件石寨山型铜鼓较大,不具备用作帽子的条件。但云南江川李家山滇文化墓地却出土有数件小型铜鼓,足径约15—20厘米,李家山青铜器博物馆陈列将其中一件确认为器座,其余未加说明。这种小铜鼓的真实用途尚难认定,但对照羊甫头漆木俑形象,或有作为巫师头顶法具的可能。

羊甫头漆木跪坐女俑为认识可乐套头葬墓主人生前将鼓形铜釜戴于头顶的行为提供了重要启示,鼓形铜釜应与巫师头顶小铜鼓性质相似,套头葬墓主人生前也应是部族的巫师类神职人员,在部族的宗教仪式中作法时

---

① 中国国家博物馆、云南省文化厅编辑:《云南文明之光——滇王国文物精品集》,中国社会科学出版社,2003年,第137页。

考古研究·赫章可乐墓地套头葬研究 ◆ 249

将它戴在头顶，作为重要法具来使用。

以铜鼓作为巫师法具易于得到理解，因为古代铜鼓所具有的通神功能已为许多研究者所认同。笔者就曾经提出，就基本社会属性而言，早期铜鼓在使用民族中实际是重要法器。[①] 但鼓形铜釜是否也具有同样的属性，则需要得到相应证明。

云南楚雄万家坝 M1 曾出土一件鼓形铜釜，与可乐套头葬鼓形铜釜十分相似。该铜釜与一件铜鼓以及一套羊角钮铜编钟同出土于该墓葬的腰坑中。古代墓葬腰坑在当时人们心目中所具有的通神意义，已为考古学研究者所认同。此墓共随葬铜器 110 件，腰坑中特别选择放置这 3 件（套）铜器，说明鼓形铜釜及羊角钮编钟与铜鼓一样，具有众所公认的通神功能。这为鼓形铜釜在当时西南夷民族中具有的特殊功能提供了有力证据。[②]

云南考古资料中反映的重要信息，使我们对可乐鼓形铜釜的相关认识得到很好印证，这种铜釜应是可乐乙类墓部族一种沟通神灵世界的重要媒介之物，因此，铜釜从制造到日常使用，再到丧葬，都显示出种种特殊性。部族的巫师（此称呼且沿用今人通称，不细究在当时部族中的准确概念。下同。）在宗教仪式中将它戴在头顶作为法具，也因而成为身份标志。巫师去世后，身份未改，部族成员对其沟通神灵世界、护佑部族群体的希冀不变，因而，铜釜也随之葬于墓中，保持其生前的形态，成为我们今天见到的套头葬。

6. 与相关文化人类学资料的对比分析

相关文化人类学资料为上述思考提供了补充性参考与启示。

童恩正先生研究中国早期铜鼓时，分析了自 19 世纪以来国外人类学家

---

① 梁太鹤：《法器与礼器——铜鼓与铜鼎的比较研究》，见《铜鼓和青铜文化的再研究——中国南方及东南亚地区古代铜鼓和青铜文化第三次国际学术讨论会论文集》，民族艺术杂志社，1997 年增刊。本书亦有收录。

② 云南省博物馆文物工作队等：《云南省楚雄县万家坝古墓群发掘简报》，载《文物》1978 年 10 期。

对各地土著民族祀典中，鼓声节奏引起人们陶醉、幻觉等行为现象的观察。指出，经生理学家实验证实，不同频率的声音对人体大脑皮层感觉中枢和运动中枢会产生不同刺激效果，一定频率及变化的鼓声，会引起巫师进入极度兴奋的幻境。当铜鼓用于人们的舞蹈伴奏时，会引起人们精神上和肉体上的异常反应。于是部族群体以为铜鼓中蕴藏着某种超自然力量，从而对它产生敬畏和崇拜心理。① 如今世界许多研究萨满、巫觋的学者都对原始宗教仪式中经常使用鼓、铃等发声法具，持相同认识。可乐鼓形铜釜套于人头上发生的效应与此有相似处，其外敞下垂的釜沿屏蔽在人耳外围，会形成特殊的共鸣场。这时人自己唱吟发声，或周围有敲击乐声以及应和人声，因共鸣场作用，会对套釜者产生格外强烈的刺激效果，促其进入精神亢奋的幻境。这正符合各地土著民族原始宗教中巫师、萨满作法时的普遍规律。

童恩正先生还讨论到铜釜在世界一些少数民族中受到重视的现象。正如法国人类学家莱维很早就指出的那样：原始人敲打一些家用器皿发声以达某种意愿，是公认的事实。他举例说柬埔寨发生日食或月食时，当地人要敲打铜釜，促使魔鬼罗胡放出被蚀的日月。② 云南古代滇民族及可乐部族对鼓形铜釜的崇敬态度，或具有相似性。

此外，世界原始宗教中，凡使用通神法术的萨满、巫师对其帽饰共同的重视态度也值得关注。富育光先生在《萨满论》一书中指出："萨满神帽相当一株顶天立地的神树，枝干与天相通"，"是萨满与宇宙超世力量相交之桥"。③ 另一位研究者李宏复女士在《萨满造型艺术》中将神帽的功能归纳为三个方面：神灵居所、通神渠道、镇鬼武器。④ 其中通神渠道意义尤为重要，追溯其历史，甚至可能源于人类史前即产生的灵魂观。因而，在大量古代岩画中，每每可见到各时代萨满、巫师佩戴的不同神帽，这是人

---

① 童恩正：《试论早期铜鼓》，载《考古学报》1983年3期。
② 童恩正：《再论早期铜鼓》，见中国铜鼓研究会编《中国古代铜研究会第二次学术讨论会论文集》，文物出版社，1986年。
③ 富育光：《萨满论》，辽宁人民出版社，2000年，第239页。
④ 李宏复：《萨满造型艺术》，民族出版社，2006年，第58页。

们要将虔诚愿望送达神界的神圣通道。云南羊甫头漆木俑巫师头顶的小铜鼓，贵州可乐套头葬的鼓形铜釜，论性质也即是当时西南地区民族中巫师所使用的特殊神帽。

7. 余论

对套头葬后来出现不同形式的大型铜釜、铁釜和铜鼓现象，以及套头铜釜外壁发现黑色烟炱痕等一些问题，还有再予探索的必要。目前虽可能缺乏相应的参考资料，但从对鼓形铜釜的定性思考可尝试作出一定推论。

套头葬墓从西汉初期到后期，不仅使用的套头用具出现多样化改变，而且总体数量也呈现逐渐增多的变化。这应当与社会背景发生的变化密切相关。汉武帝开发西南夷，将郡县制推广到这地区，又"徙豪民田南夷"。中原人士大量迁入，不仅带来先进的物质文化，还必然带入新的精神文化。套头葬墓在西汉时期出现的这些变化，即是当地部族精神观念发生拓宽的一种客观反映。造型精美的大型铜釜逐渐取代铸造较困难、形制较粗糙的鼓形铜釜，虽然大型釜不便直接戴在巫师头顶，但其可以通神的功能仍保存在观念中，使用时或可通过辅助手段将釜支挂起来，或可改变为其他使用方式，但埋葬时仍保持过去的套头传统。因而我们看到，所有大型釜虽然体量很大，但绝不囫囵罩住死者整个头颅，依然保持鼓形铜釜如帽子一般仅套在头顶的传统形态。

套头葬后来出现在足部同时套一件釜或垫一件铜洗等形式变化，也应是精神观念拓宽的反映。不同形式的铜釜、铁釜以至铜洗等大型金属器传入后，也被部族成员赋予了通神功能。套头葬将这类器物加用于人足部，是原有沟通神灵护佑族人愿望更强化的一种体现，还可看作是对巫师身份和通神法力的一种特别强调。因而，这类变化的形式仅出现在少数套头葬中，并未成为普遍规律。

套头葬使用铜鼓目前只发现一例，属于较晚期墓葬，还无法判断早期套头葬是否使用铜鼓，或许将来能有新的考古发现。这不影响我们对套头葬器物通神功能的推论。

铜釜外壁的黑色烟炱痕，则考虑是举行巫师丧葬宗教仪式时，须先使用铜釜烹煮祀神的食物。这是许多原始宗教祀典都不可或缺的重要程序，享神的食物由群体分食，再举行娱神的集体舞蹈等活动。这种活动极可能在墓地举行，之后铜釜便直接套于去世的巫师头顶。

这些推论在今后的考古研究中可作进一步探寻。

五、结语

套头葬目前仅发现于贵州赫章县可乐乡区域，属于当时地方民族采用的特殊葬俗，是一种原始宗教信仰的典型反映。使用套头葬者是部族中具有特殊宗教能力的巫师类成员，但整体不构成掌握部族经济与行政权力的单独等级，在人身地位上，他们与部族其他成员是平等的。

套头葬代表性用具是鼓形铜釜，在部族群体意识中具有通神的重要功能，巫师在部族宗教仪式中将铜釜戴在头顶用为法具。巫师去世后，族人仍将铜釜套在他头顶埋葬，祈望其继续护佑族人。伴随中原文化传入，套头葬出现套头用具和埋葬形式的一些变化，反映出部族群体传统观念的拓宽发展。

至今对于套头葬的研究，是基于对考古遗存进行分析后的思考，今后随考古新资料不断发现，还需再加验证，或作必要修正。

套头葬流行的区域属广义夜郎族群活动范围，出现的时代与夜郎族群活跃的时代一致。但由于在贵州广义夜郎的范畴已发现不止一种夜郎时期的考古遗存，这些遗存之间既存在一些相同的文化因素，又存在许多不容忽视的差异，而且至今没有发现任何可以确定族属的实物例证，因此，目前还不能贸然将套头葬定义为夜郎民族的文化构成。恰当的定性应为夜郎时期地方民族的特质文化。

同理，在贵州广义夜郎范畴发现的一系列夜郎时期考古遗存，虽然地域特点分明，与周边重要的青铜文化如巴蜀文化、滇文化等相比较，属于不同的文化系列，但目前即定性为夜郎文化也未妥。夜郎考古文化的确认，还需经更多田野考古发现及研究，建立起较完整的考古文化体系，并获得确切的族属例证后才能取得可靠的科学依据。

*本文绘图基本采自《赫章可乐二〇〇〇年发掘报告》，
绘图人为雷有梅，个别图为赵红坤绘*

附记：

原载《考古》2009年12期。刊物作过一些删节，本次编印重加校对，少量字句及附图编排略有调整，整体架构不变。后阅者请以此版本为准。

原文稿少量数据有误，多承本书编辑认真校核，本次予以订正，分示于下：

1. 第一部分第一自然段7—9行，2000年发掘的普通乙类墓数据。
2. 第四部分第1节中，普通乙类墓247座中出土有随葬品墓葬的数据，以及131座出土随葬品的普通乙类墓的三组数据、各自所占百分比的数据。

贵州赫章可乐墓地

一、引言

2000年9月至10月，贵州省文物考古研究所会同赫章县文物管理所在贵州省赫章县可乐乡可乐村发掘一批战国至西汉墓葬，取得重要收获。由于墓葬地域位于当时被称为"西南夷"地区的北境，时代又处于中国史籍记载的古夜郎国时期，墓葬中所发现的一些很特殊的埋葬习俗，以及随葬品中的铜器、陶器、玉器等具有鲜明的地方民族特色，引起学术界和社会各界关注。

赫章县位于贵州省西北部乌蒙山脉东麓，是贵州省平均海拔最高的县区之一。可乐乡距县城约50多公里，乡政府处于一个很小的山间坝子中，海拔约1800米。可乐河从坝子当中流过，向东汇入乌江支流六冲河。坝子四周，分布着一列数十米高彼此相连的土山。可乐调查发现的大量战国至汉代的墓葬群和遗址，就散布在这些土山上。

可乐的考古发现最早要追溯到20世纪50年代末。村民在农耕中陆续挖到一些青铜器，包括一面西汉时期铜鼓，引起省文物部门重视，随之组织考古调查，发现一些汉代特征的墓葬。从60年代起，在这里相继开展过考古发掘，其中规模最大的为1977年至1978年的发掘，共发掘战国至汉代墓葬200余座。伴随考古发掘，在可乐地区还广泛开展了考古调查，迄今已发现战国至汉代墓葬群14处，以及大致同时期的遗址2处。

2000年进行的墓葬发掘，是在可乐以往发掘基础上开展的一次课题性发掘。由于条件限制和其他原因影响，可乐以往的考古发掘存在一些不足处，有些资料未能及时整理公布，一些重要学术性问题也有待进一步采集资料深入探索研究。2000年的发掘针对这些问题有不少重要发现，解决了过去遗留的一些问题，在研究和认识方面取得突破性进展。

此次发掘区位于可乐坝子南侧两座相邻的土山上。一山名为锅落包，共发掘4座墓。其中3座为汉式墓，1座为地方土著民族墓。一山名为罗德成地，共发掘107座墓，皆土著民族墓。由于3座汉式墓与中原地区普通小型汉墓风格一致，这里侧重介绍地方民族墓葬。

罗德成地是此次发掘重点。发掘分为两个相邻的工区。Ⅰ工区位置稍低，共发掘26座墓。Ⅱ工区在Ⅰ工区西侧偏北山地稍高处，相距约20米，共发掘81座墓。两发掘区仅占罗德成地山地东侧一隅，从初步调查情况看，该山还有较多墓葬分布。

二、墓葬形制

墓葬都处于山地农耕土中，地表过去的面目早已被人为彻底改变。发掘时，将表层农耕土揭掉后，墓坑范围就会显现出来。

发掘的墓葬都是竖穴土坑墓，平面基本为长方形。墓坑较小，尺寸无定。据测量，墓坑长度在1.42—3.2米范围，以2—2.5米为多。宽度在0.4—1.45米范围，多不超过1米。墓坑挖筑很不讲究，坑壁平整度很差，从上到下有明显倾斜度，四个转角很少挖成直角，多留有不规则圆弧。

除长方形墓坑外，还有两种平面形制略有变异的墓坑。一种在长方形墓坑侧壁前后端各向外侧挖出一道向外扩展的弧形槽，平面略似一哑铃状。另一种头端墓壁中部挖有一圆弧形外凸小槽，平面略似一钟状。两种墓坑数量都不超过10座，分布看不出有特别规律。

墓坑内的填土几乎都混杂有一些红烧土颗粒，颗粒大小不等。红烧土颗粒混杂的原因还难以判断，但结合以往发掘看，属于当时一种流行的做法。

罗德成地墓坑的密集程度让人难以想象。Ⅱ工区发掘面积约300平方米，共发现墓葬81座。这些墓葬方向基本一致，排列异常拥挤，许多墓坑挖筑时将前人原有墓坑的一角或一边挖破。这种涉及打破关系的墓坑有55座，超过总数的2/3。有些墓甚至多座彼此打破，最多的一组竟牵涉到8座墓。

这应当是地方部族一片公共墓地，如此密集的墓葬分布，从一个角度反映该部族在聚居地的人口具有相当密集的程度，另外还反映该墓地可能采用不在墓坑上垒筑封土堆的埋葬习俗。

三、套头葬与其他埋葬方式

特殊的埋葬方式是可乐墓葬突出的特点，其中尤为引人关注的是被称为"套头葬"的葬式。

此次发掘共发现5座套头葬墓，分为不同的三种形式。

第一种是仅在死者头顶套1件鼓形铜釜埋葬。有3墓，编号为HK M 264、HK M 272、HK M 277。套头所用皆鼓形铜釜，铜釜侧立，口沿朝向死者头顶部。其中M 264铜釜内保留1对U形铜发钗，铜钗距铜釜口沿12.5厘米。M 277铜釜内保留一对簧形首铜发钗，釜口沿外10余厘米处还发现2只兽骨制成的耳玦。M 272铜釜内无铜发钗，但死者头骨大部保存，颅骨上部位于铜釜内，面骨从眼眶以下延伸至铜釜外。3座墓的状况都清楚地说明死者头顶的鼓形铜釜未将人头整个罩住，而是如一顶帽子套在头顶。3墓都残留少量木棺痕迹。

1978年可乐发掘发现的套头葬墓，很多也仅用1件鼓形铜釜套头，说明这是套头葬的基本形式。

第二种是用1件大型铜釜套头，同时用另1件大型铜釜套足。该墓编号为HK M 274，是本次发掘出土随葬物最多的1座墓。墓坑一端侧放的铜釜口沿内发现少量人头骨残片，铜釜口沿外发现人牙，还发现6件兽骨制成的耳玦和大量玛瑙管、骨珠等项饰品。另一端铜釜内发现少量人脚趾骨。2件铜釜体形大，铸造精美，远非其他套头葬墓可比拟。此墓还有一种特异现象，在死者面部位置扣有1件铜洗，另外在右臂位置扣有2件铜洗，在左臂旁立有1件铜洗。铜釜上下及墓坑内发现少量木棺遗迹。

第三种是用1件大型铜釜套头，同时用1件铜洗垫足，墓葬编号为HK M 273。墓坑头端侧放铜釜口沿内发现1个残缺的人头骨。颅骨上部位于釜内，大体完整，面骨基本朽坏，牙齿散落在釜沿外地面上。墓坑足端平放1件铜洗，铜洗内可清楚看出人小腿骨遗痕。墓坑内残留少量木棺痕迹。

套头葬得名于1978年可乐考古发掘。由于墓葬中死者骨骸腐朽严重，当时对于铜釜套在死者头顶的准确位置未加仔细辨析，多误认为是用铜釜将死者整个头完全罩住，致使后来进一步探讨套头葬内涵义时不能作出准确判断，产生各种误解和歧义。此次发掘认真观察了套头葬不同的形式和有关细节，为套头葬研究创造了较好基础。

综合1978年的发掘资料看，套头葬所占比例在墓葬总数中接近10%，用于套头的器物除上述鼓形铜釜和大型铜釜外，还有立耳铜釜、铜鼓及铁釜等，各自反映出时代变化的特征。

除套头葬外，在一般墓葬还发现其他一些较特殊的葬俗。

一种是用铜洗垫头，墓葬编号为HK M 298。

再一种是用铜洗盖面，墓葬编号为HK M 296和HK M 342。

另一种是用铜戈插于头侧墓底地面。墓葬编号为HK M 331、HK M 351、HK M 365。此外用铜洗盖面的M 342也有类似现象。

可乐这些特殊埋葬方式，尤其是套头葬，在国内外其他地区未曾发现，在考古学、人类学等科学研究中具有特殊价值。

四、随葬器物

随葬器物共出土500多件。各墓器物分布多寡不一，不少墓空无一物；有些墓仅一两件；稍重要的墓随葬物常以1戈加1剑组合为主，或附其他随身器物；最重要的墓随葬器物近百件。

随葬器物质地包括铜、铁、陶、玉、漆、骨等不同类别。器物类型有兵器、装饰品、日用器等。其中最具有地方特色的主要包括用于套头葬的大型铜器、兵器、装饰品及陶器等几类。

（一）套头葬所使用铜器

套头葬使用铜器一类是大铜釜，另一类是鼓形铜釜。大铜釜计3件，体形硕大，腹径可达50厘米。腹部都附有1对粗大的辫索纹环耳。大铜釜铸造工艺精良，尤其274号墓套头铜釜上铸造的圆雕立虎造型生动，昂首翘尾，龇牙长啸，十分威武，且充满神秘气氛。273号墓套头铜釜腹部铸造有威严的铺首衔环装饰。

鼓形铜釜也出土3件，制作工艺明显粗糙。综合可乐以往的考古发现，鼓形铜釜是套头葬墓中使用最早和最普遍的一种器物。整理研究中对这种釜进行成分检测，证明全都用红铜铸成。在青铜技术已经流行的时代，对某一种器物持续沿用红铜工艺制作，应当含有很特殊的意义，估计极可能与这种铜釜特殊的功能性质有关。

（二）兵器

兵器包括铜质与铁质的戈、剑、刀等。其中以铜戈、铜柄铁剑和铜剑最具特色。

铜戈皆直内，无胡，可大略分为两类。一类为长方形内，内上有长方形穿，还有浅浮雕几何形图纹装饰。另一类为 M 形内，内上有椭圆形穿，也有浅浮雕装饰，装饰图案为3个站立成排牵手上举的人物，充满神秘色彩。类似图案的铜戈出土数件。整理研究中发现，其中铸造非常精美的2件，戈身部位竟然一大半是空心的，如果用于实际征战，稍一碰立马就会折断。因此，这应当是部族举行宗教仪式时使用的一种陈设器。

铜柄铁剑出土3件，柄首铸造镂空的卷云纹，柄身饰精细的雷纹、辫索纹等，铸造非常精美。这种剑在可乐已先后出土10余件，造型和工艺突出，被认为是一种最具典型特征的代表性兵器。

值得注意的是，在可乐较早期的墓葬中出土较多巴蜀式柳叶形铜剑。随着铁器技术传入该地，柳叶形铜剑后发展为柳叶形铁剑。从出土的其他带柄铜剑的变化过程，可以排列出从巴蜀式柳叶形铜剑到铜柄铁剑的整个演变发展系列。巴蜀式柳叶形铜剑还为我们提供了一个值得重视的信息：当地至少从战国早期开始，就与巴蜀地区建立了一条民间往来的文化传播通道。

（三）装饰品

数量和种类较多，质地包括铜、玉、骨等。其中较具特色的有以下几类：

发钗 皆铜质。有四种形制。一为单股长条状；一为双股U形条状；一为首部缠绕数个圆环的单股条状；此外为首部缠绕成簧形的双股条状。发钗使用较普遍，多为一对同时平插于头顶部。有的墓清楚地显现出发钗距死者头顶骨4—5厘米，说明用铜钗绾结的发髻竖立于头顶甚高。

耳饰 有骨玦和玉玦两种。所发现多为骨玦，皆扁体瑗形，玦口很窄。佩戴方式不一。有的双耳各佩1件；有的仅佩单耳；还有的双耳各重叠佩3件。玉玦仅发现1件，造型别致，主体呈璧形，外缘对称饰4片冠状装饰。

手镯 皆铜质。使用较普遍，往往多只成组佩戴，有双手戴至19只的。手镯形制主要为窄片环形和宽片环形两种，镯面往往镶嵌数列细小的孔雀石圆片，圆片直径仅2毫米左右，一只铜镯镶嵌的孔雀石片可多达400粒。铜镯佩戴也有不对称的习惯，有人左手佩戴3只，右手只戴1只。显然，该部族流行多样化的审美观，不对称也被视为美。

项饰 主要为玛瑙管、玉珠及骨珠等穿缀成的串饰。使用不普遍，但所发现的墓中往往出土数量较多。

铜铃 形体不大，一般高约2厘米左右，多带有纹饰。有的铜铃与其他项饰物相连缀成串佩戴。在274号墓死者左手腕部还发现排列为圆圈状的10余只铜铃，看来曾穿缀为环，作为可以晃动作响的特殊臂饰物在使用。

铜带钩 主要有鹅首形和琵琶形，大小不一。有的形体特大，长约30厘米，已丧失了带钩的实用功能，变为一种摆设炫耀物。

（四）陶器

数量很少，器形主要为折腹单耳小罐，还有圈足卷唇小罐、单耳杯等。其中折腹饰3或4个乳钉的单耳罐是代表形器。陶器全为手制成型，最突出特点是质地多为夹炭陶，拿着感觉特轻。随葬陶器的墓葬只占总数的十分之一，而且这些墓除1件陶器外，几乎无任何其他随葬品。

此外，随葬漆器约10件，但全部朽坏，仅余残痕，难辨器形。

五、结语

此次发掘整理编写的《赫章可乐二〇〇〇年发掘报告》，已于2008年6月由文物出版社出版。报告编写有一些较新颖的特点，比如在每类器物章特意开设"值得关注的文化现象"和"工艺中的现象"两个专节，报道读者难以观察到的文物中的深层信息。报告还坦率地公布了田野工作中的失误处，便于读者全面认识发掘资料。此外，报告高度重视大量非考古专业的读者对考古报告资料的需求，在基本资料篇章特别开设了"发掘者说"章，使用通俗易懂的语言和叙述方式，随文配图，对基本资料加以概括解说，引导读者轻松进入报告，了解报告的概貌，并能寻找到在报告中进一步查阅详细资料的路径。报告编写者将此称为给考古报告"开窗户"。目的在于改变一般读者对考古报告语言格式的生硬印象，让他们乐于阅读使用考古报告，以此探寻到能更好地将考古资源提供给社会公众的办法。作为一种尝试，这种观念和方法得到考古界许多同行赞许，认为是有意义的创新。

结合套头葬的基本文化现象和古文献以及考古学、民族学资料，我们认为套头葬属于地方部族具有巫师身份的成员特有的葬俗，这些巫师生前作法时，可能将鼓形铜釜戴在头顶，用作沟通神灵的法具。

有关当时青铜工艺技术、贵州早期铁器、西南夷与中原的交通、当地部族的宗教仪式和信仰等课题也在不断地研究中。

赫章可乐是至今贵州夜郎时期考古遗存发现最集中、已获取资料最丰富、地方特点最突出、今后持续工作前景最长远的一个地区。该地区考古工作的不断发展，对于揭示古代夜郎文化面貌，促进古夜郎历史研究的深入发展具有重要意义。

根据史籍记载，夜郎文化是战国秦汉时期祖国西南地区地域文明的重要组成部分。但有关夜郎的历史信息从西汉以后就已中断，成为人们长期以来希望揭示的一个历史谜团。依据史籍记载的地理方位，贵州一直是探索古代夜郎文明最有期待价值的地区。赫章可乐墓葬表现出的种种文化现象，明显不同于巴蜀，也不同于滇，成为自身一套独特体系。在今后夜郎考古探索和研究的过程中，无论就分布地域、延续时间，还是自身的文化特点，可乐考古遗存都将是一批不可或缺的具有重要价值的珍贵资料。

参考文献

[1] 贵州省文物考古研究所:《贵州赫章可乐夜郎时期墓葬》，载《考古》2002年7期。

[2] 梁太鹤:《赫章可乐墓地套头葬研究》，载《考古》2009年12期。

[3] 贵州省博物馆考古组、贵州省赫章县文化馆:《赫章可乐发掘报告》，载《考古学报》1986年12期。

[4] 贵州省文物考古研究所:《赫章可乐二〇〇〇年发掘报告》，文物出版社，2008年。

（图片摄影：梁太鹤）

原载考古杂志社:《新世纪中国考古新发现（2001~2010）》，中国社会科学出版社，2013年

附记：

　　本文应考古杂志社编著《新世纪中国考古新发现（2001~2010）》一书邀请撰写。中国社会科学院考古研究所和考古杂志社于2002年创办"中国社会科学院考古论坛"，每年从上一年度全国考古发现中，遴选出学术意义最为重要的六项，进行展示交流。该书将论坛十年的60项发现汇集出版，是一次重要的回顾与总结。本文关于赫章可乐墓地的综合介绍，内容在其他文章中曾有一些记述，但本篇在多年研究基础上归纳撰写，稍更精准，故不惮重复录入本文集。文章题目原拟《贵州赫章可乐夜郎时期墓葬》，随文附图片20余幅。考古杂志社对文章结构略有调整，现依书样录入，略去图片。读者可在本书第三部分翻阅系统图片。

文明大跨越时期的生动见证

——兴仁交乐汉代文物盘点

20世纪70年代至90年代，文物考古部门在兴仁县交乐村陆续发掘了19座东汉墓葬。此外在紧邻的兴义万屯也发掘了多座同时期墓葬。这批墓葬无论从建造的规模，还是从出土文物的数量和精美度，在全贵州省东汉时期考古中，排位都是最高的。它们向今人述说着一段不容忽视的历史，是贵州古代文明大跨越时期的生动见证。

过去贵州被视为"西南夷"地区。大山阻隔，使这里成为自行生灭独立发展的封闭王国。公元前135年，西汉武帝派遣唐蒙率人进入夜郎，将郡县制推行到这里，由此开启了长期紧闭的沉重山门，中原文化开始源源不断涌入。山地之国的文明进程，跨入一个飞跃发展的全新时期。

但是，从古籍记载和已有的考古发现看，这样的进程是逐步被推开来的。目前贵州已发现的西汉时期汉式墓葬，基本集中在黔西北毕节地区的威宁和赫章，在黔中腹地仅安顺、清镇和平坝有少量分布，此外在务川有零星发现。从迹象看，史籍记载的西汉牂牁十七县，中央王朝恐怕大都未能实施真正有效的具体管理。西汉末夜郎国覆没后，情况有明显变化，东汉时期汉式墓葬，从毕节、威宁、赫章、黔西、织金、金沙、仁怀、赤水、习水，到清镇、平坝、安顺，再到兴义、兴仁，都有大量发现；此外，在黔东北务川、沿河也有大量发现。说明中原文化在东汉时期已大面积推进到贵州腹地。即是说，贵州广大地域的文明进程，这时才真正步入与中原同行的轨迹。这是贵州古代社会发展的一个重要节点。交乐汉墓出土的大量精美文物令人赏心悦目，堪称贵州古代历史这个重要节点上最炫目的一抹亮色。

已发掘的交乐汉墓多用石块或砖修建，仅两座为土坑墓。砖室墓规模较大，一墓往往修建有几个墓室。其中第14号墓和第19号墓是迄今已见贵州东汉墓中规模最大的。14号墓在一个大型封土堆内建有统一布局的两组墓，两组墓各设有甬道、前室、单侧室和双后室，总宽度达13米，应为规格颇高的夫妻合葬墓。19号墓为一组墓，设有甬道、前室、双侧室和后室，总长度超过9米。如此大规模的墓葬，墓主人不单富甲一方，而且会具有相当的官秩地位。所以墓中出土大型铜车马等贵重文物，14号墓还出土一方印文为"巴郡守丞"的鎏金铜印。这类高规格墓葬集中分布，尤其14号墓主作为郡一级行政长官，远调来此驻守，直至安葬此地，显然反映了在交乐周边不远的地方，应是级别不低的行政和经济重地，因此受到中央王朝重视。

交乐东汉墓葬群早年即遭盗扰，但出土文物仍包括陶、铜、铁、金、银、漆木、琥珀等不同材质制品，其中绝大多数为陶器和铜器，其余类别则相当零星破碎。陶器和铜器中有很多精品，蕴含了反映地方历史的丰富信息。

陶器中，一类是生活中的实用器，多为罐、盆、钵、壶等，较为普通，但真实反映出当时人们许多具体的生活状况。1987年出土的一件硬陶罐在贵州东汉文物中罕见，陶罐外形平常，但外壁装饰的斜方格纹上，又分行拍印着百余个"五铢"钱纹样，非常鲜明地反映出人们一种寻求发财致富的欲望。

陶器的另一类是专用于殉葬的明器，其中有很多表现社会生活环境的造型。墓中出土一件后被修复完整的陶屋模型，屋脊瓦面规整美观，房屋凌空架设在四根坚实的立柱上，属于干栏式建筑。还有一件屋顶缺失的房屋模型，保存了下半部，修建于地面，房屋四周筑有一圈不高的院墙。不同房屋形式显示人们对居住有多样化的需求和习惯。几件水塘稻田模型较完整，布局都是在一个圆形或方形的盆状场景中，塑一道长堤分隔为两半，一半是水塘，一半是稻田。塘中有游鱼、螺蛳、莲花等，堤中央设有涵洞、闸门，调控通往田间的水流。闸门上甚至站立欢乐鸣唱的小鸟，分明一派宜人的田园风光，反映出当时安适的生活，也说明这种先进的稻作水利技术已被普遍采用。

稻作农业发达，带来社会生活的富足和稳定。出土文物中有一件体形硕壮的陶牛，身体长达54厘米，是贵州汉墓出土陶制动物中罕见的超大个。从造型看，应是用于耕作的水牛。兴义地区曾出土过一件铜犁铧，长达27厘米，宽达18.2厘米，即为牛耕使用的农具。动物造型中还有可爱的护雏母鸡，鸡妈妈背上托一只小鸡，双翅下各搂着一只小鸡，鸡身当初绘制了红彩，在冠、爪部位可看到残留的少量痕迹，制作者对此护雏深情一定寄予着一片柔情。

人物俑造型最为生动。抚琴陶俑戴冠，着右衽长衫，曲腿席地而坐，双手轻抚古琴。但见他，身微倾，头微斜，眉微挑，嘴微闭，气定神闲，已臻物我两忘之境。一尊说唱陶俑赤膊跪腿，抬臂缩颈，探舌而歌，一派欢喜滑稽态。虽然出土时残缺厉害，但丝毫不影响这位艺人眉飞色舞、绘声绘色的忘情表演，至今仍引来每一名观众会心的微笑。另一尊庖厨陶俑身着民族装，坐于低案前正细心剖鱼，前臂套一副用海贝穿缀成的手圈，服饰特点昭然。

出土铜器最吸引人的首先是铜车马。1975年在兴义万屯曾出土过一套铜车马，因体量大、形体美、工艺精，成为省博物馆镇馆之宝，多次被调去北京参加全国性文物展览。交乐出土铜车马两套，一套残损严重，另一套保存大部分部件，造型虽稍逊于兴义万屯那件，但工艺相同，体量更大得多，以马体通高计，要超出兴义万屯马1/3。铜车马作为模型，是东汉时期流行的一种高档殉葬明器，用以标示墓主人显贵富有的身份。

铜器中另一精美大型重件是蟠龙座连枝灯。连枝灯铸造工艺精美，设计构思奇绝。灯座由两条首尾呈环状盘曲的龙，以及当中的乌龟和神人组成，气势不凡。神人踞坐在龟背上，头顶连接高大的主灯干。主干分两层向侧面伸展出四条弧线优美的枝干，枝干上坐有捧箫奏乐或双手合十吟颂的小人，以及祥瑞小鸟等，枝梢承托灯盏。主干上段盘绕一条向上攀爬的纤巧小龙。干顶端承托灯盏。通高约120厘米。这是一件生活中的实用器，整体流露出浓郁的升仙思想，其使用方式和地点应该别有一番讲究。

摇钱树是一套铜、陶组合的殉葬明器，树干和枝叶用青铜铸造，树座用陶泥烧造。树枝叶上除铸钱纹外，还铸有龙、凤、牛、鱼、羽人等纹样，树座上塑有神兽、羊、鹿、鹤、猴、玄武等造型。通高达130厘米。整体形式和繁复的纹样也都强烈表达着当时的神仙观念，祈求灵魂升天，祈求在仙界富有，同时庇佑子孙发达。摇钱树东汉初起源于成都平原，渐流行于重庆、云南、贵州等西南地区，后扩散到陕西、甘肃、湖北等地，一般出土于中大型墓葬。

14号墓出土的"巴郡守丞"铜印，通体鎏金，印钮为麒麟形，通高仅3厘米，却承载了重大的历史信息。汉代巴郡在今四川东部、重庆西部一带，守丞是郡中第2号行政长官，身居要位。兴仁所在地距巴郡数百公里，行政规划并不属巴郡。巴郡守丞被派遣到这里驻守，如果不是因为地理区位重要，事关一方政局稳定，中央政府不会作这样安排。巴郡守丞极可能是此派驻地最高级别的行政长官，随他迁来的应还有其他官吏、士兵和农商民众。因此，交乐汉墓出土文物很多都与四川、重庆东汉文物风格相近。

铜器中没有兵器。所出兵器仅10余件，都用铁制成。铜器绝大多数是生活实用器，品类繁多，包括提梁壶、釜、带盖豆、长颈瓶、樽、镰斗、盘、甑、洗、盒、碗、勺、耳杯、量、案、提梁灯、镜、带钩、指环、装饰件等，很能显示出生活的富足，其中不乏制作十分精美者。比如长颈铜瓶，从口部至足底錾刻7层细密的纹饰，包括游龙、飞凤、菱形纹、栉纹、折线纹等。又比如朱雀浮雕铜饰，双翅平张，尾翼高举，昂首挺胸，迈腿前行，一副高傲自信模样。另一件衔珠凤鸟浮雕铜饰，凤鸟曲颈探首衔珠，双翅上扬，双腿粗壮有力，右脚垫步，左脚前跨，肢体与神态造型充满了张力和动感。饰件即使放到今天，依然是极有品位的工艺品。

交乐汉墓历经多次盗扰，能出土数百件文物，精彩纷呈，使人大饱眼福，并从中读到许多历史故事，殊为不易。这背后，包含了地方文物工作者和公安干警大量艰辛的保护工作。曾经，为查清追回被盗掘的重要文物，文物工作者乔装打入盗卖文物团伙，遭遇被利刃抵背的危险，依然从容面对，终促成案件侦破。这种担当和付出的精神，与那些精美文物一样，永不该被忘记。

黔西南州文广局编《历史的辉煌——贵州兴仁交乐汉墓》序言，
黔新出2014内资准字（黔西南）第7号，2014年

百花湖灵永寺碑

灵永寺是百花湖畔农村中一座普通佛家寺庙，在贵州佛教发展史上少有声名。近年来，随着各界对明朝建文皇帝研究的开展，因寺中存有记载建文帝曾来此避难的碑刻，日益引人关注。

灵永寺位于贵阳市观山湖区百花湖乡三屯村。过去所见有关灵永寺地理区位的报道甚不一致，原因是三屯村村名及行政归属历经几番变化。三屯村曾名中十村，原属清镇市云归乡。1992年云归乡与百花湖乡合并，称百花湖乡，仍属清镇市。2011年11月，百花湖乡整体移交贵阳市金阳新区管委会托管。2014年贵阳市观山湖区建立，取代金阳新区管委会，百花湖乡正式划属观山湖区。

村名称"中十"或"三屯"，有其历史渊源。明代军事上设立卫所制，卫所是各地军队建制单位。洪武二十三年（1390），在今清镇市设威清卫。按制，每卫一般设3个千户所，每千户所下设10个百户所。威清卫辖5个千户所，中千户所为其中之一，其下所设10个百户所，分别为中一至中十。中十即中千户所第十百户所。明代军队实行屯田，一人入伍，全家同往参与屯田。故凡卫所驻地，同时有屯。清代虽以绿营制取代卫所制，但卫所时期的老地名往往沿用下来。百花湖向有三屯五堡之说，所谓三屯，指百花湖旧称的中七、中九、中十三地，显然来源于明代威清卫中千户所的3

图1　灵永寺

个百户所。现三屯村之名即与此相关。

灵永寺规模不大，坐落于村落后部较高处，紧邻民宅，有一周院墙包围。院墙西侧通道口外设多级台阶，拾级进院见两级院落，上下高差1米多。大殿建于二级院落内侧1米余高的基座上，附前廊，面向风光秀丽的百花湖。村民介绍，寺庙山门原开在院墙南侧正中，门外有高石阶，现已毁。原第二级院落两侧建有厢房，今也无遗迹。2003年灵永寺公布为贵阳市文物保护单位。现整体建筑状貌为2006年文物部门修复而成（图1）。

灵永寺院墙外竖立的文物保护单位标志碑介绍道：

> 灵永寺始建于明初，清咸丰八年重修，原由正殿及东西厢房、山门组成四合院，座（坐）北向南，中轴对称，现存正殿，占地面积200平方米，建筑面积113平方米，正殿面阔3间，通面阔13米，进深8.7米，穿斗式悬山青瓦顶。大梁由六根直径0.4米的大柱支撑。……寺内有记述建文帝避难于此间的残碑。

贵州省文物局2008年主持编写完成的《中国文物地图集·贵州分卷》（文物出版社，待印中）记载略同，条目下并附录寺中一碑的简介，名之"重修灵永寺下殿碑"，未录碑文。

现灵永寺立有二碑。记述建文帝避难行迹碑立于寺庙大殿内东侧墙边，残损严重，拼接后仍有一部缺失。文物地图集附录的"重修灵永寺下殿碑"，立于第一级院落东墙边，紧靠第二级院落石堡坎，基本完整。此外，寺内还收集有残碎碑石十余小块，明显不属建文帝避难行迹碑上的残片。

一

记述建文帝避难行迹碑，以往提及过的文献均未录原碑文，亦未对碑作描述介绍。碑20世纪60年代遭破坏，21世纪初维修寺庙时，重新收集拼接，虽整体已不完整，仍加座竖立。所见主体四块基本吻合，构成碑石大貌，但上侧右半部分尚缺失。（图2）当时拼接工作较为粗糙，将收集到约略相似的三小块碎碑石，勉强拼接在右上侧（照片中红线框范围）。不过，此三块虽石料质地、厚度与主体相仿，字体也相似，但文字内容不能与主体贯通。且碑石右侧边的凿痕，也与主体侧边凿痕存在较明显差异。故此三小块不属该碑组成，应请相关管理部门拆除。

碑石质地为灰色变质岩，长方形，方首。高161厘米，宽91.6厘米，厚13.4厘米。新配的须弥式石座高29.4厘米。碑文阴刻楷书。额题"□载丹图"。碑文28行，满行45字。碑文虽有部分缺失，但可依现状录碑文如下：

……（约缺十六字）□武后皇太孙建文帝避难此间始肇锡以嘉名曰墨石果何妨与形□者谓……（约缺十六字）墨石牲丽而又二水濚洄生水月山交锁真气墨池照耀□波渝□漪墨光晃……（约缺十六字）名焉然要惟风水不坏斯人文丕兴此 康熙癸亥先人于冠盖山下青

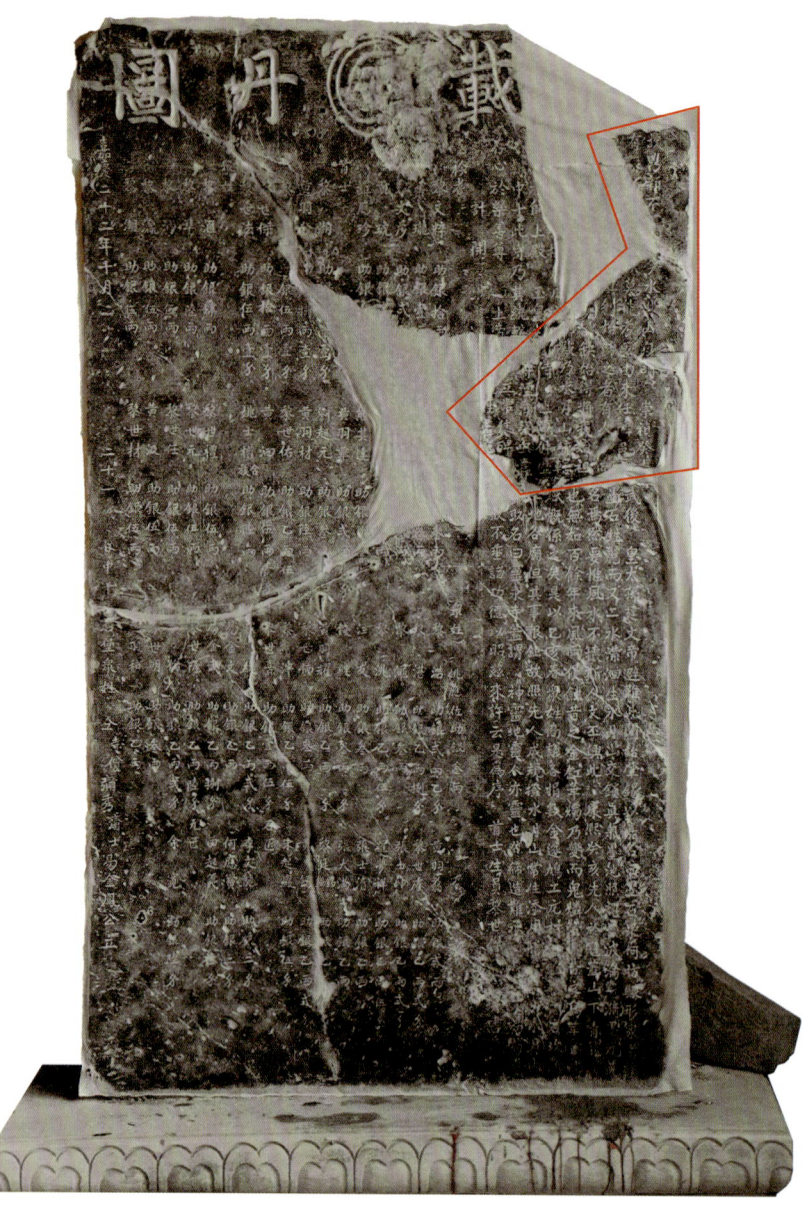

图2 嘉庆二十二年碑

龙左……（约缺十六字）也无如百余年来风雨侵蚀昔之金釭华烛乃而鬼燐（磷）莹□□之鸟□飞……（约缺十六字）感慨系之矣是以乙亥春众姓商议各捐数金遂鸠工庀材□□□□石坎新□□祖师上殿 玉皇文……（约缺六字）□地各庙但其事艰钜故照先人成规拨水月山常住

添用□□□□水月山□隶中十此寺乃其统辖……（约缺六字）取名曰灵永寺盖谓神灵地灵人亦灵也然缔造难承□□□□易苟□存心于乐善尊 □上帝……（约缺六字）□不垂诸功德以昭兹来许云是为序□首士生员黎世杰□□书

……（记捐银人名及数额，略。）

嘉庆二十二年十月 二十一日中十墨石堡众姓仝寺僧弥秀斋士易金凤公立

此碑系清代嘉庆年修复寺庙的功德碑，序文甚详，文辞优美，由当地黎姓族人撰写。黎氏所冠生员，即俗称之秀才。按清代科举制，读书人需先通过县试、府试，才获得正式参加初级科举考试的资格。初级科举考试由国家任命的学政住持，在各府州举行，合格者成为生员，在地方拥有一定的身份地位。

残序首句，明言皇太孙建文帝避难此间，"武"字前应缺失"洪"字。与明代后期以来传言，建文帝在"靖难之役"后（建文四年，明代曾记作洪武三十五年）失踪，并避难西南之事相吻合。

"始肇锡以嘉名"，句出《楚辞·离骚》："皇览揆余初度兮，肇锡余以嘉名。"言建文帝避难来到后，该地始由建文帝赐嘉名为墨石。序文继而对墨石之风光环境作一番赞美，颇显作者家乡情怀。墨石之名今人已基本不知。序文所称建文帝来此避难及赐名，未告来源。

序中"康熙癸亥"为康熙二十二年，即公元1683年。后文"乙亥"无年号，应为嘉庆二十年，即1815年，因撰序立碑在嘉庆年间，故略去年号。

序文虽残，但提供了一些值得关注的历史信息，主要包括：

1.梳理序文，大意可概括为：清代中十墨石堡，明初建文帝来此避过难，建文帝曾赐地名叫墨石。为保地方风水，康熙二十二年，墨石的乡人曾做过一桩大事（纵观前后文应是修建了寺庙）。而后经百余年，昔日金釭华烛荒废，变成鬼火磷莹（此间或因故长时间无人照管）。村民感慨，于是发愿集资，于嘉庆二十年修复祖师上殿，并取名灵永寺。因困难较多，便依照成规，划拨水月山寺资产来加添用。水月山地属中十，灵永寺由水月山所统辖。

2. 灵永寺创建在清初康熙年间。故序文所言建文帝避难"此间"，所指便不能是此寺，应是此地，即建文帝"肇锡以嘉名"的墨石。因碑文残损，如不细读前后语，极易误读。灵永寺文物保护单位标志碑及文物地图集等文献，关于该寺创建于明初的记述，今人所称建文帝避难灵永寺等说法，恐都因此而误。

3. 灵永寺之名，康熙年创寺时并未形成。至嘉庆二十年，中十墨石堡民众集资修复先人所建寺庙后，方商议正式授名，意在彰示"神灵地灵人亦灵"，继承祖先保"风水不坏""人文丕兴"之愿。

4. 当地很看重水月山风水，以为"二水潆洄"所生，"交锁真气"。因此水月山寺地位高，"统辖"中十"各庙"，包括灵永寺。水月山名一直保存至今。20世纪60年代修建百花水库，百花湖水面较过去河道水面提高10余米，淹没田畴，水月山变成湖中一岛。村民告，山顶原建有寺庙，今不存，仅留基址遗迹。

5. 当时，按"先人成规"，中十各庙有困难时，可从水月山寺划拨资产予以"添用"。嘉庆二十年中十墨石堡修复灵永寺上殿时，因"艰钜"，依规拨有水月山资产作"添用"。

6. 修复灵永寺上殿时，村民所捐资金数额甚大。碑上所列捐银人62名，4名为外来施工人员。58名村民中，除朱姓1人外，其余捐银都在1两以上，有30余人捐银达3两以上，最多者逾10两。说明修复工程规模不小，也说明当时村民经济状况比较殷实。

7. 所列捐银村民58人，应为各家户主。捐资建庙是地方一等大事，若非特殊原因，村民会悉数按户参加。以此计算，当时中十墨石堡人口数应在150以上，或至200人上下。

8. 捐银58名村民中，黎姓29人，黄姓10人，张姓3人，罗、易、姚等姓各2人（其中姚姓有1人注明为"合族"，按捐银数看，估计该家族应在2—3户），熊、刘、钱、汪、朱等姓各1人。说明黎姓为当地最大家族，其次为黄姓。

二

文物地图集附录的"重修灵永寺下殿碑",碑体基本无损,惟少量字迹久遭侵蚀漫漶。石质为灰色变质岩,长方形,上端两角各裁斜边。高153厘米,宽73.3厘米,厚19厘米。须弥式石座为2006年修复时新配,高28厘米。碑文阴刻楷书。额题"功德无量"。碑文21行,满行35字(图3)。录碑文如下:

重修下殿中十墨石堡众姓人寺……道光二十八年岁次戊申孟冬月公立今将□前所乐善所助银两永垂不朽功德碑序

记开财神会助银二两 黄正兴助银四钱……(下列各姓助银人及银两数额。共计助银人77名,各助银1—6钱不等。略。)

咸丰八年岁次戊午四月十六日中十堡众姓仝住持僧戒周徒方□王有仁公立

此碑虽为公示建寺捐银人的功德碑,但提供了不少值得关注的历史信息,主要包括:

1. 道光二十八年(1848)寺院做过一次大修,重建下殿。文物保护单位标志碑以及其他文献或网络所言,曾于道光八年增修或大修,年代或误。文献或村民所言的厢房,应为此下殿,殿内当有供奉。

2. 灵永寺所在地,清道光二十八年尚称中十墨石堡。时隔十年,咸丰八年(1858)立碑时,简称为中十堡。此间或发生过某种未知的变化。

3. 捐银人共计77名,其中1名注明石匠者可能系外来人,其余应为中十堡村民。以此推算,当时中十堡居住人口应在200以上,或至300余人,较嘉庆时期有所增加。

4. 77名捐银人中,黎姓50人,黄姓8人,汪姓7人,钱姓3人,杨姓

图3 咸丰八年碑

2人。其余熊、毛、秦、冯、张、蔡、李等姓各1人，其中李姓标明为石匠。说明当时中十堡最大家族为黎姓，其次为黄姓和汪姓，其余姓氏户数零星。与前述嘉庆年功德碑相对照，黎姓和汪姓有较大发展，黄、钱、张等数姓基本稳定。新有杨、毛、秦、冯、蔡等数姓加入，而罗、易、姚、刘、朱等数姓不存，出入户数大体相当。民户总体变动较平稳，未出现过非正常性人口大流动，说明此地四十多年社会环境基本稳定。今三屯村，黎、黄二姓仍占较大比例，二姓后人尚可明确指认碑上某人为某祖先。

5. 灵永寺下殿重修为道光二十八年，功德碑竖立时间为咸丰八年，相距十年。间隔如此长似不符常理，或为当时习俗？

三

灵永寺内收藏的石碑碎块因残破严重，基本不可拼对。所幸文字虽断断续续，尚可略读大意，多有价值。择要分别录于下：

残块之一 上述需拆除的嘉庆功德碑右上侧误拼接的三块碎碑，最高处一块仅数字，漫漶，隐约可辨为"故鼎新不□……"，明显不是功德碑启句文辞，也与下两块无连接。另两块正好合缝拼接，存七纵行楷书小字："……今水月山自明 崇祯癸未……莫能考厥由来任邻邑……创始助之者有人□而……□□缺始得将我始祖……殿乃水月山统辖……年湮□□虫蠹……立常住碑……"

残块之二 为某碑右上角残块。上有一楷书大字"万"，显然为碑额所题之首字。下存四纵行楷书小字："重刊水月……盖惟寺各有……浮图云尔……栋……"

残块之三 七纵行楷书："……难矣……□文契隐轶……□於尽失之者观……立 祖师圣殿常住……拨入以为焚献是祖……佛果并无觊觎……用仍照前规……"

残块之四 七纵行楷书："……将竹木砍伐常住……庙成而舍置常住以……黎应鳌舍入水月山……逮 雍正十年以……中十现存两山……有害佛祖……叁坋。"

残块之五 六纵行楷书，字迹漫漶严重，但存一乾隆年号："叁年买黎……□又 乾隆……界□壹块地□□……□左□黄宅界……□大小□□……□首土。"

残块之六 十纵行楷书："年本……窑厂河边大小肆圩又……□把里

土上□□又黎姓施……拾伍年买黄珆高梘田壹坋……千□载粮式升伍合□……抵夏姓土 雍正陆……铁厂官田南至路……抵傅家田西南抵……□□□□……贰拾□。"

残块之七 八纵行楷书："壹坋大小伍……伍拾捌□□……□□半边岩土壹坋……雍正拾年会时乘施阿……粮式升同年田门陈氏施……施土壹坋大小肆段地名……叁年冯庭臣施土壹块……撰并书 中十众姓公。"

残块之八 仅一楷书大字"裡"，当为碑首额书之一。另有相似两残块，各为额书一大字，一似"名"，一似"明"，但皆残损不全，不易确认。

以上择录残碑块，文字内容主要涉及两方面：一有关灵永寺与水月山的历史关系；一有关寺庙田产。并无前述二碑功德内容。因此，应属记事公示性质。这些碎碑块的字体书写、字迹大小相仿。碑石质地皆灰色变质岩，厚度相仿，但其中数块颜色偏青绿，质地似稍紧密。因此，所有碎块或可能同属一碑，即以额书"万"字为碑首的"重刊水月山……"记事碑；抑或为二碑：一块再次刊布水月山曾确认过的灵永寺历史田产，一块公示灵永寺此时的田产地界。

不论碎碑块是否同为一碑，文字中的一些历史信息需予关注：

1. 水月山寺明代已建。碎块之一所言"水月山自明 崇祯癸未"，下文虽佚，但可断或为水月山寺始建，或为经历某种变故。崇祯癸未为崇祯十六年，即公元1643年。碎块后言"莫能考厥由来任邻邑……"，应指水月山或灵永寺之田产。下言"殿乃水月山统辖"，则指灵永寺与水月山寺的关系，前述嘉庆年碑可以为证。

2. 灵永寺田产曾出现过纠纷，很可能发生在与水月山之间。残块之三言："文契隐轶……□於尽失之者"，是说灵永寺田产文契遭损失，原因有可能即嘉庆年碑所说，康熙年建庙后百余年几至荒废。故后言："……立 祖师圣殿常住……拨入以为焚献是祖……佛果并无觊觎……用仍照前规……"重立祖师殿当为嘉庆二十年，即公元1815年。殿成后，或按照前规，将水月山原划拨的地产重新"拨入"，但引起争议，故有句中"并无觊觎"之言。

3. 残块之四至之七，分别记述各片田产的来历、位置等，其中可看到"雍正陆年""雍正拾年""雍正贰拾年""乾隆""叁年""拾伍年""伍拾捌"等年号与年份。田产来源有"买"，有"施"，相关人员、地名、地界包括"黎""黄""夏""陈""田""冯""铁厂官田""窑厂河边""傅家田"等。说明为平息纠纷，灵永寺广辑资料，做了细致工作。也可看出，当时灵永寺田产颇丰，甚至不会亚于水月山。故咸丰年重建下殿时，众姓村民虽捐银不多，但未见依前规从水月山拨入添用的记载。

4. 残块之四言"中十现存两山"，如果此碑年代与前碑述村民重修祖师上殿年代相当，嘉庆之前，中十堡或有三座以上寺庙。自嘉庆末年后，则一直保存了水月山寺和灵永寺两座。

四

百花湖灵永寺碑对于研究地方清代佛教发展状况，研究地方社会经济和民俗等问题，是很有意义的历史资料，应当加强保护和研究。其中嘉庆二十二年碑，是目前传说贵州有关建文帝避难涉足地中，唯一保存在世的明确记载建文帝避难来此的历史文物，因而引起关注，势所当然。但是，此碑镌刻已在靖难之役发生之后四百余年，此记载未明告来源，恐仅源自坊间传说。因此，该碑对此问题真正确切的历史价值，仅在于证实了清代前期，当地非常流行并笃信建文帝曾到此避难的传说。至于建文帝是否真正避难到此，无疑不能视为直接证据。

明代建文皇帝最后行踪不属本文研究话题。不过，对于一个数百年来存留的历史谜团，在当今因旅游开发目的而兴起的研究热潮中，切忌盲目凑兴跟风。持平淡心态审慎对待，才是最终解密的正确途径。

原载《贵阳文史》2017年2期

附记：

灵永寺调查为《贵阳文史》编辑部"明朝故事：建文帝黔中寻迹"课题的工作项目，于2016年8月至9月进行。二碑及残碎碑块传拓工作在编辑部万泰华及吴道欢二位先生配合协助下完成。特此致谢！

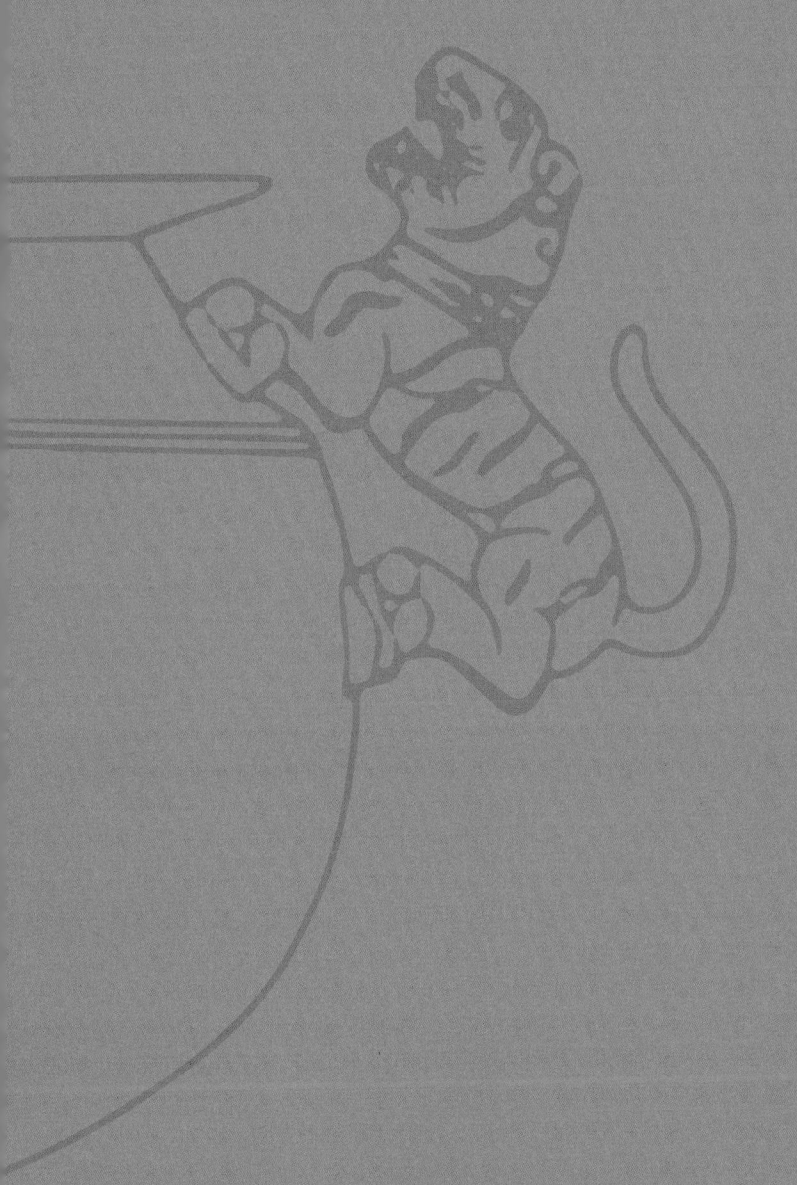

文博研究

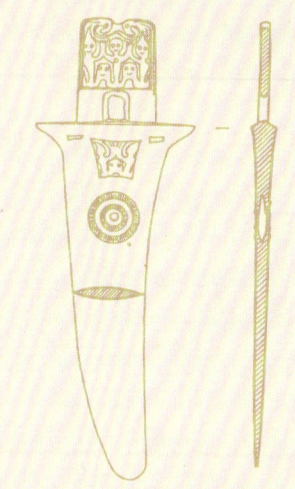

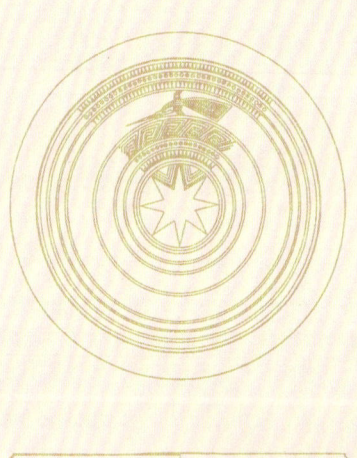

正确认识博物馆的社会效益问题

正确认识博物馆的社会效益问题,对于端正博物馆办馆思想具有重要指导意义。自1985年下半年以来,博物馆工作以社会效益为唯一准则的思想,受到普遍重视和承认,对这一问题进行的学术探讨活动也日益增多。这无疑是我国博物馆事业兴旺发达的一种标志。当前,进一步研究和认识博物馆的社会效益问题,仍然是一项十分重要的任务。

一、指导改革的正确原则

回顾博物馆工作社会效益准则提出的过程,有助于我们正确认识博物馆的社会效益问题。

长期以来,人们对于博物馆基本性质和职能的认识,囿于"三性二务"一种模式。这种理论模式的实质内容是20世纪50年代从苏联博物馆学继承来的。此后,又过多地看重它的合理性,不敢深究它、突破它。党的十一届三中全会后,禁锢人们思想的闸门启动,"三性二务"的传统模式,也受到博物馆学各种新思想的冲击。人们不再满足于几十年一贯制的模式,极力寻找其中不合理的因素,深究新时代博物馆的发展方向。这些新思想为我国博物馆事业的发展带来了新的活力。

从农村联产承包制开始的经济体制改革，为博物馆的改革实践创造了机会。一些摸索性尝试开始出现。随着全国城市经济体制改革的全面展开，博物馆很快卷入到改革的潮流中，经济效益也成为博物馆改革的热门课题。其间，经历了一个逐步热化的发展过程。1982年，"以文物养文物"的"生财之道"，第一次在文物界公开提出来。[①] 1983年春，提法上有所修正，要求"尽量地搞些收入"，但不求"自给自足"。[②] 同年10月，在中国博物馆学会第二届学术讨论会上，"生财之道"又被提出。但至此为止，这种提法还仅是少量的，带有倡导性的，尚未变成广泛的实践，也没有为博物馆界的同志全部接受。第二届学术讨论会各组的综合发言，以及会议的文字纪要，就没有提到这个问题。[③] 1984年4月在京召开的全国文物工作会议上，正式讲话和有关文件也没有涉及这个问题。[④]

从1984年夏天以后，注重经济效益，大抓经济收入在博物馆逐渐形成一个高潮。8月底在兰州召开的全国博物馆整顿改革工作座谈会期间，了解相互的经济承包、提成比例、经营价格等，成为馆长们热衷的话题。很多馆过去程度不同的摸索性尝试，普遍地仓促推行开来。各种经营项目、承包项目出现，有的馆甚至经销百货、服装、电器，卖酱油，摆地摊，开舞场。在这股浪潮面前，博物馆界多数同志内心并不赞成偏离博物馆业务的很多做法，这样做的同志当中，很多人也不相信这是博物馆今后的发展方向。1984年11月在无锡召开的全国博物馆科学管理学术讨论会上，不少与会代表激烈地抨击了博物馆界不正当的抓钱风，要求摆正社会效益和

---

① 见孙轶青：《发挥文物优势，促进精神文明》，载《博物馆通讯》1982年1期。

② 见胡乔木在中国博物馆学会1983年迎春座谈会上的讲话，载《人民日报》1983年5月1日头版。

③ 见孙轶青：《中国的博物馆事业和博物馆学》，载《博物馆通讯》1984年1期。

④ 参见《中共中央、国务院关于进一步加强我国博物馆事业建设的决定》(代拟稿) 以及会议印发的其他资料。

经济效益的关系。[①]但是，人们观望着城市经济体制改革的变化发展，为一些新问题的出现感到困惑，同时也在行动上和理论上继续探索着博物馆改革的方向。

1985年9月，党的全国代表会议上，邓小平同志指出："思想文化教育卫生部门，都要以社会效益为一切活动的唯一准则"。随之，博物馆全部工作要以社会效益为唯一准则的思想，也明确地提出来。至此，博物馆的改革工作被导上一条比较明确的轨道。

博物馆工作社会效益准则是在改革的实践中，通过不断摸索后产生的。由于它符合博物馆的基本性质，符合大多数人的愿望，因而很快为人们所接受，被看作指导博物馆改革工作的正确原则。

二、基本性质导出的结论

博物馆工作的社会效益准则，作为指导改革的正确原则，首先是由于它符合博物馆的基本性质，正确反映了博物馆工作的客观规律。

对博物馆的基本性质，近年来国内的讨论很多，国际上的看法也不尽一致。尽管认识各有分歧，但对于博物馆必须具有的为社会服务的性质，意见基本是一致的。

国际博协第十次大会通过的章程，规定博物馆"在为社会和社会发展服务中，为不谋利润……的机构"。它通过有关工作，"达到研究、教育与欣赏之目的"。[②]

《英国百科全书》第十五版在阐述博物馆职能时着重指出："在当代世界中，博物馆的倾向是既反映社会又服务于社会。"[③]

[①] 见安来顺：《中国博物馆学会博物馆科学管理学术讨论会概述》，载《中国博物馆》1985年2期。

[②] 国际博协第十次大会章程，见上海博物馆编辑《国际文物博物馆工作参考资料》(打印)，1976年83、84期。

[③] 见吕济民：《世界博物馆的演变及其发展趋势》，载《中国博物馆》1985年4期。

《苏联大百科全书》第三版也指出："博物馆是……科学研究机构、科学教育机构。"①

日本博物馆法规定，博物馆"在具有教育意义的前提下，供群众利用，进行有利于社会教育……等方面所必要的事业"。②

美国博协规定："博物馆是一个有组织的不营利单位，它的基本目的是为了教育和美学。"③

我国关于博物馆"二务"具体内容的规定，随时代而有所不同。20世纪50年代提出为科学研究服务，为人民服务。后来改为"为工农兵服务，为社会主义服务"。④1984年中共中央、国务院的决定又提出"为人民服务，为社会主义物质文明建设与精神文明建设服务"。⑤这些提法措词有所不同，但在肯定博物馆为社会服务的性质方面是一贯的、不变的。

世界各国关于博物馆基本性质的共同认识，充分显示出博物馆在人类社会和历史中应起的作用和占据的地位。日本学者仓田公裕对此有段甚为精辟的见解，他认为："博物馆并不是自然物，而是人类集团根据社会、社会生活的需要所建立的社会物。因此，博物馆分担着社会机构的某种任务，分别具有特定的地位，并属于特定的位置。"⑥作为人类根据社会需要建立起来的社会物，博物馆为社会分担的特定任务，即是由它的基本性质所决定的基本职能和基本功能，那就是收藏、保存并利用文物和标本，达到为社会服务，收到有益的社会功效的目的。

博物馆工作的社会效益准则，正是由博物馆基本性质导出的正确

---

① 陶鑫雄译自《苏联大百科全书》第三版第17卷，载《中国博物馆》1985年4期。
② （日）中川成夫：《我理解的博物馆学》，白英译，载《文博通讯（江苏）》1980年29期。
③ 德明编译：《一位美国馆长谈博物馆的陈列》，载《博物馆通讯》1983年4期。
④ 见《省、市、自治区博物馆工作条例》（1979年）。
⑤ 见安来顺：《中国博物馆学会博物馆科学管理学术讨论会概述》，载《中国博物馆》1985年2期。
⑥ （日）仓田公裕：《博物馆与社会》，见仓田公裕《博物馆学的含义及博物馆的组成、机能、分类和管理》引文，载《中国博物馆》1985年1期。

结论。

还值得指出的是，博物馆收藏并加以利用的文物、标本，从本质上说，是属于整个人类的财产。而且它的收藏和利用的职责，不光是为了过去的和现今的社会，也还为了后世子子孙孙的社会。因此，应该说博物馆在社会提供的服务，具有超越时间和空间的属性。也就是说，博物馆工作的社会效益，在现代社会之外，还具有更深远的意义。这是历史赋予博物馆的特殊使命，也是它在社会中占据的特定的地位。

三、历史决定的必然性

博物馆的基本性质是伴随着现代博物馆的产生而形成的。博物馆史把博物馆的萌芽形态追溯到公元前3世纪古埃及的缪斯神庙；在中国，则追溯到《周礼》所记载的"天府"之职[①]。但是，从缪斯神庙到中世纪时代的教会和寺院珍藏，从《周礼》天府到清代之皇室、贵族的古物蒐集，都远非现代意义的博物馆。现代博物馆的雏形，应该是从欧洲文艺复兴时代才开始出现的。后来，随着科学的进步，随着资产阶级逐步登上政治舞台，现代博物馆才较快地发展起来。1759年，负有盛名的不列颠博物院建立；1773年，美国第一个博物馆理查司顿图书馆学会博物馆建立；1793年，随着法国资产阶级取得政权，法国建立第一个公共博物馆——共和国博物馆；1845年，英国产生第一个"博物馆法案"。在中国，第一个现代意义的博物馆则是由近代著名的资产阶级实业家张謇创办的。中华人民共和国建立后，博物馆事业才得到全面发展。

研究现代博物馆产生和发展的历史背景，可以找出博物馆基本性质的历史根源。文艺复兴是新兴的资产阶级以人性和理性向中世纪封建神学挑战的时代。博物馆正是伴随着科学技术发展，伴随着一个注重知识、注重

---

① 《周礼·春官》："天府掌祖庙之守藏，与其禁令，凡国之玉镇大宝器藏焉。若有大祭大丧，则出而陈之。既事，藏之。"中华书局1980年影印版《十三经注疏》，《周礼》卷二十。

教育、注重人的价值的新时代而诞生的。有人关注过，西方博物馆与百科全书产生在同一历史时期。这本不奇怪，因为它们同是新兴资产阶级在文化方面留给历史的显著标志。它们是时代的产物，反映了时代的需要。正因为此，博物馆随着新时代的发展而发展，与新时代的发展息息相关。也正是博物馆基本性质所由形成的这一历史根源，决定了博物馆工作社会效益准则的必然性。

现代科学技术高速发展，人类社会生活发生急剧变化，人的生活价值观也出现一系列新的变化。有人作过计算，18年前，在日本购买一部台式电子计算机需要50万日元。而现在，数千日元可以买到一部更为先进的台式计算机。20年前，用一辆轿车的价钱可以买回国际著名版画家长谷川先生20幅作品，而如今连一幅也买不到。这样的事例反映了现代科学技术发展与人类精神生活的关系。现代科技成果越多，物质文明程度越高，人类精神生活的需求就越强烈，人对自身价值的认识就越受重视。因此，西方的"闲暇社会学"和苏联的"自由时间社会学"呈现出迅速发展的势头。有一种理论认为，现在工业国家正从"大众消费社会"向"大众文化社会"转化。如果说文艺复兴时代，资产阶级还只是利用人性向封建社会争取自身的权利，那么，可以看出，在科学技术和物质文明高度发达的现代，人的价值得到了真正深刻的体现，人对于自身价值的认识，发生了质的变化。

在这样的时代，作为人类现代精神生活的产物，博物馆面临着新的挑战。世界博物馆界对此早有深刻认识，国际博协1975年在第十次全体会议上所作的决议指出："当代世界局势导致博物馆除了传统的和基本的为遗产服务的研究、保管以及陈列等工作外，还应采取新的形式，承担新的任务。"为此提出值得深入研究和思考的几个问题，其中包括："（1）博物馆如何为当代世界服务？（2）用什么方法来决定社会的需要？（3）什么形式能反映出这些需要？……"决议着重强调："无论每一个人对上述问题所作的回答怎样，对本届大会已明确提出的原则，每一个职业人员必须记住，并作为他们的行动准则，这一原则就是博物馆是为社会服务的机构，在当代世界中应该反映这个社会。"[1]这些年来，国际博协都把这些题目作为工作的中心来加以实施。去年，国际博协在巴黎召开第42次咨询委员会会议，制订1986—1989年三年规划，六个项目的第三项为："研究博物馆的新概念。包括'专题讨论明日的博物馆''未来社会中博物馆的作用'等。"[2]这些是值得我国博物馆学界高度重视的问题。

在新的挑战面前，世界博物馆界正把更好地反映当代社会和为当代社会服务，看作紧迫的任务。这同样是我国博物馆的紧迫任务。由于以往"锁国政策"的影响，我们和世界博物馆事业发展水平已经存在较大差距，别人早已采取的为现代社会服务的设施和手段，在我们还是甚感新鲜或者无力办到的事。在这个问题的理论认识上，我们也要落后若干年。因此，在时代新的挑战面前，我们有着更大的危机感。遵循社会效益准则，首先就需要我们赶上时代发展，尽快缩小与世界水平的差距。我们必须为之作出艰苦的努力。

四、与经济效益的辩证关系

社会效益和经济效益是近年来在经济体制改革过程中普遍使用的两个概念。人们习惯于把它们当作一组具有相对关系的概念。在博物馆工作中也大致如此。

其实，这是不正确的认识。

效益，指的是效果和利益。对经济效益所指的经济方面的效果和利益，理解不容易出现大的偏差。但对于社会效益所指社会方面的效果和利益，认识上却有较大差异。这里说的社会，应是广义的社会，即泛指以共同物质生产活动的基础而相互联系起来的人们的总体。显然，它应包含着经济的、政治的、思想意识的、精神文化的和军事的等所有构成社会的各

---

[1] 国际博协会第十次全体会议决议（一），载上海博物馆编辑《国际文物博物馆工作参考资料》（打印），1976年83、84期。

[2] 见胡骏：《参加国际博协在巴黎召开的两个会议的情况报告》，载《博物馆通讯》1985年5期。

个方面。所谓社会效益当然包含了诸方面的效益，其中也包含了经济效益这一方面。即是说，经济效益只属于构成社会效益的一个组成部分。

二者的关系是辩证的。从概念的外延来说，它们之间存在的是从属关系，而不是相对关系。把它们当作相对关系的概念看待，是犯了概念不清的错误。结果是不能正确处理二者的关系。最常见的是把它们看作对立的两方面，强调一面就否定另一面。

事实上，不论企业单位还是事业单位，都同时存在着社会效益和经济效益的问题。企业的社会效益，最主要是通过它的经济效益来体现的，所以往往以经济效益来衡量一个企业改革的成绩。实际上经济效益并不能衡量企业的全部工作，而且有些企业（比如某些军工企业）是无法按一般原则计量经济效益的。而事业单位的社会效益，最主要是通过它为社会提供的服务来体现的，但这并不意味它不存在经济效益问题。经营管理、合理开支、工作效率、减少浪费等，都是与经济效益有关的问题。

这样，我们在强调博物馆效益准则时，就能够摆正它与经济效益的位置关系了。广为征集和收藏文物、标本并加以合理利用，尽其为人民群众的科学研究、社会教育、游览娱乐服务的职责，满足人们日益增加的精神生活需要，这是博物馆社会效益的主要体现。这当中不仅不排斥，还要高度重视它的经济效益，因为经济效益是充分发挥社会效益不容忽视的一个方面。

搞好经营管理，提高博物馆科学管理水平，使有限的投资收到尽可能好的效果。此外，结合博物馆的业务，适应观众的需要，积极创办各种经营项目，同时增加经济收入，用以补充事业经费和改善职工福利，这些都是博物馆工作经济效益的具体含义。当然，我们坚决反对一切背离博物馆工作方向的经营项目和经营方式，尤其反对为了抓收入而不惜损害文物、破坏祖国和民族声誉的卑劣行为。

五、制订多方位对策

如果超越博物馆的范围，多方位地从社会不同角度考察博物馆的社会效益，就会发现，除了博物馆通过自身的工作为社会提供的直接服务外，它还有多得多的内容。

且以西安市为例。

据统计，1983年西安市共接待外宾111113人次。而这一年，秦俑博物馆（今秦始皇帝陵博物院）的外宾观众为104426人次，陕西省博物馆（今陕西历史博物馆）的外宾观众为86960人次。[①]这说明，到西安的外宾绝大多数是参观游览文物古迹的旅游者。把这些年来国内、国外到西安的游客作一番统计，想来得到的也是这一结论。

由文物古迹引起的旅游热给西安社会带来哪些影响呢？

首先是为适应不断扩大的旅游规模，一系列的服务部门受刺激而大大增加和发展。宾馆、饭店、饮食业（包括个体传统小吃）、商业、航空运输、铁路运输、公路运输（出租车、旅游车）、土特产经营、小手工工艺品等等，立马成为社会经济结构中最活跃的部分。其次，国民经济第一部类和第二部类中有关生产部门，因服务业的发展也受到刺激而发展起来。房屋建筑、公路修建和养护、建材、家用电器制造、电力、自来水、通讯、纺织、食品加工、印刷、燃料能源、汽车制造、五金、钢材等等，还有一些没有列举出来的部门，都相应得到发展。

此外，国家外汇收入增高，税收总额增加，可相应提高对其他生产科研部门、文教卫生部门和社会福利事业的投资，获得更多间接的收益。而且，广泛的人员流动，促进思想文化交流，增加信息流通，有利于人民群众思想水平的提高，也是社会效益不应忽视的方面。

我国是世界著名的文明古国，很多地区著名的文物古迹是发展旅游业的一大优势。西安市只是其中一个典型的例子。

除此之外，通过对文物古迹的考察研究，解决与现代生产或建筑（如水文、地震等）有关的一些疑难问题；举办与现代生产相关的历史性专题展览（如酒史），把对现代地方产品的宣传结合起来，既解决经费来源，又促进地

---

① 据李西兴：《试论博物馆的服务功能》，载《中国博物馆》1985年1期。

方商品流通；举办少数民族文物展览，促进民族间的文化交流，增进民族团结。如此等等，都是博物馆工作社会效益多方位的体现。多方位考察博物馆的社会效益，有助于我们在新时代的挑战面前，制订多方位的对策。

我国经济体制改革即将进入新的发展阶段，正确认识博物馆社会效益问题的重要意义，促使博物馆充分发挥其社会效益，是每个文博工作者首要的职责。

原载《中国博物馆》1986年4期

贵州传统工艺述略

一、一份珍贵的历史文化遗产

传统工艺是劳动人民从长期实践中积累起来的生产经验和科学技术在生产中的运用。以其产生和发明确定时代下限，可划于近代科学技术兴起与使用之前。

传统工艺包括范围很广，举凡人类吃、穿、住、行用品的生产，以及文化、艺术用品的生产，几乎无所不涉。不同传统工艺项目的肇始时代，往往追溯到数百年以至数千年之前。传统工艺凝结了人类祖先世世代代的勤劳与智慧，铭记着一个民族对于人类文明进程的贡献。传统工艺是历史文化中一项重要的组成部分。

贵州是全国保存传统工艺最多的省区之一。根据我们对省内50余县、市的初步调查，累计项目约360个。结合文献记载和其他资料分析，按照工艺特点以及功用性质，贵州传统工艺可分为22类：

1. 蚕丝　包括桑蚕和柞蚕技术。
2. 纺织　包括麻织、丝织、毛织、棉织。
3. 针织　包括刺绣、挑花等。
4. 印染　包括蜡染、其他封料染、扎染及全色染等。
5. 矿冶　包括汞、铅、锌等有色金属及其他矿物的土法开采和冶炼。

6. 锻铸　包括银器制作，铁、铜器铸造、打造等。

7. 陶瓷　包括泥质陶、砂陶及瓷器等。

8. 造纸　包括皮纸、竹纸、草纸及其他原料纸。

9. 印刷　包括雕版印、石印等。

10. 编织　包括竹编、藤编、麻编、棕编及草编等。

11. 漆器　包括各种胎料漆器。

12. 乐器　包括民间吹奏、敲击、拉奏、弹拨等各类乐器。

13. 雕刻　包括建筑石刻、木刻及其他工艺雕刻。

14. 动力机具　包括各种传统动力（人力、畜力、自然力）机具。

15. 烟火　包括火药、鞭炮、烟花、烟火架等。

16. 传统食品　包括鱼肉蛋类、豆类、米面类、糖食类、腌酱类制品。

17. 酿酒　包括白酒、黄酒、果酒等。

18. 中草药炮制　包括灸制、熏制、炒制、蒸制、膏丸、酒剂等。

19. 制茶　包括青茶、红茶、花茶等。

20. 纸扎　包括各种纸扎品、纸伞、斗笠、竹扇等。

21. 建筑　包括建筑用料、修筑方法等。

22. 其他　包括不宜归于上述类别的项目。

将贵州大量传统工艺项目与我国最重要的古代科学技术典籍《天工开物》[1]相对照，发现书中记载的三四百年前流传于民间的传统工艺技术中，竟有55%，计16类59项尚存于贵州。而且很多操作方法、工序过程及工具设备，几乎完全一致。此外，还有一些中原或其他地区早已绝迹的工艺项目，至今也保存于贵州。如蜡染、贯首服[2]、大小忽雷[3]等。

---

[1] 《天工开物》为明代宋应星（1587—约1661）所著。明崇祯十年（1637）刻成出版，为世界公认的古代科学技术典籍。

[2] 贯首服为古代百越系统民族的服饰。《后汉书·南蛮西南夷列传》："凡交阯所统……项髻徒跣，以布贯头而著之。"《旧唐书·卷一百九十七　列传第一百四十七　南蛮西南蛮·南平獠》："妇人横布两幅，穿中而贯其首，名为'通裙'。"贵州长顺、花溪等地苗族仍有此种服饰。

[3] 大小忽雷为唐代乐器。唐段安节《乐府杂录》："文宗朝有内人郑中丞善胡琴。内库有二琵琶，号大小忽雷，郑尝弹小忽雷。"据国家文物鉴定委员会副主任史树青先生考证，贵州侗族牛腿琴，应即大小忽雷的遗存。

从上述22个类目中，还发现至少一半类目包含有许多属贵州少数民族所特有的传统工艺项目。如第2类中布依族和水族的土布、彝族毛毡、侗族织锦；第3类中苗族、布依族的刺绣和挑花；第4类中苗、布依、仡佬、瑶等族的蜡染、枫香树脂染、扎染，侗族和水族的蓝靛加牛血、蛋清染；第6类中苗族和侗族的银器制作；第7类中苗族泥哨；第12类中各族的芦笙、口弦琴、笔管等；第13类中水族的建筑石刻；第16类中各民族的菜肴、点心；第17类中水族的九阡酒、彝族的嫩包谷酒、侗族的苦苦酒，苗、仡佬、土家等族的咂酒；第18类中苗族草药；第21类中苗族吊脚楼，侗族鼓楼和花桥，布依族石板房等。

贵州传统工艺如此突出的历史特色与民族特色在全国极为罕见。它的形成，与贵州特定的地理环境、社会历史及民族构成有直接原因。

贵州地属山区，自古以来交通十分闭塞，至明洪武十五年（1382）后，由中央累次下令，才开辟出几条通向省外的驿道。[①]20世纪20年代初，始建起第一条公路。行政上，贵州从明永乐十一年（1413）后才成为独立省区。直至清雍正四年至九年（1726—1731）实行"改土归流"后，才最后结束地方土司的分散割据状况。地理交通的恶劣和政治管理的不统一，使贵州经济与文化发展十分缓慢，在不同的政治势力范围和复杂的地理环境内，形成一些各自封闭的小经济区域，使外来文化的渗入速度极缓。因而，已经形成和沿袭下来的传统工艺，在这里不容易因外来冲击而改变。

贵州又是多民族聚居省份，是古代南方少数民族交汇融合地区之一，世居少数民族达十余个。各少数民族特有的生活习俗，形成许多独特的工艺项目。而且，强烈的民族意识及民族心理特征，使他们高度重视本民族的传统，因而，大量独特的民族传统工艺项目具有相当稳固的传承性。

贵州数量丰富、特点突出的传统工艺资源，是历史馈赠的一份珍贵文化遗产。

---

① 见《明实录·太祖洪武实录》卷142、157、209、211、214、219。

二、贵州传统工艺的科学研究价值

贵州传统工艺含有很高的科学研究价值，其中关系到历史学、考古学、民族和民俗学、工艺学、科技史学等多门学科。

传统工艺是历史的产物。每项工艺的产生和发展都标志着各自行业在某一时代的技术水平，而且还从一个角度反映了当时的社会经济状况。因此，传统工艺是历史学研究的重要对象。贵州传统工艺在历史学研究中，对复原某些古代技术发明的原貌，以及解决一些历史疑难问题方面，有不少值得重视的题目和资料。比如民间造纸保存了草纸、竹纸和皮纸等传统品类；操作中对原料的处理，从沤泡、破碎、碱液蒸煮到过浆等，基本是东汉时代已有的工艺；使用活动帘床抄纸，则是南北朝时代产生的工艺[1]；主要设备如木碓、石甑、杠杆木榨、火墙等，也全是原始形态。同样，民间织布从布类品种到织机，都是古代早已产生的东西。麻织与丝织在新石器时代即已产生，属于人类最早发明的纺织品[2]，棉织的产生稍晚[3]。有些民族地区使用的腰机，是最原始的织机形式，出现于新石器时代早期[4]；另一种使用较普遍的配置有机台的小型斜织机，至迟汉代已出现[5]。又如贵州民间砂陶工艺，保存了原始的手工慢轮成型和无窑烧制技术，对于研究人类发明陶器初期是否使用无窑烧制、无窑烧制技术如何等疑难问题，是极有参考意义的生动资料。

贵州传统工艺的考古学研究与历史学研究有很多共同之处。此外，由

---

[1] 见杜石然等：《中国科学技术史稿》，科学出版社，1982年；中国自然科学史研究所编：《中国古代科技成就》，中国青年出版社，1978年。

[2] 考古资料。如1958年在浙江吴兴钱山漾良渚文化遗址中出土的绢片、丝带、麻布等。

[3] 福建武夷山商周时期崖墓中曾出土一种青灰色棉布，经鉴定，原料为木棉。种植棉大约西汉中期才传入我国新疆，后来一直分布于西南及沿海部分地区，至宋末元初传入中原。

[4] 河南裴李岗遗址、河北磁山遗址都出土骨角梭，浙江河姆渡遗址出土骨纬刀、木纬刀、卷布棍、木经轴等。经研究，新石器时代早期已有原始腰机。

[5] 山东、河南的汉代画像石，多处有小型斜织机图样。

于考古发掘资料需要从现存的具有原始性状的民俗资料中寻求解决途径，贵州传统工艺中有不少可从文化人类学角度提供考古学研究的对比资料。如侗族摘禾刀与新石器时代的穿孔石刀，水族木踩锹与商周时期的耒耜，苗族木锄与新石器时代的鹤嘴锄，小型斜织机上的骨梭与新石器时代的骨匕，赫章火法炼锌的陶坩埚与商周时期的"将军盔"，等等。而且，贵州传统工艺中还有一些需直接借助考古学来加以解决的课题，如务川民间开采汞矿的历史与当地密集的汉墓群的关系，水城大型古代铅锌矿遗址的科学考证等。

贵州传统工艺研究与民族学和民俗学研究的密切关系，在本文第一节论述贵州传统工艺特点时，已经有所反映。大量具有民族特色的传统工艺项目，不仅因特殊的民族习俗而产生，而且有些生产过程直接与民族的礼俗或活动相联系，对二者的研究密不可分。有的民族酿造一种"姑娘酒"，女孩出世后，父母就蒸料配药，封于坛内，直至女孩出嫁，才取出用作陪嫁。这些民族特有的传统工艺项目，还表现出该民族的聪明智慧，表现出他们的心态特征、审美意识以至经济水平。苗族刺绣和银饰，以其精湛的工艺手法、多样化的造型、丰富的图案、生动而夸张的题材，成为少数民族中最令人赞叹的装饰工艺。而且装饰中还包含一些社会意义很强的内容，如银饰中的大牛角、刺绣中的传说英雄翁孟席，及祖先迁徙史上跨越过的黄河、平原、长江等。这些装饰手段，不仅为了表现苗族妇女自身的美及富有，同时又为了显示自己的劳动本领，此外，还具有支系辨识标志的重要属性。显然，对苗族刺绣与银饰工艺的全面研究，离不开民族民俗学、民族美学、民族史及民族经济等方面的研究。

工艺学研究是传统工艺研究的直接组成部分。大量传统工艺项目的技术需要运用现代科学原理进行整理和总结，以得到科学的认识结论。同时，从中将发现许多为现代工艺可资借鉴的技术和经验。对茅台酒工艺的研究和推广，已经导致习酒、怀酒、珍酒等一批具有茅台酒香型和风味的名酒产生，获得巨大的经济效益。国内有关部门复制的古代铜鼓，由于音响问题解决不好，始终不受少数民族群众的欢迎。贵州保存的古代铜鼓达数百面之多，如果认真将这些铜鼓的定音工艺加以研究，或可解决此难题，有益于铜鼓的生产和开发。

贵州传统工艺在科技史研究方面最值得重视的价值，是保存了不少有关专业史的系列资料。前文已经谈到过织布和造纸，此外还有酿酒系列、天然染料系列、传统动力机具系列等等。另有部分在中原或其他地区早已绝迹的项目，也已引起科技史学界的关注。赫章火法炼锌，已由中国科学技术大学、中国自然科学史研究所的有关专家作过多次考察，认为在世界冶金史研究中具有相当价值。①

三、贵州传统工艺的经济价值

传统工艺虽属历史文化遗产，但在现实社会中仍然具有较大的经济价值。

贵州传统工艺产品中有一些历史名特产品，因其悠久的名声和可靠的质量，广为社会各界欢迎。近年来，由于各级政府部门的大力扶持，取得越来越明显的经济效益，甚至成为出口创汇的重要商品。以茅台酒为首的贵州名酒，已成为地方经济的一根支柱。此外还有各种名茶、蜡染制品，以及玉屏箫笛、安顺三刀、独山盐酸、镇宁波波糖等。

传统工艺产品与人民群众的日常生活需要直接相关，其中很多产品尚不能由现代大工业生产所代替。有些现代工业产品，也未必比传统工艺产品价廉或实用。因而，大量不同门类的传统工艺产品在民间具有广泛市场，尤其是农村市场，经济潜力是很大的。

另外，传统工艺生产多为手工操作，生产周期短，设备简单，多数项目的技术易教易学，尤其适于在农村流传。贵州很多农户都把某一生产项目作为家庭副业。这种以家庭为单位的分散型小生产，虽然获利不丰，但

---

① 许笠：《贵州省赫章县妈姑地区传统炼锌工艺考察》，载《自然科学史研究》1986年4期。

汇集起来，是农村社会经济中一笔不小的潜在数字。盘县九村乡有三百多造纸户，每户年均生产皮纸二百捆以上，除去原料成本，收入近二千元，全乡累计收入可达近十万元。由于这种生产特点，传统工艺的一些项目在民间还将普遍流传，并延续一定时期。

四、贵州传统工艺研究及保护与开发

贵州传统工艺研究是科学问题，同时又是历史职责问题。随着现代科学技术的高度发展和现代社会的不断前进，很多传统工艺将很快衰退并失传。抓紧目前时机，全面开展传统工艺研究，是我们这一代人的责任。

传统工艺研究作为一门学科，在全国尚未全面展开工作，因而这项研究还具有较大困难。当前需明确其学科性质，把它纳入正确的科学研究轨道。传统工艺研究是一门独立的综合性学科。其中虽然包容有多门学科的研究内容及价值，但不能为任何一门学科所代替，尤其不能误将科技史学或工艺学与之混为一谈。明确这一点，才能够首先树立起正确的研究理论和研究方法。建立这门新兴的学科，当然还需要组织起一批研究力量，并形成相关的学术协作形式或组织。

传统工艺的保护与开发是长期性的、政策性很强的工作。传统工艺在现代社会的衰落是历史规律决定的，保护的目的决不是要挽留已经落后的生产方式，而是因其重要的历史文化价值。这是中华民族优秀传统文化的一部分，不能轻易被湮灭、丢失。

由于传统工艺存在于动态的生产过程中，其保护形式应尽求完整和形象。重要的项目，应将生产过程也同时保存下来。因而，主要的保护方法，包括资料保护（详尽的文字、绘图、摄影、录像、标本、模型等），以及重点对象保护（以补贴办法确保重点工匠持续生产和技艺传承）。

开发的重点是，大力挖掘散存于民间的、具有较大经济潜力的传统工艺项目，使生产进一步正规化、商品化。这将是促进地方经济发展有效的一项工作。

特别值得注意的是，传统工艺多属自发性生产，具有很大盲目性和浅见性，有些生产项目造成了自然资源的严重浪费，或严重破坏了生态环境，如民间采矿、火法炼锌、土法炼硫磺等。这些项目虽然一时能产生较大经济效益，但从人类长远利益考虑，必须严格控制它们的盲目发展。危害严重的，需及时加以取缔。

贵州传统工艺研究刚刚起步，这是一个良好的开端。我们应抓紧研究，不要让这份珍贵的历史文化遗产再遭受新的损失。

本文作者：梁太鹤、胡　进
原载《贵州文化》1990年12期

亟待创建传统工艺博物馆

一、被忽略的传统文化遗产

中国博物馆自20世纪80年代初以来，发展迅速，高峰期的增长速度甚至远远超过美国博物馆高峰期的增长速度。[1]这种异乎寻常的"大跃进"，与改革开放以来中国经济的发展有关，但更主要是由于国家的大力倡导。[2]到了80年代后期，这种迅猛发展势头才渐趋平稳。中国博物馆经过十余年的大发展，数量和类型都大为增加，表现出两个明显的特点。一是出现各种专门博物馆，如古钟博物馆、古钱币博物馆、古代茶叶博物馆、丝绸博物馆等。二是出现许多民族民俗博物馆，包括自然村寨馆和露天馆。此外，各种科技馆及工业部门创办的专业博物馆也陆续出现。这种现象反映出中国博物馆在表现中国传统文化遗产的广度和深度方面有很大进展，说明中国博物馆的整体素质有较大提高。中国传统文化源远流长，内涵十分丰富。尽管经过广大历史、考古、科技和文博工作者几十年的努力，在挖掘、整理和研究传统文化遗产方面，已经取得恢宏成果，但是，需要深入挖掘和研究的东西还很多。中国传统工艺的研究与保护，就是被忽略的一

---

[1] 见苏东海：《当代世界博物馆大发展的剖析》，载《中国博物馆》1991年2期。

[2] 1985年，《中共中央、国务院关于加强我国博物馆事业建设的决定》提出，"六五"期间市市建立博物馆。此前，胡耀邦同志讲话更提出县县建立博物馆。

个重大缺环，急需引起社会各界尤其是文博界人士的重视。

传统工艺指近代科学技术兴起前产生的所有手工生产及原始机械生产技艺。实质是古代科学技术在生产实践中的应用。由于这种原始生产是古代社会全部生活资料的生产方式，所以传统工艺所涉门类已深入到社会生活的各个方面。很多项目的肇始年代，可追溯至数百年以至上千年。传统工艺凝聚着我们祖先世世代代勤劳和智慧的结晶，是中华民族传统文化遗产重要的组成部分。

除了四大发明，中国古代科学技术的很多部门在世界上长期居于领先地位。中国从夏商时期的农学、天文学，到以后的数学、化学、医学、药学等古代科学知识，以及蚕桑、纺织、青铜铸造、采矿、冶炼、舟车、茶叶、瓷器、建筑、水力机械、风箱等古代工艺技术，都取得过世所瞩目的重大成就。其他富有特色和成就、流传于民间而不见诸文献记载的手工技术必定还很多。我们曾错误地以为，中国古代科学技术成就是历史的陈迹，都记录在古代文献和古代文物上。中国经过半个多世纪的考古发掘，出土大量珍贵文物，广涉数千年社会生活的各个方面，的确展现出中华民族灿烂辉煌的古老文明。但准确地说，古代文物提供的只是古代科技成就的见证，不能反映出古代科技本身的细节。中国古代文献中有关科学技术的记载很少。一方面，因为古代科学技术属于原始科技，一般只具备经验特征，缺乏理论系统，当时的科技知识和经验，主要反映在工匠的实际操作过程（即工艺过程）中，并在工匠师与艺徒世代的口耳传承中积累、延续。另一方面，因为中国封建文化传统历来崇尚经义文理，轻视工商技艺，当时的知识分子热衷于科举仕进，不关心生产实际，更难总结整理生产实践中的科技知识。因此，中国古代虽然也曾出现过类似《梦溪笔谈》《天工开物》等这样在世界科技史上具有影响的科技著作，但在浩瀚的古代文献中，只是微乎其微，对工艺技术稍作系统整理记载的著作更是凤毛麟角。所以，尽管我们知道中国古代科技成就先进、伟大，但至今对古代科技成就的认识仍然很不全面、很不具体，留下大量缺憾。

实际上，除了古代文献和古代文物，传统工艺是更为重要的生产技术资料。大量古代科学技术成就非常形象具体地反映在今天可见到的传统工艺项目中。过去有人从事科技史研究时,曾注意到传统工艺一些专门项目,从中获得过许多珍贵资料。但对于传统工艺全部的科学研究价值,至今尚未进行过全面深入的探讨,也谈不上正确和充分的认识。

传统工艺不光是古代科学技术研究的重要资料,而且,由于它是古代不同时期生产技术和生产方式在当代社会的直接延伸,还从不同角度形象地反映了当时政治经济的一些状况。此外,大量保存于少数民族地区的传统工艺项目,还包含许多民族习俗、民族历史、民族宗教信仰等有关的特殊内容。因此,传统工艺对于历史学、考古学、民俗学、民族学等学科的研究,也具有重要价值,是这些社会科学学科研究中很难得的"活化石"资料。

近代科学技术兴起后,机器生产逐渐取代传统手工生产,传统工艺也随之逐渐衰落。当代高科技的飞速发展,更是迅速改变人类的生活方式和生产方式,传统工艺急剧走向消亡。据20世纪80年代末期贵州省传统工艺初步调查统计,贵州现存传统工艺项目中约20%已濒于消失。其他失传或尚未了解到的濒于失传的项目暂无法估计。[①]传统工艺在现实社会消失的速度越来越快。贵州省织金县闻名的"砂锅街",曾有数十户家庭作坊。1985年全国文物专家组进行考察时,对这里传统的无窑烧制工艺产生很大兴趣。但事隔不久,有关部门因修整水泥道路,拆毁全街砂锅作坊。历史留存下来的文化遗迹,数天内就被铲除。苏州金属工艺厂长期保存着我国已流传2000多年的青铜失蜡法铸造工艺,20世纪80年代初这种工艺被取消,几年后有关人员前往调查,原有的工艺设备几乎荡然无存。

传统工艺在生产部门最终消亡,是历史发展的必然规律。但作为中华民族传统文化重要组成部分,这是历史遗留给我们的宝贵财富,没有理由不把它珍藏保护起来。过去已经失传的,我们无法挽回。现在尚未消失的,如果再让它就此悄然失传,我们将有罪于历史,将永远愧对后世子孙。

由于经济发展不平衡,传统工艺在现实日常生活品的一些生产部门尚有保存。在少数经济不发达、交通闭塞的地区,保存得还较为集中。有关

---

① 梁太鹤、胡进:《贵州传统工艺述略》,载《贵州文化》1990年12期。

学者对全国较有特色的传统工艺进行过粗略分析统计,将现有主要项目分为26项,包括142个点(或地区)。[①] 据贵州省传统工艺调查研究,发现传统工艺资源保存尚富,可分为22个类别,包括近百个项目,很多具有突出的历史特色、民族特色及地方特色。与我国明代重要的科技专著《天工开物》相对照,书中记述的工艺项目约55%仍见存于贵州民间。[②] 其他做过少数调查工作的省区,也有类似情况存在。这是我们还来得及抓住的机会。再过10至20年之后,情况或将发生极大的不可逆转的改变。

二、传统工艺保护与博物馆

开展传统工艺保护,首先要纠正观念上的一种偏见。

我们以往对文物的认识,基本离不开有形实体范围。《中华人民共和国文物保护法》对我国文物所作的界定,即代表了官方和民众的传统观念。[③] 这种观念也自然地反映在对博物馆的认识上。

国家文物局1979年颁布的《省、市、自治区博物馆工作条例》,称我国博物馆"是文物和标本的主要收藏机构、宣传教育机构和科学研究机构"。《辞海》(1979年版)解释更为具体:"是陈列、研究、保藏物质文化和精神文化的实物以及自然标本的一种文化教育事业机构。"最新出版的、由国家文物局组织编写的文物教材《中国博物馆学基础》依然沿用了相类似的提法。[④]

这种观念的狭隘性已为世界文博界所意识并予以纠正。1974年,国际

[①] 祝大震:《中国传统工艺类目选编》,载《中国博物馆》1990年4期。

[②] 梁太鹤、胡进:《贵州传统工艺述略》,载《贵州文化》1990年12期。

[③] 《中华人民共和国文物保护法》关于文物的界定共五项,大体为:1.古遗址、古墓葬、古建筑、石窟寺和石刻;2.纪念性建筑、遗址、遗物;3.历史艺术品、工艺美术品;4.文献、手稿、古籍等;5.各民族文物。

[④] 王宏钧主编《中国博物馆学基础》第二章第一节指出:"博物馆是对文物标本进行收集、保藏研究、陈列,传播文化科学信息,为社会服务的文化教育机构。"上海古籍出版社1990年4月版。

博协关于博物馆的权威性定义中，指明博物馆工作对象乃是"有关人类及其环境的见证物"。但进入20世纪80年代后，提法就有明显改变。1980年墨西哥第12届国际博协大会的中心议题是"世界文化遗产和博物馆的任务"。1986年阿根廷第14届国际博协大会的中心议题是"世界文化遗产和博物馆未来紧急呼吁"。这样突出的关于"遗产"的提法，显然是已大大拓宽的博物馆职能观念的发展。实际上，很多国家早已重视到文化遗产中的非实物部分。日本从1950年起，就在法律上明确提出"无形文化财"概念，将日本传统工艺纳入无形文化财范畴，制订出一系列保护措施。以后又对这些措施陆续加以修订和完善。

欧美一些工业国家从19世纪起就建有"实用艺术博物馆"。芬兰学者乔诺·朱汉尼·佩尔登尼对此有清楚的表述，他认为这类博物馆"肩负着保护和展示各历史文明成就的责任。手工业在这一方面占据着实用艺术博物馆工作的主要地位。保存手工艺技术——至少是保存手工艺工具——以及揭示其相关的知识，都是这方面工作的重要内容。随着生产的日益自动化，工业的不断发展，我们现在愈加需要在博物馆及世界各地展示历史文明的成就及其手工艺，以深化对历史的认识，促进现代化社会的发展。同样，妥善地保护各地特有的手工艺并传诸后代的意义也十分重大，实用艺术博物馆完全应当在这方面承担起一部分职责"。①

很显然，我们关于文物的封闭观念，已不能适应对传统文化遗产的全面保护，也不再适于日益深化的博物馆职责与工作目标。必须高度明确，所有的文化遗产——有形的与无形的，都同样应该成为重视和保护的对象。

传统工艺即是无形文化遗产，应该作为无形文物加以保护。

由于传统工艺具有特殊性质，对传统工艺保护须采取特殊方式和特殊措施。工艺是生产过程，有关工艺的许多关键性技术都掌握在工匠师的操作经验中。因此，对传统工艺的保护仅仅达到实物收集和资料整理是不彻

---

① （芬兰）乔诺·朱汉尼·佩尔登尼：《实用艺术博物馆在当今时代的作用》，许杰译，载《中国博物馆》1990年1期。

底的，实际操作过程的形象保护与永久的传承保护，是传统工艺保护更重要的目标。为此，需要有选择地将不同项目的代表性工艺师，随同工艺项目共同保护起来。

日本政府1964年修订的《文化财保护法》规定："文部大臣为了文化财的保存，对不能缺少的传统技术或技能，可以选定有必要采取保存措施者作为选定保存技术。"又规定："文部大臣在根据前项规定进行选定时，必须选定保存技术的保持者或保存团体。"[①]日本国家文化财保护委员会制订了保持者的认定标准，每年发给选定的保持者个人80万—120万日元补贴金。日本政府的这种保护方式，是保护传统工艺的必要手段，值得我们借鉴。

我国尚未全面展开传统工艺保护工作。1987年，由中国历史博物馆（今中国国家博物馆）和中国科学院自然科学史研究所牵头，组成"祖国传统工艺保护和开发实施方案"课题组，邀请国内少数省区博物馆与大学的专业人员参加工作。继而，贵州等个别省级博物馆也陆续开展部分调查和研究工作。这是我国传统工艺研究、保护工作良好的开端。但是，依靠国内现有的综合性博物馆和历史性博物馆，全面、深入地承担起这项工作，无论是经费、设施、专业人员、任务承受能力等各个方面，都将是难以胜任的。

近年来，我国新建起的民族民俗博物馆、专门性博物馆以及科技博物馆，对部分传统工艺项目起到一定保护作用，但距离传统工艺的全面保护目标还相去甚远。

民族民俗博物馆设置的民族特殊工艺现场表演，主要目的是增加陈列展览的生动性，加强展出的感染气氛。选择的工艺项目很少，也并未列为永久保护目标。专门性博物馆虽然可望对该专项传统工艺进行系统研究整理，并实施长久保护，但我们所能建立的这一类专门性博物馆终将是有限的，远远无法包括我国传统工艺所有重要项目。科技馆的建立将呈现不断发展的趋势，并且也将开展科技史方面的工作。但科技馆的根本宗旨在于

[①] 日本1964年《文化财保护法》第八十三条之七，见赵汉生译《日本无形文化财的保护方法》，引自《祖国传统工艺保护和开发实施方案》（课题组编）附件，打印本。

宣传和普及现代科技知识，以适应当今的高科技时代，不可能将传统工艺当作一项主要工作。

除了博物馆，其他科研部门和企业部门也不可能担负起对传统工艺的保护工作。对传统工艺的全面研究和保护工作，只能由以传统工艺为基本工作职责的博物馆来承担。为了及时抢救和保护这份珍贵的文化遗产，我们亟待创建这种新型的博物馆——传统工艺博物馆。

三、传统工艺博物馆建设

建馆宗旨 以传统工艺的收藏保护、研究和陈列宣传为基本职责。对传统工艺的保护，决不是为了挽留行将淘汰的生产方式，而是为了保护中华民族优秀的文化遗产，包括其中的历史文化价值和经济价值，以及古代劳动人民的勤劳、智慧与创造精神。

规模与类型 可建为综合型和专门型两类博物馆。综合型馆工作范围包括传统工艺的多数项目，适于在中央与省级建立。专门型馆以某具体项目作为工作对象，规模不宜大，可利用工艺作坊修建。主要由地方根据各自的特点建立。如贵州正筹建的安顺蜡染博物馆、织金砂器博物馆即可建成这样的博物馆。由于传统工艺博物馆的藏品征集不需巨额资金，新馆的建立较之其他博物馆所需经济投入要少得多。如果在较快时间内，建起一个中央级的传统工艺博物馆和几个省级馆，再有一批地方的专门型馆，就能很快把我国主要的传统工艺项目保护起来。

保护工作 保护工作占有重要地位，也具有紧迫意义。

首先应抓紧做好三项工作：

（1）开展全面调查，摸清传统工艺的保存及分布情况，挑选出特点突出与急需抢救的项目。

（2）在此基础上进行资料收集整理和实物征集。资料包括详尽的文字记录、摄影、录像及工具设施的实测绘图。实物包括生产工具、产品标本及原料标本等，必要时还应征集有关设施的模型。

（3）经过广泛调查、研究，确定重点保护项目，并从这些项目物色技术全面、各方面条件适合的工匠师，作为该项工艺的指定保护人。一般项目可选择一名指定保护人，特别重要的项目可选择两名指定保护人。由于指定保护人政策及有关措施需由政府通过立法形式给予保证，因此，争取这方面立法的通过，以及有关立法前的大量具体工作，也成为保护工作的必要步骤。

指定保护人一经确定后，博物馆应代表政府与保护人签订必要的合同，双方履行各自的义务和职责。博物馆需建立保护人档案，实施长期跟踪管理，确保指定保护人的正常生产和技术传承。也可临时或长期聘请指定保护人到馆，参加展览的现场操作表演。

科研工作 传统工艺研究属于一门综合学科，涉及的学科种类很多。因而，除依靠馆内专业人员开展大量科学研究外，还必须与社会各科研部门和工业部门建立广泛联系，动员、组织这些部门的专业人员共同参加研究。可建立有关的学术协作组织。这样既可以加深对于传统工艺的研究，又可将古代科技中可资吸取的经验和技术，及时反馈到现代生产工艺中去，而且还有益于对传统工艺项目的开发利用。

管理 传统工艺博物馆主体管理适于实行事业管理。但需加强其中有关指定保护人管理的执法权限。对馆内设置的操作作坊，包括展览中的现场操作表演，可实行企业管理，达到减轻事业拨款负担、创收节支、增加博物馆自身活力的目的。

馆舍馆址 馆舍建筑应适应陈列展览特点，突出民族特色，不宜修建高楼大厦。应有较宽的庭院，便于建设操作作坊，存放必要的生产设施及原料。馆址选择应尽量与城市的旅游相结合。展出中的现场操作表演对国内外游客都会产生吸引力，既增加了旅游线上的人文景点，又有益于充分发挥博物馆的社会效益。

创办传统工艺博物馆是一项新兴的事业，有关具体问题还需进行多方的论证。但开展这项工作已经迫在眉睫，刻不容缓。

原载《中国博物馆》1992年3期

名扬艺海，学播东瀛
——杨守敬及其书法

  杨守敬是晚清时期著名书法家，擅长正、行、隶、篆，尤以行草为佳。同时又是一位在历史地理学、版本目录学、金石学及书法理论等学科中卓有成就的学者。他在日本学界和书界的广泛影响，以及对中日文化交流作出的重大贡献，至今仍深为日本学人所缅怀与敬仰。

  杨守敬，字惺吾，号邻苏、邻苏老人。湖北宜都人。生于清道光十九年（1839），卒于民国四年（1915）。同治元年（1862）中举，后屡次会试不第，遂潜心于学问。光绪六年至十年（1880—1884）充任清廷驻日大臣黎庶昌随员。回国后，曾任湖北黄冈教谕。又先后掌教两湖书院、勤成学堂（后改名存古学堂）。

  杨守敬毕生孜孜向学，著述宏富。据调查，国内外现藏杨氏著作计83种，流存在私人手中的尚不全知。[①]其中，《历代舆地图》及《水经注疏》尤其具有重要的学术价值，以至近代学者罗振玉将杨守敬在舆地学方面的成就，与王念孙、段玉裁的小学及李善兰的算学，并誉为清代"三绝学"。《清史稿》谓："其学通博。精舆地，用力于《水经》尤勤。通训诂，考证金石文字。能书，摹钟鼎至精。工俪体，为箴铭之属，古奥耸拔，文如其

[①] 见杨守敬著，谢承仁主编：《杨守敬集》总序，湖北人民出版社，1988年。

人。……为鄂学灵光者垂二十年。"[1] 绝非过誉之辞。

杨守敬任职日本期间，广为搜觅国内已散佚的古籍版本，购回古刊珍本三万余册。在黎庶昌主持下，精心辑刻《古逸丛书》二百卷，为保存民族文化遗产功不可没。其间，还将中国汉魏以来碑帖万余册传入日本，促使日本书法出现转折性的发展。日本明治时代著名书法家日下部东作、严谷修，著名汉学家冈千仞，著名木雕版家木村嘉平等人与杨守敬建立了密切往来，向杨守敬学习书法和其他知识。及至归国之后，仍有山本由定、水野元直等日本书法家"不远千里而来受业于门"。杨守敬的书法和学业在日本影响深远，1985年7月，全日本书论研究会特意在京都隆重举办"杨守敬逝世七十年纪念展览会"，展出流存于日本的杨守敬书法作品及论著共180件。

杨守敬的书法初学欧，后习北碑，受晚清碑学兴盛之风影响很大。兼以他自身金石学造诣很深，凡古碑文字，皆以极大兴趣搜集研究。每次赴京会试，及在景山官学任教期间，最大嗜好便是"每日散学后，徒步到琉璃厂法帖店物色碑版文字，及归，街上已寂无行人。到馆，则漏三、四下矣。……旁观者多非笑之"[2]。路遇古碑，则亲手传拓。据自撰年谱"辛未年"条记载："时在都中搜求汉、魏、六朝金石文字已略备。"当时杨守敬不过33岁。杨逝世后，由门人熊会贞续修的年谱状其平生，特别指出："嗜古成癖，书籍、碑版、钱、印、砖瓦之属，莫不多方搜求，储藏之富，当世罕匹。"是语固非佞词。

杨守敬对碑学的广博见识与深入研究，远远超乎当时热衷鼓吹和摹习北碑的书学者，故他的书法艺术直达北碑的精髓。观其正、行、隶、篆，无不蕴含浓郁的金石风格，既显示出雄厚苍劲的气势，又有自然飘逸、不事雕琢的意趣。而于帖学，杨守敬并未取摒弃否定的一孔之见。他不唯注重北碑学习，同样强调帖学的重要，主张"集帖与碑碣，合之两美，离之

---

[1] 《清史稿》卷四八六，中华书局，1977年标点本。
[2] 《邻苏老人年谱》，《杨守敬集》第一册，湖北人民出版社，1988年。

两伤"。他在帖学方面下的功夫，毫不逊于碑学。

光绪十六年（1890），杨守敬应邀为黄冈知县杨寿昌辑刻《景苏园帖》，遴选家藏苏帖20多种，逐一评论以送审定，评语精当。现举一、二为例：

《平远山房帖》一册

小楷《黄庭经》。此坡公晚年极意之作，惜刻者老重有余，韵度不足。盖《平远山房帖》通部犯此病，不独此也。然坡公小楷既不多见，此本纵为刻者稍失真面，亦不当弃之。鄙意俟工人刻《四十二章经》之后，则坡公笔意熟于胸中，而后以此本授之，当有合也。

无名氏集帖二册

二册中有真迹，有伪品，皆重翻。

《三希堂帖》而又有失笔者，如欲选刻数种，当借三希堂原本摹之。然此时既有观海、西楼等帖，美不胜收，似亦不必借重内刻。盖三希堂浓丽有余，劲健不足，纵毫发毕肖，亦未能无遗恨也。[1]

光绪十八年（1892），杨守敬自己接着摹刻《邻苏园法帖》八卷，辑历代名人法书自晋陆机《平复帖》以下共50余种，鉴选博洽，刊刻亦颇有水平。

杨守敬于帖学的用功，于此亦可见一斑。而尤能反映他碑学、帖学并重之深厚功力的，当属《学书迩言》的撰写。是书为宣统三年（1911）客居上海时，应日本门人水野元直之请而作。自撰序言道："因所藏碑版集帖，皆陷于鄂城中，无一携出者。但凭记忆，必多遗漏。又念余五十年辛苦搜辑，虽不逮翁覃溪、吴荷屋、张叔未诸先生之精博，然以视并世诸君，或亦未遑多让。如无一字存留，未免负负。"书中评论泰山残石以下历代名碑百余种，评论南唐《昇元帖》《忠义堂颜帖》等历代名帖百余种，评论

---

[1] 见陈上岷：《杨守敬选刻〈景苏园帖〉采用的原帖目录及述评》，载《文物》1983年1期。

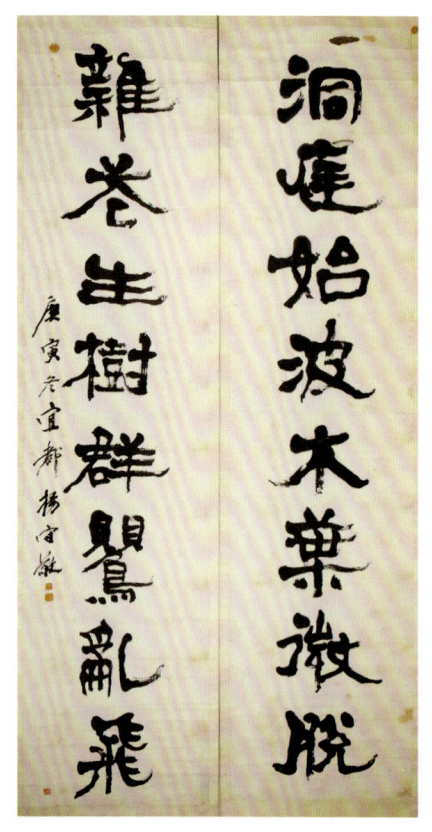

图1　杨守敬八言长联
（贵州省博物馆保管部提供）

宋代以下书家60余人。其时杨已届73岁高龄，尚强记博识如此，可知这些材料早已烂熟于胸，确令人叹服。

正是由于杨守敬兼习碑帖，不失之偏颇，才使其书法作品不仅富含金石气，且处处透出法帖的秀逸内蕴。

本刊选载贵州省博物馆所藏隶书"洞庭始波木叶微脱，杂花生树群莺乱飞"八言长联，为杨守敬光绪十六年（1890）所作，时52岁，正值壮年，自日本返国不数年。其间虽再次会试不第，但由于"自是始绝意科名，专心著述"，生活与心境俱趋平静。相继又获驻日大臣黎庶昌和湖北学政张仁黼向朝廷的奏保[1]，声誉提高，学问著述愈见精进。此件作品字大几盈

---

[1] 光绪十年，杨守敬在日本任满返国后，黎庶昌奏请清廷："该员学问优长，与东土人士交接甚有声誉，请以知县遇缺即选，并加五品衔。"光绪十四年，湖北学政张仁黼奏保杨"学问淹雅，士林推重"，部议加一级。

尺，气势磅礴，笔力洒脱豪放，可谓他盛年期代表之作。

杨守敬隶书不刻意于笔画的矫饰，结体与用笔皆有心意。此联入笔稳健沉着，善用迟涩之笔；收锋舒徐而富于变化。结体上恰当地用左重右轻取势，空灵之趣跃然纸上。运笔多有侧锋，阴阳向背有度，跌宕顿挫，讲究节律，金石味十足。用墨则不拘于湿，一任自然。湿笔清润遒丽，枯笔苍劲峻拔，精神贯注，极酣畅淋漓之致。

杨守敬书法最以行草见称，隶书作品不多见，此件大字隶书联弥足珍贵。

杨守敬书法的独特风格，来源于对书法艺术的透彻理解。他以为："自来学前贤书未有不变其貌而能成家者。"他初学欧、虞，后习北碑，追循的便是这一条道路。此外，杨守敬对笔法亦有独到见解。有清一代，中锋、侧锋之争沸沸扬扬，由于康、雍、乾三朝皇帝崇尚董、赵，中锋论占据主流地位。乾隆时期的"北梁"甚而提出"舍此法皆旁门外道"[1]。杨守敬却鲜明地提出："大抵六朝书法，皆以侧锋取势。所谓藏锋者，并非锋在画中之谓，盖即如锥画沙、如印印泥、折钗股、屋漏痕之谓。后人求藏锋之说而不得，便创为中锋以当之。其说亦似甚辩，而学其法者，书必不佳。且不论他人，试观二王，有一笔不侧锋乎？惟侧锋而后有开阖、有阴阳、有向背、有转折、有轻重、有起收、有停顿，古人所贵能用笔者以此。若锋在画中，是信笔而为之，毫必无力，安能力透纸背？且亦安能有诸法之妙乎？"[2] 此论对于中锋论的批驳，所谓鞭辟入里。作为一得之见，却是杨守敬集数十年对碑帖和书法技艺的深入研究，才能如此快人快语。同时，这也反映出杨守敬独立不羁的学品及人品。

杨守敬曾说过，学习书法，除了古人所提倡的"三要"（天分、多见、多写）外，还须做到"二要"："一要品高，品高则下笔妍雅，不落尘俗；

---

[1] 《清史稿·梁巘传》卷五〇三，中华书局，1977年标点本。

[2] 杨守敬：《评帖记》，见季伏昆编著《中国书论辑要》，江苏美术出版社，1988年。

一要学富，胸罗万有，书卷之气自然溢于行间。"[1]杨守敬的书法成就，除了得自于数十年深厚的功力，无疑更得自于自身修养的品高与学富。纵观其一生，品高与学富又何尝不是他生平的忠实写照？

原载《书法丛刊》1994年1期（贵州省博物馆藏品专辑）

---

[1] 杨守敬：《学书迩言》，见季伏昆编著《中国书论辑要》，江苏美术出版社，1988年。

传统工艺研究与传统工艺博物馆

一、传统工艺研究回顾

中国古代对手工业技术加以总结研究的历史可以追溯到很早，成果也很突出。成书于战国时期的《考工记》，是这方面已知时代最早的专著。是书主要根据春秋末至战国时期齐国手工业生产情况，记述了官府手工业三十项专门生产部门的分工情况、生产设计规范、制造工艺过程以至产品检验方法等，而且还对若干重要技术环节加以概括。这在二千三四百年前殊非易事，在世界古代历史上也是绝无仅有的。可以说，这是中国传统工艺研究领域最早的经典之作。有趣的是，这部经多人整理加工、流传于民间的科技著作，经过秦朝焚书大厄，在西汉时期被收入到儒家重要经典《周礼》一书中，成为《周礼》的组成部分，得以保存至今。[①] 这实为中国传统文化的一大幸事。其重要价值，首先在于《考工记》科学地记述总结了当时众多的手工生产技术，反映了当时手工生产的分工，对后世的手工生产起到积极的推广指导作用。同时，一部科技专著被最高统治者厘定为儒家经典，就等于为这样的内容与撰成方式树立了不容移易的典范。这对后世类似著作的撰修与流传，影响是巨大的。中国封建社会自从"独尊儒

---

① （唐）陆德明《经典释文卷一·序录》："或曰河间献王开献书之路，时有李氏上《周官》五篇，失《事官》一篇，乃购千金不得，取《考工记》以补之。"上海古籍出版社，1985年。

术"的哲学思想占据主导地位后,便长期形成重经史文学、轻技艺实践的历史偏见。一般知识分子对技艺之学是不屑一顾的。但中国历代仍出现过一些优秀的科技著作,如魏晋南北朝时期的《齐民要术》、宋代的《梦溪笔谈》、明代的《天工开物》等。不妨认为,这些著作的问世,或多或少都有《考工记》被列为经典的余荫所庇。

完书于明代末期的《天工开物》,是古代另一部重要的传统工艺研究专著。书撰成于17世纪前半期,与明代后期商品经济与资本主义萌芽带来的手工业生产发展有密切关系。全书分十八卷,内容几乎包括当时农业和手工业所有的生产门类,广度与深度都远非《考工记》可比。《天工开物》在17世纪末流入日本与朝鲜,继而又传入欧洲,很快引起世界科技界高度重视,成为当今世界科技名著。由于内容的丰富与翔实,这部撰成于封建社会晚期的著作,是今天研究中国传统工艺最具权威性的重要文献。

西方现代科学技术的传入,推动了中国传统工艺的深入研究,主要表现在研究中广泛运用了现代科学知识和科学方法,尤其是科学考古与实验科学的导入,使中国许多古代科技成果得以认定和复原,从20世纪50年代开始,中国历史博物馆(今中国国家博物馆)就着手于古代科技成果的研究和复原工作。各省/市博物馆、自然科学史研究部门、工艺美术研究部门等,也陆续开展了不同专题的研究,出版发行过有关的刊物、著作,在国内外举办过中国古代科技成就展览。这段时期的研究,从整体上和方法上看,侧重于古代科技成果的揭示与对历史的探索,基本上属于古代科技史研究范畴。

20世纪80年代后,传统工艺研究进入一个新时期,主要表现在两个方面:

(一)在过去分散性、专题性研究的基础上,传统工艺研究作为一个完整的体系,受到学界的重视。首先,传统工艺作为一个独立的学科概念被文化界、学术界所承认。许多文化界、学术界的前辈与知名学者纷纷呼吁开展这项学科研究,保护传统工艺遗产。费孝通、王振铎、袁翰青、钱临照等十多位先生专门为此发表过口头或书面意见。[①] 其次，传统工艺作为独立的研究课题，被提出并得以开展。1987年，由中国历史博物馆和中国科学院自然科学史研究所牵头，提出申报"祖国传统工艺保护和开发实施方案"软科学研究课题，得到国家文物局、中国科学院等主要部门支持，国家科委（今科学技术部）正式批准立项，课题组顺利开展工作。不久，贵州省科委也在省内批准立项，由贵州省博物馆承担了省内的传统工艺研究课题。上海、四川、河北、西藏、山西等省市也开展了一些研究工作。这些都是将传统工艺作为独立学科而加以研究的开端。

（二）一批文物博物学界、自然科学史学界、民族学界、考古学界及自然科学类有关学科的专业人员相互配合，为传统工艺研究目标团结一致，各尽努力，初步形成一支综合研究力量。国家科委批准立项的"祖国传统工艺保护和开发实施方案"课题组，成员分别来自中国科学院自然科学史研究所、中国历史博物馆、上海博物馆、北京大学、广西民族学院（今广西民族大学）、哈尔滨科技大学（今哈尔滨理工大学）、贵州省博物馆等不同省区的不同部门，专业人员所属学科涉及社会科学与自然科学两大类的近十个学科。这一方面反映出现代科学发展中大分化、大融合的普遍趋势，另一方面也反映出传统工艺研究的深化发展，引来不同学科多种学术力量的汇聚。这种多学科的配合与交叉研究，借助了各种学科的研究成果和多角度的研究方法，必将促进传统工艺研究更全面、更深入的发展。1995年5月在北京召开的传统工艺与传统机械学术讨论会，是全国传统工艺研究第一次正式学术交流活动，这在传统工艺研究历史上可说是具有里程碑意义的事件。就会议宗旨与组成看，它预示了中国传统工艺研究一个新阶段的到来。

二、传统工艺研究的定义及其方法

传统工艺是一个严格的科学概念。但至今基本是作为一个习惯性概念

---

① 《祖国传统工艺保护和开发实施方案·附件一》打印稿，1988年。

而存在于人们的意识中。貌似理解，但需作出准确定义时，稍不留意，就会与其他概念，如古代科技、科技史等混同起来。

我们在研究中，曾力图为传统工艺作出一个较为科学的定义，提出："传统工艺指近代科学技术兴起前产生的所有手工生产及原始机械生产技艺。实质是古代科学技术在生产实践中的应用。"[①] 这样定义，考虑到传统工艺明确的界说，同时注意到传统工艺与古代科技不同的含义之处。

古代科技指古代所有的科学知识及生产技术，其中包括天文学、地理学、数学、医药学、化学、农学等科学知识，及农业生产、手工业生产各方面的技艺与经验总结。其体现形式基本是见诸文字的理论性研究。而传统工艺作为手工生产技艺，是科学技术在生产实践中的应用，其中应用环节占有重要地位。即是说，其体现形式除了理论性总结，还必须包括操作实践。因而，在概念容量与体现形式上，传统工艺与古代科技都是不能混同的。

在学科研究上，传统工艺研究与古代科技史研究或古代工艺美术研究也存在区别。古代科技史研究是对古代科学技术成就，对古代科学技术不同学科、门类发生与发展的过程加以研究。研究过程中无疑会涉及有关传统工艺具体项目，包括对这些项目操作过程的详尽研究。但研究的目标，最终停止于理论上的总结。

古代工艺美术研究则主要从美学角度，对手工艺品及其制作技术进行研究，研究对象、方法与目标的局限性都是明显的。而传统工艺研究范围，包括古代手工业生产的所有门类，其中包括那些并不被认为体现了重要科学技术的生产门类。而且研究目标不仅仅为了理论总结，还为了操作实践的再现。显然，传统工艺研究自身的特点，是其他学科研究所不能代替的。

传统工艺研究以往没有被作为一门独立的学科或学科分支，是由于种种原因造成的。其中，除了传统工艺自身研究开展不够深入外，还由于我们缺乏对传统工艺学的学科研究。这种历史的误会与缺憾应当得到纠正，传统工艺研究作为一门独立学科或学科分支，已是"匡正名分，登堂入室"

---

① 拙作《亟待创建传统工艺博物馆》，载《中国博物馆》1992年3期。

的时候了。

概括地说，传统工艺研究有其完整的对象——所有古代流传下来的手工生产及原始机械生产技艺与过程，以及与之相关的工具设施、原材料、产品、发展历史、社会背景、工匠状况等。

传统工艺研究有其明确的目的——了解这些生产技艺与过程的全部细节，总结其中的科学规律、历史文化价值和使之长久保护性操作的措施，为中华民族传统文化遗产研究和传统文化教育提供形象生动的资料，也为现代经济发展与科技研究提供历史借鉴与广泛机会。

传统工艺研究有其科学的方法——作为综合性学科，吸取和采用文物学、考古学、历史学、民族学、民俗学、科技史学及自然科学类相关学科的方法。传统工艺研究已形成较为广泛的综合研究力量。

总之，传统工艺研究就其历史渊源与现状分析，已经具备成为一门独立学科或学科分支的充分条件。所需的，是我们为发展这门学科而作出努力。

三、传统工艺的保护

传统工艺实质上是无形的文物，具有与文物同样重要的价值和同样重要的保护意义。

传统工艺保护的必要性，还由它的衰亡趋势所决定。

近代科学技术兴起后，传统手工生产逐渐为机器生产所取代。随着现代科学技术的迅速发展，传统工艺衰落消失的速度也越来越快。1988年，我们对贵州传统工艺项目进行过摸底调查，发现面临失传危机的项目约占现存项目的20%。现存项目中，很多生产规模与生产地区已大大萎缩，有的仅占解放前的10%。[①] 近年来改革开放不断深化发展，可以估计，失传

---

① 贵州省博物馆传统工艺课题组：《贵州传统工艺评价报告》，见贵州博物馆编《贵州传统工艺研究》，贵州省博物馆刊印，1991年。

或濒于失传的比例必将大大增加。落后为先进所取代，本是事物发展的自然规律。传统工艺衰亡的趋势，是社会技术进步的必然现象。但另一方面，唯因其迅速趋于衰亡，才更显出抢救与保护的重要性。我们有责任将这份历史文化遗产完整地交给后人。如果现在无视应由我们这代人履行的历史职责，听任尚存的传统工艺悄然消失，留待后人再回头对这份珍贵的历史文化遗产进行"现代考古"，将铸成难以宽恕的历史罪过。

对传统工艺加以保护的目的，是真实、完整、形象地将其历史文化价值保存下来。由于地区经济发展的不平衡，传统工艺在现实生活的一些生产部门尚有保存。在经济不发达、交通闭塞的地区，保存更为集中。祝大震先生在研究中，将全国现存传统工艺主要项目分为26项，包括142个保存点（地区）。[①] 据我们调查，贵州省已知的传统工艺项目可以分22类，近百个具体项目。《天工开物》记述的传统工艺项目，约55%仍存见于贵州民间。

传统工艺保存的现状，是历史留给我们的最后机会。如果不能及时抓住它，再过二十年，也许就一纵而逝，不复逆转。

建立传统工艺博物馆，是保护传统工艺唯一可靠的方式。

由于传统工艺特殊的性质，它的保护形式有别于文物及其他历史文化遗产。文物及其他历史文化遗产，如古籍、档案、典章制度、文学作品等，需要实行静态保护。或者将具体实物妥善收藏，使其无损失、损坏；或者通过整理研究，用文字、图像或其他手段记录下来，再加保存。

传统工艺保护则不然，它既需要静态的保护，又需要动态的保护。静态保护主要包括对具体项目研究中，一切可见诸文字、图像的资料，以及该项目有关的工具、设备、原料标本、产品标本等实物的妥善保存。动态保护是直接对操作过程的保护。具体说，是对不同项目中挑选出来的工匠师傅加以政策性保护，通过这些工匠师傅保存操作实践。这一方面是由于传统工艺的特殊性质决定其不能脱离生产实践，另一方面是由于工匠师傅

[①] 祝大震：《中国传统工艺类目选编》，载《中国博物馆》1990年4期。

在长期实践操作中锤炼出来的创造能力，是古代先民们创造能力的再现与延续，一切文字总结都无法将这种凝聚了民族精神与传统的创造能力真实地表现出来。

传统工艺的保护形式至少具有两个特征：首先，这种保护不仅仅是对无生命的客观物体的保护，还包括对人的特殊保护；其次，这种保护的对象不是固定的、不可再生的唯一存在，而是必须代代传承、不断更新的变换性实体。

世界上很多国家早已重视传统工艺的保护工作。欧美一些工业国家在19世纪已开始建立"实用艺术博物馆"。芬兰学者乔诺·朱汉尼·佩尔登尼指出，这类博物馆"肩负着保护和展示各种历史文明成就的责任。手工业在这一方面占据着实用艺术博物馆工作的主要地位。保存手工艺技术——至少是保存手工艺工具——以及揭示其相关的知识，都是这方面工作的重要内容"[①]。很显然，在这里手工艺技术与手工艺工具的保护，是不同的两个观念。

日本1964年修订的《文化财保护法》规定，由文部大臣"对不能缺少的传统技术或技能，可以选定有必要采取保存措施者作为选定保存技术"。日本国家文化财保护委员会专门制订了保持者的认定标准，每年发给选定者80万—120万日元补贴金。[②]

从传统工艺保护的特征及世界各国的经验，可以得出一个结论：传统工艺保护必须制订专门的措施，设立专门的机构。根据中国的现状，能够有效、长期实施传统工艺保护的机构只能是传统工艺博物馆。

博物馆本有收藏、保护文物的基本职能，有妥善收藏和保护文物的制度与措施，但我国现有各类博物馆却难以全面承担起保护传统工艺的任务。国内数量最多的综合性博物馆、历史性博物馆及地志性博物馆，各自

---

① （芬兰）乔诺·朱汉尼·佩尔登尼:《实用艺术博物馆在当今时代的作用》，许杰译，载《中国博物馆》1990年1期。

② 赵汉生译:《日本无形文化财的保护方法》，见《祖国传统工艺保护和开发实施方案·附件四》打印稿，1988年。

都有较重的文物收藏任务，而且这些博物馆长期都以文物的静态保护为主要目标，如果要求它们再承担起传统工艺保护任务，无论是经费、设施还是专业人员，都存在很大困难。近年来兴建的民族、民俗博物馆及专业性博物馆，可能起到部分保护传统工艺的作用，但保护的范围与时间性都远远达不到全面保护传统工艺的目标。

传统工艺博物馆以保护、研究和展示传统工艺为基本职能。创建之初，就能根据这一基本职能，适应传统工艺保护的特性，合理进行规划。在馆址选择、部门建制、人员配备、设施安装、制度订立等方面，既达到博物馆的一般要求，又重点加强动态保护所需的设置。我们希望首先尽快地建立起一个中央级的传统工艺博物馆，这样就能根据传统工艺现状，区分轻重缓急，安排好一般保护与重点保护的步骤、缓期保护与紧急保护的步骤，及时抢救一批危急项目。今后在一些重要省区，再陆续建立几个省级传统工艺博物馆，加上已有的和再建的专业性博物馆，就可以初步形成一个有效的传统工艺保护网。

传统工艺博物馆在进行基本建设的同时，应抓紧基础理论研究工作、保护措施研究工作及实施保护措施的先期工作。基础理论研究工作包括对具体项目的调查研究和对总体状况的研究，即微观研究与宏观研究的结合。这是博物馆其他工作的基础。保护措施研究工作主要是对保护政策的研究，这些政策涉及法规权限、指定保护人的权益和义务、政策实施的可操作性和稳定性等。由于传统工艺保护急需展开，政策研究工作具有先导意义。实施保护措施的先期工作，主要是争取立法机构对保护政策的认可批准，争取政府有关部门的支持。由于这方面工作有一定报批程序，必须事先准备一定的时间余地。

我们过去为建立传统工艺博物馆发出过呼吁，那是出于责任心与良知作出的一种努力。自己对于那一点点微弱的呼声也不敢抱有信心。最近，由中国历史博物馆祝大震先生等人发起，尝试建立传统工艺博物苑，他们在蓝图规划、苑址选点、资金筹措等方面都做了不少具体工作。此举令人深受鼓舞，也令人对他们的事业心和实干精神深为钦佩。不论对成功的可能性与时限如何估计，这毕竟是迈出了实质的一步，比起我们的"纸上谈兵"是了不起的飞跃！每个关心传统文化遗产保护的人都应支持这一尝试，竭力促其早日成功。

传统工艺博物苑的设想，考虑到传统工艺研究与保护的长远目标，也考虑到开发传统工艺的经济价值，尽量吸收利用有关传统工艺企业的经济力量。这是与现实相适应的正确思路。如果不依靠自身努力出世生存，再谋求长远发展，传统工艺博物苑的建立，恐怕又成为遥而又遥的美好愿望。

投入对传统工艺的研究，与其说是历史将我们推上一条迷离难卜的路，不如说是我们自觅烦恼、自讨苦吃。但国家民族大计，匹夫有责，何况我们自谓尚存一丝良知之士呢？愿各位同仁共勉，为此多有一些吃苦精神、忍耐精神和奋斗精神。

原载《中国博物馆》1995年4期

苗族银饰的文化特征及其他

在中国少数民族中，苗族是最注重银饰品的一个民族。在苗族聚居区，每逢重要节日或婚嫁喜庆日，穿戴银饰品已成为必不可少的装束内容。苗族银饰不仅十分讲究造型与纹饰的别致美观，而且刻意追求数量多、器型大，以至成为民族审美意识中特殊的价值取向。这使银饰在苗族生活中占有十分重要的地位。苗族主要分布在中国，其中又以贵州最为集中。贵州苗族人口占全国苗族总人口的56%以上。苗族使用银饰最丰富、银饰制作工艺最精美的支系，主要分布在贵州的黔东南地区，其次便是黔东北、黔南地区，以及湘西地区。湘西苗族银饰与黔东北风格大体一致。因此，可以说贵州苗族银饰基本代表了苗族银饰的精华，集中体现出苗族银饰的文化特征。

一、苗族银饰丰富的种类

苗族银饰种类丰富。据贵州地区调查，按品种计，约有40种。根据使用部位，大体可分为头饰、手饰、身饰、衣帽饰等四部分。

头饰 包括银冠、银插花、银角、银扇、银花梳、银抹额、银围帕、银围发带、银发链、银头飘、银围头花、银簪、银泡、银片、银耳环、银耳坠等。

手饰 包括银戒指及银镯等。

身饰 包括银项圈、银项链、银压领、银胸牌、银披肩、银背带、银腰牌、银腰链、银锁、银腰坠、银签等。

衣帽饰 包括银衣片、银衣角、银衣泡、银衣扣、银响铃、银皮碗及银帽花等。

这些银饰，几乎每个品种都有不同式样的变化。把这些式样都统计起来，总数可逾数百。如果将银饰上装饰图案与纹样的风格再加划分，则难计其数。

苗族银饰式样变化最多的主要有耳环、手镯、项圈、头簪等几种。

银耳环式样最多，常见的如：圆环形、蝉形、龙头形、游龙形、蜻蜓形、蝴蝶形、菊花形、瓜蝶形、草叶形、松果形、四棱环形、扭丝环形、牛角形、涡盘形、双涡盘形、菱片坠形、三螺片形、灯笼形、串珠形、锁形、长钩形等。这些耳环一般只戴一副，也有将二副，甚至三副同时佩戴的。另有一种车轴形的耳坠，直接嵌于耳垂孔中，另有情趣。

手镯式样有麻花形、宽边乳钉形、宽边嵌朵花形、镂空朵花形、小米形、空心圆柱形、实心六棱形、盘扭朵花形、粗簧形、串珠形等。还有以银片与藤条组合成的手镯。节日中佩戴手镯多者可达七八副，甚至十副。另有一种宽片手镯，片宽达10余厘米，上边布满规则排列的乳钉，颇似古代武士的护手，既美观别致，又显出古风犹存。

项圈式样有四棱条形、六棱条形、麻花形、盘扭朵花形、宽片坠铃形、锁形、圆柱排圈形等。重大节日时项圈往往戴好几个，有的连下巴、嘴唇都被重重项圈掩盖起来。

银簪式样有多种龙头形、菊花头形、伞头形、方锥形、平匙形、双齿条形等。银簪主要用来绾发，或固定银扇等。但有的地区苗族妇女头上纵向排列十余支长长的方锥形银簪，除了绾发外，更是引人注目的头饰。

各种银饰不同式样的变化，有的是不同地区、不同支系苗族传统风格的沿袭，更多则是苗族工匠丰富想象力的艺术创造。

二、华美的造型与纹样

苗族银饰造型华美别致，富有气派。一般依据外形及工艺，将银饰分为粗件与细件。

粗件主要为一些实心项圈及手镯，用粗银条制成，器表无纹饰或偶加纹饰。粗件银饰并不粗糙，制作时很注重造型的美观。如麻花形项圈，用单股或双股四棱银条稍加扭曲，避免平行线条的单调感。同时又注意到扭曲适度，使线条的变化柔和自然，一点不显造作。而且项圈中部银条较粗，渐向两端变细，接头处再制成宽状挂钩，增加造型线条的变化，使厚重的实心项圈毫不显得笨拙。又如盘扭朵花形项圈，堪称粗件中的杰作。将单股的四棱银条不断向上下左右四面盘绕成连续的小圆环，整体看去，有如朵朵白花簇拥的一个花环。制作手法简练，审美效果却十分突出，气氛热烈。

细件银饰主要指加工技术的精细，其中不乏大件制品。这种大件制品往往由若干部件组合而成。细件银饰做工不吝繁复、精细。黔东南黄平、雷山一带的银冠即为代表性作品。银冠先用铁丝做成支架，支架上密密捆缚数十朵用薄银片制成的朵花，构成蘑菇状的圆冠外形。冠顶正中竖立一件宽大的片状五齿银扇，银扇下的花簇中站立十余只用银片、银丝制成的立体凤鸟、蝴蝶、螳螂等。花簇下正前方有一块银片制成的抹额，饰以浅浮雕龙纹，边缘以小银链密密坠一排吊穗。抹额下为帽圈，也用银片制成，浮雕图案及吊穗，与抹额相似。银冠后部垂挂银片飘带12条，薄如纸，最长的约1米。一顶银冠重量达2000余克。

银饰中形体最大的要算银角。银角用银片制成，犹如一对伸展的大牛角。两翼伸展宽度近1米，高度达80余厘米。正面装饰有精细的浅浮雕双龙戏珠图案及花草纹。银角竖插于头顶发髻，蔚为壮观。另外还有多齿式银角，形体较小，在伸展的两角中间加排数齿，除装饰浅浮雕图案外，常焊一些圆雕造型的飞蝶、凤鸟等。飞蝶头顶的触须用极细的银丝缠成簧状，嘴衔吊穗。银角稍有晃动，飞蝶便前后飘舞扑朔，很有生气。

小米形手镯是细件银饰中最有民族特色的制品，因形体略似小米穗而得名。手镯主要部分用银丝制成。银丝细如头发，先缠绕成线绳状，再用多股银丝线绳编结成空心六棱体。棱脊不高，脊之间的银丝线绳呈斜纹往复交叉。六棱体中段最粗，逐渐向两端变细，近接头处变为实心六棱银条，相互缠绕后焊牢。整体犹如首尾相接的一串硕壮的小米穗。中段直径一般三四厘米，大的可达五六厘米。

苗族银饰不仅注重造型别致大方，而且着意于装饰纹样的精美。其纹样形式可分为圆雕、浮雕与线刻几类。圆雕纹样多用于组装的或大件的制品上，如银冠、多齿银角、银插花、银花梳、银压领等。也有用于小件制品上的，如发簪、耳环等。圆雕造形一般由银丝、银片组成，有的细微写实，有的抽象简括。如银冠上的螳螂，用极少的薄银片组成。头部仅用一块三角形小银片稍加弯折，身部则用三块条形银片略加修剪重叠而成，极为简洁。体态特征却又十分突出，活灵活现。浮雕纹样使用广泛，几乎所有片状构成的银制品上都装饰或繁或简的浮雕纹样。其中以银衣片上的纹样图式最多。一件衣服使用的银衣片可多至六七十片，衣片上的浮雕纹样每种图式一般成对出现，一件衣服的衣片图式便有三四十种。浮雕纹样中还常常辅以镂雕技法，大大增加了图案的立体效果，纹样也显得更精细。线刻纹样使用较少，仅见于少量粗件实心制品上。

银饰装饰纹样的表现手法以写实为主，但也有部分写意手法。所谓写实手法，指其造型明显有所本，或源于人们熟悉的神话传说，或源于现实生活。前者如双龙抢宝、仙人跨凤、瑞鹿衔芝、八仙、麒麟等。这类纹样，从题材到形象，都与汉族传统文化基本一致，显然是汉文化的直接移植。后者如蝙蝠、鸳鸯、蝴蝶、金鱼、牛、马、狮、虎，以及各种花、草、鸟、虫等。这类纹样部分应来自汉族文化影响，如蝙蝠、鸳鸯、狮子等，除装饰意义外，还取其吉利多福的含义。其余更多应出自制银工匠对现实生活的观察。苗族主要生活在山区，对大自然的美有着深刻的理解。他们熟悉山间的一草、一木、一禽、一兽，因此，这类源自生活的题材十分丰富，件件充满勃勃生气。

银饰装饰纹样的写意手法，相对说采用较少，但十分富有特色。主要表现在造型的大胆变形与夸张上。如银冠上的圆雕凤鸟，制成三角形的螳螂头、长长的仙鹤颈、宽宽的蝴蝶翅。衣片上的浮雕蜜蜂，却安上一对花状的蝴蝶翅。这种造型上的变形和夸张，与苗族刺绣中的写意风格显然一脉相承。形体的变形夸张在苗族刺绣中运用得非常普遍，率意得令人吃惊，却又巧妙得令人叫绝。非常值得注意的是，同样作为盛装的组成部分，银饰纹样的写意手法却比刺绣纹样的写意手法明显少得多。而且，银饰纹样题材很少见到刺绣中苗族特色的传统图案，如蝴蝶妈妈、久保杀龙和各种变形龙等，反而多为汉族文化的传统题材。这当然不是偶然原因造成的，而是与两种工艺的历史渊源有密切关系。[①]

三、精绝的工艺

苗族银饰全为本民族工匠手工制成。

制作银饰的主要工具包括：火炉、风箱、坩埚（俗称"银窝"）、铁锤、铁砧、石板、冲具、刻刀、丝眼板、铜盆、钳子、錾子、煤油灯、吹管、纹样模具等。

银饰制作从熔银至完成，主要需经十余道工序，基本工艺流程如下：

熔银　将银料放在坩埚内，置于火炉中，用优质木炭围实。鼓动风箱吹火，至银料熔化成液状。

制条料　银液倾入半剖的竹槽中，冷凝后取出，锤打成四棱、六棱或圆柱形长条。

制丝料　用钢质丝眼板冷拔而成。丝眼板有不同直径的孔眼，小银条经多次冷拔，细者可如毛发。

制片料　在两块平面板上各铺数层皮纸，将银液倾于皮纸上，迅速合拢。银片厚薄可通过用力的大小掌握。也有直接将银条锻打成板料的。

---

① 两种工艺的差异渊源，将在拙作《贵州苗族银饰历史考略》另作专述，此不详述。

压花　压花需先浇铸铅模。然后将薄银片剪裁合适，覆于模上，再将另一面模扣合加压，得到纹样大形。取出再放到浇有松香的木板上，用各种冲具将纹样修整清晰。

编结　将银丝编结成饰件。手法很多，有的直接缠绕，有的将若干银丝交叉往复，构成多棱银索。

装配　部件制好后，需组合为成品，装配方法有捆扎、榫接、勾接、焊接等。尤以焊接为主。焊接使用煤油灯和吹管，另有以银铜合金制成的小焊条及清洗剂。焊件靠近煤油灯，用吹管将火苗吹舔焊口及焊条，须臾即焊合。

清洗　用铜盆配制明矾、硼砂溶液，将银件放入溶液，置于炭火上煮至发白，再放皂角水中刷洗，然后用清水漂洗、晾干。

银饰制作技术十分精细。如宽边嵌朵花手镯，地纹用细如毛发的银丝盘绕而成，盘绕曲线紧密规整，每个接触点都经焊合。焊接技术十分讲究。使用吹管掌握火苗大小与落点，是焊接工艺的关键技术，火力过大会烧坏银件，火力过小会焊接不牢。一只宽边嵌朵花手镯，焊点达400个，苗族工匠可做到不留一个焊疤。

苗族银饰制作主要以家庭为生产单位，一家一个作坊，制作技艺世代相传。由于历史原因，在苗族地区仅有少量工匠集中的"银匠村"，承担各地苗族的银饰制作。贵州黔东南地区雷山县的西江控拜四寨是最有名的银匠村，据调查，四寨中百分之八九十的人家都会制作银饰。村里的工匠还外出游动制作银饰，甚至到达省外许多地方。银饰制作已成为苗族一种独具特色的传统手工业。

四、社会功能考察

苗族银饰最基本的社会功能，无疑是美的显示。一方面是使用者对外界美的追求，另一方面是使用者对自身美的修饰和展现。因此，银饰才出现那样丰富的种类和式样，那样别致的造型和华美的纹饰。苗族是特别爱美的民族，他们热爱自己的民族传统，热爱自己的生活，一生中不吝通过辛勤的劳动，用各种方式装扮自己。一个苗族妇女从孩提时代起，就要学习刺绣、挑花、蜡染等技艺，接着就要用若干年的功夫，为自己制作成套的盛装，盛装制作成功时，姑娘也长到婚嫁年龄。银饰是苗族盛装中最具华彩的组成部分。姑娘在节日里穿戴上一套光灿耀眼的银饰，是一种莫大的喜悦。父母为女儿制备一套丰富的银饰，又是一种莫大的幸福与安慰。

苗族银饰另一种重要的社会功能，是显示富有。由于银子本身是一种贵金属，占有越多，就显示越大的经济能力。苗族历史上从无开采银矿的记载或传说。贵州历来也不是重要产银区。虽然有古籍记载明代铜仁地区曾开设有银矿[1]，但全为政府控制，产量很有限。苗族制作银饰用的银子主要来自云南、湖南等地，需靠购买或交换才能得到。因此，苗族银饰自始就被赋予尤其重要的夸富功能。明万历年间郭子章《黔记》记载："在黎平……富者以金银为耳环，珥亦以金银，多者五、六，如连环。"清嘉庆年《龙山县志》道："苗俗……其妇女项挂银圈数个，两耳并贯耳环，以多夸富。"[2] 清同治年间徐家干《苗疆闻见录》记道："喜饰银器……其项圈之重，或竟多至百两。炫富争妍，自成风气。"根据贵州少数民族社会历史调查组20世纪50年代的调查，台江县苗族农户拥有的银饰，富农家庭比贫农家庭一般要多出四至六倍，而且当地普遍将银饰当作富有程度的标志。[3] 至今这种传统习惯仍明显存在于苗族社会中。每逢重大节日，能披戴全套银饰的姑娘，连同她的父母与家人，都会感到无比荣耀。姑娘也会成为小伙子们关切与注目的对象。有些大型活动，非穿戴全套银饰盛装无权参加。

苗族银饰的夸富功能，可说已超越其基本的装饰功能。恐怕正是这种因素，大大促进了苗族银饰的持续发展，形成苗族对银饰以大为美、以多

---

[1] 见明宋应星《天工开物·五金第八》，上海古籍出版社，1993年译注本。

[2] 龙山县，隶湖南省，位于酉水上游，湘西土家族苗族自治州西北部。

[3] 见《苗族社会历史调查（一）》，国家民委民族问题五种丛书之一，贵州民族出版社，1986年。

为贵的审美心理。也正是由于这种心理的支配，苗族银饰发展到今天，才如此不惮形体之大，不厌种类之多，披戴时不避繁复重累。黔东南有的地区一个妇女全身银饰重量可达二十多斤。姑娘头上的银饰因过大过重，走路时需四平八稳、目不斜视。至于脖子上重叠垒置的项圈，把人的下巴、嘴、鼻都遮掩住，其审美意义实已丧失无存了。

夸富功能虽大大促进了苗族银饰工艺的发展，但从长远角度看，这种功利目的一任强化，必将制约，甚至扼杀这门艺术的发展。不过，随着苗族人民生活水平不断提高，地区之间以及家庭之间的贫富差距缩小，人们的生活消费面扩大，以银饰夸富的传统心理和习惯将会逐渐淡化，或至消失，苗族银饰工艺将获得新的发展。

除上述两种主要的社会功能外，在不同地区或支系的苗族中，银饰还具有各种不同的社会功能。撮举数种为例：

表示婚姻身份。据明代《黔记》记载，苗族男子"未娶者，以银环饰耳，号曰马郎，婚则脱之"。类似习俗至今仍可见到。贵州黎平地区苗族男子婚前佩戴三个银项圈，成婚后则只能戴一个。郎岱地区苗族妇女成婚后，需在头饰中加上一种刻花银皮碗。

作定情物。贵州剑河地区苗族男女钟情，便互赠锁形项圈或锁形耳环，以示爱心长存不渝。都匀地区则由小伙子赠一银烟盒，姑娘回赠银八宝鞋，各自佩戴于身，以示长相厮守。

祈福。很多地区的苗族常将菩萨、八仙、八宝等形象装饰在帽子、腰带、梳子等部位，以祈求神灵庇佑。如黄平地区苗族腰带上常缀以数十个银制浮雕造型的菩萨，多者逾百。这些菩萨的形象，以及手持法器等均各有差异。这种祈福习俗显然直接来源于汉族文化影响。但是将数十、上百的菩萨排列于腰带上，则又是苗族文化中独特的创造。

避邪。贵州台江地区苗族有佩戴银、铜、铁手镯的习惯，认为银可以避邪，铜可以驱魔，铁可以消灾。台江施洞苗族在银吊牌上拼嵌小兽骨、鹰爪等，也成为避邪之物。丹寨、凯里等地苗族还将一种银腰链视为姑娘的保命护身符。

历史纪念。贵州剑河地区有一种蜻蜓形银耳环，称为"榜香由"。传说当地过去毒蚊很多，不少人被叮咬后丧生。一位叫榜香的妇女由此失去心爱的孙子，悲愤之下，她毅然变成"由"（蜻蜓），消灭了万恶的毒蚊，使苗家子孙得以兴旺繁衍。为了纪念这位奋勇献身的祖母，后人特意制成蜻蜓形耳环，并呼之为"榜香由"。黔东北地区的银压领与银项链，记载了一段血泪的历史。据三穗县寨头地区苗族老人说，清朝咸同时期苗民起义失败后，为逃避官府迫害，起义的苗民外逃，仍躲不过官府的追杀，被官兵用枷锁铁链捆押抓回。为了不忘这段血泪史，后人仿照枷锁制成银压领，仿照铁链制成银项链。当时的银压领不加纹饰，银项链也粗如铁条，后来才逐渐变得轻巧，并装饰了种种纹样。

苗族银饰这些不同的社会功能具有明显的特殊性，一般都是通过特定的器物表达某种特定含义，而且仅在较小的地域范围内流行，超过此区域，便不再具有那种含义，或者连那种特定器物也不存在。可见，这类银饰应是借物寓意，或是因事设物，有些还与残存的巫术信仰有关。而且，其社会功能形成的时代大概较晚，一般应是苗族支系大规模迁徙流动基本停止后才逐渐生成的。因此，功能不曾随人员的流动而广为传播，除局部地域外，并不被各地苗族普遍认同。不过，其中通过菩萨、八仙等形象祈福的习俗，却流传广泛。这与前述汉族文化影响直接有关。至于银饰中蕴含的历史传说信息，则具有浓厚的民族特色。除了记述苗族历史中一些重要事件外，还反映出苗族审美心理中另一种特殊的价值取向，以及苗族高度重视民族传统的心理特征。这在苗族其他艺术形式（如蜡染、刺绣等）中也有大量体现。

总之，银饰是苗族生活中重要的装饰品。在长期的流传过程中，由于苗族人民对美的特殊感受和执着追求，以及制银工匠聪明才智的发挥，苗族银饰的艺术形式得到最充分的发展，使之成为苗族传统文化中璀璨夺目的一颗明珠。同时，苗族银饰的文化内涵十分丰富，远远超出其艺术审美的范围，在苗族历史、民俗、宗教信仰等方面的研究中，都有值得深入挖掘的内容。

（本文部分资料来源于贵州省博物馆1991年举办的"苗族银饰展"，特致谢。）

原载《贵州民族研究》1997年1期

附记：

此文原受贵阳方天然先生之邀撰写。方先生酷爱中华传统文化，与省内外众多知名书画家久有交往，长年在贵州各地多方收集少数民族银器、铜器、服饰等制品，举办相关展览加以宣传。1995年秋，中国传统文化统一促进会、台海工商文化交流协会等单位联合筹备次年在台举办"两岸文化研讨会"，邀方先生赴会并参与相关民间文化艺术展。方来商，希撰一篇有关贵州民族民间文化的论文以携带前往。后研讨会与艺术展终未能如期举办。今方先生离世已近十年矣！特记以为纪念。

（2022年7月补笔）

文化遗产的动态状保护与社会改造计划
——关于贵州六枝梭戛生态博物馆的思考

1995年3月，由中国与挪威博物馆学家共同主持的"关于在贵州省建立生态博物馆可行性论证"科研课题组成立。课题组对贵州不同地区的民族村寨进行考察后，在贵阳举行了一次报告会。笔者在报告会上第一次系统地了解到生态博物馆理论，并产生浓厚兴趣。

课题组的工作进展顺利。至1998年10月底，贵州六枝梭戛生态博物馆建成开馆。笔者参加了隆重的开馆仪式，并有幸在数天时间中随同课题组的中挪专家对有关地点进行考察，得以就梭戛生态博物馆的许多具体问题及生态博物馆的一般理论随时请教，获益匪浅，进一步加深了对生态博物馆的一些思考。由于生态博物馆建设在国内刚刚起步，很多问题值得我们认真探讨，自度有必要将一己管见提与同行磋商，就教于专家、知者。

一、盛况空前的开馆仪式

六枝梭戛生态博物馆于1998年10月31日开馆。国家文物局副局长和博物馆司司长专程从北京赶到。贵州省主管文化的副省长、省文化厅厅长、分管文物工作的副厅长、六盘水市（地区）党政负责人、贵州各地州文化局长以及各方面代表数百人参加了开馆仪式。省、地报刊及电视台、广播电台纷纷派出记者到现场采访。

在一个边远的荒僻山村举办如此高规格的特殊博物馆开馆仪式，在全国恐怕是未有先例的。这罕见的隆重盛况，与宣布问世的博物馆显得似乎很不相称——这里没有斥巨资修建的现代化馆舍，也没有跻身稀世国宝的文物藏品。所有来宾所见到的，只是被称作"资料信息中心"的三四幢用木板与茅草盖起的小平房，此外便是分布在半山间那些土墙茅顶的小山村。

但是，这里却是全中国第一座正式挂牌的新型博物馆——生态博物馆。

课题组回到贵阳后，中国博物馆学会常务理事、课题组组长苏东海先生在评估会上，代表课题组对六枝梭戛生态博物馆开馆作出四点概括性评价，包括：

1. 已经成功地在中国建立了第一座生态博物馆；

2. 已经成功地创建了中国生态博物馆的模式，为在中国推广生态博物馆打下了很好的基础；

3. 梭戛生态博物馆已经在中国引起广泛注意；

4. 已经唤起梭戛人对保护自己传统文化的极大热情，我们将继续尊重发扬他们的民族自重精神。

对于中国的第一座生态博物馆，这样评价无论如何也不为过。它所昭示的深刻意义，最重要就在于以此形成一个标志，宣告中国博物馆事业拓宽了一个新的领域；也宣告中国博物馆学面对世界博物馆学新潮流，已从理性研究发展到实践与探索阶段。当前，博物馆面临着保护人类文化遗产历史使命日益加重的挑战。六枝梭戛生态博物馆的建成，对于我们探索完成这一历史使命的新途径，对于我们不断丰富和发展中国博物馆学的理论建设，起到的开启性作用，远远超出其自身存在的意义。

二、生态博物馆与社区

六枝梭戛生态博物馆建立于六枝特区梭戛乡以陇戛等12个自然村寨为

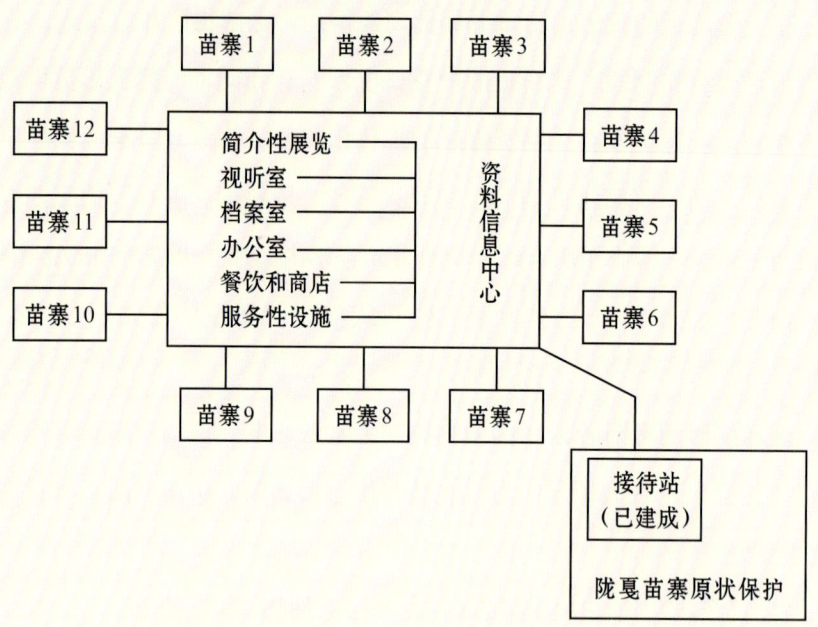

图1　梭戛社区生态博物馆基本结构图

社区的范围。课题组于1995年5月提交的《在贵州省梭戛乡建立中国第一座生态博物馆的可行性研究报告》(以下简称《可行性报告》)中,称之为"梭戛社区生态博物馆"。该报告所附基本结构图概括地表述了专家们的整体构想。(见图1)

从整体构想可看出,社区是生态博物馆十分强调的关注点。

课题负责人之一、挪威生态博物馆学家约翰·杰斯特龙先生1995年到贵州考察时曾说过:"生态博物馆不是一个建筑、一间房子,而是代表整个社区。"他将传统博物馆与生态博物馆作了一番剖析比较,把二者的构成分为五种要素,即藏品、建筑、观众、科学知识、科学研究。其中谈到建筑时,他认为:"当传统博物馆讲到博物馆的建筑时,生态博物馆指的是一个社区所包括的区域。"[1]

---

[1] 约翰·杰斯特龙:《生态博物馆的理论和实践》,录音整理稿,见六枝梭戛生态博物馆编《中国贵州六枝梭戛生态博物馆资料汇编》,内部资料,1998年。

正是基于这样的指导思想，课题组在《可行性报告》中明确提出："生态博物馆是建立在这样一个基本观点之上的，即文化遗产应整体地保护和保存在其所属社区及环境之中。从这种意义上讲，社区的区域等同于博物馆的建筑面积。"应该说，这是根据中国的实际在措辞上有所安排后的表述。按照国外生态博物馆学的观点，完全的生态博物馆即是整个的社区，生态博物馆与社区互融一体，是生态博物馆基本的形式要求与生存的前提。

对社区的特别关注，是生态博物馆的重要特色。但社区问题也并非不为传统博物馆所重视。在现代社会中，博物馆的生存与发展已受到严峻挑战。为社会和社会发展服务，是国际博物馆协会为当代博物馆提出的中心口号。这是博物馆最基本的社会功能，一旦丧失或削弱这一基本功能，就意味着博物馆丧失或削弱了生存的权利。而博物馆为社会服务，首先就体现在为社区服务。因而越来越多的博物馆意识到，必须通过自身的努力，树立和强化在社区中不可或缺的形象，以唤起更多公众对博物馆的理解、关心和支持。

安来顺先生曾将博物馆的这种努力趋向称为"社区中心化"，认为这是20世纪90年代博物馆迎接世纪挑战，强化博物馆社会地位的"主动出击"[1]。这样概括是恰当的。

所谓社区，是一个出现得不晚，但普遍使用也不早的现代词汇。我们近些年才逐渐听得比较耳顺，但准确理解却也并不熟悉。综合几家释义，社区是指在现实社会中，依据一定特征而形成的人类群体及其社会区域。它具有一定的地理范围，具有在人员、住宅或经济、生产活动等方面的聚焦性，具有文化方面的共生性与认同性。社区不同于行政区划或行政组织，它更表现出自然性和无条规性（随意性），比如无大小之规定、无城市或农村之限定、无单一民族或多个民族之差异等等。

---

[1] 安来顺：《博物馆与公众：21世纪博物馆的核心问题之一》，载《中国博物馆》1997年4期。

对社区的关注，已是如今所有博物馆的普遍趋势。传统博物馆与生态博物馆之间的区别，不在于关注的程度，主要在于如何看待自身与社区的关系。

传统博物馆将自身视为社区的组成部分之一，在社区中它是一个独立的单元。它所关注的目标，是立足于社区，更好地融汇于社区，使之成为社区公众由衷喜爱和重视的场所。而生态博物馆则将自身融混于整个社区，社区成员即是博物馆成员，博物馆的管理即是社区管理，博物馆的活动即是社区的活动。

虽然生态博物馆的宗旨在于对文化遗产及其环境的保存和保护，但它将自身视同于社区，事实上已从理论和愿望的初衷发展到极致，变成为社会改造或社会行动计划。

生态博物馆的宗旨无疑是崇高的，但是当它的实施目标发展到这种极致时，却令人难以再称之为"博物馆"，而应该冠之以含义更广泛和深刻的称呼，比如说"生态文明试验区"，或其他。因为它所追求的保护文化遗产的目标，须建立在对社区活动全面引导和管理的前提下。这样的社区须是局部区域自治的、近乎独立的一个小社会。它的管理者所面对的，不仅仅是关于文化及文化遗产的问题，而是这个社会全方位的所有问题。其中还包括高度唤起社区所有成员保护自己文化遗产的自发意识，并使他们以之随时规范所有的生活与生产活动。显然，这一切已非博物馆学家和博物馆工作者力所能及的工作与应尽的职责，它应是政治家或社会领导者的职责。应该说，这样的生态博物馆在承担博物馆使命的同时，也终结了博物馆的使命。

约翰·杰斯特龙先生在谈及生态博物馆与社区问题时，曾说过一句话："生态博物馆所关心的，是特定区域内特定的人。"这句话给笔者留下太深的印象。回顾世界生态博物馆发展的历程，以及生态博物馆学家艰辛的探索与努力，笔者一方面深深佩服他们的奋斗勇气与坚韧精神，另一方面也颇疑惑在现实当中是否会走得太远。甚至还联想到19世纪出现于欧洲的"乌托邦"与康帕拉的"太阳城"。在欧洲，尤其是北欧，还有世界其他地方的一些国家，建成这种有高度自治倾向的社区生态博物馆是可能办到的。但在更多的国家和地区，恐怕却是难以被普遍接受的。

我们看到，六枝梭戛生态博物馆从基本构想上是与世界生态博物馆学的理论相协调的，但是在具体形式与操作中，却有自身的若干特点。其中最突出的是它的管理机制与领导构成。

按照《可行性报告》的设计，六枝梭戛生态博物馆的建馆领导小组"由省、市、区级文化文物主管部门的代表组成"。此外还有一个科学咨询小组和一个策划建设小组。该社区12个苗寨代表仅仅加入策划建设小组。当筹备建设阶段完成以后，"生态博物馆组织结构中心和管理权将逐渐向梭戛社区转移"，将成立一个由三方人员，即六枝特区文化文物主管部门代表、12个苗族村的代表，以及管理和财务人员共同组成的管理委员会。按理论，管理委员会应该是生态博物馆，亦即梭戛社区的权力和管理机构，但《可行性报告》却规定管理委员会的职责是"负责资料信息中心的日常运作和管理，协助陇戛村寨的保护和寨内有关演示活动的管理"。这种有限的职权，是无法担负社区的全部管理的。实际上，根据我们国家的管理体制，从村民组逐层上来的行政机构才真正行使对社区的管理权。生态博物馆不可能成为与这套行政机构平行，甚至取而代之的另一套管理机构。

梭戛生态博物馆的一系列具体安排，是适应中国实际所作出的选择。中国博物馆学家在课题开始工作时，已经对此保持了清醒的认识。苏东海先生在1995年贵州考察报告会上已指出："我们建立这样一个生态博物馆还是以我们中国的方式来做……既要得到世界公认，又要和中国的国情相统一。"[1] 梭戛生态博物馆的建设实践在这方面是成功的，它反映出我国博物馆学理论的成熟，同时也使我们从中看到，在中国建设生态博物馆，完成生态博物馆对保护文化遗产特殊的使命和目标，不仅要用极大努力去唤

---

[1] 苏东海:《在中挪博物馆学者报告会上的报告》，见苏东海《博物馆的沉思——苏东海论文选》，文物出版社，1998年，第262页。

起该社区的公众对自身传统文化的自豪感和保护意识，还要用同样的努力去提醒和说服各级政府机构的领导者，对这些属于全人类宝贵财富的文化遗产，树立起高瞻远瞩的重视和保护意识。

前文提到，课题组的评估肯定了梭戛生态博物馆建立起中国生态博物馆的模式，其模式的含义应该不仅仅是那种外在的形式，还在于它结合中国国情所进行的成功工作经验。当国家文物局马自树副局长与贵州省龙超云副省长为六枝梭戛生态博物馆开馆剪彩时，实际已经是代表中国政府和人民，向世界再次宣布了我们对丰富多彩的中华民族传统文化尊重与保护的决心。

三、文化遗产概念及动态状保护

生态博物馆最使人感兴趣、同时也最有价值的，应是将文化遗产在原地整体地加以保护和保存的观点。

这里的两个概念十分值得重视，一是文化遗产，二是整体和原地保护。

传统博物馆历来将藏品视为最重要的基本构成。其藏品观念非常强调实物性，离开实物性就不能被认作藏品。这种收藏观已经大大束缚了博物馆对人类社会所能发挥的积极作用。人类文化遗产的所有信息，并不都能负载于实物上。而现代社会对于博物馆在文化遗产信息的存储与传播方面的要求越来越高。因此，从20世纪80年代以来，如何更准确认识博物馆的藏品概念，越来越为世界博物馆界所重视。80年代召开的第十二届及第十四届世界博协大会，都将文化遗产与博物馆的关系作为会议的主要议题。已有越来越多的博物馆认识到，除了占有三维空间的实物外，其他包括音像资料，以至于无形的传统习俗、传统工艺等，都应扩大成为博物馆的收藏对象。但是，仍然有相当多的博物馆工作者，还是不能脱离旧的藏品观念框框。笔者近些年从事民间传统工艺调查研究时，常常痛切感到，正是由于博物馆过去藏品观念的局限，导致大量反映中华民族古代科学技术成就的民间传统工艺无人重视，不加收集整理。随着社会现代化进程加快，一些传统工艺失传，将使我们文化遗产中这些有价值的组成部分遭受无法挽回的损失。而世界上的一些国家却比我们具有先见之明，很早就预防到这方面的失误。比如日本，在重视有形文物的同时，还注意到无形文物，从20世纪50年代起，就将这部分文化遗产明确为"无形文化财"，不断通过法律手段和其他各种措施，把重要的无形文化财切实地保护起来。

生态博物馆将传统博物馆的藏品概念直接转变为文化遗产概念。比如六枝梭戛生态博物馆认为，社区内"一切自然和文化遗产都被看作是生态博物馆的一部分"。按其界定，它们包括了"文化遗产、自然景观、建筑、可移动实物、传统风俗等文化因素"。而资料信息中心作为社区的信息库，将"记录和储存着本社区特定文化的信息，如：录音记录下的口碑历史、文字资料、具有特殊意义的实物、文化普查的清单和其他属于本社区的遗产"[1]。应该说，生态博物馆关于传统藏品概念的转变是有积极意义的。假若传统博物馆能从中吸取积极的成分，将藏品概念与文化遗产概念最大限度地协调起来，将会使博物馆在为社会服务的实践中获得最广阔的空间，并取得更有价值的成就。

值得重视的第二个概念，即整体和原地的保护，对我们来说，并不感到生疏。过去建立的一系列遗址、故居博物馆，即是文化遗产的原地保护。生态博物馆所不同的是，文化遗产不仅是已经固定化的历史状，而且还是存在于实际生活中的现生状；不仅仅说的是某一地理方位点，还包括了整个区域的生态环境。

应该说，生态博物馆的原地保护观，符合人类社会的环境保护意识和可持续发展思想，值得赞许和称道。

生态博物馆在管理者与社区成员认识都提高的前提下，可以使社区的发展尽量避免工业社会造成的生态环境破坏。随着生活的变化，传统的典

---

[1] 所引均见《在贵州梭戛乡建立中国第一座生态博物馆的可行性报告》，见六枝梭戛生态博物馆编《中国贵州六枝梭戛生态博物馆资料汇编》，内部资料，1998年。

型建筑、遗址及实物，可妥善保存在社区或资料信息中心。在现实生活中也尽量保存那些优秀的无形文化遗产。对公认必须改变或淘汰的部分，除保留详细资料外，还应有意识地要求少量成员掌握其中的技艺，并不断传授给子孙，以形象真实地保留下完整的文化记忆，同时展示给参观者或研究人员。这样的保护方式，当然已不是单纯意义的静态的原状保护，而是一种动态状的保护。这种保护方式，不仅仅在生态博物馆需要，在传统博物馆同样需要。因为博物馆藏品概念向文化遗产延伸后，文化遗产中的许多无形部分十分需要寻找到更妥善的保护方式，而不会被习惯性地用一般方式记录后，就存入锁闭重重的藏品库房，难以问津，从此"封杀"。那对于文化遗产的保护是十分消极、十分不完整的。传统博物馆应拓宽保管方式，在继续加强对藏品静态保护的同时，积极增加对文化遗产动态保护的方式，这样才能完善自身的收藏功能。

生态博物馆是一种新形式的博物馆。它也只是博物馆的一种新形式。它须正确处理好博物馆与社区的关系，处理好文化遗产保护与社会生活发展的关系，那样它对于人类文化遗产的保护，将起到极有价值的作用，同时对于传统博物馆的社会功能，将是重要的完善与补充。但是，它不能虚幻地超越博物馆的功能，去寻求一种非博物馆的社会改造计划。那不是博物馆的社会职责，也不可能获得真正长久的成功。1994年，国际博物馆协会博物馆学委员会主席来京，苏东海先生代表中国博物馆学界与他有过一次学术对话。其中苏先生说过："我认为博物馆概念上的膨胀和行为上的膨胀，超越了博物馆的功能，使博物馆陷入力不从心的境地。"[①]这段警示性的话，的确值得我们深思。

六枝梭戛生态博物馆的建设给予我们的启示和思考很多，其中重要的一条，就是要根据中国的实际，走中国博物馆发展之路。

原载《中国博物馆》1999年1期

[①] 苏东海：《与国际博物馆学委员会主席马丁·施尔对话录（1994年）》，见苏东海《博物馆的沉思——苏东海论文选》，文物出版社，1998年，第141页。

调整文物观念，增强发展意识

——谈西部大开发与贵州文物事业

文物事业是西部大开发的组成部分，西部大开发必将带来文物事业的大发展。在这个历史机遇到来的时候，调整好我们的文物观念，增强发展意识，对促进贵州文物事业的发展，具有十分重要的意义。

一、加强地下文物考古

贵州是全国地下文物考古工作开展较差的省区。贵州旧石器时代考古虽然已有许多遗址和地点陆续被发现，引起省内外关注，但发掘和研究工作却难以较大规模展开。新石器时代及历史时期各朝代考古的重要发现，则基本停滞于20世纪80年代时的状况，远远落后于国内其他省区的发展速度。这一方面与贵州特定的历史及地理因素有关，另一方面与人的思想认识及工作安排有关。

1979年下半年开始，贵州文化行政管理部门组织过一次全省性的文物普查，声势颇大，一时还引起国家文物局的重视。但令人遗憾的是，这一次重大的文物普查工作，居然没让专业考古人员参与。由各县市文物员为主组成的调查队伍，无法解决属于地下考古方面的调查。普查工作中，要么忽略大量古迹遗址和古墓葬，要么对一些有明显考古现象的地点作出极不可靠的判断。1982年根据调查结果汇编的《贵州省文物概况一览表》[①]，收录全省文物点共1417处，其中与考古有关的古遗址仅20处，古墓葬仅50余处。不谈其中包含的误判性错误，仅从数量上看，便与一个省的文物状况极不相称。

此事的直接后果，是后来全国组织编写文物地图集时，贵州初编材料上报后，国家文物局认为地下文物点太少，不予通过。遗憾的是贵州当时仍未采取补救措施，重新进行地下文物普查，致使贵州文物地图的编写长期被搁置下来，拖到今年，成为全国最后一批赶写的省区，而且全省地下文物分布基本状况仍难以全面掌握。

应该说，从那时候起，贵州的地下文物考古就没有受到应有的重视。尽管旧石器时代考古发现引人注目，但现从事旧石器时代考古研究的专业人员仅有3人。他们同时还要从事古生物化石的大量工作。这一时段的考古工作隶属于省博物馆，之后时段的考古工作又由省考古研究所负责。国家目前只认可省考古所的考古发掘团体领队资格，省博物馆没有考古发掘团体领队资格，从管理体系上看，贵州旧石器时代考古就存在关系不顺的严重问题。

新石器时代以后的考古队伍，尽管1996年从省博物馆分出建立了省文物考古研究所，但真正的专业人员也仅数名。而且年龄断层问题严重，后备人才十分缺乏。作为省级考古所，没有独立所址，没有正规文物库房和文物整理室，没有技术室和实验室，没有专业方向划分和技术项目划分等。这种情况在全国也不多见。

省考古所的建立，是贵州重视夜郎考古的一项举措。为加快夜郎考古，省里当时成立了夜郎考古领导小组，11个厅、局、委和相关单位负责人为小组成员。但领导小组成立后，仅召开过一次全体会，制订过一份《贵州夜郎考古安排意见》，后来没开过会。随政府换届，领导小组名存实

[①] 《贵州省文物概况一览表》1982年6月由贵州省文物管理委员会、贵州省文化局编印，作内部资料发行。

亡，再未组织过活动。省考古所根据夜郎考古领导小组《贵州夜郎考古安排意见》，每年获得10万元业务经费开展夜郎考古工作。尽管有种种困难，仍组织了6次夜郎考古调查，每次都有一些收获。但这些收获不属重大发现，更谈不上突破性发现，因此已引来一些微词或指责之声。

考古本是一项严肃的科学工作，需要严格遵循客观科学规律，需要极大的耐心和细致的工作，切不可操之过急，切不可以人的主观愿望与热情作为目标和标准。不切实际的期望值实际是对考古另一种形式的不重视。

随着西部大开发战略的实施，大量经济建设项目将动工，必然有大量地下文物古迹会随之被发现。考古工作在这时尤其显得重要。只有高度重视考古工作，才能确保这些可能被发现的文物古迹不遭到破坏，才能确保祖先留下的这些文化遗产得到应有的保护和合理的开发利用。贵州文物事业大发展，地下文物考古工作不能再走弯路。

二、重视无形文物保护

"保护为主，抢救第一"，是国家当前文物工作的基本方针。文物事业的发展必须以文物保护作为基础。正确认识文物，是保护好文物的前提。

在多数人眼中，文物即具有实体的古物或古董。甚至在现行的《中华人民共和国文物保护法》中，也将文物界定为具有特定意义的实物。[①]这种关于文物的观念具有很大的局限性。国际上从20世纪60年代起，关于文物的概念已不断转变扩大，现在普遍使用"文化遗产"一词来替代"文物"。文物博物馆界已有越来越多的人承认文物不应只是具有三维空间的实物，还应包括其他形式甚至无形的东西。1994年国际博物馆学委员会在北京召开年会，中心议题即"实物—资料"，进一步明确和研讨博物馆文物藏品的性质

---

① 1982年颁布的《中华人民共和国文物保护法》未对文物作文字定义，但罗列的五类文物皆明确为实物。

与组成。很多国家对此早有远见。如日本20世纪50年代的有关法律就用"文化财"涵盖文物概念。1975年日本修改国家《文化财保护法》时，进一步将文化财划分为五个方面，即有形文化财、无形文化财、民俗文化财、纪念物以及传统建筑群。其中无形文化财包括"雅乐、能乐、文乐、歌舞伎、组踊、音乐、舞踊等艺能"，以及"陶艺、染织、漆艺、金木、木竹工、人形、截金、拨镂等工艺技术"。[1]这种文物的新观念，也已经为中国文博界所重视。著名的中国博物馆学家苏东海先生撰文指出，文物的新概念除传统文物外，还应包括无形文物、民族民俗文物和特殊价值的环境地区。[2]

我们过去对文物认识的局限，已经造成许多具有重要价值的传统文化遗产遭到损失。比如流传于民间的传统工艺，是传统文化遗产很重要的组成部分。它们反映了古代不同历史时期有关手工业生产水平和科学技术水平，记录了劳动人民的勤劳智慧，从不同角度反映出当时社会的经济、民俗等状况，具有特殊的历史价值和科学研究价值，可以成为今天开展历史传统教育和爱国主义教育的生动教材，还可以开发成富有地方特色的旅游人文景观。贵州由于特殊的历史、地理环境，是全国保存传统工艺项目最多的省区之一。1988年我们对全省的50多个县市作过初步调查，发现保存的项目达22类300多个。与我国明代成书的科学技术专著《天工开物》相对照，书中记载当时流行的工艺技术凡18类107项，其中16类59项在贵州都有保存，达到全部项目的55%。贵州传统工艺项目的丰富及历史价值，由此可见一斑。从调查至今已过去10多年，据知，这些传统工艺项目有的已急剧萎缩，有的随老技师去世，已失传或濒于失传。

传统工艺是现代科技兴起前的手工业技艺，属于旧有的生产方式。随着现代科学技术和现代工业的发展，这些旧有的生产方式落后于历史的发展，必然要退出历史现实。我们所看重的是其历史价值，不应因其退出历

---

[1] 胡骏等：《日本文化财保护的现状》，载上海博物馆《文物保护与考古科学》1992年第4卷2期。

[2] 苏东海：《再论文物大国的忧患》，见《博物馆的沉思——苏东海论文选》，文物出版社，1988年，第286页。

史现实的必然性，而忽略其本来的历史价值。在这些传统工艺消失之前，我们有责任从保护传统文化遗产的角度，将它们妥善保护下来。如果我们不意识并做到这一点，后人将再通过现代考古去追寻这些消失的历史，那是我们对历史和后人的极大失职。

传统工艺的保护与静态文物的保护有很大不同。静态文物只要记录下有关资料，将其收藏到具备一定环境条件的库房中即可。传统工艺保护的不仅是工具设备与产品标本，主要的还是生产操作的全部技艺。技艺的完整体现必须是动态的操作过程。因此，传统工艺保护将是一种动态保护，其关键在于对操作者的保护。日本在这方面有很成功的经验。他们制订专门法规，从全国不同的工艺项目中挑选技艺杰出的工匠，指定为国家无形文化财的保持者，定期发给特别补助金，确保该工匠永远保持传统生产方法和技艺，并将技艺传授给年轻人。技艺杰出的年轻人有望成为继任的保持者。

中国没有开展过这样的保护工作，但日本的做法是很值得借鉴的好方法。贵州作为传统工艺保存特别丰富的省区，可以通过制定地方性法规进行这方面尝试。贵州传统工艺若全面保护起来，对祖国传统文化遗产的保护是一种重要贡献。而且，在西部大开发谋求旅游产业大发展的选择中，可以开辟一条独具特色的路子。

贵州在西部大开发中如何打造文化旅游的品牌，是近期各方关注的话题。传统工艺的保护与开发是一种非常有望成为特殊品牌的好项目。从资源上看，贵州具有先天的优势。从操作可能性上看，贵州已开发的自然旅游环境与民族风情旅游环境具有很好的基础。可以选择省城附近的旅游景点，开辟独立的园区，建立传统工艺保护中心。其职责一是对全省传统工艺进行系统调查研究，收集完整的文字资料和图像资料。二是选择特点突出，有观赏性并适于游人参与的传统工艺项目，引入园区，既达到近距离动态保护的目的，又开展旅游服务。让游客动手参与，向游客出售该工艺纪念品。只要组织得当，这将是社会效益和经济效益并佳的特色旅游点。保护中心还可以在政府委派下，承担起对全省传统工艺项目指定保护人的联系、指导和管理任务。除省保护中心外，全省有条件的县市还可以有计划地沿旅游线建立一些单项工艺的博物馆，形成全省传统工艺保护网，并以此大大丰富贵州的人文旅游景观，构成独具一格的旅游特色。

三、处理好发展旅游与保护文物的关系

处理好发展旅游与保护文物的关系不是一个新话题，但在西部大开发中，旅游业是贵州重点发展项目，旅游发展与文物保护之间的冲突会增多，而且旅游业具体建设项目，很多将由不同地方及不同部门承担。因此如何处理好二者关系，需要加强宣传，让更多人认识了解。

发展旅游与保护文物虽然常常发生一些冲突，但二者关系的协调并不难处理。有些地方由于缺乏长远目光，不从全民族和全社会根本利益着眼，盲目追求眼前经济利益，甚至急功近利、好大喜功，往往把二者关系对立起来，以致造成对文物的破坏。常见的倾向有两种：一种是以发展经济、发展旅游为名，对文物古迹进行破坏性开发；另一种是臆造假古董，矫做人为景观。

对文物古迹进行破坏开发的例子很多。如在古迹名胜处修建索道是近年很多地方"提高旅游档次"的大动作，却往往成为破坏文化遗产的愚昧之举。泰山是世界知名的旅游胜地，但是当地领导不顾各方人士反对，坚持修建登山索道，将月观峰约三分之一的峰面炸毁，形成1.9万平方米的巨大创面。站在10多里之外都能看到泰山额顶上这块永不可挽回的伤疤。而登临山顶后，又见索道站高大建筑物蛮横遮盖住作为中华名山标志的南天门的历史辉光。这从远至近的遗憾，足令人为泰山唏嘘。类似的事在贵州也时有发生。贵阳黔灵山本有山后的盘山路已至宏福寺，却在正面又破林修筑极不先进的索道。既伤害了巍巍黔灵风貌，又不体现现代科学水平，而且损伤若干参天古木。山底噪声撼林的过山小火车摇摇摆摆，毫无轻松享受可言，大大败坏游人兴致，而且生硬阻拦了游人的一条自由通道。再看作为贵阳标志的甲秀楼，四周已围满逐日拔起的新楼。这些一幢比一幢"洋气"的大厦仿佛决心要与古人的建筑技术竞赛，不知最终是嘲

笑古人的落后还是在显露今人的肤浅？诸如此类，都是我们眼前为人所熟视、反感，却无奈的事。稍远些看，如西线旅游道必经之地的镇宁县，直至20世纪80年代初还是一座以石头建筑风格为主调的小城，有不知何年代铺就的石头小道，有肃穆古朴的城墙和城门楼。如果当时有意识加以规划保护，另辟新区发展新城，如今的镇宁城将是贵州黄金旅游线上一颗耀眼的明珠。但是，今天的镇宁城却早已被杂乱的火柴盒式"洋房"所挤满，迷人的边地古城风貌永不复再现。近年贵州开发的民族村寨又不断开始重蹈镇宁城的覆辙，所幸各方有识之士常提出尖锐批评，或可使头脑膨胀的地方领导逐渐有所警醒。

臆造假古董，矫做人为景观，曾在各地风靡一时。以"大观园"为名的仿古园林在全国遍地开花，各地修建的"游乐宫""西游记宫""鬼城""汉城""唐城""宋城""明清一条街"等更是不可胜数。这些建筑投资动辄数百万、上千万元，远远超过当地投入于真文物保护维修的经费。这些假古董往往无视历史事实，粗制滥造，严重影响我们文明古国声誉，也大大降低旅游的格调。

贵州这方面的教训同样存在。花溪镇山民族文化村被开发成为小有名气的旅游点后，村里不断增建新的接待用民居。这些民居不按当地民族原有的建筑形式修建，却竞相采用新材料、模仿别处的小楼修建。游人进村触目所见，是整个变了调的杂乱的建筑风貌。经有关部门干涉，村里强行拆掉一些新建筑，但原有面貌仍未完全恢复。不仅建筑如此，一些地方的民族风情也染上造假之风。有些民族旅游村寨地道的民风和歌舞表演渐渐融入较浓的商业气息，一些模仿的、打闹敷衍的节目替代了纯朴的民族歌舞表演。这些处处都似曾相见的节目给予游客的，已不是民族风情真实的展现。虽然演出者得到省便，却失掉了民族文化旅游的吸引力，而且对民族文化本身也是一种无形破坏。

贵阳市最近正积极探讨在旅游开发中打造夜郎文化品牌问题，这对于在西部大开发中开拓思维是很好的事。但在研讨构思过程中，如何将主观愿望与客观实际有机结合，如何实事求是尊重历史，避免片面臆断，如何恰如其分选好题打好牌，不为臆造假古董的简单思路所迷惑，将是决策成败的关键，不能不予以高度重视。

谋求旅游与文化遗产保护的和谐发展，是当前世界上十分重视的问题。1995年在西班牙召开的"旅游与可持续发展世界会议"，通过了《可持续旅游的宪章》，明确指出旅游对环境的依赖性，高度强调只有旅游与环境保护的和谐，才能获得旅游的可持续发展。1999年世界旅游日的主题被列为"旅游：为了新世纪，保护世界遗产"。许多国家对世界遗产保护的意识十分明确，比如在修建索道问题上的看法与做法就大不相同。日本富士山海拔比中国泰山高出一倍多，但不修建索道，公路也只修到海拔2000米处，游客登山必须步行。美国8座国家公园的海拔在2473—4391米，国家法律规定，公园内一律不准修建索道。这些做法并不影响游客数量，反而因政府严格的保护措施和保护意识吸引大量游客。

因文化遗产的妥善保护而大大促进旅游业发展，在中国也有成功例子。山西省平遥古城高度重视古城的全面保护，被联合国教科文组织公布为世界遗产，旅游人数急剧增加，门票年收入从18万元一下跃升至500万元，1999年综合旅游收入达4800万元。近日从报上看到贵州安龙县创办旅游大县的思路和做法，令人兴奋。该县在进行交通和城建投入的同时，不惜大力投资加强文物古迹的保护和修复。招堤、明十八先生墓等重点文物保护单位已得到全面整修，兴义府试院、永历行宫等古迹也在修复计划中。按此思路稳步发展下去，不需数年，安龙必将成为省内高文化格调的旅游胜地之一，旅游前景十分广阔。

国家文物局局长张文彬在2000年全国文物局长会议工作报告中指出："西部大开发的一个重要内容是旅游产业的开发，众多的文物古迹是西部旅游业的重要基础，必须坚持文物工作的方针和原则，使文物保护与旅游业相辅相成，相互促进，优势互补，协调发展。"[①] 这应是贵州在西部大

---

① 张文彬：《深化改革，加强管理，努力把蓬勃发展富有活力的文物博物馆事业带入二十一世纪——2000年全国文物局长会议工作报告（摘要）》，载《中国文物报》2000年3月8日。

开发中大力发展旅游产业时，正确处理旅游开发与文物保护关系的指导方针。

四、强化文物法律意识

依靠文物法规管理文物，是促进文物事业发展的必要保证。《中华人民共和国文物保护法》自1982年公布以来，对国家文物保护事业发挥了十分重要的作用。但是该法制定年代较早，存在一些不够详备的地方。更由于宣传的力度和持续性不够，造成许多人文物法制观念淡薄，给文物保护工作带来很大危害。尤其是各级领导干部文物法制观念淡薄造成的危害最大。其突出反映在两方面：一是有法不依，目光短浅，为了一时利益，无视文物的重要价值，纵容甚至参与对文物的损毁破坏；二是以权代法、以言代法，为地方局部利益，干扰或阻挠文物部门依法开展的文物保护和考古发掘研究工作，造成文物的间接破坏和损失。

有法不依，损毁文物的事例见诸报端的已很多。有基本建设中捣毁文物古迹的；有组织群众盗掘古墓的；有收受贿赂，协助犯罪分子走私文物的；有旅游开发中破坏文物景点，滥用文物资源的；等等。基本建设中拆毁、挖毁文物古迹是近年发生较多的事情。广东省在虎门修建高速公路大桥，居然不顾文物部门反对，将全国重点文物保护单位、中国近代史上影响巨大的虎门靖远炮台的一段古城墙和部分守军营房遗迹推毁。甘肃省修建敦煌机场，挖毁一片重要的魏晋时期墓群。湖北省襄樊市修建汉江大道，在上级文物管理部门已干涉的情况下，仍拆毁了樊城古城墙。这一类事情的发生，往往是因为有地方领导干部带头无视文物法令。辽宁省桓仁满族自治县在省级文物保护单位五女山山城遗址修建电视差转台，文物部门出面制止，当地相关负责人公然不睬，声称："就这么干，出了事我负责！"

领导干部以权代法，为地方局部利益阻挠文物工作正常开展，造成了文物的另一种损失。按文物法规规定，各地的考古发掘必须由具备发掘资格的专业部门，报经国家主管部门批准才能进行。但有的地方不积极向主管部门上报文物发现情况，自行组织人员进行考古发掘。目的是为地方争文物，却因缺乏专业知识和技术手段，造成重要文物损失或重要遗迹现象破坏。20世纪80年代贵州发掘的一批东汉时期重要文物，至今被强留在当地，既得不到正规收藏保管，又得不到必要的修复保养。去年发掘的一批恐龙化石，地方不允许考古部门拖回单位研究整理，至今尘封在当地木箱中，面临日久变成一批死材料的危机。

这两种对待文物的态度貌似不同，实质都一样，都造成国家文物的破坏，造成文物事业的损失。其根源主要在于文物法制观念淡薄。因此，强化全民，尤其是各级领导干部的文物法观念，显得十分紧迫。

自1996年以来，国家已着手进行《中华人民共和国文物保护法》修订工作。据报载，修订工作最后完成已进入倒计时，经反复酝酿论证的修订草案年内将由国务院正式上报全国人大审议批准。[1]新《文物法》的公布，将大大完善国家文物法令，这将对文物事业发展起到极大推动作用。同时，还将为广泛宣传文物法规，普及文物知识，提高人民群众，尤其是各级领导干部的文物法制观念，提供最为有利的契机。在西部大开发战略实施第一年迎来这样的契机，是文物事业的一种机遇。我们应早做准备，抓紧时机，配合西部大开发，扎扎实实开展一次深入的文物法规大宣传。

提高领导干部的文物法制观念，除了广泛宣传外，还应倡导组织干部进行系统学习。国家为各级干部开设的培训班，应将文物知识和文物法规作为重要课目。平时的科技知识和法律知识讲座，也应经常有计划安排这方面内容。文化及文物行政管理部门干部调动、轮换，应将文物法规作为业务素质学习的基本组成部分。领导干部法制观念的强化，领导管理部门执行文物法规态度的坚决认真，是文物法规得以全面执行的决定性因素。

此外，应建立起有效的文物法规执行机制与监督机制。由于文物法规缺乏有力的执行机制，文物部门依法保护文物，制止对文物破坏的行动，往往显得非常无力。当事方可以公然不予理睬，或借助政府领导加以抵

---

[1] 见《中国文物报》2000年4月9日头版。

制，造成文物破坏的责任人也可轻易逃避处罚或法律制裁。文物执法机制的建立是确保文物法规得以认真执行，减少文物破坏事件发生极有力的手段。文物执法机制应该与环保、林业等行业执法机制一样，具有重要的地位与权威性。

文物执法监督机制，首先应从各级地方政府开始建立，将执行文物法规及开展文物保护工作，确定为各级地方工作政绩的考核内容。过去，各级地方在教育、环保、绿化、计划生育等方面的实绩被列为考核政绩的内容，但文物保护却没有这样明确提出来过。中国是一个文物大国，将文物工作作为考核内容提出来，符合我们的国情，而且可从根本上改变部分领导干部文物法制观念淡薄的状况。

西部大开发给贵州文物事业带来的发展将是巨大的。我们要尽自己的努力，促进这一发展，以取得最大成果。

原载《贵州民族研究》2000年4期

敬畏历史，保住记忆

——关于纪念抗战和保护历史文化纪念性建筑的建议
（在二〇一五年省政府迎春茶话会上的发言）

作为省文史馆馆员代表，在今天会上发言，很荣幸！谢谢各位领导和来宾！先说明一点，发言是要讲真话，均属个人观点，如有不妥处请指正，并请谅解。

一、对抗战胜利七十周年纪念活动的建议

今年是抗日战争胜利七十周年，对我省纪念活动提几个建议：

1. 组织不同层面的纪念会、座谈会、研讨会、讲座，可以包括军事、经济、历史研究、教育、文艺创作等多方面。贵州因区位原因，一方面有各族儿女英勇参加全国抗战的事迹，一方面有外省大量人员内迁，带来工商企业、文化教育、文学艺术等发展提高的盛况，因此值得探讨研究的空间很大。讲座重点针对青年学生，帮助他们正确认识历史。

2. 积极鼓励与支持抗战题材和资料的整理、研究、编写、出版工作。省文史馆今年组织编写"贵州抗战文史"丛书是极好的创意，可以考虑将民国相关文献档案资料的整理汇集也放进去。过去省文史馆员梁茂林先生编写的《贵州草鞋兵》（与齐赤军合作）、康振贤先生编写的《虎贲独立师》等纪实性文学书，是社会影响力很大的作品。二位仍在继续研究、写

作，康先生还要编写黔军各支部队的抗战史迹。省文史馆特聘研究员杜宁先生自费采访了150多位贵州抗战老兵，画下他们的肖像，写了采访手记，是很有价值的纪实历史，但听说出版中发生了一些周折。这些需要政府给予大力帮助。

3. 慰问抗战老兵，建立政府层面的优抚措施。据有关资料，贵州健在的抗战老兵约250人，是抗战中数十万黔军将士仅存的代表，现年老体衰，最大的已百余岁。他们大多数生活在相对贫困的状态中。这是社会不可忘记，需要特别关注、关爱、善待的一个群体。

4. 组织一次全省性的抗战文物征集。很多人曾要求博物馆举办贵州抗战历史展览，但办不起来，因缺少这一段历史时期的文物。现民间应该还有一些收藏，要赶快集中起来，全面保留下历史记忆。

5. 尽快修复贵阳纪念塔。去年的春节茶话会上，省文史馆馆员梁茂林先生就此提出建议，得到省政府和陈省长重视，何力副省长亲力督办。据了解，有关报告和方案已送达中央有关部门。这是一处意义重大的历史文化纪念性建筑，不仅是历史的见证物，而且是贵州人民抹不去的一段乡愁。有两件事值得在这里说说：

李宽定先生在海天园修建贵州抗战纪念碑，镌刻上尽一己之力收集到的2724名抗战英烈的姓名和生平，特别值得称颂。古道热肠，立意高远，是一件大功德。抗战纪念碑自1995年建成，每年都接待一批批学生、民间人士去那里举行悼念活动和爱国主义教育活动。善莫大焉！

香港企业家、贵阳市政协委员王放先生，为抗战时黔军121师副师长王定仪的儿子，表示愿捐出自己在观山湖区所购一处山头上的土地，用来修复纪念塔。这一举措表达出民间热心人士的强烈愿望和呼声。

贵阳纪念塔是七十年前的历史陈迹，现在来修复，更重要的是彰示今人明晰的历史观和复兴中华的坚定信念。但自1995年社会各界开始呼吁修复，已经有二十年，尚未付诸实施，堪谓遗憾。这其实完全符合党中央明确的政策和指示。习近平主席在2015年《新年贺词》中恳切说道："对一切为国家、为民族、为和平付出宝贵生命的人们，不管时代怎样变化，我们都要永远铭记他们的牺牲和奉献。"

哪天能开始动起来我们不知道，但真希望看到修复纪念塔的启动仪式能在9月3日抗战胜利纪念日那天隆重举行！

如何修复？在哪里修复？需进一步作研究。这关系到今天想谈的第二个话题。

二、保护历史文化纪念性建筑

1.历史文化纪念性建筑具有地标性意义，不仅是历史记忆的客观载体，同时也是一个地方整体文化素质的象征。但包括纪念塔在内，大量该永久保存的老建筑却惨遭拆毁，例子很多，仅举一例。

省府路的贵山饭店，曾是清代贵州巡抚衙门，民国时是省政府、省警备司令部所在，堪称贵州最重要的古迹之一，可是二十年前卖给房开商建楼盘，被完全拆掉。

2.随着城镇化进程以及旧城改造进程飞速发展，更多老建筑，甚至已列入文物保护单位的老建筑，又一次面临灭顶之灾。近期中央电视台陆续有过报道。贵阳市文物管理部门感到压力倍增，一地划入棚户区改造范围或某开发项目后，地方政府部门有时间任务，房地产开发商有经济利益，都会尽量避开文物部门，一拆了之，哪管有无历史价值。

如中华北路毛公馆，已划入当前棚户区改造地域。毛公馆是民国时期的典型建筑，曾是民国贵州省主席毛光翔的公馆，抗战时期蒋介石、冯玉祥等军政要人住过，故宫文物西迁贵州时曾将之作为第一个存放点。过去未列为保护单位，但第三次全国文物普查已进入国家文物局名录，并申报市文物保护单位。现拆迁公司已经在下手急于清除。

这一处重要地标性建筑，如妥加保护，开辟一个贵州抗战展览馆，既能填补贵州空白，又能保留一段重要历史记忆。

除了老建筑，还值得提起20世纪50年代后期的一批代表性建筑。大家都记得，省政府大礼堂曾是那时仿苏风格的大型建筑，带有文艺复兴特点的大廊柱非常壮观，是一个时期贵州建筑艺术的代表。但已拆掉无踪迹。这一批建筑在贵阳已经极少有保存。

如今省博物馆在观山湖区建成新馆，旧馆的拆与留，成为一个议题。想留的声音很多，希望拆的也大有人在，因为该地段的商业价值诱人。这是省政府大礼堂之后贵州20世纪50年代最重要的代表性建筑，可再不能拆！它还非常适合继续用作老城区的公共文化展示场所，一个人口密集的城区不能少了这样的文化设施。今年省人大常委会上，有靖晓莉、刘颖等代表提案，要求建设贵州历史文化名人馆，让人们有一个拜谒历史先贤、培育乡土情怀、接受爱国主义教育的场所。这是一个非常好的建议。老博物馆可以是一个现成场地。旧时各省府县有乡贤祠、名宦祠，用来祭祀本土先贤和有功德于一方的官员，是一种有意义的文化传承。在博物馆旧馆开辟一间历史文化名人馆，还可同时建立一间当代英模馆，既纪念历史先贤，又可以定时滚动宣传我们身边对社会有贡献的各界人士和英雄，对建设和谐社会，促人向善，增加民众凝聚力有深远的社会意义。

3. 保护历史文化纪念性建筑的另一面是建。修复这类建筑（如纪念塔），应如何建？今天新建的带有地标性价值的文化建筑，又该如何建？其实都在拷问：我们打算要留给后人什么？

这是个历史责任问题，需要认真思考。今天的地标性建筑，就是今后的文化遗产。这其中对当今浮躁之风的影响，实在不能不高度警惕。这里重点举一个大家熟悉的例子——孔学堂。

贵阳孔学堂是贵阳的一张文化名片。建设气势颇显宏大，也具备传统儒学"庙学一体"格局，功能设计不乏构思。随着许多重要文化活动、重要讲座在那里举行，知名度越来越高，是一处领导和市民都关注的地标性建筑群。

但是，其中存在的一些硬伤，却大大影响了这张文化名片的美誉度。因时间关系，这里只简单举三点来说明。

一是九米二八身高的孔子像。我走到像前产生的第一想法是，孔老夫子成了神吗？超高大的神像才能表达出尊孔的虔诚吗？在现今科学技术高度发展的时代，这只是一种近乎狂热的举动，绝不符合我们国家提倡的弘扬中华优秀传统文化的科学态度，是一种非理性思维，反映出极端浮躁的心态。

二是大成殿内的孔子和四名弟子塑像。孔子高坐于官帽椅上，四弟子配坐于鼓形凳上。然而，孔子生活的春秋战国时代还远远未出现椅凳类家具，人都是跪坐于地面的席子上。按目前资料，座椅最早出现于八百多年之后的魏晋南北朝。高靠背的官帽椅更晚，再往后五百年至宋代才有。不知为何要让孔子与弟子们穿越一千多年的历史？

三是大殿四角配设的礼乐器，如磬、埙、笙、簋等都极不符合历史真实，制作也很草率。比如磬，是流传数千年的礼乐器，新石器时代已出现，用石头制成，有一定形制，大小排列有序，可敲击奏出不同乐音。但孔学堂的磬，将两排形状怪异的、不明质地的片形物，随意悬挂在一个简易的钢管状支架上，其设计制作令人匪夷所思！

其他还有，时间关系不能详举。

这些问题最不可原谅处在于：赫然向民众，尤其是青少年传达着一堆错误的历史信息。问题本不该出现，因文献有记载，其他地区文庙也有实例，还可以向文史专家咨询。但不幸出现，而且堂而皇之。个人认为，关键在于，想办好事的同时，多了一点功利心，急功近利，贪大求洋，因而丧失了客观、科学精神。

怎么办？建议坚决改，尽快改。相信没有人愿意就这样粗陋地，将我们这一代人的一份文化遗产，留下来传承给后人，那是要遭后人耻笑责骂的。也没人会乐意把一份带有低级错误的文化名片去向四方分发，假如分发者知晓其中的瑕疵所在，应当明白，这看似不大的问题，会给一个地方的社会文化水准，带来多大的损伤！

抱歉对这个实例多说了些话！实在觉得这里足以提醒我们，对于文化事业，对于文化遗产保护，特别需杜绝功利心态，切不可浮躁。要时时保持一颗敬畏心——敬畏历史，敬畏中华优秀传统文化，敬畏个人的社会责任及担当。

谢谢！

（2015年2月10日）

附记：

  贵州省政府每年春节前举办省政府参事与省文史馆员参加的迎春茶话会，参事室与文史馆各推举2名代表作15分钟发言，直接向政府领导建言献策。2015年省文史馆推举我作为代表之一在茶话会发言，拟此发言稿。

珍藏历史记忆，架设沟通桥梁
——贵州省博物馆掠影

2014年初，位于贵阳市北京路的贵州省博物馆发布告示：因筹备搬迁新馆，即将择时闭馆。一座矗立半个多世纪，为许多贵阳市民所熟悉的优雅文化殿堂，就此逐渐淡出人们的视线。一时间，引起若干人心底无限感慨。

这是修建于20世纪50年代的省级综合性博物馆。庭院宽敞，种植松树、桂花树、法国梧桐和许多花草。展览大厅方正典雅，前廊一排高大立柱，让人登阶即生几分崇敬。那个年代，地方有博物馆要算新事物，贵州仅此一座，很吸引人的眼球。不少人，尤其青少年，在这里寻找到乐园般的感受；唤起发现大自然丰富植物、动物、化石和矿物标本的新鲜感；体验到近距离观看古老文物的一丝神秘感，以及更多难以言表的敬畏感。

新中国成立前，贵州唯有一座省立科学馆，建于1938年，主要承担自然科学方面的宣传普及工作。1939年，西南实业协会贵州分会又倡建贵州物产陈列馆，但难以为继，数年便不复存在。1953年，贵州省人民政府决定改组省科学馆，建立省博物馆筹备委员会，就此开创贵州现代博物馆事业的新篇章。

博物馆的设立是人类一项伟大发明，它使人类文明进程中所创造的文化遗物有了可靠藏所。文明不断发展，必然不断产生有价值的创造物。但

图1　海百合化石
（贵州省博物馆自然部供图）

喜新厌旧之习，长期使人们忽略前人创造，随意将其毁弃，任其湮没。当有人开始重视，逐渐收藏前人创造物后，人的狭隘、贪欲和浅见却又使许多侥幸流传下的创造物遭遇抢夺、买卖，经历另一轮破坏，难以稳定保存。直至博物馆出现，才有彻底改变。

国际博物馆协会为博物馆所下定义，最关键一点是"非营利性"。所有博物馆，不论其经营管理方式有何差异，离此基本属性，就不被认可为博物馆。其用意十分明确，就是要保障文物藏品最稳定可靠的收藏环境。因此，博物馆设置有整套严密的档案制度和保管制度、缜密的安防措施、专业化的修复养护技术。

贵州省博物馆陈列楼1958年5月建成，推出"出土文物""历代书画""矿产资源""少数民族工艺美术品"等专题展览正式向社会开放。

从筹建至今历六十年的发展，已征集收藏各类文物藏品，登记在册约3万件，另有数万件石器时代制品正整理中。文物藏品中审定为一级文物

图2　贵州龙化石

的近500件。

一、贵州省博物馆藏品中，古生物化石引人注目，其中海百合和贵州龙化石最为人熟悉。前些年，黔西南兴义、关岭等地盗挖成风，一时间成为民间收藏新宠。海百合化石（图1）形似莲叶，姿态优美，其实并非植物，而是一种海生无脊椎动物，生活于距今三亿多年至两亿年的地质时代。贵州龙化石（图2）距今两亿多年，因最初发现于贵州兴义得名。个体较小。古生物中被命名为"龙"的，包括恐龙，其实都只是爬行类动物，统属于一个纲，却分属于不同的目，形态和个头差异很大。

贵州是我国沉积地层发育特别完整的地区，地层中保存的古生物化石十分丰富。馆藏中重要种类有距今两亿多年的鱼龙、海龙、幻龙、东方肋鳞鱼、亚洲鳞齿鱼、中华真鳄鱼等化石；有发现于平坝的大量恐龙化石；还有大熊猫头骨化石、东方剑齿象头骨化石、中国犀头骨化石、华南巨貘头骨化石、野猪头骨化石，以及多种植物化石。当然，这仅仅是贵州丰富

图3　黔西观音洞遗址石器（蔡回阳供图）　　　图4　普定穿洞遗址人头骨

古生物资源的一点点折射反映，贵州已经考察认定的瓮安生物群、凯里生物群、兴义生物群、关岭生物群等近十处著名生物群，是研究地球古生物进化史难能可贵的宝库。

作为综合性博物馆，贵州省博物馆曾保存丰富的现生动植物标本，成为青少年学生大为欢迎的生物课堂。不过，随着现代媒体，尤其是数字化媒体快速发展，与许多外省综合性博物馆一样，这类藏品已淡出，最终或将失去在普通博物馆收藏的价值。

二、史前文物在馆藏中占有很大比重。所谓史前，特指人类发明文字之前的时期，包括了漫长的旧石器和新石器时代。贵州已发现的旧石器时代遗址逾百，在全国居于前列地位。黔西观音洞遗址在20世纪60年代发现后，被看作中国南方最重要的旧石器时代遗址（图3）。盘县大洞遗址1993年被评为全国十大考古新发现。贵州旧石器遗址出土石器以石片石器为主，具有打制技术多样化特点。旧石器晚期遗址中常常发现磨制骨器，而且不少遗址存在上层叠压有新石器时代文化层的现象，引起学界普遍关注。在十余处遗址中还出土了一些人类骨骼、牙齿化石或遗骸（图4）。

贵州新石器时代遗址发掘工作滞后，虽然已发现的遗址数也达百余，但多为小型洞穴遗址，总体数量偏少，与旧石器时代遗址不相协调。新、旧石器的区分在于是否采用磨制技术。磨制技术标志了古人类思维方式和思维高度的巨大进步，那个时候，陶器、种植农业和畜牧业同时被人类掌

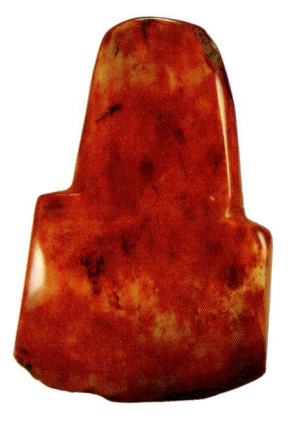

图5　有肩石锛
（盘县出土）

图6　西汉立虎辫索纹耳大铜釜
（赫章出土）

握。1954年征集于盘县的有肩石锛，至今是馆藏磨制石器的代表作（图5）。这件石锛长7.7厘米，通体红艳莹润，磨制细腻，散发出玉一般的色泽和质感，令所有见过的人大为惊叹，无法相信这会是远古的工具，这该有何等不凡的审美水准！

贵州磨制石器使用延续很长，在一些商周时期遗址，甚至汉代遗址中，都出土过不同的磨制石器。晚期磨制石器有的性质已改变，或成为宗教仪式的特殊用器。兴义市曾出土一件罕见的磨制大石锛，长约30厘米，重达1公斤多，显然已不是实用工具。

三、贵州青铜器出现较晚，中原商周时期青铜器达到鼎盛时，贵州才开始出现简单的青铜铸造业。在毕节青场和威宁中水鸡公山商周遗址，都只出土极少量简陋的青铜件。不过，从战国至汉代，贵州青铜器呈现出空前发展景象，大量具有地方特色且铸造精美的铜器涌现，成为地域文明大跨越时期的有力见证。

这正是夜郎国存在时期。中原先进经济文化也从这时源源不断传入这个山地之国，带来地方社会的巨大发展。贵州出土的大量地方特色青铜文物，正不断揭开夜郎国的神秘面纱，还原千百年来人们苦苦追寻的一段历史记忆。

图7　战国至汉铸鱼钩石范
（普安出土）

图8　东汉"武阳传舍"铭铁炉
（赫章出土）

赫章可乐从20世纪60年代以来，发掘数百座地方民族和汉人的墓葬，2000年的发掘更被评为全国十大考古新发现。那里发现的"套头葬"，成为世界尚未发现过的古代奇特埋葬形式。套头葬使用铜釜、铜鼓、铁釜套于死者头顶，其中以2000年出土的一件大铜釜尤为精美，口沿两侧，两只威风凛凛的老虎昂首长啸，相向挺立，彰显不可侵犯的权势（图6）。墓地出土的牌形茎首铜柄铁剑、铜戈、三足铜鍪、铜带钩、铜镯、铜钗等，均代表了十分独特的地方文化特色。

同属夜郎时期的青铜文物，在贵州其他地区也有重要发现。尤其是黔西南地区出土的铜剑、铜戈、铜钺、铜锄、管形耳铜铃、羊角钮铜钟等既带有自身突出的地方特色，又不时显示与赫章出土铜器的内在联系。普安铜鼓山遗址出土大量铸造青铜兵器和工具的石范（图7），告诉人们，当时这里曾是重要的军事后勤基地。

贵州最早的铁器也出现在这个时期，以工具和兵器为主，多为中原式样。赫章发现的铸有"蜀郡"铭文的铁锸，铸有"武阳传舍"铭文的铁炉（图8），说明这里最早的铁器源自北边的巴蜀地区。

从东汉至魏晋，贵州的汉式墓葬明显增多，出土青铜器愈显精巧，地方色彩减弱，显示夜郎灭国后，中原文化有广泛深入趋势。兴义出土铜车马是此期青铜器的精品（图9）。车马长达120厘米，马高近90厘米，采用

图9　东汉铜车马（兴义出土）

多种工艺加工，马头等处原有鎏金装饰，肢体矫健优美，直堪与当今盛装舞步赛马场中的良种赛马相媲美。此期青铜器中反映人们神仙思想的造型增多，清镇出土龟座跽人铜灯即为代表（图10）。龟座上承灯神人高鼻长目，一副超凡脱俗相。

唐宋以后铜器步入衰落，除钱币和铜镜外，人们生活中已很少使用铜器。但民族地区以铜鼓为代表的大型铜器却一枝独秀。

四、陶瓷器是馆藏文物中的另一类大宗。人类自一万年前新石器时代之初发明陶器，极大改变了生活质量。馆藏赫章、威宁等地战国至汉代陶器，造型、工艺等不仅记载了当地部族的制陶技术，而且蕴含着人们思维信念上的许多信息。赫章出土的干栏式房屋陶模型（图11），上层前廊立有斗拱方柱，下层地面架设脚踏长碓，用于加工粮食，见证了汉式建筑与地方民族建筑相互融合的时代特征。兴义出土的水塘稻田模型，以一条长堤隔开水塘与稻田，堤上设有水闸，用于调节稻田水量，反映了当时因地制宜的水利技术。

省内出土时代最早的瓷器是东汉刻划"永元十六年"铭文的青瓷罐。

图10　东汉龟座踞人铜灯（清镇出土）　　图11　西汉干栏式房屋陶模型（赫章出土）

清镇、平坝出土的东晋时期青瓷器制作精美，悉心装饰的莲瓣图纹，反映了当时崇信佛教的浓郁民风（图12）。宋以后瓷器主要为传世文物，不乏官窑和民窑的佳作。宋吉州窑木叶纹天目盏、宋永和窑折枝花盏、明宣德仿哥窑笔筒、明宣德青花什锦团花深腹碗、清康熙青花狮子牡丹纹盖罐、清康熙美人醉柳叶瓶、清道光"尘定轩"斗彩山水人物盖碗等，都是一时珍品。

五、历代书画是格外引人注目的藏品门类。馆藏书画自唐以下，历代作品俱有收藏，不乏名家名作珍品。其中《唐人写大般若波罗蜜多经册》存有清代吴大澂、赵之谦题跋认定，当代知名书画鉴定家张珩等人也大加赞赏。今有研究认为应是北宋人书作。《北宋韩琦楷书信札》卷（图13）首帖早年即被收入著名的《三希堂法帖》，二帖后有元、明、清名人十三则题跋，珍贵无比。明清书法名家佳作还包括祝允明、董其昌、黄道周、王铎、朱彝尊、郑燮、边寿民、梁同书、姚元之、翁方纲、何绍基、翁同龢、吴昌硕、康有为等人作品。

宋人画作有绢本《洛神轻舟图》。另有赵孟頫款《五马图》引人争议较多，当代书画鉴定家徐邦达曾来馆鉴赏，赞誉颇多，认为至少为元人作品。《明唐寅长松泉石图》轴（图14）为作者祝贺其师王鏊七十大寿的精心

图 12　东晋莲瓣纹青瓷罐（平坝出土）

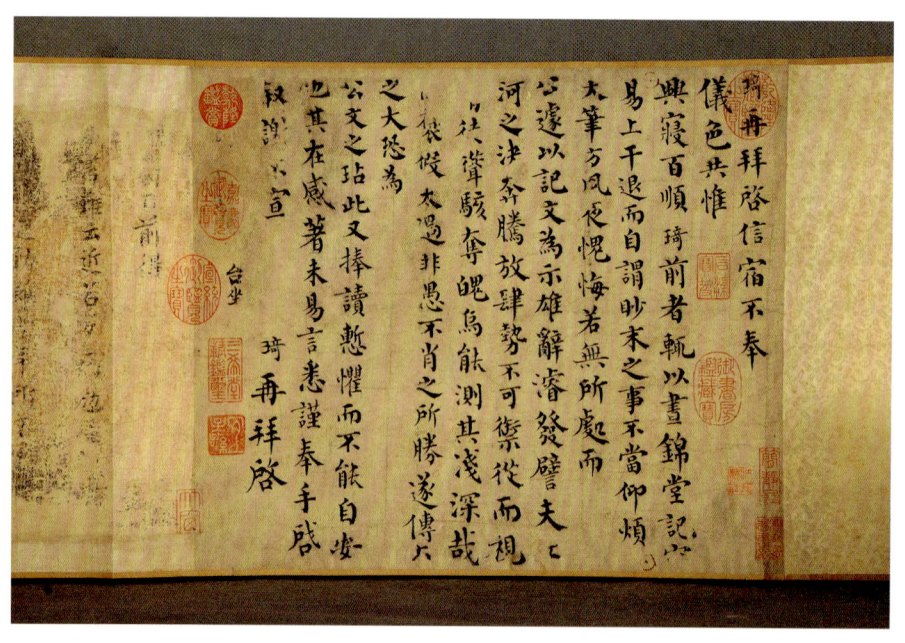

图 13　《北宋韩琦楷书信札》卷（局部）

之作，纵长近150厘米，系其中年时期代表作品。明清其他著名画家：周臣、沈周、文徵明、尤求、文伯仁、徐渭、钱榖、丁云鹏、仇英、陈道复、关思、蓝瑛、祁豸佳、黄向坚、弘仁、查士标、樊圻、朱耷、黄鼎、高其佩、华嵒、高凤翰、边寿民、邹一桂、郑燮、李方膺、弘历、钱维城、

图14 《明唐寅长松泉石图》轴

方薰、赵之谦、任伯年等等。其中黄向坚及邹一桂以贵州山水为题材的图册，更成为今天研究地方历史至为珍贵的形象资料。

古代书画藏品中，保存大量贵州地方文化名人作品，在展示地方文化历史方面具有特别重要的价值。比如周起渭、杨芳、花杰、黄辅辰、郑珍、莫友芝、黄彭年、孙清彦、双荃、周之冕、李端棻、黎庶昌、傅衡、袁思韠、罗文彬、何威凤、严寅亮、陈夔龙、赵以炯、夏同龢等。

近现代书画家如齐白石、黄宾虹、张大千、徐悲鸿等，以及贵州名家姚华、王渔父、孟光涛、方小石、陈恒安等人作品也有广泛收藏。

藏品中还包括其他多种类别，如金银器、玉器、漆器、竹木器、砚墨、印章、古籍版本、古钱币等，都有引人关注的精品。

六、近现代历史文物在我国博物馆传统中多被归类为"革命文物"，而且由于历史观念原因，偏重收藏具有革命性质大事件的实物，相对忽略

图15 宋遵义型铜鼓（遵义杨粲墓出土）

近现代历史进程中的其他重要文物，实为一遗憾。馆藏革命文物中，清代咸同时期农民起义、辛亥革命、红军时期的文物数量较多，抗日战争、解放战争、剿匪斗争等也有部分藏品。

咸同农民起义时期的《白号军"誊黄"布告》是一份珍贵的农民军布告，宣告了起义军"奉天承命"，反对清朝政权的意志。《大汉贵州军政府令》是辛亥革命贵州宣告独立后，临时军政府发布的第一份安民告示。红军时期的货币、文告、标语、油印资料、武器、器具等，记载了红军辗转贵州的艰苦斗争历程。石印的《中华苏维埃人民共和国川滇黔省革命委员会布告》、川陕省苏维埃政府工农银行颁行的布币、红军在遵义给农民开具的买猪条等，是记载峥嵘岁月生动故事的珍稀文物。

七、少数民族文物是馆藏中的重头，收藏数已超过1万件。贵州是多民族省份，少数民族人口占40%以上。从筹备建馆起，就一直注重民族文物征集，一些五六十年前征集进馆的民族文物，现在地方上已不复存在。

馆藏铜鼓近百件，包含了我国古代铜鼓八大类型中的四种类型。其中

图16　宋代苗族彩色蜡染衣裙（平坝出土）

图17　清代侗族踩歌堂石刻（从江出土）

遵义型和麻江型铜鼓，即分别以遵义南宋杨粲墓（图15）及麻江明墓中出土的铜鼓作为标准器命名。

民族文物种类繁多，包括各地各种少数民族重要的生产工具和生活用品的方方面面。其中服饰、银饰数量最多，也最为丰富多彩。有的服饰制作于清代，甚至更早。平坝岩洞葬出土宋代苗族彩色蜡染衣裙（图16），是目前已知国内时代最早的彩色蜡染服饰。

民族文物不光反映了民族群众的生产工艺技巧和艺术水平，而且蕴含很多历史和文化信息，反映了人们的生活习俗、心理和宗教信仰。苗族及一些民族不同形式的织机，几乎完整再现了人类从数千年前发明纺织技术以来，全部的纺织工艺演变史。从江县高增乡征集的清代侗族妇女踩歌堂石刻（图17），生动记述了当时人们的节日活动方式，以及服饰特征。

博物馆门类丰富的文物藏品，是无比珍贵的历史优秀文化遗产大荟萃，是人类历史生动真实的见证。永久保护好人类祖先这些了不起的遗产，永久保存那些不可忘记的历史记忆，是今人不容推卸的职责。

一座具有现代科技水平的新型博物馆，即将在风景优美的观山湖区建成，标志着贵州文物保护保存工作迈入新时期。今后会有更多优秀的文化遗产收藏在博物馆中，它们将为今人永久架设起一座沟通前人、沟通过往时光的桥梁。

（除署名外，图片摄影：梁太鹤）
原载《贵阳文史》，2014年3期

文物复制谁验收？

日前参加单位组织的一项青铜文物复制验收，颇费周折，多有所感，其中不乏带共性问题。特借报端提请感兴趣的同仁参考、商讨，或有益于博物馆文物复制工作。

验收历时一年。因展览需要，笔者原属博物馆计划复制五件考古出土青铜文物，于2019年8月与河南某从事文物复制的信息科技公司签约。公司随即采用扫描技术提取文物信息，3D打印技术制模，范模浇铸技术成器，经加工、着色、做旧，于当年11月完成复制，运至博物馆。12月博物馆组织本馆与考古所专家进行首次验收，多数意见认为复制品形、神、工艺等存有较大毛病，不予通过。公司方接受意见，运回加以修整，遇新冠疫情影响，至2020年9月又将复制品运至博物馆，进行第二次验收，仍因存在一些毛病未通过。公司方再做局部返工和修整，2020年12月第三次交付验收，除其中一件陈列于出土地博物馆的文物，因扫描采集信息环境受限，且陈列拼装时存在失实等问题，经双方协商，撤销该件复制意愿，其余四件获基本认可，通过验收。

验收中发现复制品问题主要在三方面：一是不少纹饰粗糙、模糊甚至变形。比如大铜釜所铸立虎项圈上的贝币纹，变成模糊不清的圆圈；铜摇钱树片上的牛头纹、人形纹，变成含混的弧线。二是局部构件造型失真。

比如铜连枝灯干上盘绕的游龙，头形僵硬，向下蹬踏的后腿，被做成龙尾；大铜釜腹部环状耳直径，从9厘米变为8厘米，耳面上的辫索纹，从6组12道变为5组10道。三是原工艺技术未能如实反映。比如铜车马横架于辕杆上的条形槽，原为冷锻加焊接工艺制成，复制品变成整体浇铸；铜马各拼接部原使用不同形制铆钉，复制品只简单采用一种形制，或误用其他拼接技术。

制作方给予的解释是，通过扫描技术获得文物数据，回工厂作3D打印时，无法还原许多细部，且无原物供现场参考。他们不了解文物，当时没有针对性地近距离拍摄一些照片带回作对照，故导致错误处理，原隐藏于文物内部的工艺细节更无从复原。我们曾质疑对方扫描和3D打印设备的品质规格，但对方已是具备一定实力和知名度的文物复制企业，这至少说明目前引入文物复制领域的扫描和3D打印技术，还远达不到足够的精准度。我们向制作方提出建议，一方面要设法提升设备档次，另一方面要转变全盘依赖扫描技术采集信息的观念，复制工作从开始起，就与发掘和修复的专业人员沟通，多了解文物特征，在扫描基础上，制定进一步采集信息的措施，以弥补扫描打印的不足。对方深表赞同。

验收中还发现，复制品上皆无复制标识。我们提出要求后对方同意补做，并告，多年从事文物复制，相关博物馆并无人提此要求，也就形成不做标识的习惯。这是颇让人惊诧的信息。文物复制品上打标识，博物馆界早成共识，国家相关法规也有明确规定。《文物复制拓印管理办法》（国家文物局2011年1月27日颁布）第六条载明，文物复制品"应有表明复制的标识和数量编号"。这一方面是为避免发生复制品以假乱真事件，另一方面更是为充分尊重历史，尊重前人的辛勤劳作与聪明才智。标识看似事小，但意义长远，容不得轻忽，关乎博物馆人的职责与职业操守。

复制品的一系列问题，陆续在验收会评议中被挑拣出来。验收会于单位来说是第一次，无经验。所幸交由业务处室主持，邀请专家熟悉复制的文物，一再仔细观察、讨论，还持工具作测量，拿到准确数字依据，基本把握住验收质量。事后回顾，需吸取教训的地方不少。比如：首次验收开始评议时，便有与会者率先表态认可，提议通过验收，如非他人坚持需再议再查，极易受先入者的影响，形成一风吹而马虎过关；又如：因缺乏量化标准，对有些问题见仁见智，难以统一判断；因缺乏数据报告，铜釜耳径变形问题，至第二次会才核查发现；复制标识到最后才得以纠正等。总体说，是在几番摸索中完成的验收。不过，从制作方得知，这已算其过往经历中相当正规的一次，通常仅由单位负责人邀集验收，请来馆中二三人边看边议，提出问题后，制作方或现场做一定解释，或据情况再做一定修补调整即告完成。

制作方所述经历，或代表了目前博物馆文物复制验收方式的常态。笔者还见过另一极端例子，省内某地级市博物馆粗陋失真的铜质文物复制品，由外省一工艺品公司根据图片和公布的简单数据制作，该市文物部门不愿认可，但掌管财务权的文旅局领导坚持拍板接收，劣质复制品至今堂皇陈列于该博物馆展厅。

从我们验收的周折，以及三种验收方式的对照，使人将思考汇聚到一个焦点——文物复制谁验收？如何验收？

三种方式有三种结果。我们的验收由专业人员掌握，虽经周折，但质量未至大偏差。极端例子验收由上级行政领导认定，危害显见，还造成工作乱象。制作方所述常态化验收大体介乎二者之间，单位领导主持，有业务人员参与，但人员构成无定，领导在过程中是主导，以其拍板决定验收。这种方式的结果因人而异，质量难以确保。

三者是非应很清楚，但其中常态化验收方式被普遍采用，值得提出来再加辨析，它反映了一种惯性思维的误区，认为文物复制协议的签署权在单位领导，复制经费的支付权在单位领导，复制的验收权当然就在领导。类似惯性思维是事业单位环境中常有现象，其误区在于模糊了本属两个层级的不同职权，混淆了它们各自的管辖范畴。

文物复制协议的签署以及经费支付，属于行政管辖范畴，是上一层级的职权。而复制品验收属于专业管辖范畴，是下一层级的职权。不同层级有不同的施行者和施职程序。下一层级职权由专业人员承担，施行在先。

上一层级职权由行政领导承担，施行在后。即是说，文物验收只有当专业检测合格后，才能交行政认定协议完成支付费用。前述极端例子属典型的越权行为。常态化验收，将两个层级的职责糅混成一步操作，实质上也属一种越权错误。

分清职责，将下一层级的文物复制验收切实交由业务部门承担，确保验收质量，除需解决人的认识问题外，更要依靠明确成文的制度规定。只有用制度规范验收的程序与操作，才能真正将权力关进笼子，使文物复制工作完全步入正轨。

文物复制工作当下适用法规，是国家文物局2011年1月27日颁布的《文物复制拓印管理办法》，其中对文物复制的性质、用途、申报、审批、制作、标识等都有明确要求，但对文物复制验收未作具体规定。《中华人民共和国文物保护法实施条例》(2017年10月7日第四次修订）第二十八条规定："文物收藏单位应当建立馆藏文物的……保养、修复和复制制度。"其中，文物保养和修复制度，一般博物馆都有制定，因属日常性工作。但文物复制在博物馆过去仅偶尔为之，相应制度在多数博物馆恐怕都缺位。我们此次验收所费周折，主要原因就在无文本可循。如果自始便按一定操作程序进行，有清楚的数据资料，有详细的复核测量要求，有逐项的量化判分表格等，验收进程会简化明晰许多，结果会更科学合理。

博物馆馆藏文物复制久有施行，但从未像现在这样普遍开展。随着博物馆事业快速发展，各级博物馆高品质的陈列展览、馆际交流展和跨省联展，文物复制品的需求还会大为增加。如何在现代科技条件下，处理好文物复制之事，成为博物馆和其他文物收藏单位面临的新课题。需要研究探讨的问题会不少，比如建立各类文物复制的国家标准等，但各博物馆和文物收藏单位依法制定一份文物复制制度，亟须先行提上工作日程。

原载《中国文物报》2021年2月26日

注:《文物复制谁验收?》稿成投送文物报后,再思考,以为文物复制合理验收的操作规范,在博物馆恐一时难以列入工作安排,稍后或又被搁置,仍为空缺。遂自以为是地草拟方案,拟提请博物馆同行斟酌修改,以期形成文件,备今后使用。此大有多事之嫌。但实愿博物馆各类工作皆操作规范完备,确保重要工作事项不出现因人而异的大失误。

附:

××博物馆文物复制制度(初拟稿)

一、根据《中华人民共和国文物保护法实施条例》(2017年10月7日第四次修订)及《文物复制拓印管理办法》(国家文物局2011年1月27日颁布)制定本制度。

二、复制文物必须确保文物本体安全。

1. 复制文物一般不得采用原物脱模方式取样。用扫描技术取样时,须确保文物不受损伤。

2. 文物本体特点不适宜复制的,不得提供复制。

3. 复制涉及国家秘密的文物,按有关保密法规办理。

4. 未定级文物不提供复制。

三、报批手续。

1. 复制一级文物须经国家文物行政管理部门批准。

2. 复制二级文物和三级文物须经省文物行政管理部门批准。

3. 本馆因展览或其他需要复制文物,由相关业务部门提出申请报告,馆领导同意后,按程序报上级行政管理部门批准。

4. 外单位要求复制馆藏文物,须提交书面申请,说明具体用途。馆领导与文物保管部门会商同意后,由拟复制单位履行相应报批手续。复制完成后,须提交本馆组建的验收组验收合格。非陈列展览目的要求复制文物,一般不予提供。

5. 馆文物修复部门承接复制文物工作，须具备相应资质与条件。复制馆藏文物时，亦须依规履行报批手续。

6. 馆文物修复部门不得擅自复制修复中的文物。

四、提取复制文物。

1. 从文物保管部提取文物采集复制信息时，提件人须提供有馆领导签字的提单，及上级行政部门批准件复印件。

2. 从展厅直接提取文物时，须陈列部与保管部两方人员在场，共同办理提取手续。

3. 从展厅提取文物，须提前作安排，利用闭展时间提取，在展厅内进行扫描、拍照，原则上文物不离开展厅。

4. 对文物进行扫描、拍照，须使用无害光源。

5. 文物扫描后，相关基础数据（长、宽、高、通高、口径、腹径、壁厚、各部分基础数据等）与保管部登记的原始数据进行核对，有不符处及时调整，确定后填入复制文物基础数据表，双方各持一份。

五、验收。

1. 复制文物验收由技术部（或相关业务部门）负责召集组织。

2. 邀请馆内外专家3~5人成立验收组，确定1人为验收组长。

3. 组织者需预先备好文物基础信息资料、观察测量工具、验收测评表格（见附件一至四）等。

4. 验收会先由制作方提交单位资质证明、复制文物基础数据表、复制文物原材料成分及配比数据资料、复制标识位置等相关资料，并作简要工作汇报。

5. 验收组成员现场考察文物复制件，对照复制文物数据表抽样测量核对重要基础尺寸数据。

6. 验收组对复制文物的形态、纹饰图案、质感色调、铭文年款等充分进行会议评议、讨论。复制文物使用的材质和工艺，如在观感上确能客观加以显现，可不作深究讨论。

7. 验收组成员独立作出个人实名测评判分，个人测评判分在会上公布，允许再议或提出咨询，允许个人接受评议修改评分。为确保公正，若争议大而不能达成协调，允许对个人测评发起搁置动议，经多数成员赞同，该份测评不纳入汇总计算。

8. 有效测评表由会务人员现场汇总，计算得出测评总分。

9. 验收组组长根据测评总分，综合评议讨论意见，撰写验收合格或不合格意见及其理由。

10. 验收合格的复制文物办理入库手续。验收不合格文物由复制方与馆方协商处理办法。

六、入库与提用。

1. 复制文物须办理入库手续之后方可提用。

2. 复制文物办理入库由申请部门负责，填写入库单，入库单上应有复制标识位置与内容的具体说明。同时提交申请报告审批文、文物复制协议文、复制件原材料资料，及本制度附件一至四所列表格等相关资料。

3. 保管部建立复制文物账目及资料档案。对复制文物同样妥加保存。

4. 复制文物提用，须填写复制文物出库单，出库单由保管部主任签字批准。

5. 外单位复制文物，需由保管部办理登记手续。登记内容包括相关文件、事由、时间、经办人等信息。

七、本制度经馆办公会审议通过。

××××年×月×日制定

附件一：复制文物基础数据统计表
附件二：复制文物验收测评表（个人）
附件三：复制文物验收测评汇总表
附件四：复制文物验收表
（以上四表均见下页）

附件一：复制文物基础数据统计表

说明：

基础数据　指全方位反映文物形态的主要尺寸数据。包括文物主体和各部分的长、宽、高、口径、腹径、底径、壁厚等。

原始数据　指文物原件的实际数据（扫描并经实测矫正）。

复制件数据　由制作方提供，验收过程作抽查实测核对。

误差率　分档设立标准：1. 长度（或直径）小于20厘米的文物，正负误差须在3％以内；2. 长度（或直径）在20厘米～60厘米的文物，正负误差须在5％以内；3. 长度（或直径）在60厘米～100厘米的文物，正负误差须在8％以内。长度（或直径）超过100厘米的文物，误差率可酌情放宽，以观感不易察觉为基本要求。4. 超出误差率要求不予验收。

文物名称　　　　　　　　　　　　　　　　　　文物编号

项目	原始数据	复制件数据	误差率

制表人　　　　　　　　　　　　　　　　　　　日期

附件二：复制文物验收测评表（个人）

说明：1.验收组成员独立测评判分。2.所列测评4类11小项如因文物差异出现缺项，由验收会通告取消该类别项目。3.每小项均按最高分100分衡定判分。4.所有小项完成判分后，交会务人员统计折算分及合计分。5.公示个人测评表，再次开展评议、咨询。个人可接受意见调整小项判分。（注：折算分计算办法见汇总表说明）

个人测评表折算分计算办法：(1)按类别所占比率计算。比率如下：形态类（1~4小项）50%；质感色调类（5~7小项）20%；纹饰图案类（8、9小项）25%；铭文年款类（10、11小项）5%。(2)如因缺项有类别取消，该类别占比率合并至上一类别计算。(3)每类折算得分归至百分标准（各小项判分相加，除以该类小项数目，乘以该类所占比率）。

复制文物名称

测评类别与项目		简要评语	判分	折算得分
形态	①尺寸误差率			
	②整体协调度			
	③细部准确度			
	④工艺特征表现度			
质感色调	⑤质地感、做旧感			
	⑥主体色感			
	⑦锈蚀处理			
纹饰图案	⑧准确度			
	⑨神似度			
铭文年款	⑩铭文准确度			
	⑪年款准确度			
合　计		得　分		

测评人签名　　　　　　　　　　　　　　　　　　　日期

附件三：复制文物验收测评汇总表

说明：1.汇总表由会务人员计算填写。2.如多数成员个人测评得分达不到60分，则复制品验收视为不合格。汇总表抄列个人测评数据备案，不再计算总分。3.汇总分60分为基本合格，制作方应根据验收意见作必要整改，通过验收。4.汇总分80分为优良，博物馆可出具验收优良证明书。5.汇总分如低于60分，在50分以上，责令整改；低于50分则视为不合格。

验收组成员 判分项目					
形态类折算分					
质感色调类折算分					
纹饰图案类折算分					
铭文年款类折算分					
个人测评分					
总测评分 （个人测评总平均分）					

制表人　　　　　　　　　　　　　　日期

附件四：复制文物验收表

说明：1.复制文物验收表在测评汇总表完成后填写。2.验收意见由验收组长撰写并签字。3.验收组成员须在表上签名。4.验收表与附件一至三各表随复制文物入库归档存查。

复制文物名称			复制标识位置		
原件编号		原件级别		原件来源	
复制单位					
复制审批单位及日期					
文物信息采集方式及日期			验收时间地点		
验收测评总分			验收结论		
验收意见	验收组长：				
验收组成员	姓名	单位	职称	电话	
验收会召集部门负责人与会务人					

制作日期

请擦拭一方文化名片
——关于贵阳孔学堂的对话

同学刘君长期在渝市文博部门任职，退休后来筑购买小套型住房，酷暑期便过来小住。某日相邀小饮闲聊，谈及此番来，曾往花溪湿地公园游玩，重点游观孔学堂。肇因是此前在西南大学任教的友人受邀在那里作过讲座，返渝后言及孔学堂建筑稍有微词，故前往一探究竟。话题引我共鸣，遂有一番讨论。自思可归纳数点简录之，博人一哂。

一、大型造像

梁：广场门前孔子造像远远就可看到，十分夺眼球。我曾以为大不需如此神化，不知你的感觉如何？

刘：是非常显眼。留意看了台基铭文，按介绍，像高9.28米，为纪念孔子诞辰。其实9月28日诞辰只是一说，历来有不同说法。此类本无法定论的历史话题，面向公众时以避开争议为好。而用此说辞，建一尊超大造像，不能说是一个好构思。

孔子是中国历史上伟大的思想家，但他是一个真实的人，既不是神话人物，更不是神。历史人物塑像体量并不宜过大，世界上名人塑像超大的极少，一般仅略大于实体，主要为顾及视觉效应，这既显示后人的尊崇和纪念,也让人感觉到真实。如塑形太大,让人产生的第一印象,不是尊崇,而是在人为造神。造神则堕入虚幻,属于非理性行为,只会失去真实性产生的感染力。因而,超大的孔子塑像对于宣扬儒学、宣扬优秀传统文化,其实丝毫起不到助益作用。从旅游观赏角度说,也无法达到高雅审美的体验。依我想,换一合适位置,塑一尊稍大于常人体量的、有高艺术水准的造像,或更能让人愿意驻足景仰,而且可改变目前大成门前空间稍显局促的格局。

二、建筑布局

梁:孔学堂建筑给人的印象,更像一座依山而建的大规模孔庙。中轴线从坡底到坡顶,设棂星门、泮池、百余级阶梯、大成门、广场、数十级阶梯,再到大成殿,布局基本是明清孔庙的形式,只是未冠名。作为21世纪修建的一所弘扬优秀传统文化的现代讲堂,是否有必要如此安排,值得回顾思考。且不说有喧宾夺主之嫌,至少显得主次不分,而且无实际使用功能。

刘:古代在官学设孔庙,从唐代开始已普遍流行,是千余年的传统规制。客观说,对此作些历史展示也还有一定意义。但孔学堂的建筑在这一块投入太大,其规模气势,远非古代官学孔庙可比。你看用钢筋水泥修建的、具有汉唐建筑风格的大成殿,俨然一座巍峨高耸的皇宫,除了有炫耀威赫的效应,没有实际意义,反让人留下虚和空的感觉,这是颇尴尬的。我们见过的古代孔庙,建筑本身是文物,是历史的见证,其环境、其构思、其建筑、其工艺,都有价值所在,必须原样保存。但孔学堂是今人建筑,定位是现代讲堂和传统教育基地,何须再极度夸大这一部分?看得出,设计时,对于如何巧妙吸取古代文化元素研究不深。建设者的思维,走的还是前述大型塑像的思路,结果使这座未加冠名的现代孔庙,成为刻意却品质不高的仿古建筑。

不过,建筑已经立起来了,不是说变就变的。如何利用它,让它尽可能发挥出积极的作用,却是现在该重视和研究的事。

三、大成殿群雕

梁：你说发挥已有建筑的积极作用非常在理，尤其大成殿，空间那么大，仅仅塑立一组群雕，陈列一点仿制的礼乐器，太可惜。

刘：是的，大成殿空间可以多想想扩大实际用途的办法，比如循着用建筑展示孔庙的思路，办个综合介绍古代孔庙历史的展示。类似专题展览没听说别处有人做过，观众到此便有新发现，能增加一点难得的历史文化知识。

梁：大成殿的利用如围绕古代孔庙主题来做展览，可以有多样选题，还可以轮换着做，比如孔庙祭祀人物、祭祀礼乐器、历代儒学先贤、儒学典籍等等。不过，将殿内群雕及相关配置物的明显错误加以纠正，我觉得是特别需要抓紧办的一桩事。

群雕造型其实挺好，尤其将背景设置为蓝色玻璃幕墙，让自然光透过屋顶亮瓦投射到幕墙上，营造出一种特殊感人的气氛。虽然这不是中国古代寺庙的传统氛围，但有其独到处，有美感视点。群雕出现的问题在组合形式上，用一句流行话来说，孔老夫子和孔门四杰不经意间，被玩了一把穿越历史的低级把戏——孔子端坐在官帽椅上，四配弟子则坐在鼓形圆凳上，貌似庄重，实则别扭。他们生活的春秋战国时代，是没有椅凳可坐的，人们是席地跪坐。高足椅要在七八百年后的南北朝才出现，官帽椅和鼓形圆凳更在宋明时代才出现。历史被穿越了一两千年！

有人说这不过是细节，无人会注意到。但我们是在宣扬历史，容不得每一处历史信息细节的错误，那是对历史的不负责，是对观众，尤其是青少年的误导。

四、祭孔乐器

刘：错误历史信息问题在现今影视节目中已成顽疾，诸如家具、器用、语言、服饰等，每每被想当然地随意混用，甚至不顾荒诞。但那有可以谅解的一面，毕竟是文艺界人干的娱乐项目，三五天便烟消云散。孔学堂却不同，它是由地方政府主导的一项文化大事，被作为地方的文化地标，会长时期矗立在那里，默默反映着一方社会整体文化素养的水平。这样明显的错误，即便是细节，也会带来很大的负面影响。

大成殿中，除了群雕问题，陈列的古代乐器也有明显毛病。将八件乐器分列于大殿四角，显然是想用来填充四方的空旷。但设计者没想过，祭乐表现的是乐队演奏，怎么可能各自分散一角？分列的八件古乐器，分别是磬、笙、箫、鼖、柷、筑、镈和埙，好多是罕见字，很难认，有的我读不出来。我想，为什么不在标牌上加注一行拼音呢？我相信别的观众也会为读音产生困惑。其实一些顺便给人提供方便的小事，往往是体现管理意识水平的地方。

梁：八件乐器分列是让人觉得怪怪的。我查过相关古籍，其中只有三件属于孔庙常用乐器，为柷、箫和埙。最让人难以接受的，是一些乐器造型上的错误，你甚至想象不出都是依据什么来做的。比如：

磬，做成八片，大小混乱不一，各呈无规则的奇怪形状，分两排挂于一个金属管焊接的方框立架上，颜色涂成灰蓝色。磬本为石器时代出现的石质打击乐器，片状，略呈扁三角形。商周时已很流行，有单一的特磬，也有多件成套的编磬。至汉代形制非常规整，都大小有序排列。考古人员曾对山东仙人台汉墓出土的一组十多片编磬作过测音，很清晰地依宫、商、角、徵、羽音律分级排列，反映了当时极高的音乐水平。大成殿陈列的磬却没有一件与考古发现的磬形状相似，歪七扭八，斑驳离奇，以致有人讥讽说，就像看到一挂干腊肉！

埙，做成一件大瓮形状，小口，小平底，腹部开一圆孔，高约1米。埙本为新石器时代出现的陶质吹奏乐器，商周已被视为高雅乐器。《诗经》早有记载。《三礼图》也称"大如鹅卵，谓之雅埙""小者如鸡子，谓之颂埙"。各地考古出土陶埙，高5厘米至10余厘米不等，多呈蛋形或鸭梨形，底平，吹孔在上端，腹部开一至七个音孔，乐人以双手捧着吹奏，汉画像和其他古代图像上有生动描绘。埙的使用延续数千年，至现代仍有少量使用。大成殿陈列的埙，体态硕大无比，完全无法和吹奏的陶埙联系起来，因器物外表划有一些竹篾状横纹，初看还以为是一个仿制的大油瓮。

笙，造型挺好，明显是依出土文物原型作了放大。这件文物原定名为立牛曲管铜葫芦笙，出土于云南江川李家山24号战国墓。但这是一件典型的滇民族的乐器，并不是中原传统乐器笙。中原传统竹笙在战国时代已经出现，古代孔庙使用的笙，当然不可能是滇式乐器。设计者或许看到这件文物有一个相同的笙名，不加甄别就直接套用过来，却犯了张冠李戴的错误。其实考古发现中有适合的实物标本作参考，比如湖北随县曾侯乙墓中，就曾出土过六件战国时期用芦竹制成的不同结构的笙。

其他几件乐器如箫、鼗、柷、筑等，也有不同问题，不再详举。

五、请擦拭一方文化名片

刘：不光大成殿的乐器，广场上陈放的铜鼓和铜钟，分别铸"玉振""金声"铭文，也挺不恰当。

不过，我们所讨论的大都是些负面的东西，客观说，贵阳孔学堂作为贵州一个优秀传统文化传播教育基地，还是卓有建树的。这里不仅宽敞大气，环境优雅，而且作过许多有影响的工作，据说每年举办的学术讲座上百场，主讲人包括从首都到各地请来的不少知名专家。我就听到几位来作讲座的专家对此地称赞有加。无怪乎，网上将孔学堂称为"城市文化地标""熠熠生辉的文化名片"，并非空穴来风。

当然，名片也是需要维护的，我们所讨论的，算是名片上的一些积尘吧。积尘不除，汇聚积淀终成为污点，这是很可惜的。

梁：何尝不是？孔学堂2012年底落成尚未正式开放时，我曾随文史馆去参观，发现一些问题，觉得与文物考古知识有关，就在文史馆学习研讨会上表述过观感。2015年在省政府召开的参事室文史馆新年团拜会上再次谈及，希望引起注意，得以改善。但时隔八年，至今"涛声依旧"，毫无变化，觉得非常遗憾！其实，这都是些一说就能明白的简单问题，或因其小就难以被听进去。

刘：恐怕不在大小，而是所站角度不同的关系。我们文博人觉得极易明白的，极该纠正的事，别人未必认为重要。此外，可能还因信息传递渠道未必都很畅通。不过社会的文化事业，还是应该早些听听文化界人士的意见，最好能建立一套必要的听证机制，那样可以避免一些错误，减少一些损失。我想贵州人都知道，去年曝光度极高的独山土司楼，已成为盲目开发中一个十分低俗、贻笑世人、又很惨痛的典型案例。不过我们都是退休人了，所能做的，不过发发议论、提提倡议罢。

梁：老百姓的良好愿望啊！干了一辈子文物工作，最深的感受是：务须时时敬畏历史。近十年了，还对孔学堂问题不断饶舌，只是想再呼吁：请擦拭这一方文化名片！

（2021年8月）

贵州省博物馆筹建期文档数则

2023年是贵州省博物馆筹建七十周年纪念。对省博物馆的筹建过程，初有罗会仁、张宗屏先生编撰的《贵州省博物馆大事记（1953—1987年）》（以下简称《罗张记》）[1]作过概略记述。后来《贵州省志·文化志·大事记》（以下简称《文化志》）[2]以及《贵州省志·文物志·贵州省文物工作大事记》（以下简称《文物志》）[3]也作有相应记述。这曾经是记述省博物馆筹建之事主要的三篇著作，因都很简略，且来源未作交待，长期以来业界存在一些质疑，难以界定。

2018年省博物馆编辑《征途——贵州省博物馆建成六十周年纪念专集》，刊发胡进先生撰写的《贵州博物馆事业发展简述》，对省博物馆筹建过程作有较多考证，尤其是在文章所归纳的"酝酿阶段"和"萌发阶段"两部分，收集了许多未见的资料。对省博物馆筹建阶段，也增加了一些

---

[1] 罗会仁、张宗屏：《贵州省博物馆大事记（1953—1987年）》，《贵州省博物馆馆刊》第五期《贵州省博物馆开馆三十周年纪念专集》，内部资料，1988年，第98—121页。

[2] 贵州省地方志编纂委员会编：《贵州省志·文化志》，贵州人民出版社，1999年，第7—29页。

[3] 贵州省地方志编纂委员会编：《贵州省志·文物志》，贵州人民出版社，2003年，第1069—1096页。

重要资料。①此外，该书还刊发有李甫先生编撰的《贵州省博物馆大事记（1949~2018年）》，其中对省博物馆筹建期之事，在《罗张记》基础上略有增删，在几个主要时间点上，仍循旧说。②

日前笔者前往省、市档案馆查阅馆存的档案资料，寻到有关贵州省博物馆筹建时期的数则文档，基本厘清了以往尚存疑的几个主要问题，愿在此提出并与同行探讨。

一、关于贵州省博物馆筹备委员会

《罗张记》记述："（1953年）1月3日，根据西南文化行政会议'关于调整本区各省人民科学馆的决定'精神，我省将'贵州省人民科学馆'改组为贵州省博物馆筹备委员会，由原科学馆馆长熊其仁担任筹委会主任。"

此记述甚显明确，但有两点一直颇令人疑惑：一是何以时间为"1月3日"，1月3日作为元旦后的第二天，如果不是因特殊事件或其他特别原因，筹委会建立一类事务，不应该被安排在这个时间点；二是何以称"改组"。

后来《文化志》与《文物志》也基本采用此说，但前者略去具体日期，以及熊任主任事；后者未略日期，略去熊任主任事。内中原因不明。贵州省博物馆筹委会建立时间，基本被认定为1953年元月。

笔者在省档案馆见到1953年4月10日省博物馆筹委会送省财政厅财务科的一份公函，其中明确写道："查我省科学馆已于五二年底奉命结束，所有物资由我会接收……"③函文未谈贵州省人民科学馆结束以及博物馆筹委会建立的具体时间，但按文意，省人民科学馆结束时即将物资交由省博

---

① 胡进：《贵州博物馆事业发展简述》，见贵州省博物馆主编《征途——贵州省博物馆建成六十周年纪念专集》，广西师范大学出版社，2020年，第1—22页。

② 李甫：《贵州省博物馆大事记（1949~2018年）》，见贵州省博物馆主编《征途——贵州省博物馆建成六十周年纪念专集》，广西师范大学出版社，2020年，第291—326页。

③ 贵州省档案馆文档号097-01-0278-002，贵州省仓库物资清理调配委员会"关于飞机引擎洽交航空站利用给省博筹委会复函"的附页。

物馆筹委会接收，那么，省博物馆筹委会的建立也应在1952年底，而不是过去普遍认为的1953年1月（或1月3日）。当然，不能排除存在另一种可能性，即省人民科学馆结束与省博物馆筹委会建立存在短期的时间差，因《罗张记》所记述的时间十分具体。

为确证此疑问，笔者再到省档案馆查阅资料，找到1953年1月8日省人民政府文化教育委员会文化事业管理处呈省人民政府文化教育委员会关于贵州省人民科学馆调整情况的报告[①]，得到明确答案，报告正文抄录于下：

关于我省人民科学馆调整工作，经过过去一段时间的准备，现已根据西南区文化行政会议所通过之调整人民科学馆的决定（草案），结合我省具体情况调整完毕。兹将调整情况报告如后：

一、贵州省人民科学馆于一九五二年十二月廿六日结束，贵州省博物馆筹备委员会秘书处亦于同日正式办公。

二、科学馆之家具、档案，移交博物馆筹委会。

三、科学馆之科学仪器适宜于学校教育用者，于短期内移交教育厅，适当地配发学校应用。

四、科学馆之图书、科普宣教器材、标本、模型等，按其性质分别移交博物馆筹委会及贵州省科普协会筹委会。

五、博物馆筹委会秘书，派定罗会仁同志担任。

六、博物馆筹委名单俟另报贵州省文委审核后再聘任。

七、博物馆筹委会地址，根据五三年任务需要，暂定原科学馆大楼第一层全部（共房屋大小廿三间。二层为贵州省文化局。）

贵州省人民政府文化教育委员会文化事业管理处（条形章）

一九五三年元月八日

---

① **贵州省档案馆文档号040-03-2477-010。**

文档将省博物馆筹委会建立的时间、地点，以及省人民科学馆的结束与省博物馆筹委会的交接等问题记载得十分清楚，足以证明：

1. 过去所认定省博物馆筹委会建立时间为1953年元月（或1月3日）有误。正确的时间为1952年12月26日。《罗张记》所述具体时间，依据应为作者个人记忆，下文另作辨正分析。

2. 将省人民科学馆"改组"为省博物馆筹委会之说可信。除二者同时、同地结束与开始外，担任省博物馆筹委会秘书的罗会仁当时即为省人民科学馆工作人员。而且，还查到省人民科学馆其他几位如张宗屏、唐耀康、韩映松、彭继祖、黄金城等，也是后来省博物馆筹委会的工作人员。根据有关资料，贵州科学馆[①]于1940年成立时有26名工作人员，因屡次裁员，到1950年10月时，仅剩6人。1951年3月该馆上报人员情况，统计人数为10人。因此，1952年省人民科学馆结束时，原有工作人员可能悉数转入省博物馆筹委会。

不过，将"改组"换为"改建"，或更符合单位交替的表述。

3. 熊其仁任省博物馆筹委会主任，亦为罗、张个人回忆，尚需寻到确切依据。

或以为，该报告称"博物馆筹委名单俟另报贵州省文委审核后再聘任"，筹委会建立时间应以聘任公布之时为准。不过，这里所说的"筹委"概念不是很清楚，应当不会是机构实际工作人员，或可能是相关的名誉性成员。而筹委会秘书的派定和各项工作的安排，足以说明作为实际的组织机构，其时已经建立并开始运转，以之认定为建立时间有充足理由。至于博物馆筹委的审定聘任，在省市档案馆都没查到相关文档。当时是否有公布文件，也未可知。不过可以肯定，如真有筹委的聘任，公布时间一定是在报告所署的1月8日之后，与1月3日无关。

《罗张记》所述省人民科学馆1953年1月3日改组为省博物馆筹委会，在罗、张二人与人合作于2001年撰写的《回顾贵州省博物馆筹建工作始末》

[①] 新中国成立后改名为贵州省人民科学馆。

中,有较详细叙述:"1953年1月3日,贵州省文化事业管理处口头通知省科学馆熊其仁副馆长:根据西南文化行政工作会议'关于调整本区各人民科学馆的决定'精神,已报省人民政府批准,贵州省人民科学馆办理结束手续,改组为贵州省博物馆筹备委员会,主任委员为熊其仁教授。科学馆大部分人员及其档案、物资、家具等交省博物馆筹委会;自然标本及科学仪器交科普协会,省博物馆筹委会宣布正式成立。"[①] 这段叙述中关于改组的内容,与省文化事业管理处1953年1月8日呈省政府文教委的报告大体相符,应当有所依据。但所述1月3日文化事业管理处口头通知熊其仁副馆长,却让人不解。根据省文化事业管理处报告,1952年12月26日省人民科学馆结束,同日省博物馆筹委会秘书处"正式办公",熊原为省人民科学馆副馆长,作为必要的工作程序,省文化事业管理处不可能当时不通知他,而要到近十天之后才作此口头"补充"通知。因此,对于1月3日的说法,仍只能认为是作者个人记忆上的错误,无法采信。省博物馆筹委会建立时间,须以省文化事业管理处正式公文为可信依据。

二、关于熊其仁任省博物馆筹委会主任

熊其仁先生任省博物馆筹委会主任一事,首见于《罗张记》,《文化志》与《文物志》均未采用,或有所质疑。《罗张记》作者二人均为省人民科学馆改建为省博物馆筹委会的当事人,罗被派定为筹委会秘书,对筹委会主任应有清楚记忆。但在档案馆的文档中,未找到相关记录。

熊其仁先生,贵阳人,早年曾在贵阳正谊小学和省立一中读书,高中毕业于北京汇文中学,后考入北京大学物理系。毕业后先后到贵州都匀师范学校、昆明西南联大、贵阳清华中学及贵州大学任教。1951年3月,熊其仁由贵阳文教接管部军事管制委员会从贵州大学调任为贵州省人民科学

[①] 罗会仁、简菊华、张宗屏:《回顾贵州省博物馆筹建工作始末》,《贵州文物工作》2001年4期,第45页。

馆副馆长，1953年担任省文化局社会文化科科长，1954年调贵阳师范学院任教，1958年调贵州工学院任教。

熊其仁担任省人民科学馆副馆长一事，省档案馆有1951年贵阳市军事管制委员会文教接管部的公函，也有1951年省人民科学馆文档上的个人签名（1951年该馆正馆长为杜叔机，副馆长为熊其仁）等资料为证。但熊其仁在省博物馆筹委会任职，在省档案馆所存省博物馆筹委会为数极少的文档上不见踪迹。

熊其仁1954年调贵阳师范学院事，有1953年元月省文化局致省人事厅的介绍函，明确提及"我局社会文化科长熊其仁"；有1953年8月中共省委组织部致省人事厅干部科的指示函，也明确提及"文化局社文科长熊其仁"；省人民政府1954年2月送省文化局免去熊原任职务的通知中，也称"你局社会文化科长熊其仁"。[①]三份公函均未提及熊另有担任省博物馆筹委会主任或副主任。

更不好解释的是，熊其仁调贵阳师范学院后填写的教师登记表，只填写"1951—1952贵州人民科学馆副馆长一年半"。调工学院后的简历，只有"1951—1953年贵州人民科学馆副馆长，1953年贵州省文化局社会文化科长"，均无在省博物馆筹委会任职的记录。这是熊其仁自己的填报，具体原因无从了解。

不过，上述1953年8月中共省委组织部致省人事厅干部科的指示函中提及："此事（指调贵阳师范学院事——作者注）缓些处理，因熊当前在文化方面身兼三职……"具体所兼三职该函未列举，笔者分析一项为省文化局社会文化科科长；另一项应为省博物馆筹委会职。依熊简历，1952年为省人民科学馆副馆长，1953年为省文化局社会文化科科长，而省博物馆筹委会建立后隶属省文化局管理，则熊其仁在省人民科学馆改建时担任省文化局社文科科长并兼任省博物馆筹委会主任的可能性极大；第三项则可能在省科学技术普及协会筹委会任职，因1952年时省人民科学馆与省科学技

---

① 三份公函均见贵州省档案馆文档号041-01-0144-012。

术普及协会筹委会曾合署办公。至于熊其仁个人未将省博物馆筹委会任职填入简历，或与1953年元月起便开始在联系调往贵阳师范学院任教有关。

三、关于贵州省博物馆筹备处

贵州省博物馆筹备委员会建立一年多后，改称贵州省博物馆筹备处。《罗张记》有记载："（1954年）2月9日，贵州省博物馆筹备委员会改名为贵州省博物馆筹备处。2月23日启用新刊发的印章。"《文物志》沿用2月9日改名说法。《文化志》无记载。

《罗张记》的记述清晰。笔者在省档案馆查到贵州省博物馆筹备处1954年2月23日主送省文化事业管理局，并抄送文化部社文局、西南行政委员会文化局、省市各有关单位等的报告，文曰："一、接贵州省人民政府文化局一九五四年二月九日（54）文化秘字第〇〇六九号通知，刊发木质长戳一颗，文为'贵州省博物馆筹备处'，自即日起正式启用。原用木质长戳文为'贵州省博物馆筹备委员会'，于同日戳角注销。二、随文送印模一份，报请备查。"报告中所钤印模及署款用印都是新刊发的"贵州省博物馆筹备处"木质长印章（图1）。[①]

"贵州省博物馆筹备处"木质长印与原"贵州省博物馆筹备委员会"木质长印（图2）字体相似，阳文，无边栏，整体略微偏短、偏窄。该长印使用不到一年半后，1955年6月16日又由省文化局颁发圆形木印（图3）替换。有省博物馆筹备处1955年6月15日送省文化局，并抄送各有关单位的启用新印章报告为证："接省文化局颁发圆形木质印章一个，文曰：'贵州省博物馆筹备处。'兹定于六月十六日起启用，原有长条木质章已上缴，自启用新印章日起作废。敬请查照。"[②]

[①] 贵州省档案馆文档号097-01-426-005。

[②] 贵州省档案馆文档号040-03-2562-0020。

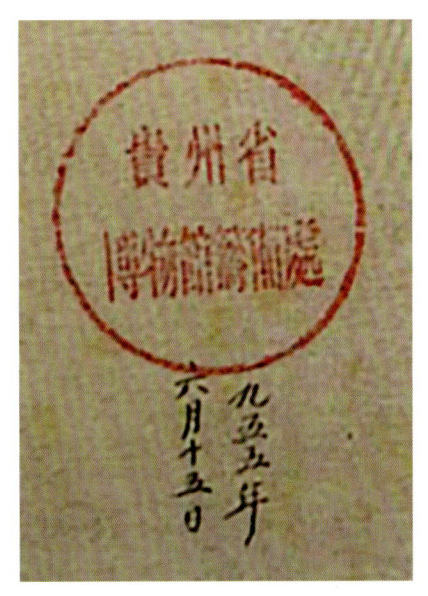

图1 "贵州省博物馆筹备处"印章　　图2 "贵州省博物馆筹备委员会"印章　　图3 "贵州省博物馆筹备处"圆形印章

四、关于贵州省博物馆定名

贵州省博物馆定名，在《罗张记》中有记载："（1960年）6月15日贵州省博物馆筹备处正式改名为贵州省博物馆。"《文物志》沿用此说。《文化志》无记载。

省档案馆存有省博物馆筹备处1960年6月10日呈省文化局请求改名的报告，文曰："自1953年博物馆筹备处成立以来，迄今7年多……为了适应形势发展需要和其它各省均先后撤销筹备处的情况下，拟请撤销'贵州省博物馆筹备处'，正式改为'贵州省博物馆'，并请批准更换印信，以利工作。"[①]公函左下侧，有钢笔手书批示："请示张主任同意，已电话答复博物馆。黄 6.11。"批示中所提"张主任"，应为当时省文化局的副局长张玉珠。

在档案馆未查到省文化局向省博物馆筹备处出具的书面批复。按钢笔批示，应该仅仅用电话作了口头答复。另外也未查到省博物馆筹备处接到

---

① 贵州省档案馆文档号110-01-0306。

电话答复后，正式启用改名后的新印信的函件。《罗张记》所记"6月15日"，即在电话答复之后的4天，应符合制作新印信并予启用的时间。在公布启用新印信的函件档案未发现之前，应予征信。

贵州省博物馆正式定名本是一件大事，但长期以来界内人士似不是很重视，往往习惯性地将1958年在贵阳市北京路新建成的博物馆陈列大楼开馆的时间，作为省博物馆正式开张的时间。因此每遇涉及建馆时间事宜，总会出现争议。究其原因，与省博物馆筹备处名称存在时间长、人们日常使用的称谓较随意有很大关系。

五、关于贵州省博物馆称谓

贵州省博物馆的名称自筹建之初，经历了1952年底开始的"贵州省博物馆筹备委员会"、1954年2月开始的"贵州省博物馆筹备处"，以及1960年6月开始的"贵州省博物馆"等三阶段变化。但文档显示，在省博物馆筹委会和省博物馆筹备处阶段，无论是单位自身，还是社会其他部门，在工作或业务往来中，往往并不使用完整称谓。

先看单位自身行文例：

贵州省博物馆筹备委员会1954年元月25日致函省物管处："我馆定于本月廿六日至廿九日在你处荷桑坡仓库进行杂铜文物的挑选……"所附工作人员名单："贵州省博物馆挑选杂铜工作组名单：组长，罗会仁。组员，陈默溪、赵集云、袁有真、方为范、彭继祖。"所钤公章为"贵州省博物馆筹备委员会"。[①]

贵州省博物馆筹备处1954年6月11日致函交通厅基本建设科："兹介绍我馆简菊华同志前来你科联系关于在延安路开工修建中发现文物的问题……"所钤公章为"贵州省博物馆筹备处"。[②]

[①] 贵州省档案馆文档号097-01-0305-004。

[②] 贵州省档案馆文档号081-03-2320-009。

贵州省博物馆筹备处于1956年春至1958年2月，在清镇、平坝组织三次考古发掘，发掘结果以《贵州清镇平坝汉墓发掘报告》发表于国家正式学术刊物《考古学报》1959年1期，署名使用"贵州省博物馆"。

1958年博物馆陈列大楼在贵阳市北京路新建落成后，省博物馆筹备处推出"贵州出土文物"等四个展览，在《贵州日报》连续刊登推介启事，标题为《贵州省博物馆启事》。①

再看社会各部门行文例：

社会相关部门在一些来往文件中，也使用类似不完整称谓，最典型的是上级行政主管部门的正式批复或通知文件。如1956年10月27日贵州省文化局对博物馆陈列室大楼工程开工日期的批复文件："贵州省博物馆：一、你馆（56）博秘字第64号来函收悉。二、博物馆陈列室大楼技术设计图纸，已报送省工交办公室审核中。经与省工交小联系，除有部分小工程尚需修改外，基本上同意。为了不影响基建工程的进行，我局同意在10月26日先行施工（补批）。"②

1958年4月5日，贵州省人民委员会以（58）省办吴字第322号文《转发关于分散各地的文物拨交省博物馆集中保管和陈列的通知》指出："省人民委员会各工作部门、各高等学校、各群众团体、省政协、民盟、民革、九三学社、各专署、各自治州、市、县、自治县人民委员会：省人民委员会基本同意省文化局的对分散和积压在各地的文物拨交省博物馆集中保管和陈列的意见，现在转发给你们，请研究执行。各地应当宣传保护文物的意义，协助文化部门做好收集工作。文化部门、省博物馆应当认真鉴定，使文物工作更好地做到'以古为今服务'。"③

如此在单位自身、上级主管部门、政府重要机关的公务往来、公示宣传以及学术活动中，长期不完整使用单位称谓，是一种颇有趣的现象。表

---

① 参见胡进：《贵州博物馆事业发展简述》，见贵州省博物馆主编《征途——贵州省博物馆建成六十周年纪念专集》，广西师范大学出版社，2020年，第15页。

② 贵州省档案馆文档号040-03-2678-011。

③ 贵阳市档案馆文档号077-01-0359.P008-010。

面上看，这应是一种有欠严谨的不规范行为，但其所涉及面之广、延续时间之长，却不能不让人从另一角度思考，这种不规范现象在事实上存在相当的合理性，无论当时还是以后，几乎没人认为这样省略的称谓有不妥之处。因为，贵州省博物馆筹委会从建立之初，就不是一个仅仅具有一般筹备机制的部门，而是一个具有博物馆完整功能的实体，并且一直在积极履行着博物馆的职能。

贵州省博物馆筹委会有固定馆舍，有一批业务人员，从创建开始就不断接收来自政府机构、国家机关、团体等各方拨交的文物藏品，在全省范围大量调查征集历史文物、革命文物、民族民俗文物及动植物标本，组织考古调查和发掘。1953年馆藏文物标本已超过2万件。1954—1959年，馆藏文物标本又增加1.4万件。还不断派员到各地宣传文物政策，在贵阳市和一些地县举办各类文物展览，产生了十分广泛的社会影响。

因此，可以认为，那些年被各方普遍省略去"筹备"的单位称谓，正客观地反映了单位的自身认同、社会各界的普遍认同及政府部门的实际认同。各方一致的认同具有不容忽视的意义，因其是基于博物馆的客观构成与具体活动形成的共识，早已超越名称符号变换的重要性。试想，如果省博物馆筹备处不是因其他省博物馆改名的影响，在1960年相当偶然地提出改名要求，那么，贵州省博物馆筹备处的名称符号是否还会被保留多年？因为，1958年新馆址在北京路落成，四个重要陈列开展时，本是贵州省博物馆最该正式改名的辉煌节点。遗憾的是，那一刻人们已忘掉在省博物馆的名称符号中，还有一个早被忽视多年的后缀。

如果这样的观察可以成立，那么过去有关省博物馆建馆时间的争议，大可就此划上一个句号。省博物馆的建立，强调以1960年正式改名作为限定标准，并不具有充足理由。以当年省文化事业管理处报告上明确记载的省博物馆筹备委员会建立之时作为起点，才符合历史真实。

六、一则迟到的文档资料

本来以为想要表达的内容已写完，能够完稿了。有同行友人听闻后，又翻拣出一则文档资料见示，甚感诧异，有必要列一题，对省博物馆筹备委员会建立时间的问题再作审视。

这是贵州省博物馆筹委会于1953年2月19日致南京市文物管理委员会的知照函。函文用打字蜡纸油印在套红的省博物馆筹委会信函纸上："根据中央和西南决定，我省成立'贵州省博物馆筹备委员会'，经遵照指示于一九五三年一月一日正式成立，并在贵阳市科学路一十六号办公。特函知照。"署款后留有电话号码。致函单位"南京市文物管理委员会"用漂亮的毛笔小楷填写，末行钤"贵州省博物馆筹备委员会"长印。（图4）

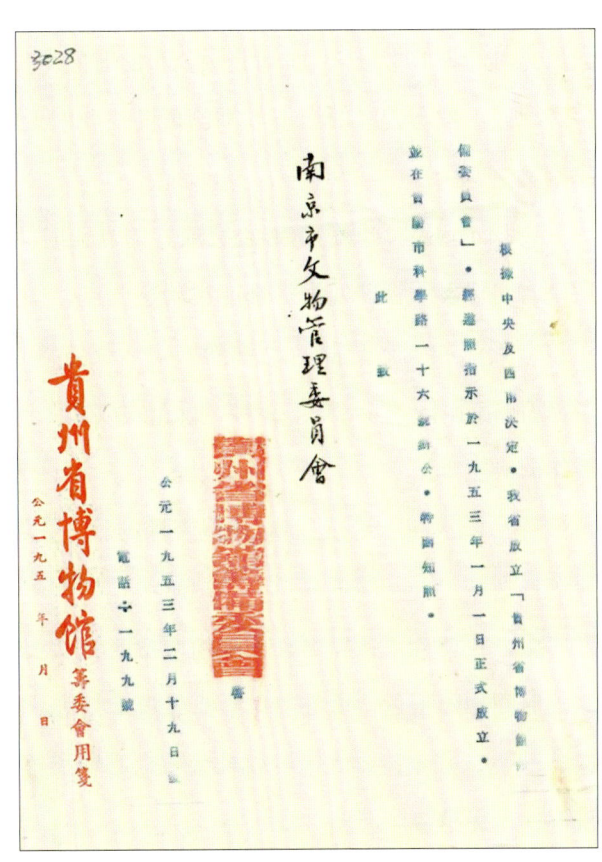

图4　贵州省博物馆筹委会1953年知照函

文档原件系贵州师范大学教授吴鹏先生近年收集，后转捐给贵州省博物馆，征得吴先生同意，于此引用共享。

文档提出一个重磅问题，知照函上省博物馆筹备委员会郑重公告成立的时间，不仅与我们根据省档案馆存省文化事业管理处报告所得出的时间不相符，而且也与前引《罗张记》的时间不相符。

省文化事业管理处报告的庄重性我们已有分析，比较省博物馆筹备委员会知照函，当然很容易判断后者所公告的时间存在问题。但毕竟省博物馆筹委会知照函也是完整的官方文件，首次向社会公告贵州省博物馆筹委会成立的时间，无论从法理意义上还是历史意义上，还不能如此简单地将其否定，有必要对其中的时间问题作进一步分析。

知照函公告的时间与《罗张记》的时间不相符，显然是寻找问题原因的切入点。《罗张记》作者罗会仁先生是省博物馆筹委会成立时秘书处唯一的秘书，知照函制作时罗必定是主要参与者。但罗撰文回忆一再称筹委会成立时间为1月3日，而知照函公布的时间却是1月1日，这当中必定有特殊原因。罗与曾经的当事人都已离世，我们无从咨询，只能分析现象作出推测。

1月1日不是省博物馆筹委会成立的真正时间，无论从罗个人的回忆，还是省文化事业管理处报告都能说明这一点，知照函应该是特意变通选择了这一天。我们在知照函上看到一句话颇值得寻味，说省博物馆筹委会"经遵照指示于一九五三年一月一日正式成立"，分明显示出这是认真考量后作的决定。

1月1日是元旦，是万众共贺吉祥的日子，省博物馆筹委会成立日变通选择到这一天，顺理成章。这既能表达博物馆人祈望事业兴旺发达的良好愿望，也使社会各界更好关注到博物馆的成立。同时，这一天与实际成立的时间相隔很近（按省文化事业管理处报告推后6天，按《罗张记》则提前2天），并不铸成大错，就社会大众心理和省博物馆筹委会自己的愿望来说，无疑是最佳选择。

另外，知照函在当时未必被人们看作十分严格的文件形式。从内容和制作形式看，这份知照函是批量制发，邮寄给有工作联系的相关单位的一种通知，制作者对其庄重性的要求并不高度重视，出现模糊叙事空间也就不足为奇。

这些推测只是一家之言，不过我们从中体悟到，知照函上时间的准确性问题已经不重要，知照函整体的历史意义，才是其价值所在。客观地说，省博物馆筹委会所作对社会公告成立时间的变通选择，其实无可厚非，其目的并非要改变一个事实，而是企望一种吉祥，表达一种希望。更该注意，这是七十年前开创贵州文博事业的老前辈们善意的选择，寄托了老一辈文博人曾经美好的梦想，珍藏了一份不该忽略的历史之重。

七十年光阴已往，我们如今或许也该理性地再作一次选择：一方面尽职责理清省博物馆筹建期的历史，如实载入博物馆史册；另一方面，对文博前辈们的选择不予改变，延续那曾经的梦想，将贵州省博物馆筹建起始时间依然宣告为1月1日。

至此，关于贵州省博物馆的筹建历程可以厘清一份完整表述了：

1952年12月26日，贵州省人民科学馆撤销，改建为贵州省博物馆筹备委员会，筹备委员会秘书处同日开始办公。

1953年1月1日，向社会公告贵州省博物馆筹备委员会正式成立，博物馆各项职能全面开始履行，贵州现代化意义的省级博物馆从此诞生。

1954年2月9日，名称更改为贵州省博物馆筹备处，1960年6月11日再批准更名为贵州省博物馆，标示博物馆建设完善的两个阶段，博物馆持续发展之路日益宽广。

（撰于2022年8月26日）
原载贵州省博物馆编著《贵博论丛》(第三辑)，
广西师范大学出版社，2023年

附记：

笔者查阅有关省博物馆筹建时期文档的过程中，得到贵州省档案馆和贵阳市档案馆大力支持。尤其省档案馆接待利用处处长韩雯女士，几次热心接待，耐心选汇各类文档资料四百余份，配合查阅，提供方便，解决困难。谨此予以衷心感谢！

◆

其他

◆

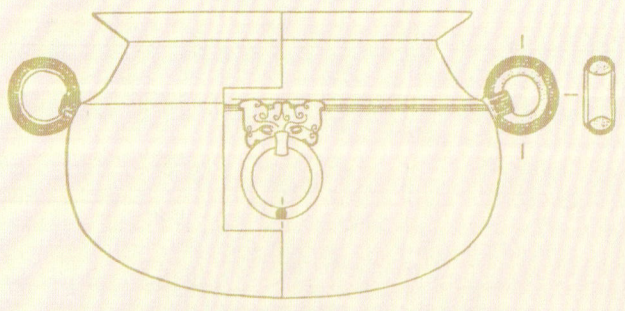

浅谈贵州考古工作与文艺创作的联系

就考古学与当代文艺创作的联系发表个人意见，这是一件困难的事。因为个人对文艺创作是个门外汉。而且似乎干考古工作的人都有些"古旧"气，潜心于故纸故物，不太关心自己的专业与当代文学流派啦，电视电影啦，小说戏剧啦有什么联系。

但文艺创作与社会现实的各个方面都是密切相关的。考古学作为一个被普通老百姓看得极其神秘深奥的领域，也逐渐为当代的文艺创作家们所重视。电影、电视中描写关于文物的侦探片、武打片近来出了好几部。但遗憾得很，剧作家们对文物考古的知识有限，又不好好向这方面的专家们讨教，于是乎，闹出不少的笑话。这些作品一方面产生了广泛的宣传作用，另一方面又造成许多不良影响。贵州电视台与河南电视台联合录制的电视连续剧《铜鼓》播出后，我们不断收到各地来信，通报重要"国宝"——铜鼓的线索。有的老乡干脆直接背到博物馆来。但一开口要价就是数万元，或者要求造新龙船交换。弄得我们的同志哭笑不得。实际上，以往收购铜鼓不过几十元、百来元人民币。

文艺创作虽然有其典型化或说升华的客观规律，但它也必须是基于客观现实的。在此，愿意将贵州考古的情况作些简单的介绍，或许能为有兴趣的文艺家们提供一些启发性信息。

考古时代的开端是旧石器时代。元谋猿人、北京猿人、山顶洞人等，便属于这一时期。贵州旧石器时代考古在全国占有重要地位，用著名考古学家裴文中先生的话说："贵州旧石器时代考古名列全国前茅。"其原因大略可归纳成这么三点：

①发展序列完整。贵州目前经过调查或发掘的旧石器遗址有20多处，大多属于洞穴遗址。有意思的是，如果以贵阳—遵义延长为一条中轴线，遗址都分布在中轴线的西边。从时期上看，这些遗址分属于旧石器早期、中期和晚期。在一个省区内，旧石器遗址三期俱全，这是全国少有的。

②特殊的石器工艺。属于旧石器早期的黔西观音洞文化，与北京人的时期大约相当，出土的石器，以自己的制作特征与北京人分属不同的系统。属于中、晚期的遗址出土的石器，制作上又出现一种叫作"锐棱砸击法"的新工艺，在南方自成特殊的系统。

③属于晚期的遗址中出土大量的骨、角器，有的遗址甚至出土近千件。这不光在全国名列前茅，在全世界也是无可比拟的。[①]

贵州考古在夏、商、周阶段暂时还是缺环。而这时期中原文化成就赫赫，为世界瞩目。这之后值得重视的是夜郎时期文化。成语所谓"夜郎自大"使贵州长期蒙受不白之冤，虽然恶名在外，"夜郎国"却因而闻名遐迩。夜郎问题，尤其是地域问题，自古为文人争论不休。从1977年开始，贵州已经召开过三次夜郎学术讨论会，依然是笔墨官司不断，尚无定论。可以肯定地说，夜郎问题的最后解决，还需考古学的成果来说话。自20世纪70年代以来，考古学在这方面已经取得一些可喜的成绩。其中收获最大的是赫章可乐墓葬群、普安铜鼓山遗址和威宁中水墓葬群的发掘。在这些地方取得一大批夜郎时期的具有浓厚地方特色的文物。现在我们还拿不出类似"滇王印"那样证据确凿的材料，甚至还不能像命名"滇文化"那样命名"夜郎文化"，但是，在开发夜郎时期考古文化方面，已经有了良

---

① 贵州省旧石器晚期遗址出骨器最多的是普定穿洞遗址，出土骨器近千件。最近有人对该遗址的年代提出质疑，但无正式论文发表。故仍以原报道统计。

好的开端。

曾经看到过一部关于夜郎史的连环画，除了史籍提供的线索外，在人物形象、生活环境等主要方面，全是主观臆造的。这样就失掉了历史的真实性，也使作品本身的价值减低。今后有人如果选择了这方面题材，至少应该到考古材料中寻找当时生活环境、生活习俗等方面的历史依据。

史籍记载夜郎国的历史，终于汉成帝时候，那是西汉末期，距今大约2000年。东汉时期只看到一些活动痕迹的零星记载。贵州从魏晋以后的历史，有哪些重要的考古发现呢？从时代和地方特色看，最值得注意的应是以遵义南宋时代的杨粲墓为代表的一批石室墓，以及崖棺（悬棺）、洞棺葬。石室墓用大块石头砌筑，石头大的重达数吨。在建筑技术上就很有研究价值。此外便是丰富多彩的石刻艺术。杨粲墓用各种技法雕刻的人物、动物、花卉及图案作品达190件，堪称古代艺术精品。崖棺在贵州发现的不如四川、江西那样多，但神秘色彩是很能引起兴趣的。洞棺葬则很有特点，在一个巨大的山洞内，重重叠叠安放几百具棺材，如果将这样的画面在某些电影环境展现出来，产生的艺术感染力恐怕足使人久久难忘。而这些东西记载了久远的历史，记载了地方少数民族的生活习俗，从中寻找一些有意义的文学题材，应当是可以办得到的。

以上介绍的只是贵州考古工作中最有地方特色的几个部分，实际上有价值的考古成果以及各种细节材料要多得多。

搞艺术创作的人多喜欢活生生的有情节的生活题材，对考古发掘出的坛坛罐罐难能光顾一次。孤立起来看，考古材料确是些死材料，但当中有一个如何研究和发掘题材的问题。考古学家凭借这些材料，可以对当时的社会性质、生产力水平、生活习俗等问题展开全面研究，就说明了这一点。大约去年，看过广西歌舞团演出的铜鼓舞，是根据广西宁明县花山战国岩画创作的，给人一种特殊的艺术感染力，被评为获奖节目。湖北的编钟舞则是利用考古文物编排乐曲、引为道具。四川大学的考古学家童恩正，利用成都发掘的两具战国时代人骨架资料，创作了一部反映当时宫廷生活的电影作品。只要善于观察、善于联想、善于研究，从考古的死材料中发掘出活的题材，用这些死的材料创造出活的典型环境，这对于文艺创作是会大有启发、大有裨益的。在此还想提到一点，我们的文艺作品很少有描写考古工作和考古工作者的。实际上考古工作者们跋山涉水，风餐露宿，勤勤恳恳地工作，创造出世界第一流的工作，还是值得一书的。愿文艺创作家们也关心到他们。

总之，文艺创作在追求题材多样化，发掘生活的广度和深度的过程中，是应当，也是可以从考古和文物工作中开拓出一条路子的。

原载《花溪文谈》1985年2期

铜鼓声声尽佳音

铜鼓是我国南方少数民族地区最具有传奇魅力及生命活力的打击乐器。它诞生于两千七八百年前的古代，经久不衰，至今仍在一些少数民族中流传使用，这在我国古老的青铜文化中，大概算罕有的特例。商、周时代是我国青铜文化的鼎盛时期，商周时期留存下来的大量青铜文物，是令当今世界叹为观止的人类文化创造中的精品。但是从战国时代开始，辉煌一时的青铜文化逐渐走向衰退。汉代以后，青铜文化的风貌便不复存在，哪怕是过去作为国家权力象征重器的"九鼎"，也永远变成古董，退出社会生活的舞台。但诞生于南方少数民族地区青铜时代的铜鼓，经历的却是另一种命运。它曾经像"九鼎"一样贵重，但并未由盛转衰，而是流传愈宽，使用愈广，无论经过两千多年历史的风风雨雨、朝代的兴替更换，它始终存在于广泛的社会生活当中。这样特殊的经历，或许有赖于它神奇的魅力，同时又增添了它魅力的神奇。

贵州与云南、广西同为我国自古以来保存和使用铜鼓最多的省区。贵州省博物馆现收藏有古代铜鼓90多面，在国内仅次于广西壮族自治区博物馆、云南省博物馆和上海博物馆。这些铜鼓包括了从西汉至清朝不同的时代，多数为传世品，也有少量为出土物。出土铜鼓中很多是各地农村在农业生产或基本建设中偶然发现的，也有几面是由考古工作者发掘出来的。

出土铜鼓虽然往往有残损，或锈迹斑驳，但历史价值最为重要，它们是研究古代铜鼓的具体时代、流传演变、使用方式等问题的重要依据。

贵州出土的古代铜鼓包括三种类型，即石寨山型、遵义型和麻江型。

古代铜鼓的类型，是考古学家根据铜鼓的形制特征所作的归类划分。铜鼓从外形上看似乎大致相同，但细细观察，无论造型或花纹都存在很多差异。考古学家从这些差异中，找出它们在时间及空间分布上的规律，将流传数千年的铜鼓划分成若干类型。这是古器物研究中很重要的一种基础研究，但要作深作透也是不容易的。围绕古代铜鼓的类型划分，就曾有很长时间的分歧和争议。直至20世纪80年代，由中国古代铜鼓研究会组织相关省区专家，对国内文博部门收藏的古代铜鼓进行了一次系统的综合研究，才取得较为统一的意见，将我国古代铜鼓划分为八大类型，并按照考古学的惯例，分别以标准器出土的地点加以定名。这就是我们今天通常说的万家坝型、石寨山型、冷水冲型、遵义型、麻江型、北流型、灵山型及西盟型。

贵州考古出土的铜鼓分属其中三种类型。其中石寨山型3面，分别出自赫章可乐、赫章辅处和仁怀茅台。时代为西汉前后。

遵义型6面，分别出自遵义杨粲墓男室和女室、遵义刀靶水、遵义马家湾、岑巩大有和德江青龙。时代为宋至明。

麻江型2面，分别出自麻江谷硐和贵阳大山洞。时代为明至清。

根据记载，过去在清镇、水城、开阳、仁怀及贵阳等地也曾出土过铜鼓，但均已散失。

这些出土铜鼓中最受重视的，是遵义杨粲墓男室和女室出土的鼓，以及麻江谷硐出土的鼓。前者被确定为遵义型铜鼓的标准器，后者被确定为麻江型铜鼓的标准器，成为鉴别判断相类似铜鼓分类和时代的对照依据。

贵州民间现在仍保存和使用的铜鼓有多少，尚无人作过统计。据三都水族自治县文物部门人员介绍，十余年前他们曾在全县作过一次调查，初步统计民间流传使用的铜鼓不下300面。贵州现在使用铜鼓的少数民族主要包括苗族、布依族和水族。据彝文资料记载，彝族有的支系也曾保存和使用铜鼓。贵州苗族、布依族和水族分布很广，这些民族聚居的村寨往往都有1面甚至多面铜鼓。保守些估计，全省民间现存铜鼓当不少于1000面。

古代铜鼓在使用者心目中的地位是近乎神圣的，铜鼓在他们的社会生活中，作用非常重要，也非常广泛。根据出土文物和历史文献记载，有人作过归纳整理，铜鼓在不同时代被使用于祭祀、贮贝、传信集众、战争助威、朝贡、赏赐、丧葬、婚嫁、宴饮、显示财富、节日娱乐等不同场合。在这些场合中，铜鼓都占有一种中心支配地位，为众人所崇敬。根据古籍记载，在南方使用铜鼓的少数民族中，"鼓声宏者为上，可易千牛。次者七八百。得鼓二三，便可僭号称王"。他们对铜鼓的崇敬态度，已达到顶礼膜拜、无以复加的程度。有学者作过研究，认为这是因为铜鼓从创造出来的时候起，便被赋予了一种沟通人与神灵世界的奇异的神力。当时的人笃信神灵世界的存在，笃信神灵对人具有种种超凡的支配力。人需要在人的世界和神灵的世界之间求得一种沟通和平衡。因而，当铜鼓出现后，它的地位就变得十分神圣，它的功能随时代发展也就演变得越来越广泛。由于原始宗教信仰在古代南方少数民族中始终具有广泛的社会基础，从来没有被一种更规范、更高等级的宗教信仰所取代过，因而铜鼓的神圣地位也就难以从根本上受到动摇。

铜鼓流传到今天，其功用已大大简化。在相关少数民族中，除丧仪、婚嫁或祭祖等家庭大事时使用铜鼓，还可从中寻觅到一些古代遗风，其最主要的功用，便是节日聚族娱乐。或一村一寨，男女老幼围鼓歌舞，气氛欢快；或邻村数寨，汇集一二十面铜鼓，鼓声齐鸣，撼人心魄。从社会发展的演变趋势看，附于铜鼓身上的神秘气氛必将随着现代科学知识的发展和普及而不断蜕化、淡出，铜鼓作为少数民族群众所喜爱的乐器，终将脱去其所有的宗教色彩外衣，还原其纯民众乐器的本色。

频繁丰富的各种节日是贵州少数民族的一大特点。如果你在黔山深处不意间听到雄浑悠扬、富有节奏的铜鼓声，无须诧异，那一定是当地村民们欢聚一堂，载歌载舞，欢庆劳动的丰收和生活的喜悦。

原载贵州省政协文史委主办《文史天地》，2002年10期

夜郎：大西南神秘的古王国

一、富有戏剧色彩的更名之争

21世纪刚过了两年，南方媒体关注到一个不大不小的热门话题：湘黔两省有县级地方展开了一场颇为激烈的更名之战。2002年，湖南省新晃县成立"夜郎文化资源开发领导小组"，筹备起更改县名的工作。第二年，要求更名的正式报告逐级上报，很快通过地区和省有关部门的审批。而相邻的贵州省密切关注着事情的进展，一份"关于保护夜郎文化品牌的紧急提案"，代表着热心者的急迫呼吁，被送到相关部门。六枝特区（县）和赫章县相继提出更改县名的正式报告，并由地区送达省有关部门。省里为此召开专门的咨询会。

实际上，更名之争早已在不同地方展开。早两年，湖南新晃就在主要交通线上打出"夜郎古国"的大字招牌。"夜郎宾馆""夜郎饭店"也矗立于县城显要街道。贵州除六枝和赫章外，也早有桐梓、福泉等县市酝酿过更名之事。此外，在川南、滇东的一些地方，从20世纪末就不断有人提出过该地即为夜郎故地的种种说法。

所有更名指向都是——夜郎。

夜郎是人们并不陌生的名称。"夜郎自大"是汉语圈认知率最高的一类成语。人们从成语典故知道，夜郎是西南地区古老时期的一个小国，其妄自尊大的首领，让数百年来人们对夜郎国未存太好印象。却不知，斗转星移，如今，夜郎成为诸多地方竞相争抢的"香饽饽"。不知者惑而不解，知者却谓其太富戏剧色彩。

二、被误读的一段历史

夜郎自大这一成语至迟清代已流行使用。清前期著名文学家蒲松龄在《聊斋志异·绛妃》中写道："驾炮车之狂云，遂以夜郎自大。恃贪狼之逆气，漫以河伯为尊。"

清同治年曾游历英、法、俄、日等国，极力主张变法自强的王韬，在《中国自有常尊》一文中写道："若夫盛衰之势，强弱之形，则元黄剖判以来，原无一定，固不得藉一时之盛，恃一时之强而夜郎自大也。"

成书于光绪后期的晚清小说代表作《孽海花》第24回写道："俄虎思斗，夜郎自大，我国若不大张挞伐，一奋神威，靠着各国的空文劝阻，他哪里肯甘心就范呢？"

夜郎自大的成语典出西汉司马迁的《史记》，却是被误读了的一段历史。

据《史记·西南夷列传》记载，汉武帝时，朝廷派遣使臣辗转到达夜郎，夜郎君长问使臣：汉朝和夜郎谁大？实际上，此前汉使已先到达夜郎西边的滇国，滇国君长就向汉使问过同样的问题。这本来是大山的民族对山外世界渴望了解的正常发问，演绎到后来，却成为某些傲慢的山外人轻蔑和讥讽的对象。即便此过程可理解为山大王向汉廷叫板，首先出来叫板的也该是滇首领而不是夜郎君长。

夜郎是两千多年前战国时期大西南一个很有影响的少数民族方国。《史记·西南夷列传》记载："西南夷君长以什数，夜郎最大。"至公元前135年，汉使唐蒙从南越得知夜郎，并进而了解到夜郎地处从巴蜀通往南越的要道上，有便捷的水路可直抵南越的都邑番禺（今广州），夜郎还拥有精兵十余万人，于是便建议朝廷开发西南夷。汉武帝采纳了他的建议，在夜郎地区设置郡县。公元前111年，夜郎派兵协同征伐南越的反叛后，汉廷授予夜郎王金印。

夜郎在西汉王朝开发大西南、巩固国家统一的战略中，发挥了重要作用，受到汉王朝的高度重视。所以，《史记》记载："西南夷君长以百数，独夜郎、滇受王印。"

三、夜郎国在哪里

夜郎灭国于西汉末年，东汉时期史学家班固撰写的《汉书》记载了这段历史。汉成帝河平年间（公元前28—前25年），夜郎与其南方的小国发生争斗，不服从汉王朝派来调解的官员，多有非礼行为。于是，汉王朝派遣在西南夷地区颇有威望的、曾任连然（今云南安宁）和不韦（今云南保山）地方长官的陈立出任牂柯郡守，欲加解决。夜郎王兴仍不服从。陈立轻装轻骑，直入夜郎腹地，果断斩杀夜郎王。夜郎王兴的岳父和儿子胁迫周边22邑反叛，被陈立智取。夜郎国灭，从此不复见于历史。

夜郎国究竟存在于何处，《史记》说得十分不详，只称其在"巴蜀西南外"，"临牂柯江"，该江通抵"番禺城下"。夜郎之西边为滇。后来《汉书》也沿袭这样的说法。

大概从东汉时起，人们已经不太清楚夜郎国的准确疆域。东汉的一位学者应劭注解《汉书·地理志》，就将夜郎国北边的地域划到了今四川双流、简阳一带。而成书于南朝刘宋时期的《后汉书》，称夜郎国东边到广东、广西一线，北边到今四川西昌、攀枝花一带，西边为古滇国。

再到后世，人们更无法确知夜郎国的地域。从明代以来，有不少学者将此作为学术问题加以研究，有关夜郎国的地域，今已出现十多种不同意见。其中有人根据《后汉书》及以后相关古籍记载，考订认为大夜郎国以今贵州为主，还包括今湘西、川南、滇东北及桂西北等广大地区。而较为流行的说法，认为夜郎国主要存在于贵州而不详论其准确地界。近年，一种得到普遍赞同的意见认为，结合考古文物以及有关史籍的深入研究，夜郎国的中心地域应位于贵州西部、北盘江和南盘江之间的地带。

在考古未能提供最后的确切证据前，有关夜郎国的地域问题，还将长时间争论下去，也许正是由于这样的原因，才出现了本文开头描述的诸多更名之争。

四、历史上曾经还有过的夜郎

唐代著名诗人李白多次在诗作中提及夜郎：

"我愁远谪夜郎去，何日金鸡放赦回。"（《流夜郎赠辛判官》）

"而我谢明主，衔哀投夜郎。"（《赠刘都使》）

"辞官不受赏，翻谪夜郎天。夜郎万里道，西上令人老。"（《经乱离后天恩流夜郎，忆旧游，书怀赠江夏韦太守良宰》）

"天地再新法令宽，夜郎迁客带霜寒。"（《江夏赠韦南陵冰》）

"去国愁夜郎，投身窜荒谷。"（《流夜郎半道承恩放还，兼欣克复之美，书怀示息秀才》）

这些诗句与李白为永王李璘幕僚，受牵被流放夜郎的遭遇有关。但唐代何以又有了夜郎？

原来，夜郎灭国三百多年后，西晋王朝在今贵州北盘江上游地区设置了一个夜郎郡，一直保存了二百多年，至南北朝时才废掉。又过了约二百年，唐朝建立后，曾先后在今贵州的石阡、正安，湖南的新晃等地设置过夜郎县。这期间，还曾将今贵州桐梓一带的珍州改名为夜郎郡。李白当初被流放的夜郎，便是这个夜郎郡。

到了北宋时期，在今湖南新晃一带还短时间设置过夜郎县，仅存在了十余年，成为历史上最后的夜郎地名。也许，这正是湖南新晃近年来大打夜郎牌最重要的心理支撑。

不过，这些曾经以夜郎命名的郡县存在的时间都不长，还不断变来变去。应该说，这些夜郎，尤其唐和宋的夜郎，恐怕都只是附庸古称的地名符号罢了，其地域与社会文化内涵与相距数百甚至千余年的战国至西汉时期的夜郎古国及夜郎文化已经没有什么直接联系。

五、考古揭开探寻夜郎的新篇章

考古成为揭开夜郎秘密最引人关注的重要手段。从20世纪50年代起，贵州考古工作者就开始了对夜郎文化遗存的积极探寻。虽然陆陆续续发现过一些线索，但是，集中的夜郎时期具有地方民族特点的考古遗存始终没有找到。

1977年9月，贵州省博物馆考古队派员对地处黔西北的赫章县可乐乡汉墓进行发掘，发掘队长是宋世坤。可乐从20世纪50年代后期就发现有汉墓，还进行过清理，主要都是东汉时期墓葬，或与中原地区基本一样的西汉墓。这次发掘，大家按照以往的办法，寻找那些保存有封土堆的汉墓进行发掘，墓葬状况与过去的发现相似，出土器物仍然是过去常见的汉式物。很快，50多天的时间已过去，发掘接近尾声。10月24日傍晚，发掘队员们忙完一天的田野工作，拖着疲惫的步伐回到驻地，清洗休息，准备吃饭。突然，一个当地农民背着沉甸甸的背篓，来到发掘队驻地。他一边放下背篓，一边告诉宋队长，他耕地时发现一些破铜器，不知道考古队是否有用处。当他所说的破铜器从背篓里边拿出来时，宋队长和他的同事们全愣住了，这是一些和已有发掘出土器物面目全然不同的铜器，有鼓形铜釜、铜柄铁剑、铜发钗……顿时，大家七嘴八舌吵开了锅："太精彩啦！""这不是我们日思夜想的夜郎遗物吗？"

事隔已经快30年，宋世坤先生早已退休，但说起当时的情形，他依然抑制不住内心的兴奋。他描述起大家顾不上一天的疲劳，饿着肚子，拿着手电筒，和那位农民一起翻山到现场，找到夜郎时期民族墓地的喜悦时，我们仿佛又看到他和他的队员们迎着凉爽的晚风，哼着愉快的小调，从墓地返回时穿行在山间小道上的轻捷身影。这是每一位正直的考古学者永远都解不开的文物情结啊。他至今还不无遗憾地说："那天太兴奋，忘了问问那农民的姓名。"

那是一个值得纪念的日子。那一天，揭开了贵州夜郎考古崭新的一页。

考古队推延了发掘期，一口气在新发现的夜郎时期民族墓地清理了25座墓葬。

一批具有明显地方民族特点的青铜文物被发掘出来，其中，用鼓形铜釜套在死者头顶埋葬的特殊丧葬习俗，首次引起考古学家们极大的关注。

六、神奇可乐

第二年，即1978年，考古队又对赫章可乐进行了大规模发掘，不光发掘了一批民族墓葬，还局部发掘了一处遗址。发掘证明，这是一批战国至西汉时期不同于中原，也不同于巴蜀和滇的重要考古遗存。在可乐数平方公里范围内，共分布有10余处古墓群和数处古遗址。从这一年以后，可乐的考古发掘陆陆续续又进行过好几次，其中以2000年10月的发掘收获最大。这次发掘共清理108座夜郎时期当地少数民族墓葬，不光出土500多件不同质地的文物，还发现多种形式的套头葬和其他奇特的埋葬习俗。2002年元月，中国社会科学院考古研究所与《考古》杂志社在京举办首届全国重要考古新发现论坛，专门邀请这次的发掘人员作专题报告。同年4月，该次发掘被评为2001年度全国十大考古新发现。

可乐成为贵州考古最引人注目的地方。

可乐位于贵州西北部乌蒙山脉中段的东麓，海拔约1800米，东距赫章县城50多公里。中心地带是一片东西长不足5公里的长条形坝子。坝子中央，可乐河从西向东缓缓流过。坝子四周分布着一列高不足百米的土丘，墓群和遗址就散布在这些土丘上。土丘外，矗立着连绵高耸的乌蒙山，阻隔着山里山外的联系。

这是一片并不富裕的土地。但它曾经是古代一个政治、军事的要地。土丘上那些静静躺着的墓葬证明着这一点。究竟什么人在这里辉煌过？他们依赖的仅仅是这片土地的供养吗？

现今居住在这里的彝族、苗族和布依族同胞沿袭着古老的传说：彝人最先进入这片土地。而彝族老人说，这里原先住着濮人，彝族到来后，大家和平相处，后来发生战争，濮人战败后迁走。彝族古文献《西南夷志》记载有这段彝族历史，还说彝族在这里"立国为君"。彝文献称可乐为"柯洛倮姆"。"倮姆"是彝语"大城"的意思，同时被称为"倮姆"的，还有昆明、大理、成都等。可见当时可乐在彝族心目中已有非常重要的地位。

近年翻译出版的另一部彝文古文献《夜郎史传》也有类似记载，还明确说"夜郎在可乐"，书中写道："可乐大城啊，雄伟又壮丽，就像仙居处，世间很少有。……武家的基业，牢固似金汤。武夜郎君长，声威远名扬。"这部彝文古籍系彝族武部所创。

可乐是一个民族乡，彝族至今是主要民族。但彝文典籍和民间传说，果真记录了这里真实的历史吗？历史学家不敢据此断言，考古学家更是三缄其口。毕竟，《西南夷志》也好，《夜郎史传》也好，都是清代前期史籍。而夜郎历史，远距成书年代几近两千年！况且，可乐发掘出土的墓葬，除了当地少数民族墓葬外，还有不少同时代的汉人墓葬，这与彝文典籍的记载明显不一样。科学研究依靠的是严密证据，而考古学更需讲究证据的实物性。

七、奇特的"套头葬"

可乐考古发掘的夜郎时期少数民族墓葬已达300多座，都是规模不大的竖穴土坑墓，没有那种斜斜长长的墓道。很多墓里没有任何随葬器物。但也有不少墓内有数件甚至上百件器物。这反映了墓主人在部族里不同的地位，也反映了当时社会存在的级别差异。

随葬品中，很多是随身的兵器和装饰品。我们发掘过一座武士的墓，细心清除掉坑内的填土，展现在我们面前的，是一位曾经隆重装束打扮的武士，他的头顶横插着一对长长的青铜双股发钗，发钗首部缠绕成宽宽的、别致的簧状。右耳挂着一只大大的片状玉质耳环，造型十分别致。双臂在身前微曲，臂上各戴了十只青铜手镯，手镯都呈窄窄的带状，镯面密密嵌着孔雀石小圆片。他的胸前，庄重地陈放着一柄青铜剑和一件青铜戈，双手似乎正深情地拥抱着这两件伴随了他大半生涯的武器。虽然时间已跨越了两千多年，虽然武士的肢骨已基本无存，当我们与古人直面对话的时候，我们仍感到深深的震撼！同时，也体味到一种悲凉凄怆的美！他一定是一名勇敢的武士，为了祖先和家人，他曾奋不顾身拼杀在疆场。他又是一个热爱生活的人，所有这些装束表现了他珍爱生命、珍爱友情、珍爱自然的豁达和豪爽。

可乐出土青铜器中，剑和戈是最具有典型性的两种器物。剑是一种将铜剑柄铸造得十分精美的铁剑，考古学家称它为卷云纹茎首铜柄铁剑。铜柄采用熔模技术铸造而成，这种铸造技术又被称为"失蜡法"。发掘中还出土了与这种剑造型相似，技术却明显原始的铜柄铜剑。估计是这种剑早期的形制。铜戈是一种直内（音nà，指戈的柄部）无胡戈，内上铸造有三个牵手上举的人物图案，充满神秘气息。

可乐出土的陶器也很特别，不光造型特殊，拿在手里会发觉它非常轻，轻得不可思议，仿佛用纸板做成的。据研究，这是在制陶原料中加入了植物烧成的炭灰，称为夹炭陶。

可乐考古最使人重视的是用铜釜套在死者头顶的埋葬习俗，考古学家形象地称之为"套头葬"。这种埋葬习俗在国内从未发现过，国际上也没见有报道。套头葬使用的器物，有一例是一件铜鼓，大多数是鼓形铜釜，另还有少量其他形制的铜釜和铁釜。铜釜等器物就像帽子一样套在死者的头顶部。此外还有少数更奇特的套头葬。

一种是在套头的同时，足部也套一件铜釜或铁釜。另一种是在套头的同时，足部垫一件铜洗。

2000年发掘的第274号墓是规格最高的一座套头葬墓。死者头顶和足部各套一件大铜釜，套头铜釜上铸造有两只威风凛凛的立虎。死者脸上盖了一件铜洗，双臂还垫有铜洗。充满了无比神秘的气氛。墓中出土了铜柄铁剑和铁戈，还出土大量铜或玉（石）的装饰品。随葬器物近百件。这无疑是部族中一位首领级的人物。

套头葬在全部墓葬中约占10%。其用意引起人们不同的猜想。我们目前还无法找到最可靠的证据去说明它，但基本可以判断，这是一种与原始宗教信仰有关的丧葬习俗。

除了套头葬，可乐还发现其他一些特殊葬俗。如在死者脸上盖一件铜洗；在死者头下垫一件铜洗；在死者头旁地上插一件铜戈等。这些埋葬方式都不多，但要弄清其用意，也未必是一件简单的事。

八、更多的考古发现

可乐考古揭开了贵州夜郎考古新篇章，也带来其他地区夜郎考古的新发现。从20世纪70年代末以来，已不断有夜郎时期考古遗存在各地被发现。根据考古遗存的主要形态，可以将它们分为三个主要区域。一是前文说过的可乐地区，基本情况已经了解。二是威宁中水地区发掘的古墓群。三是普安铜鼓山及其周围的古遗址，以及从六盘水至黔西南地区陆续发现的出土文物。

威宁中水古墓群20世纪70年代末做过两次发掘，基本属于战国至西汉时期墓葬。虽然与赫章县近为邻居，但文物面貌却另有自己的许多特色。可乐极有特色的铜柄铁剑在这里没有发现，铜戈的形制也不一样。威宁最有特色的要算陶器上的刻划符号，在很多陶器的口沿、腹部或把手上，出现一些单个的刻划符号，据统计，共有40多种。这些符号似乎具有一定的指义性。有人很想论证它们属于古代少数民族原始文字，但所列证据缺乏充分可信度。而这些符号也的确不具备文字的基本特征。所以考古学界和史学界对此多不予认可。

普安铜鼓山遗址位于南、北盘江之间的腹地，1978年和2002年进行过两次发掘。这是一处战国至西汉时期铸造小型青铜工具和兵器的作坊性质的遗址，出土许多铸造铜器的石范和陶模。有人戏称，这里是夜郎国重要的兵器工业基地。虽然我们还拿不出有关夜郎国的直接证据，但遗址的重要性质让人对这里不能不刮目相看。

铜鼓山是一座喀斯特地貌的小山，相对高度约80米。山上土层不厚，四处满是裸露的石灰岩。有意思的是，在铜鼓山四周不远的地区，已调查发现十余处相同时期的遗址，地形地貌大体也差不多。这让我们有时候会想，如果铜鼓山真是夜郎国的遗址，那么夜郎人肯定曾经是最能适应喀斯特地貌环境而生存发展的人群。如果今天要进行喀斯特地貌生态环境研究，这里还有很值得挖掘的题目哩。

在铜鼓山遗址，以及其所属的黔西南地区的几个县市，已出土一批夜郎时期的铜器，其中兵器特点十分突出。这里的铜戈与赫章可乐颇为相似，也装饰有人物图案。但铜剑却不相同，是一种一字格曲刃剑。在安龙县出土的T形茎一字格曲刃剑造型大方、工艺精良，考古调查人员甚至开玩笑说，这可能便是"夜郎王的佩剑"。这一带陆续出土好几件铜钺，钺身上都铸有符号，是此地独有的一种标志。出土的管形耳铜铃也很惹眼，从六盘水地区到南盘江边曾数次出土，最多一次出土几十件。此外还有羊角钮钟、曲刃铜矛等。这些极具地方特点的铜器都属于夜郎时期，但令人疑惑的是，在这片最被人看好的"夜郎故地"，一直没有发现夜郎时期的墓葬。如果这时期的墓葬能像赫章可乐那样被找到，夜郎考古定将再次揭开新篇章。

九、探寻热望与理性考古

考古越成为探寻夜郎的重要依据，考古发现的资料越多，人们对考古的期望值也就越大。期望值集中的焦点是，赶快找到夜郎国都城，赶快挖出夜郎王金印。

夜郎文明是中华古老文明一个不该缺少的组成部分。对探寻夜郎的热望，既出自人们与生俱有的好奇心，也反映出更多的人对中华文明的热爱和关心。但热望会产生期求，许多人期求对现有考古发现作出起码的解释。这最普通的正常要求，却大大刺激了考古人员，有人干脆地提出，已有的发现便是"夜郎文化"。

这样简单化的方法，与考古学的学科规范显然不相符。于是，像很多科学领域一样,夜郎考古也面临了热情与理性的选择。

贵州已发现的夜郎时期考古遗存,明显不同于四邻的巴蜀、滇、南越及楚,应该属于自成系统的地方性文化。按照司马迁的记载,"西南夷君长以什数,夜郎最大"。在巴蜀、滇、南越及楚包围着的区域,主要便是夜郎。这里自成系统的地方性文化,当然主要就应当是夜郎文化。换句话说,古代的夜郎文化应该在这些考古遗存中去寻找。但是,我们已经看到,已发现的考古遗存虽然同属于一个时期,具有基本一致的文化背景,在不同的地区却出现很多不全一致的面貌。这究竟是什么原因造成的呢?

夜郎时期的西南夷,君长林立,以司马迁的说法叫"以百数"。夜郎王兴被斩杀后,他的岳父和儿子一下就胁迫周边22邑反叛。这样众多的君长邑落,极有可能与夜郎属于不同的族系。不同的族系会有不同的生活习俗,反映在物质文化上必然有不同的遗存。所以我们今天在夜郎大地域内发现的考古遗存,出现区域性的差异,是一点都不奇怪的事情。当我们还没有将其中的基本状况和规律完全了解时,急匆匆地就将它们看作一种文化,将极大有碍于我们对夜郎文化的客观探索和认识。

对于夜郎国都城和夜郎王印,也需要恢复到理性的思考上。夜郎作为山地民族,当时是否建造都城?都城会是什么情况?这是不能用我们习惯的思维去先予设定的。只有通过科学的调查和发掘,才能作出客观的回答。与夜郎同受金印的滇国,虽然已发掘出王族墓葬,在沿滇池的晋宁石寨山、江川李家山、昆明羊甫头、安宁太极山等地发现大量墓葬遗存,但至今仍未发现城址。至于夜郎王印,人们都因滇王金印出土而寄予厚望。但滇王金印只能作为我们考证司马迁记载堪为信史的依据,而不能作为我们要求考古目标的依据。夜郎王受印,虽是可信的历史,但找到这枚金印,却只具有极小极小的概率。按汉代制度,以官印殉葬,是必须得到汉帝特批的。夜郎末代王被汉朝牂柯郡守所杀,王印最大可能是被收回上缴。夜郎前几代王是否像滇王那样,仿制王印随葬,也只能靠考古发掘作出客观回答。

需要强调的是,对夜郎探索的热望,决不要升温为以夜郎王城和王印的发现作为判断夜郎考古的标准。对夜郎文化遗存的大量调查、发掘、研究和判断，将是夜郎考古最主要的任务。只有将热望变为理解和支持，将热情变为务实和勤奋，古夜郎的探索才能不断取得可喜的成绩。至于前文所述多地急切的更名之争，相信回归到科学客观的认识上，就不会再是纷争不已的难解之题。

原载《中国国家地理》2004年10月总第528期"贵州专辑"

（说明：原稿应中国国家地理杂志社编辑部之邀撰写。发表时刊物作了较多删改，现恢复原结构、文字及图片。）

附图：

关于图片的说明：图片1—15为赫章文物，因后文《"读图说考古"之一 关于可乐的考古》有更系统编排，此处仅列图名，略去图片与说明文字，以避免前后重复，可据图名参见后文（P439—449）附图。

1. 赫章可乐地貌
2. 赫章可乐夜郎时期墓地密集的墓坑
3. 头顶和足部同时套有大铜釜的"套头葬"墓
4. 套头铜釜上站立的铜虎
5. 足部垫有大铜洗的"套头葬"墓
6. 铜釜与残留的头骨
7. 套头葬使用的铜鼓
8. 赫章可乐武士墓
9. 赫章可乐出土卷云纹茎首铜柄铁剑
10. 工艺精良的铜剑柄

11. 赫章可乐出土直内无胡铜戈

12. 戈内上的图案装饰

13. 赫章可乐出土玉玦

14. 赫章可乐出土铜锄

15. 赫章可乐出土干栏式陶屋模型

16. 威宁中水出土刻划符号陶器

符号都刻在陶器显眼的部位上，让人一眼就能看到，其作用应当是要昭告什么，或许是表明其归属的主人。

17. 威宁中水出土大镂孔粗柄陶豆

大镂孔陶豆是威宁有特色的陶器，贵州其他地区目前未有发现。

18. 威宁中水出土饕餮纹铜戈

戈内上铸造的饕餮纹看起来像一个牛头，完全不同于中原商周时期怪兽模样的造型。

19. 20. 威宁中水出土牛头形铜带钩、威宁中水出土鲵鱼形铜带钩

这样仿生性极强的带钩造型，表现出当地居民与大自然的融洽和友善关系。这些动物必定是他们十分熟悉且偏爱的物种。

21. 普安铜鼓山遗址

这是一座喀斯特地貌的小山，遗址位于小山上半部。在附近发现的其他几个遗址，状况也大体相似。

22. 普安铜鼓山出土铸造铜钺的石范（残）

遗址中出土数十件铸造铜器的范和模。这件范上的符号与铜钺实物上的符号完全吻合。

23. 普安铜鼓山出土铜钺

铜钺是黔西南地区夜郎时期一种重要的兵器，钺上的符号仅见于此地区，大概是一种有特殊象征意义的标志。

24. 普安铜鼓山出土剑茎陶模

25. 普安铜鼓山出土戈内陶模（残）

陶模上刻划有牵手上举的人物图案，构图与赫章可乐出土铜戈内上的

图16 威宁中水出土刻划符号陶瓶

图17 威宁中水出土大镂孔粗柄陶豆

图18 威宁中水出土饕餮纹铜戈

图19 威宁中水出土牛头形铜带钩

图20 威宁中水出土鲵鱼形铜带钩

图21 铜鼓山遗址远眺

其他·夜郎：大西南神秘的古王国 ◆ 427

图22 普安铜鼓山出土铸造铜钺的石范（残）

图23 普安铜鼓山出土铜钺

图24 普安铜鼓山出土剑茎陶模

图25 普安铜鼓山出土戈内陶模（残）

图26 普安铜鼓山出土铜锄

图27 安龙出土T形茎一字格曲刃铜剑

图28 兴义出土曲刃铜矛

图29 安龙出土羊角钮铜钟

图30 铜铃"大家族"

图案相似，在黔西南还出土过同样纹饰的铜戈。这些铜戈应该都是在贵州境域铸造的，很可能，这将成为探寻夜郎文化的一条有价值的线索。

26．普安铜鼓山出土铜锄

铜锄略呈尖叶形，与赫章可乐出土的长条形铜锄不同。铜锄出土，说明这些地区已有农耕种植业。

27．安龙出土 T 形茎一字格曲刃铜剑

造型独特大气，纹饰精细讲究，颇有不凡的"大将风度"。

28．兴义出土曲刃铜矛

曲刃形状的兵器在黔西南地区屡次出土，应是这块区域十分突出的特点。

29．安龙出土羊角钮铜钟

羊角钮铜钟在云南及两广一些地方也有出土，安龙出土的这件体形最大，是一种颇奇特的乐器。

30．铜铃"大家族"

从赫章县、威宁县、六盘水市到黔西南地区，陆续都有一些大小铜铃出土，其中尤以管形耳铜铃最有特点。图片拍摄的只是其中很少一部分。铜铃的形态、体量各有差异，反映出这些地方的居民对铜铃普遍有着喜爱的心理。

（图片摄影：梁太鹤）

《贵阳晚报》[访谈]

古夜郎揭秘
——与考古学家谈夜郎与可乐考古

[背景链接]

贵州考古部门自20世纪50年代就开始在赫章可乐进行考古调查，从60年代以来，相继在那里进行过9次考古发掘。迄今已发掘近400座战国至汉代墓葬和2处遗址，其中大多数为地方民族墓葬。出土3000多件陶、铜、铁、玉、骨、漆等不同质地文物，民族特点突出。埋葬方式中奇特的"套头葬"，至今在世界其他地方从未发现过，充满神秘色彩。2000年秋季，贵州省文物考古研究所经批准，有针对性地发掘100多座墓葬，又有很多新发现，学术界认为对研究古代夜郎国历史具有重要价值，被评为当年度全国十大考古新发现。

以贵州省文物考古研究所名义编撰的《赫章可乐二〇〇〇年发掘报告》向社会完整公布了这次发掘资料。这是贵州开展考古工作50多年来，由省内考古学者编撰发行的第一本大型考古报告。全书约65万字，附彩色图版75页206幅、黑白图版12页50幅、插图183幅，印刷装帧精美，文物出版社2008年6月出版。

2009年2月下旬，省文物局在贵州省博物馆召开可乐考古报告发行座谈会，邀请省内有关科研机构和大学的人文社会科学界专家对这本考古报告进行讨论研究。与会专家高度评价可乐考古在贵州古代历史研究中的价值，对考古所全面、详细公布发掘资料予以感谢，尤其对这本考古报告在编撰体例方面，用心良苦地替考古专业之外的读者设想，大胆作出创新改革，给以极大关注和赞扬，认为是科学工作者社会责任与良好学风的具体体现，给各方研究者提供了极大便利，是大家多年所期盼的利好之举。

记者近日专程采访了报告作者、贵州省博物馆研究员梁太鹤先生，和他愉快地谈起公众所关心的夜郎考古和可乐报告情况。

征得本人同意，特在本报公布，让更多读者了解到一些感兴趣的信息。

问：前不久，省文物局召开《赫章可乐二〇〇〇年发掘报告》座谈会，与会的专家和媒体对这本考古报告给予很高评价。为什么一部专业性考古报告会引起广泛的关注和赞誉呢？

答：恐怕主要因为这是贵州几十年来的第一本大型专题考古报告，大家特别给我们以鼓励支持吧！另外还有两方面原因，一是报告详细报道了赫章可乐考古发掘出土的100余座夜郎时期地方民族的墓葬，其中被称作"套头葬"的丧葬形式非常特殊，在世界上其他地方还没有发现过，因此格外吸引眼球。再就是，这本报告编写方式有些新意，不像以往其他考古报告那样让人读了挠头，这也引起了人们的兴趣。

问：考古报告从来都让人感觉特别严肃和冰冷，甚至不敢去读它。这本报告真能做到一改以往那样的旧面孔吗？

答：这得由你来亲自读读再作判断了。其实你说不敢读考古报告，我也基本和你有同感，不要看我做了30年的考古工作，要我主动去读一本考古报告真就十分不情愿，读来太费力！不过以前我把感受藏在深处不告人。但13年前在《读书》杂志上读到的一组文章刺痛了我，那是国内几位知名学者写的，他们没干考古，敢说话。文章直将考古报告称为"天书"，说想读却读不懂，颇有义愤。我很惭愧，一下子发现我们考古人是真失职了。连他们都无法读，其他一般社会成员呢？而考古职业本来是代表社会去寻找和挖掘古人留下的文化遗存，达到与古人直接对话的目的。这并不只是考古人才有的专利啊，而是所有社会公众都具有的权利。但无形中考古人将大众的权利剥夺了！

因此，着手编写赫章可乐考古报告时，我就下决心要把考古人剥夺的这个权利还给公众，一定要写出一部让公众也能读懂的考古报告。

想是想了，做起来并不是一件简单的事。你想，考古是一门科学，有自身严格的规范，延续几十年了。你不能随意违反规范，但同时又要达到革新的目标，怎么做才是最合适的路呢？

斟酌再三，最终我们采取在各基本资料编的末尾，特别设立一个专门的篇章，不使用报告的表述惯例，而是用通俗的语言和视角，概略地讲述这一编的内容，随文配上影像图片，使人一看就懂，而且可以把握其中主要看点和价值，还知道到报告正文的哪个部分可以找到详细的完整资料。我们把这个篇章称作"发掘者说"，好像与读者面对面娓娓道来，时不时还谈谈我们在发掘过程中的联想和感受，彼此很亲近。这样，读者拿到报告，只需先阅读"发掘者说"章，就大体懂得这部报告。不会再像看"天书"一样，一片茫然，无法接近。

问：听来很有意思。不过你感觉达到预期的设想了吗？书出来后引起什么样的反响呢？

答：可以及格吧。你要有收藏版本的雅兴，是否也考虑收藏一本呢？本书占了两项第一——贵州第一本；国内考古报告体例革新第一本。发行量很小的噢。——这是玩笑话了。书出来后有一些反响，在《中国文物报》《考古》《读书》《贵州民族研究》等报刊已见到多篇评论文章。赞誉的多，也有表示疑问的。

问：这是普及考古的一种努力吗？

答：也可以这样说吧。但我们的目的主要还是解决考古报告的公众阅读和使用问题，这与科普读物还不一样。

问：回过头给我们谈谈可乐考古吧，"套头葬"是我们听说过，却不清楚又非常稀奇的。

答：可乐是赫章县的一个乡，那里的考古从20世纪50年代末就已经开始，经历了整整半个世纪。要简单说，可以用四个"最"来作个概括：那里是贵州迄今发现战国至汉代考古遗存最多、考古发掘量最大、文物古迹地方特点最突出、在国内外考古界影响最大的地区。战国至汉代可是夜郎国被正典史籍记录在案的历史时期。因而，可乐考古成为最热门的关注点。

所谓"套头葬"是考古界根据具体埋葬方式作出的命名。这种埋葬方式是在死者头顶套一件大型金属器皿，好像戴了一顶特殊的帽子。套头用器有铜鼓、铜釜、铁釜等，充满神秘感。比如2000年发掘的一件套头大铜釜铸造非常精美，口沿两侧各站立一只威风凛凛的老虎，虎头高扬，呲牙长啸，别有威慑力。谁看了都不会不受到强烈感染。这种埋葬方式在世界上没看到有类似报道。

问："套头葬"究竟有什么样的含义？是什么人的墓葬呢？

答："套头葬"只有极少数人可以采用。简单地说，这可能是当时部族中巫师作法形象的反映。墓主人大概既是巫师，又是部族中的行政首领。

问：为什么要将巫师作法时的形象复原到墓葬中呢？

答：这应当与部族的思维观念有关。巫师作法时借助大型铜器作为沟通神灵的法具，他死后，族人认为他到阴间会继续履行职责，保佑部族兴盛。那时人的生死观与今天很不一样，或许是用另一种生来看待现实的死。

问：在墓葬中还有哪些重要发现呢？

答：比如发现当地特有的兵器：铜剑、铜戈等；非常有特点的装饰品：铜发钗、铜手镯、骨耳玦、玛瑙串珠等；从中原地区传入的铁工具、铁兵器等。这些遗物反映了当地的社会结构、经济状况、生活习俗等。举个小例子：墓中出土铜发钗，有不同的式样，有的明显可看出就插在人头顶之上几厘米高的位置，说明他们的"发式"真的就与史籍对夜郎民族"椎髻"的记载相一致。

问：那就可以认为这些便是古代夜郎民族的文化遗存吗？

答：这可是一个很考人的问题，常有人问起。如果要给一个明确回答的话，我必须告诉你：不。但你也别失望，因为我还可以告诉你：它们与夜郎历史研究有着密切关系，而且具有重要价值。

问：为什么呢？能够简单谈谈考古发现与夜郎研究的关系吗？

答：考古的直接研究对象是古人遗留下来的物质文化遗存，是实证性要求最强的一个学科。因此，当考古遗存中尚未找到有夜郎民族的确切证据前，我们都不能确认已有的发现就属于夜郎文化。这里不能急功近利，不能急躁浮夸。

这样来看待可乐考古，相信你已经能够理解为什么我要给出否定回答了。

在贵州属于夜郎时期的考古遗存中，除了可乐墓葬之外，还有许多重要发现，比如威宁中水的墓葬，普安铜鼓山及其周边的遗址，六盘水以及兴义、安龙、兴仁等地的出土文物。这些考古遗存明确向我们提供了一个信息：它们完全不同于这段历史时期已经被确认了的巴蜀文化、滇文化和南越文化。而根据史籍记载，在这几种文化之间，正是古夜郎的地域，更准确说是大夜郎的地域，因为夜郎可能是多个部族或部落聚合起来的联盟性社会。

至于怎样才能确认夜郎的中心区域呢？这可需要大量的考古发现才能作出回答。也许这个过程会持续很多年，但我们终会一步步走向目标。现在暂看还是一个谜吧，但真的不是坏事——我们至少可以多一个常怀期盼的梦啊，它不时会激动人心的。

原载《贵阳晚报》2009年5月13日

"读图说考古"之一

关于可乐的考古

夜郎是我国大西南一个牵人思绪太久的古国。两千多年前司马迁在其伟大的历史著作《史记》中明确记载说:"西南夷君长以什数,夜郎最大。"从此,人们就不曾忘记过它,以至在经过一千多年之后,还从有关历史故事中生发出一个"夜郎自大"的成语,很快传遍华语世界。虽然成语包含着不小的曲解,但也大大提高了夜郎的知名度,成为更多普通百姓闻知夜郎的缘起。

没人怀疑过夜郎古国的存在,但也没有人说得清夜郎古国的具体位置。司马迁和稍后的史家曾记载它"临牂柯江"。但牂柯江原是个古名,很早就在历史的发展过程中被淡忘,不复存在。后来的学者们不断地对应现今河流加以考证和争论,终难以得到众所公认的确切验证。夜郎国自西汉末期遭剿灭后,后世史籍中除了少量难以取信的传言外,不再有具体记载。

近现代的历史学家们多数赞同夜郎国主要存在于贵州,尤其当考古发现已大体确认了巴蜀和滇国的范围后,人们相信,根据司马迁的记载,在巴蜀之南、滇之东,唯有贵州还可能存在足以包容一个地区性大方国的空间了。于是人们高度关注起贵州的考古动向,希图某一天能在莽莽黔山间看到像滇王墓葬那样的惊人发现。

贵州考古的确在夜郎国生存的时段——战国至西汉，发现过不少十分富有地方特点的遗存，分布地域主要包括黔西南、黔西、黔西北等。其中分布最为集中、出土最为丰富、最使人印象深刻的当属黔西北的赫章县可乐彝族苗族乡。

可乐自20世纪50年代就开始发现青铜文物。经考古工作者多年调查发现，在可乐坝子周围的小土山上，分布着十余处战国至汉代的墓葬群，还有同时期的居住遗址。从20世纪60年代以来，考古部门先后在那里开展过九次考古发掘。已发掘三百多座夜郎时期地方少数民族墓葬、数十座汉代中原移民墓葬，以及两处居住遗址。其中，2000年秋季第九次发掘，被评为当年度全国十大考古新发现。这是中国考古学足以令人骄傲的一份荣誉。每年的十大考古新发现须从全国三四百个发掘项目中反复筛选出来，没有高质量的田野工作和足够分量的学术价值与影响，是难以吸引住评委会专家目光的。在贵州人自己开展的考古工作中，获此殊荣还是第一次。

2000年可乐发掘最吸引评委专家们的，是在百余座地方少数民族墓葬中发现多种形式的"套头葬"。这是迄今为止国内外从未在其他地点发现过的一种特殊葬俗。此外，墓葬中还出土大量充满地方民族特点的铜、铁、陶、玉等质地的文物。专家们认为这些资料对于研究夜郎历史具有重要学术价值。

"套头葬"是考古发掘者根据墓葬特点提出的命名，其基本特点是在死者头顶套一件铜釜下葬。套头铜釜最初只有一种造型，倒扣过来很像一件早期的铜鼓，被称为"鼓形铜釜"。后来铜釜形式增多，还使用了铜鼓或铁釜。埋葬方式也出现一些变化，有的在套头的同时，又使用一件釜套住死者的脚。还有的在套头的同时，又使用一件铜洗垫在死者脚下。有的还在死者脸部又盖上一件铜洗。

套头葬不是部族所有成员都普遍采用的埋葬方式，只有大约不到百分之十的人得以采用。在套头葬墓中往往发掘出较多的随葬品，而且多有精美贵重之器。迄今发现规格最高的一座套头葬墓，出土了近百件随葬品，其中的铜器、铁器、玉器、骨器等，就有不少属于可乐墓地的精品。这种特殊的埋葬方式应当与当时的原始宗教信仰有关，墓主人在部族中必定具有一定特殊的身份。有研究者认为，他们最可能是部族中具有巫师身份的人，不光承担了代表部族群体去沟通神灵世界的使命，还往往是部族中的行政首领。套头葬使用的铜釜是他们借以沟通神灵的特殊法器。

可乐墓地出土随葬品以铜器所占比重最大，器类包括容器、兵器、生产工具和装饰品等。容器多为用于套头葬和其他特殊葬俗的铜釜和铜洗，日常生活的一般用具不多见，如2000年发掘仅出土两件小铜鍪（móu）。套头葬使用的大铜釜格外引人注目，如274号墓出土的铜釜体量硕大，腹部直径约50厘米，铸造十分精美。腹中部纵向铸一对宽大的环形耳，耳面上装饰繁密的辫索纹。腹肩部铸两只无比威武的老虎，隔着铜釜口沿相向而立，显示出至高的权势和威力。

铜兵器主要是戈和剑。铜戈与中原流行铜戈的式样有区别，刃部都较短，也不向一侧延伸作曲尺状。戈内（nà）上常常还铸有图案装饰，其中三人牵手上举图案充满神秘色彩。铜剑中有不少巴蜀式"柳叶形剑"，窄窄的流线造型，就好像一片柳树叶。有的剑身还铸造有虎斑纹、手纹等，都是巴蜀文化典型纹饰。这些剑应当是通过民间交易从巴蜀地区流传过来的。巴蜀式铜剑传入后，很快融入到当地文化中，并发展成独具地方特色的带柄组合剑。后来进一步发展成为工艺精良的铜柄铁剑。

这次发掘没有发现铜质生产工具，但过去曾出土过长条形的铜锄。这大概与铜生产工具数量不是很富裕，而日常使用频率较高有关。在墓葬中曾出土过栽培稻和大豆的遗存，因此铜锄可认定是反映部族具有农耕经济形态的重要物证。

铜装饰品数量多，特点突出的有发钗、手镯、戒指等，很能反映该部族群体的生活习俗与审美情趣。

除铜器外，出土随葬品还包括铁器、玉器、骨器、陶器、漆器和纺织品等。贵州的铁生产技术出现很晚，早期铁器均靠外地输入。可乐墓葬铁器系今贵州地域最早出现的铁器遗存。从形态和工艺可知，其中不仅有直接从巴蜀地区传入的器物，还有一些明显融合了当地文化风格的器物。这说明在物品交流过程中，铁加工技术也逐渐传入，并形成地方的铁加工业，带来当地社会经济文化的巨大进步。

玉器和骨器都是随身装饰品。玉器所涉墓葬的分布量很小，而且除玛瑙类制品外，严格意义上的玉制品更是罕见。所出少量透闪石质地的玉器，还无法通过检测查清其原料的出产地。骨饰品有磨制成的骨管、骨珠、骨耳玦等，其中骨玦使用较多，有时挂于双耳，有时挂于单耳，别有风情。

陶器出土量很小。本来陶器以泥土为原料，制作非常方便，作为日常生活用器，应该有大量出土。但实际出土状况却远出乎常理推想。这应当又是一种比较特别的丧葬意识的反映。

纺织品最能直接反映当时的衣着，人们对此也特别关心，很希望知道那时候都穿什么样的衣服。但墓葬中已完全见不到稍有形的衣物痕迹，所幸在少量墓葬的金属器皿上还偶尔保存了一点点纺织物的残片，使我们能通过现代检测手段查清当时衣着原料的状况。颇出乎我们预料的是，纺织品中竟包括了丝织、麻织和毛织物，颇丰富，有的纺织工艺还相当精细。

墓葬中还发现一些漆器残痕，多为红色，有的还带有黑色线纹装饰，但器物原型已看不清。我们无法判断这些漆器是从巴蜀地区传入，还是由当地制造。

总之，墓葬出土的遗迹和遗物充分显示，这是古代夜郎时期居住在贵州山地的一支具有自身文化传统习俗的民族，他们通过与北边巴蜀地区居民的交往，很早就建立起与中原文化的联系。从西汉前期开始，有大量汉人进入这个地区，这里的文明进程从此发生了历史性的变化。赫章可乐是迄今在贵州所发现的夜郎时期考古遗存最丰富的地区，至今的考古发掘可能还只揭示出冰山一角，套用一句时髦话：这里的考古发展前景不可限量。虽然我们目前还没有直接证据说明这些便是夜郎民族所创造的文化，但作为当时巴蜀以南地方的一种少数民族文化遗存，对于全面揭示夜郎国历史，无疑具有不可取代的重要意义。随着考古工作的持续开展，相信更多的重要发现会不断问世，人们将从中获得许许多多未曾料想的历史信息。夜郎的历史谜团最终会在持续的考古发掘和研究中被解开，那也是中华古老文明构成中一个不该缺失的重要部分。

[文物图片选读]

1. 可乐远眺

可乐是黔西北一个再普通不过的山间坝子，静静地横卧在乌蒙山脉东麓，一条小河自西向东从坝子中流过，西面远山高耸绵延，构成一道世人难逾的屏障。就是这个偏僻的小小的民族乡，现今总人口也不过三万。但我们却在坝子四周那些数十米高的黄土山上，发现了十多处古代夜郎时期至东汉时代的墓葬群，以及两处当时的居住遗址。人们不禁会想，这么一片并不富有的土地，当年如何承担得起那么大量人口的生存之需？那些人——既有当地的土著部族，又有汉王朝奉征调入的军士和"豪民"，为何会聚拥在这样一个似乎并无什么特殊处的山间坝子呢？

1. 可乐远眺

2. 异常密集的墓坑

这次发掘的都是土坑墓，其密集程度令人大感吃惊。好多安葬前人的墓坑，甚至被后人开墓时不经意地挖破，以至出现多座墓相互连续挖破的现象，考古学称这种现象叫"被打破"。难道当时坟墓上没有土堆吗？这是地方部族的一块公共墓地，如此的密集度分明诉说着当时这里人口格外

2. 异常密集的墓坑

集中的信息。

3. 套头葬墓（之一）(M277)

套头葬的基本特点是在死者头顶套一件青铜容器，就好像戴上一顶宽边低檐的铜帽。最初使用一种外形与早期铜鼓很相似的铜釜，后来所用铜釜式样增多，甚而使用了铜鼓、铁釜等。这是部族中少量有特殊身份的成员才能采用的埋葬方式，充满神秘的原始宗教气息。目前国内外尚未见到

3. 套头葬墓（之一）(M277)

别处还有相类似的报道。在人类葬俗史上堪称一奇。

4. 套头葬墓（之二）(M274)

套头葬不光用铜器套头，后来还发生一些变化，有的在死者脚上同时套一件铜釜或铁釜，或在脚下垫一件大铜洗。这些铜器和铁器显然已不再是普通的日常生活用具，可能都被族人赋予了能够沟通神灵世界的神奇功能。

4. 套头葬墓（之二）(M274)

5. 令人起敬的武士墓（M341）

这是一座令考古发掘者肃然起敬的武士墓。墓主头顶装饰有长长的铜发钗，耳际挂着别致的玉耳饰，双臂各佩戴十来只镶嵌有绿色孔雀石片的铜镯，深情地拥握着自己毕生不离的铜兵器。他如此钟爱故乡的黄土地，当年定是一名最勇敢的战士。最终累了，倒下，仍不曾放弃一名忠诚武士最神圣的职责！

5. 令人起敬的武士墓（M341）

其他·关于可乐的考古

6. 鼓形铜釜（M277出土）

铜釜本是炊具，但这种釜成为套头葬使用得最多的一种用具。将这种釜倒扣过来看，形状很像一件早期的铜鼓，于是考古发掘者形象地起了一个好记的名称。

7. 大铜釜（M274出土）

这是套头葬墓中气概最为不凡的一件铜釜，铸造精美，体形硕大，口沿两侧各站立一只威风凛凛的老虎。面对这样的套头铜釜，谁都会立马联想到它主人曾经在部族中特殊的权力和地位。

8. 铜釜上的立虎

虎首高昂，呲牙长啸，双腿后蹬，虎尾上扬，通体彰显着至高的威势与无限的力量！这何尝不是其主人要想表达的，那种世间权力与神界魔力相结合的物化象征？

9. 铜鼓（M153出土）

铜鼓也使用于套头葬中，这是少数民族极度崇敬的通神重器。可见套头葬所追求的，定是一种企图超乎人世的非常效应——祈盼部族众生永获冥冥中神灵的庇护。

6. 鼓形铜釜（M277出土）

7. 大铜釜（M274出土）

8. 铜釜上的立虎

9. 铜鼓（M153出土）

10. 鎏金铜鍪（M122出土）

11. 铜锄（M189出土）

12. 铜戈（M317出土）

10. 鎏金铜鍪（M122出土）

鎏金技术是古代青铜技艺中的高级工艺，它所服务的对象是社会上层贵族。可乐墓葬出土的这件铜鍪且不论产自何地，其精巧美观程度却让人倾倒：流畅的曲线，协调的比例，圜底之下独具匠心贴附三只别致的蹄形足，笼罩在一团炫目的金光中。无怪乎它一再被挑选为贵州考古出土文物的艺术佳作而亮相于全国性文物展览和书刊中。

11. 铜锄（M189出土）

铜锄很普通，但通报了一个重要信息：这里实行着锄耕农业经济。无怪乎司马迁《史记》记载当时的夜郎民族，说他们"耕田，有邑聚"。可乐有的墓葬真就还出土过一些炭化的稻谷和大豆。

12. 铜戈（M317出土）

铜戈与铜剑是部族中最主要的武器。这里很少发现其他地区青铜时代种类丰富的其他式样的铜兵器。

其他·关于可乐的考古 ◆ 443

13. 铜戈柄部图案

这种铜戈柄部铸有颇奇特的图案纹饰：三个站立的人举手相牵，手下方还站着大头动物，人物上方有两只长喙垂羽神鸟。这极可能是当时祭祀仪式中的一种敬神图像。这样的戈应当主要不是用于战事格杀，而是用于宗教法事之中。祭祀敬神一定是维系部族最重要的社会活动与精神生活。

14. 铜柲（bì）冒（M274出土）

安装在戈柄顶端的装饰物，这是中原自古以来的传统称呼。所谓柲，指的就是长兵器的木柄。古代的戈和矛都要固定在长长的木柄前端来使用，以增加其格斗刺砍的距离。这件柲冒上铸造一只矫健的老虎，虎身满布长条斑纹，双爪趴地，傲然睥睨群山，正欲蓄势跃起。这件柲冒与铸有两只立虎的大铜釜出土在同一座套头葬墓中，墓中出土的另一件青铜小挂饰上还铸有一只老虎，赫然组成了一个象征威势的虎群。墓主人的显要身份如何不令人刮目相看？

13. 铜戈柄部图案

14. 铜柲冒（M274出土）

444　◆　梁太鹤集

15. 铜柄铁剑（从左至右：M324、273、274出土）

地方特点异常鲜明，剑柄造型煞费匠心。这种剑在可乐已出土十余件，此外仅在云南东部曾有零星发现。因此有考古专家提出，这应该属夜郎地区一种最具代表性的兵器。

16. 铜剑柄（M274出土）

剑柄繁密精美的设计与工艺，令所有看过的人都啧啧赞叹。冶金史专家仔细观察，认为其铸造时采用了先进的失蜡法技术。

17. 柳叶形铁剑（M331出土）

这是一件"柳叶形"铁剑。本来，柳叶形铜剑是青铜时代巴蜀地区的代表性兵器，曾经不断传入到可乐部族中。但自从可乐部族学习到铁加工技术后，他们就将铁剑也制作成了柳叶形。有意思的是，在巴蜀地区却没有发现过这样的铁剑。古代各族文化在不断交流过程中的融合与发展，是值得我们研究的一个历史课题。

15. 铜柄铁剑（M324、273、274出土）

16. 铜剑柄（M274出土）

17. 柳叶形铁剑（M331出土）

其他·关于可乐的考古 • 445

18. 铁戈（M274出土）

很难有人会对这件铁戈看上眼，但在全国考古发掘出土的早期铁戈中，这可算得上一件珍品，因为发掘出来的完整铁戈太罕见。可乐部族早期的铁器是从巴蜀地区输入的，这里没有铁原料，不懂加工技术。不过随着交流增加，渐渐地，一些铁器也在当地加工制造，具有了明显的地方特点。这件铁戈的造型就与可乐铜戈的风格非常相像。

18. 铁戈（M274出土）

19. 铜钗（M277出土）

这种发钗造型太罕见，钗首缠绕成簧管状，钗长超过30厘米。现代人看了直会叫："夸张啊！"可乐墓葬中出土不少各种形式的铜发钗，显示出该民族普遍流行"椎髻"发式。

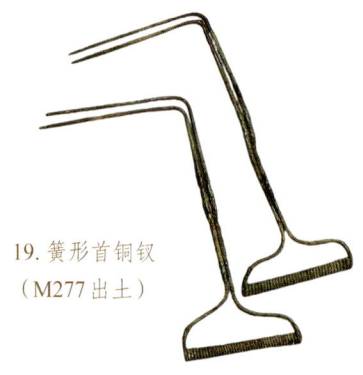

19. 簧形首铜钗（M277出土）

20. 宽片铜镯（M365出土）

铜镯造型也颇考究，宽片镯面上整整齐齐镶嵌几排孔雀石小圆片。石片很薄，直径仅2毫米左右，中心还有一个小孔。一只铜镯上的石片可多达400余粒。以当时的生产工具，其制作工艺何其不易！还使人称奇的是，四只镯却以1+3模式分戴于一个人的双臂上，有意形成不对称安排。类似不均衡佩戴铜镯和耳环的现象在其他墓葬还发现好多起，可见不对称美是该部族颇时尚的一种审美观。

21. 玉玦（M341出土）

坠挂于耳上的装饰品。璧形器物上有意切开一道缺口的饰品被称为玦，多由玉制成。这件玉玦在璧的圆外侧设计四组鸡冠状的花片装饰，别显一番韵味。出土时玉玦位于墓主人的右耳部，仅此一件，显然又是不对称佩戴装饰品的一个案例。

22. 骨玦（M274出土）

这组玦分戴在一个人的左右耳，各三只，每只直径超过7厘米，是不是非常惹眼？玦都用大型动物的腿骨制成，磨得光光的，看起来还以为是象牙制品。其主人追求美，真还用了不少心思哩。

23. 项饰（M274出土）

由玛瑙管、玉髓珠、骨珠、铜铃、铜挂饰等数十个单独部件组合而成，除了突出的装饰效果外，可能还有装点其主人特殊身份的功用。从项饰，再到发饰、耳饰、臂饰，墓葬中发现的首饰品种类不少，看得出，这是一支非常爱美的民族。

20. 宽片铜镯（M365出土）

21. 玉玦（M341出土）

22. 骨玦（M274出土）

23. 项饰（M274出土）

其他·关于可乐的考古 ◆ 447

24. 陶干栏式房屋模型（M24出土）

"干栏"是中国古代对底层架空式房屋的称呼，是南方少数民族的传统建筑。这座陶屋模型发现于迁入可乐地区的汉人的墓葬中，却使我们真切地看到了当地民居的一种式样。上层前廊立柱上那对漂亮的斗拱是典型的汉式房屋结构特征；房屋架空，底层安置一对可加工粮食的脚踏木碓，又显示出浓郁的地方特点。这是两种民族建筑文化有机结合的生动写照。

24. 陶干栏式房屋模型（M24出土）

25. 陶杯（M338出土）

当时的生活用具主要是陶器，但墓地出土的陶器却很少，从百余座墓葬中发掘出的陶器仅11件，而且多数是专为埋葬制作的明器。这当然是人们思想观念的一种反映。这件陶杯颇为乖巧，整体不到7厘米高，带一只环形小耳，上腹部附三枚圆乳丁作为装饰。现在要按这种式样制成一只咖啡杯，也不会俗气。

25. 陶杯（M338出土）

26. 铜鍪上的纺织物（M277出土）

我们很想弄清当时人们穿什么样的衣服，但墓中的实物早都腐朽无存。所幸这件铜鍪外壁下

26. 铜鍪上粘附的纺织品（M277出土）

部还清晰地粘着一块已褪色的纺织物，赶紧送去作科学检测，竟是一片工艺很好的蚕丝纺品。在墓地出土物中还检测到少量麻质和毛质的纺织物。可见当时人们的衣着种类已经颇丰富，断非仅靠树叶或兽皮来防寒蔽体。

27. 铜铃（M274出土）

铜铃小巧，高约2厘米，却别受青睐。铃面常铸有纹饰，成组出土在重要墓葬中。或与玛瑙管、玉珠等穿缀成项饰挂在胸前；或连接成环佩戴于手臂。佩于手臂的铃环随双手舞动，不仅悦目悦耳，恐怕还形成别有意韵的神秘乐音。

27. 铜铃（M274出土）

原载《艺文四季》2009年秋季版，2009年9月

（图片摄影：梁太鹤）

"读图说考古"之二

文明大跨越时代的生动见证
——贵州出土汉代文物一瞥

在博物馆浏览贵州出土文物，你会明显看得出来，汉代是贵州古代历史中一个特别重要的时期。因为这个时期的出土文物造型尤显精美，类别异常丰富，而且其中蕴含的历史信息特别突出，往往无需再让解说员或其他人来费力讲解，你自己见到，马上会有所感悟，甚而深深印入脑海，久久难忘。

这是一个文明大跨越时代的特征，所有这些出土文物便是那个重要时代的生动见证。

贵州古代文明的发展，长期受滞于群山隔阻，一直到西汉前期，才发生一次划时代的巨大变化。两千多年前的历史学家司马迁在《史记·西南夷列传》中，用生动的笔调记载了汉武帝亲自部署开发西南夷这一重要历史事件。这算是中国史籍中有关贵州文明史的第一笔详细记录。我们知道了一个叫唐蒙的人出使南越国时，用心打听到西南夷中最大的部族夜郎，及时上报中央。而后他受命带领大队人马出使夜郎，与夜郎首领约定，在该地区设置了汉王朝的第一个行政县，迈出汉王朝大规模开发西南夷关键的一步。由此贵州山地王国开启了沉重的石门，跨入社会经济、文化快速发展的历史新进程。

于是，两千年后，我们得以看到这些出自莽莽山地却带有浓郁中原文化气息的精美文物,并聆听到它们真切诉说的那一段值得大书特书的历史。

[文物图片选读]

1. 铜车马 东汉 兴义万屯出土

这是一件人人都会啧啧赞叹的青铜文物。铜马挺拔矫健,步履轻盈。试想让它复活走入今天盛装舞步的赛马场中,也一定会博得个满堂彩。这套车马所承载和反映的,其实正是汉帝国时期,先进的中原文化与富有特色的地方文化交流融合快速发展的重要历史轨迹。

1. 铜车马

2. 武阳传舍铭铁炉 东汉 赫章可乐出土

炉身和炉座整体铸造而成,炉内壁清晰铸有"武阳传舍比二"隶字铭文。汉代为顺利传送中央政府公文,在重要通道上设有传舍驿站,接待安

2. 武阳传舍铭铁炉

其他·文明大跨越时代的生动见证 ◆ 451

顿往来吏员。武阳是当时犍为郡的属县，位于四川彭山县（今四川眉山市彭山区）一带。武阳传舍铁炉在赫章出土，反映当时四川地区与贵州西北部存在的交通往来。无怪乎贵州汉代文物中每每发现留有巴蜀的明显印迹。

3. 干栏式房屋陶模型（一）　西汉　赫章可乐出土

"干栏"是史籍中南方少数民族地区的特色房屋形式。这件陶屋模型上层属典型的汉式民房，架空在木头立柱上，下层安置一对长长的脚踏木碓，可加工粮食。居室前廊立柱顶部着意突出的斗拱，标示这是一户颇宽敞舒适的民居。这套模型是汉式建筑与当地特色建筑相互融合形成的一种代表性民居形式。

3. 干栏式房屋陶模型一

4. 干栏式房屋陶模型（二）　西汉　赫章可乐出土

这是另一种形式的干栏式民居。上层虽然没有前廊和斗拱，但屋脊仍保留了汉式建筑的基本特点。多种形式民居建筑的存在，诉说了这里居民

4. 干栏式房屋陶模型二

安居乐业的社会景象。

5. "建始"年号铭瓦当　西汉　赫章可乐出土

你别小瞧这件残缺的瓦当，它可是当今全国出土的有明确纪年瓦当中年代最早的一件。瓦当是屋面上每一沟盖瓦前端的封头装饰，往往压印有漂亮的图案或者吉祥用语。将帝王宣布的纪年年号刻印在瓦当上，十分罕见，至少说明这幢房屋绝不是普通的民居，很可能是建在特殊地区的一幢官署。

5."建始"年号铭瓦当

6. 双龙座铜连枝灯（及局部）　东汉　兴仁交乐出土

连枝灯是当时居室内相当豪华的大型照明设备。这件连枝灯铸造工艺精美，设计构思堪称奇绝，灯座由两条盘龙、一只乌龟和龟背踞坐的神人组成，气势非同寻常。

6.双龙座铜连枝灯（及局部）

7. 龟座踞人铜灯（及局部）　西汉　清镇珑珑坝出土

这是较小型的照明设备。龟座上踞坐的神人面目奇异，身骨非凡，一副超世脱俗气概，俨然反映出当时社会盛行的神仙思想。

其他·文明大跨越时代的生动见证　◆　453

7.龟坐踞人铜灯（及局部）

8. 抚琴陶俑（及局部） 东汉 兴仁交乐出土

看这抚琴乐师的面部神态，你会和他一同陶醉！他气定神闲，心随乐舞，何尝不是社会安定、生活无忧的真实写照呢？

8.抚琴陶俑（及局部）

9. 说唱陶俑 东汉 兴仁交乐出土

出土时的残缺，丝毫不影响说唱艺人眉飞色舞、绘声绘色的忘情表演！是不是也引来你会心的微笑呢？

9.说唱陶俑

10. 三足鎏金铜鍪　西汉　赫章可乐出土

铜鍪极尽精巧华美，倘若不是岁月侵蚀，更会是金光灿然。如待客用其温酒、斟酒，相信人人要欣然畅饮，或至一醉方休。

10.三足鎏金铜鍪

11. 三足铜水注　东汉　平坝尹关出土

器身浑圆小巧，三只蹄形足间配三只圆管状小竖耳，不由使人对制作者独到之匠心赞叹不已。试想书案间请此小物一件，怎不平添无尽雅趣？

11.三足铜水注

其他·文明大跨越时代的生动见证 ◆ 455

12. 绘彩护雏陶母鸡　东汉　兴仁交乐出土

慈祥的鸡妈妈，背上托一只小鸡，双翅下还搂着两只小鸡，虽然当初所绘红彩只留下少量痕迹，但护雏深情依然，令人感动。

12.绘彩护雏陶母鸡

13. 摇钱树（及局部）　东汉　兴仁交乐出土

摇钱树是汉代流行的随葬吉祥用器，寓意即去到冥世后能够财源不断、生活富足。这件摇钱树座用陶制成，塑造了麒麟、羊、鹤、玄武、猴等祥瑞动物形象，铜铸树枝上除挂铜钱外，也多有祥瑞之物，寄托了种种良好的祈愿。

13.摇钱树（及局部）

14. 蜀郡铭铁锸　汉　赫章可乐出土

铁锸是当时中原流行的先进农业工具，在锸身特别标注铸造之地，即使不是一种早期的商业意识，也反映了一种自豪心理。看来当时蜀郡铁器不光输送到黔西北，还会输送到周边其他地区。这其实反映了先进技术和文化的辐射交流。

14. 蜀郡铭铁锸

15. 陶牛　东汉　兴仁交乐出土

陶牛体形硕壮，应是用于农作的水牛。牛体长达54厘米，是贵州汉墓出土陶制动物中罕见的超大个，足见人们对之珍爱有加。这当然首先是因为牛的辛勤劳作替人们带来了丰富的物质收获。

15. 陶牛

16. 水塘稻田陶模型　东汉　兴义万屯出土

这是现实农田水利设施的浓缩造型。一道长堤分隔着山间坝子中的水塘和水田，水塘中有荷叶、莲花、莲蓬、菱角和游鱼，长堤中部设置控水涵洞，控水闸门上站立一只欢乐鸣唱的小鸟，分明一派宜人的田园风光。无疑，这里反映出的安适的生活环境，离不开先进农业技术在当地的流行传播。

16. 水塘稻田陶模型

原载《艺文四季》2009年冬季版，2009年12月

（图片摄影：梁太鹤）

[考古贵州系列]之一

旧石器时代的辉煌

贵州经济文化发展水平在全国总居于低位，自古以来如此，没人觉得还需多议，因为自然地理环境太多山，对此早给出了必然解释。不过让绝大多数人未曾想到的是，在人类历史十分漫长的一个时期，贵州地区其实并不总是如此。

旧石器时代考古学家告诉我们，从目前所知的数十万年前开始，贵州地区的旧石器时代文化，在全国范围其实有过相当的辉煌。至今在贵州各县市发现的旧石器时代文化遗址，已经超过110处。这个数目似乎不大，但是一个足以骄人的数字，因为国内能排在它前边的仅有山西和河北两省，其他省区都远远落于其后。无怪乎，好多年以前，国内著名的旧石器时代考古学奠基人裴文中教授就高度赞誉贵州的旧石器时代考古在全国是"名列前茅"。

我们今天看到的旧石器时代文化主要是一些打制石器，一眼看去尽都歪歪斜斜，器形简单，制作粗糙，几乎乏善可陈。恐怕连是否该用"文化"二字来称呼它们，好多人都会表示怀疑。但人类从脱离动物界那一天起，就是锲而不舍地制作和使用这样简陋的工具，度过了大约300万年！人类社会文明进化快速更新的历程，是从距今一万年的新石器时代才开始的。这一万年叫现代人看来已经相当漫长。静心想一想吧，此前那数百万年，

图1 黔西观音洞遗址石器

该是如何难以想象的漫漫长夜？而一直伴随并见证人类初始文明的，正是那些无比简陋的打制石器。

贵州已发现的旧石器时代文化遗存，不仅数量在全国居于前列，而且时代系列完整、文化特色多样、出土遗物丰富、有大量骨器和角器、发现较多人类化石等，形成非常突出的特色。

贵州已发现的旧石器时代文化遗址，分属于旧石器时代的早、中、晚三个时期，形成一套完整系列。这在全国各省区中是不多见的。其中旧石器时代早期，以黔西观音洞遗址最具代表性。遗址出土各类打制石器3000多件，早期文化层年代距今24万年，20世纪60年代开始发掘后，就被视为中国南方旧石器时代早期文化的代表，命名为"观音洞文化"。后来发现的盘县大洞遗址是另一处知名度很高的旧石器时代早期遗址，出土大量与"观音洞文化"性质相似的石器，制作加工技术更显多样化。经铀系法测定年代，最早为距今30万年，上层年代距今1.7万年。因其埋藏地层延续时代长，内涵丰富，被评为1993年度全国十大考古新发现。

旧石器时代中期已发掘的文化遗存，主要有桐梓岩灰洞、水城硝灰洞、毕节扁扁洞等遗址。在岩灰洞遗址和硝灰洞遗址都发现古人用火遗

图 2　兴义猫猫洞遗址刮削器

图 3　兴义猫猫洞遗址石片

图 4　安龙观音洞遗址砍砸器

迹。旧石器中期遗址的文化性质与早期的黔西观音洞文化有明显继承性，同时又出现一些新因素。其中水城硝灰洞遗址特殊的石器加工技术最受重视，考古学将其命名为"锐棱砸击法"，认为代表了一种新型地域文化特征。在中国南方，包括台湾地区所发现的一些旧石器时代晚期文化遗存，通过石器加工技术分析，都在这里找到传承渊源，为中国西南与南方旧石器时代中晚期人类的迁徙和文化传播研究，提供了重要的参考依据。

图5 安龙观音洞遗址磨制骨铲

旧石器时代晚期文化遗存明显增多，文化面貌更为丰富。考古学将它们大体分成了三种类别。第一类以威宁草海遗址为代表，主要分布在黔北、黔西北地区，可以看作是与旧石器时代早期的黔西观音洞文化具有密切传承关系的文化圈。第二类以兴义猫猫洞遗址为代表，主要分布在黔西南地区，以"锐棱砸击法"石器加工技术为重要特征，显然与旧石器时代中期的水城硝灰洞遗址文化有着密切的传承关系。猫猫洞遗址发现石器很多，锐棱砸击加工技术十分典型，还出土部分经打琢和磨制的骨、角器，被命名为"猫猫洞文化"。第三类以普定白岩脚洞遗址为代表，主要分布在黔中及偏西地区，其石器类型与加工技术兼有前两类文化的许多特征。从地理位置看，它们正好处在第一类和第二类遗址的中间地带，文化面貌出现两方面的兼具性也就不足为怪了。

贵州旧石器时代晚期遗址出土遗物具有两个突出特征：一是普遍发现大量石制品，一处遗址少则数百件，多则逾万件；二是许多遗址出土经过磨制的骨器和角器。这第二个特征格外值得重视。

在旧石器时代晚期的普定穿洞、兴义张口洞、安龙观音洞等10多处遗址中，都出土较多骨器、角器。其中仅普定穿洞遗址就出土骨锥、骨铲、骨叉、骨棒、骨针及角铲等近千件，这在国内外旧石器时代遗址中堪称绝无仅有，引来世界性的关注。旧石器时代遗址出土磨制骨、角器，本是一个国际性研究课题。有统计显示，所有国外旧石器时代遗址出土的磨制骨、角器全部加起来，也不过百来件。而贵州旧石器时代遗址出土的骨、角器，却若干倍于这个统计总数，这几乎要让人瞠目结舌。

有人认为需从自然地理环境等方面去深入研究贵州地区旧石器时代文化的这一突出特点；也有人认为这首先得更准确分析其地层的具体年代，不能将遗址上部应属新石器时代早期的地层中出土的遗物，笼统地归划为旧石器时代。如普定穿洞遗址，其出土大量骨、角器的地层属于堆积的晚期，碳14测年数据为距今8540—8080年，宜归属新石器时代；而堆积的早期地层测年为距今16000—9610年，属旧石器时代，但在这部分地层出土的骨器就极少。

无论怎样，这都将是贵州旧石器时代考古十分值得研究的课题。细心的读者一定会发现，这里其实还反映出另一个重要现象，那就是在同一个遗址中新、旧石器时代文化层的叠压和衔接问题。

的确，在贵州已发现的旧石器时代遗址中，有三分之一存在这种新、旧石器文化层的上下叠压现象。这又是全国各省区极难看到的现象。人类社会从旧石器时代向新石器时代演变究竟经历了怎样的过程，是世界考古研究中一个更为重大的课题。贵州旧石器时代遗址的这种普遍现象，为这方面研究提供了众多非常难得的资料和线索，因此今后必将成为旧石器考古研究的热门、热点。

贵州旧石器时代遗址中发现的人骨化石与遗骸资料很丰富。早期的盘县大洞遗址，中期的桐梓岩灰洞遗址和水城硝灰洞遗址都发现有古人类化石。晚期遗址中，普定穿洞、安龙观音洞和福洞等遗址，都发现人头骨。兴义猫猫洞、普定白岩脚洞、开阳么老寨等近十处遗址，发现人下颌骨、股骨或牙齿等。这对于研究中国境内古人类体质特征，以及人的进化发展等，具有无须多言的重要意义。

现在可以回到我们文章开头说到的话题，即多山环境与地区社会经济文化的落后。你一定愿意赞成旧石器考古学家告诉你的那个结论，多山环境在漫长的社会进程中，真的并不总带给贵州落后。贵州旧石器时代遗址的丰富数量、文化面貌的多样性特征，已经显示出那时这个区域人类社会的一番繁盛。这何尝不与多山的地理环境密切相关？多山环境与温润的气候，造就这里适宜人类生存的得天独厚的自然资源。大面积喀斯特地貌形成无数山洞，又成为人类居家的天然庇护所。贵州已发现的旧石器时代遗址，绝大多数正存在于山洞中。到晚期才有极少数出现于水边旷野。山洞遗址文化堆积往往很深，连续使用年代很长，反映洞中人类生活的安全性和稳定性。应该说，也正因为大量山洞对古人文化遗迹、遗物的可靠保存，才使我们今天得以认识贵州地区许多万年前曾经的辉煌。不妨由此给予今人一个冷静之后的启迪——多山是制约，多山也是财富。多山的环境，随着现代科学技术不可预知的飞速发展，为什么不会再度勃发出区域社会一种新的安全和辉煌呢？

原载《艺文四季》2010年春季版，2010年3月

"考古贵州系列"之二

磨制石器的困惑

这件磨制石器（见图1），20世纪50年代发现于贵州盘县的农村。它磨制规整，通体光润红艳，散发出玉一般的光泽和质感。看到它，你恐怕会大感惊异，如此漂亮，这可是一件石器啊！的确，磨制石器多是远古人类使用的工具，注定应带有历史的原始性。而这件石器的选料和工艺，让人难以将它与劳动工具联系起来。这无疑是石器家族中一件难得的珍品。

类似这样前端磨有刃援的石器，人们一般称呼为石斧。不过进一步观察，这件石器的刃部不是从器体两面向前端逐渐磨斜形成的，而是着意从一面磨斜做成的。考古学上把它称为"单面刃"。这种斧形单面刃器物的名称不叫斧，而是锛。

磨制石器是远古人类进入到新石器时代的一个重要标志。世界各地的考古调查和发掘，已经发现当时人类用不同石料磨制而成的各式各样的工具、武器和装饰品。远古人类还不懂得金属冶炼和铸造的时候，只能通过对自然石块的加工，获得一些带有刃部或尖端，便于握持使用的工具。这种石块的加工，最初只是运用简单的摔、砸、碰、敲等方法，所制成的工具，即我们今天所说的打制石器。后来才在简单打制方法的基础上，发展到进行较规整的修凿方法。再后来又进一步发展到更精细的磨制方法，形成我们所说的磨制石器。

在今人看来，把一件石头器物磨制平整，是很普通的事，最多因为具体石料不同，花费的力气和时间多些少些罢了。但你恐怕没有注意到，远古人类从开始敲砸出第一块打制石片，到能够制作出磨制石器，竟然经历了二百多万年的漫长历程！二百万年可不是一个小数字，即使在地质年代上也已经是一个非常大的数字单位。至于人类社会，如果按照平均二十年一代人来计算，那足足就是十万代的时间！

人类何时脱离动物界，开始制作原始打制石器，目前考古学还不能拿出非常充分的证据。但根据世界不少地方的发现，多数考古学家赞同这个时间至少应在二百万年以上，或达到三百万年。而人类何时从旧石器时代进入新石器时代，考古学已形成初步共识，认为在距今一万年左右。因为世界上至今发现的最早的新石器时代遗址，无论是分布在欧亚大陆，还是分布在非洲腹地，科学测定的年代，都在距今一万年左右的范围内。

新石器时代有三个明显的特征，或说是三大标志。一是出现磨制石器；二是开始制作和使用陶器；三是出现农业和家畜饲养业。当然，这里有一个共同的前提是，金属制作加工技术尚未出现。在考古过程中，这三大特征并非需要在一个具体遗址中同时都看到，只要出现其中一个，便可以对该遗址的性质作出基本判断。至今世界各地发现的含磨制石器的早期遗址，的确总有或陶器，或农作物种植，或家畜饲养相伴呈现的情况。正是这三大特征，在人类进化史上标志了一场翻天覆地的革命。

不过，有人产生过疑问，为什么人类诞生，有了主动思维，能够制作使用打制石器，持续繁衍二三百万年，却没有人在使用打制石器的年代就先发明陶器制作，或学着种植农作物、饲养家畜呢？为什么到了约一万年前，会同时在世界各地一下子发明石器磨制、陶器制作、农作物种植和家畜饲养几大新技术呢？这个问题真不好作出全面解答，不过这应该与远古人类的体质结构，尤其是大脑结构的进化有着密切关系。可惜，我们还难以搜集到可供这方面全面研究的详细考古资料。

考古学上也有人开展了新石器起源地的探讨，追寻这场重大的新石器革命究竟是首先从一个地方开始，再逐渐向全世界推广，还是在世界不同

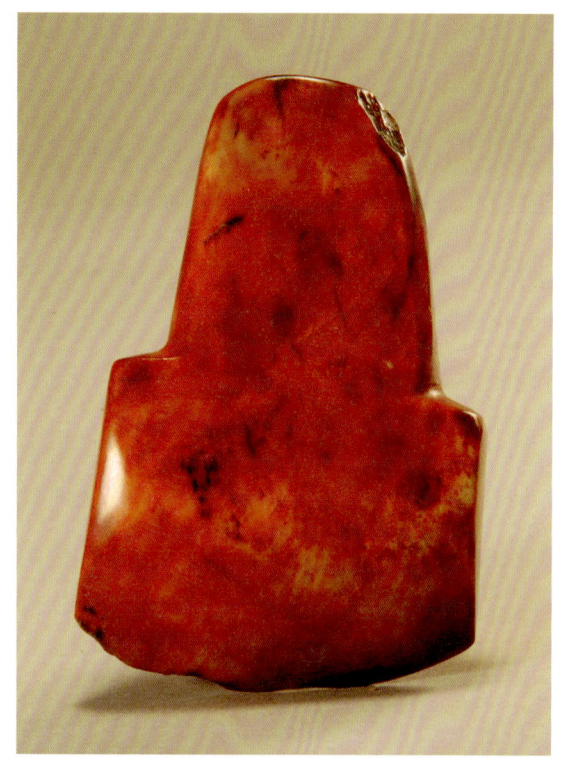

图1 盘县出土石锛

图2 兴义出土石锛

地区各自独立发生，又相互促进。当然，这是需要等待世界各地大量考古遗存被揭示后，才能最终得出科学结论的问题。从目前的发现来看，这场非同寻常的变革各自在不同地区独立发生的可能性很大。

无论怎样，人类制作石头工具的磨制技术，这看似小小一步的跨越，却经历了人类祖先二百万年以上的漫长积累，不能不说是一个令人惊叹的艰难历程。而这看似小小的跨越，却神奇地开启了人类迅速迈向全新文明的进程。

贵州在全省九个地州市都陆续出土过磨制石器。但在很长时间内，能确认的新石器时代遗址却非常稀少，难以过十，使人久久困惑不解。直至20世纪90年代以后，由于考古人员艰苦努力，不断摸索总结规律，省内新石器时代遗址的发现量才出现较明显改观。但至今全省可确定的新石器时代遗址尚未达70个，仍与贵州旧石器时代遗址的分布数很不协调。

我们在此前文章中介绍过，贵州全省已发现的旧石器时代遗址已超过110个，远多于新石器时代遗址。而根据其他省份的考古发现，新石器时代遗址的数量和旧石器时代遗址相比，都是呈现大幅增多的趋势。一般会增多数倍，甚至十数倍。而且单个遗址的分布面积更出现过去无法相比的增大，动则达到数万，甚至十多万平方米。这非常符合新石器时代人类谋生能力极大增强的客观现实。由于生产工具改进，新的生产技术产生，人们不光获得大量丰富的食物，建立起较为稳定的食物来源，而且开创了利用和改造自然资源的多种路子，得以走出长期以来小规模分散洞居的环境，集结成氏族群体共同生活的大型聚落。人类抗击自然灾害的能力大大增强，人类的体质不断改善，个人的寿命逐渐延长，人口的繁衍量迅速提高。因而，这时期留存下来的人类生活遗迹必然会明显增多。

贵州目前所发现的新石器时代遗址的状况却与正常的自然规律相悖，不光数量很少，社会经济的发达程度也难以看到明显提高。

绝大多数遗址依然散布在山间岩洞内，面积都不大。真正的洞外旷野遗址不过十来个，其中遗址面积能达到一万平方米以上的，更是寥寥无几。这不能不让人迟迟难消困惑。旧石器时代人类在贵州山地环境已经营造出那么良好的生存空间，为何到了新石器时代，生活能力得到增强之后，人口非但没有大幅度增加，反倒呈现明显下降趋势？

有人说这样的数字未必真实，或许还有大量新石器遗址藏于深山人未识，只因我们的考古工作滞后。这作为一种推测或能成立，但已有的数字差距毕竟太大，难以使人就此信服。我们的考古工作虽有很多不足，但自20世纪90年代以来，专业考古队伍的繁忙工作始终没有停顿过。而且，随着大型水电站、高速公路、铁路、大型厂矿建设的飞速发展，广泛的考古调查一年忙于一年地在不断推进，可新石器时代遗址的发现量依然大大落后于旧石器时代遗址。

有人说是由于贵州山地环境为古人提供了丰富和稳定的生活资源，人们很容易就能获得生存的基本条件，因而先天就失去了渴求变革的外部环境动力。这也仅仅只能作为今人的一种主观推测，因为没人仔细进行过数万至数千年前这里生态环境的全面调查和研究。

有人说是由于贵州山地环境阻碍交通，影响了远古人类的文化交流，当新石器革命在中原地区发生后，不能较快传递到贵州大山里来，所以这里的人们依然维持着更原始的生产和生活方式。的确，交通环境不利，至今仍是影响贵州经济发展的一大障碍，当时对于远古人类先进技术的传播肯定也会造成很大影响。这里十分值得注意的一个现象是，贵州旧石器时代延续的年代比中原地区似乎要晚得多。贵州已作过初步科学测年的旧石器时代遗址，有的最晚年代已相当于中原地区新石器时代的早中期。我们现在还未寻找到贵州最早的新石器时代遗址，不能确认这里开始跨入新石器时期的具体年代。但从已有的迹象看，恐怕难以早到世界普遍的一万年左右去。试想，如果贵州新石器时代开始的年代真要晚上三千年，甚或五千年，这个地区的社会经济发展及人口的增长速度，当然会大大受到影响。真希望经济地理史的研究者能将此列为一个专门课题，说不定对于解决我们的困惑能提供不少帮助呢。

磨制石器在贵州古代历史中值得关注的，不仅涉及新石器时代，还延伸到之后的青铜时代。我们在贵州商周和汉代的不少考古遗存中，都发掘出土过一些颇精美的磨制石斧和石锛。那时的人们除了使用铜制的工具外，似乎仍然在使用石头工具。此外，还可能将一些特制石器用于某些原始宗教的仪式中，视为带有特殊功效的法具或神物。因此，我们今天在贵州发现零星出土的磨制石器时，千万不要简单地将它归之为新石器时代文物，它完全有可能属于新石器之后的某一历史时代。照片所示的磨制石锛（见图2），出土于贵州兴义农村，不仅磨制精美，而且体型很大，通长近30厘米，厚约2厘米，重量超过1公斤，显然很不适合在实际生产中使用。我们猜想，它或许正是一件与宗教仪式有关的器物。由于石锛是当地村民在农业耕作中偶然发现的，不在古代墓葬，也不在古代遗址中，没有其他可以参照断代的依据，我们只能将其时代概略地划定为新石器时代至汉代。这个地区是贵州重要的汉代考古遗存分布区，发现过许多汉代墓葬，这件漂亮的大石锛会不会也是一件汉代的遗存呢？

贵州的磨制石器还真给我们留下了不少困惑，其实这也是考古的一种魅力所在，它至少为我们开创了另一块引人关注的遐想空间。

原载《艺文四季》2010年夏季版，2010年6月

"考古贵州系列"之三

迟到的青铜器

贵州古代开始普遍使用青铜器是比较晚的事。

人类跨越漫长的石器时代后，便进入铜器时代。这是人类文明史上十分重要的一个时期。甚至有很多人认为，只有从这时候开始，人类才算真正进入文明时代。

中华民族的青铜文明，从四千年前的夏朝进入快速发展期，至商周时代达到空前的繁荣。全国各地出土数以万计无比精美的夏商周三代青铜器，早令世人为之倾倒，叹为观止。

所谓青铜，是指在铜冶铸过程中，有意识地加入一定比例的锡或铅形成的铜合金。当然，人类最初发明冶铜技术时，不可能立马就了解其中的技巧。在当时，这要算最高端的科学技术了，必定是经过无数代工匠漫长的摸索积累，才逐步得以认识和掌握。

人类最早使用的金属是红铜。红铜其实就是自然铜，直接从天然铜矿石冶炼而成，不添加其他合金成分。我们国家所发现的早期铜器，出现在新石器时代晚期的遗址中。其中如甘肃、青海地区齐家文化遗址中的铜器，有的便是使用红铜铸造而成。但这些遗址中，同时还出土其他使用青铜铸造的器物。而且在时代更早的甘肃地区马家窑文化遗址中出土的铜器也是使用青铜铸造。这种早期红铜与青铜并存的现象在世界上非常罕见，已引起很多研究人员特别的关注。

目前世界上在西亚、欧洲和北非一些地区所发现的早期铜器，往往存在一个专门使用红铜的时期，出土的铜器全由红铜制成。考古学上将这些专门使用红铜的时期称为"铜石并用时代"。不过，这里所说的"铜"可不包括所有的铜，它指的只是红铜。可以说这个时代名称真正要说明的，除了铜器与石器共同使用的现象外，还强调了自然铜即红铜的特征。

人类最初使用铜器时，都继续大量使用着石器。中国的早期铜器，就是出现在新石器时代晚期遗址中，遗址内主要的生产工具和兵器，仍然用石头制成。在人类不同民族早期历史中，铜器与石器共同使用的现象，全都延续了相当长的时间，基本是概莫能外的共同规律。我们需要了解的是，像中国这样，早期铜器里既有红铜，又有青铜，就一定不能像西亚等地那样称之为"铜石并用时代"，而应称为"青铜时代"。青铜时代一样普遍存在铜器与石器并用的现象。

"铜石并用时代"是很多民族都曾经历过的历史阶段，由此再进入青铜时代。但这并不是所有民族都必须经历的阶段，比如中国，从新石器时代就直接进入到青铜时代。二者是什么关系？两种状态都是什么原因？还值得今人加以研究。目前世界上所发现最早的铜石并用时代遗址明显早于已知的青铜时代遗址。但也有不少铜石并用时代遗址却远远晚于许多青铜时代遗址。中国已发现的最早青铜器出现在公元前3000年左右，在世界早期青铜文明发展史上占有十分重要的地位。

图1　铸造铜钺的石范（残）
（普安出土）

图2　鲵鱼形铜带钩
（威宁出土）

值得一提的是，我们对青铜的称呼出现得很早，至迟唐代已经有使用。推测这是根据铜器外表颜色所起的名称。当时古董收藏已大受青睐，所见商周铜器基本为青铜器。这种铜合金的颜色，因加入铅锡配比的不同，会呈现青灰色。而且由于长期氧化，多呈现斑驳的青绿色铜锈。以青铜名之，既十分贴切地概括出古代铜器的特色，又充满文学的沧桑美感，所以深为后人所接受，并一直沿用至今。

图3　鎏金铜鍪（赫章出土）

现在人们对铜的分类有了科学标准，区分出新的类别。但常常发现有人凭着个人观感，随意就给所见铜器一个判断，比如说"这件古代铜瓶是黄铜制造的"，或者说"这枚古代铜币是红铜的"。其实他不知自己正犯着简单化的经验主义错误。前边我们已经介绍，所谓红铜是自然铜，如按成分检测，除极少量杂质外，其中基本只包含铜元素。由于自然铜在铸造工艺中，存在许多难以克服的弱点，制作出来的器物总是很粗糙，带有若干孔洞和残缺。因此人们后来才发明添加一定比例的锡和铅，改变红铜工艺的缺欠，形成后来的青铜工艺。倘若现在仅仅感觉颜色偏红，就将一件古代铜器称作红铜，在金属成分和金属工艺学上是十分不负责的。严格地说，铜器不同类别必须经过科学检测手段来确定。如黄铜，一定是加入锌的铜合金。白铜一定是加入镍的铜合金。而古代铜器，绝大多数都用青铜铸造，外观颜色略偏红、偏黄或带灰白色，实际上主要是由于铜中加入的锡或铅配比不同造成的，并不代表那是自然铜、锌铜合金或镍铜合金。

中国商周青铜器以数量巨大、工艺精湛、纹饰富丽神秘、铭文丰富典雅而成为中华古老文明的重要标志。但贵州高原出土的商周时期青铜器却寥寥无几，迄今发掘的商周时期遗址仅有两处。其中毕节青场遗址出土极少量几不成形的青铜器残件，威宁鸡公山遗址只出土个别粗糙的小件青铜兵器。

图4　舞翅铜鸟（兴仁出土）

省内各地县历年来零星出土的青铜器中，也几乎没有可判定为商周时期的地方性器物。近年考古调查在黔东北地区发现少量可能属于商周时期的遗址，而它们的主要文化面貌依然呈现一种粗放的石器时代特征，很难预期这样的遗址在将来的考古发掘中，能有一些稍精彩的青铜器出土。贵州至今通过考古发掘调查出土的有品相、有价值的青铜器，全都属于战国至两汉时期。应当说，比起中原大地，以及大西南比邻的四川、云南两省，贵州商周时代青铜业发展显然大为滞后，青铜器在这片山地高原成为姗姗迟到者。

追究这当中的原因，山地交通阻碍，极大制约文化交流无疑仍是重要因素。除此之外，可能还与贵州自古缺少铜矿资源密切相关。贵州古代一直不见有开采和冶炼铜矿的相关记载，直到清代地方史料中，才出现黔西北威宁、大方等地少量采铜厂、冶铜厂等实业机构的简单资料。自20世纪50年代以来开展的考古调查，也从未在省内发现过早期铜矿开采冶炼的踪迹。这些与中原以及云南、四川等省存在很大差距。现代科学考察所探明的全省矿产资源，铜矿的确处于完全排不上号的地位。近些年在靠近云南的黔西北地区，虽探明有少量铜矿带分布，但无法查实历史上是否进行过规模开采。

不过值得关注的是，在毕节青场商周时期遗址中，曾出土过数件用以

其他·迟到的青铜器　◆　473

图5　铜车马（兴义出土）

铸造青铜器的石范，其中可看出所铸器物的形式有剑和鱼叉。说明当时这里不光从外地传入过铜器，也同时传入了铜器铸造技术。那么，当时铸造所用原料又来自何处呢？是当地出产，还是从外地运入呢？类似现象在较晚后的战国时代也有发现。如黔西南的普安铜鼓山战国至西汉遗址中，出土过相当多的铸造铜器的石范和陶模，考古学者普遍认为这是一处具有作坊性质的遗址，甚至有人戏称是当时部族"重要的军事工业基地"。如果当地或附近不蕴藏和出产丰富的铜矿，这种铸造作坊能够生存吗？能有现实意义吗？我们太需要在这些历史的迷雾中去寻求到客观合理的答案。

　　商周时代的贵州高原该是怎样一片神秘的土地？山外那丰富而精彩的物质与精神文化，通过怎样的途径才源源不断流入到这大山中来？那在所有蛮荒部落都扮演过文明进程重要使者的青铜器，又到何时才正式登上这个山地大舞台，担当起推动一方历史进程的重要角色呢？现实与思考，给贵州的历史探索，提出一系列与考古不可分的重大课题。

原载《艺文四季》2010年秋季版，2010年9月

"考古贵州系列"之四

带来中原文明大潮的铁器

考古发掘出土的早期铁器往往显得很不受看,要么裹满厚厚的黄锈,灰头土脑;要么缺胳膊断腿,面目全非。图片给大家展示的几件铁器,你恐怕得出的也基本是这种印象。

几件铁器都出土于赫章可乐战国至西汉的墓葬中。虽说不受看,你可不要小觑了它们,几件铁器都属于国家珍贵文物,有的甚至被评为了一级文物。你会感觉几分惊奇吗?

这些是贵州至今考古发掘出土的时代最早的一批铁器。

铁器在人类文明发展进程中,具有非常重要的意义。毫不夸张地说,铁器的发明开启了人类历史一个全新的时代,人类所有的现代文明,从那时候起就奠定了基础。大家都知道,考古学将人类历史划分为石器时代、铜器时代和铁器时代几个阶段。其中对于石器时代和铜器时代还产生这样那样一些不同划分,如将石器时代又划分为旧石器时代、中石器时代、新石器时代;将铜器时代又划分为铜石并用时代、青铜时代等。但对于铁器时代,却没有要求再作划分的意见。国外有哲人曾总结过,认为铁是在人类历史上起过革命性作用的各种原料中,最重要和最后的一种原料。现在会有人不赞同这种总结,因为那位哲人毕竟是生活在此前两个世纪的人,而今天时代发展呈现出的某些新材料,带给人类社会的变革,是过去完全

图1 柳叶形铁剑(赫章可乐出土)

图2 铁锃(赫章可乐出土)

无法估量的。然而不能不承认，时代变化尽管十分巨大，但至今人们仍远远没有超越以铁作为最基础材料的基本格局。

中国是世界上最早发明冶铁技术和使用冶铁制品的国家之一。考古发现证实，公元前13世纪的商代中晚期，中原地区就有了陨铁制作的器物。到公元前9世纪的西周晚期，开始出现人工冶铁制品。进入春秋时期，冶铁技术有了快速发展，铁器使用在中原和长江北岸广大地区推广开来。这对于中国古代社会变革起到非常关键的推动作用。不过，在中国南方，尤其是岭南和西南地区，铁器最初使用均由北方逐渐传入，因此，开始出现的时间相对都要晚一些。贵州地处交通闭塞的西南山区，铁器传入就更要晚一步。不过，从目前考古发现的资料看，当巴蜀地区在战国时代开始推广冶铁技术不久，与巴蜀相邻的黔西北一些地方便有少量铁器逐渐在传入。

赫章可乐是目前所知贵州最早有铁器传入的地方。这里发掘的战国晚期墓葬中，已经出土少量明显属于中原形制特征的铁制用具。图片给大家展示的几件铁器，除柳叶形铁剑外，都属于中原形式。这让人自然联想到司马迁在《史记》中记载的两起依靠冶铁发财致富的故事。故事的主人公是战国晚期从中原迁往蜀地的卓氏和程郑氏。

卓氏原为赵国人，在赵国已掌握有高超的冶铁铸造技术，秦灭赵国后，被秦军强迫迁徙到巴蜀临邛地区，不想却因祸得福。临邛出产铁矿，卓氏靠着自身的技术，开山"鼓铸"，制作铁器，又广拓市场，销往边远地区，以至成为一方巨富，甚至"拟于人君"。西汉时与文学家司马相如共同演绎过一段动人爱情故事的卓文君，便是出生于这个卓氏家族的才女。

程郑氏是从山东被迫迁徙的另一名战俘，他制作铁器，大量销售给西南地区的"椎髻之民"，后来也变得像卓氏一样，富甲一方。

这里所说的"椎髻之民"，在司马迁关于西南夷的记载中，是归为夜郎民族和滇民族的，椎髻是他们典型的头发式样，研究者认为是在头顶上方绾结了一个很高的发髻。

 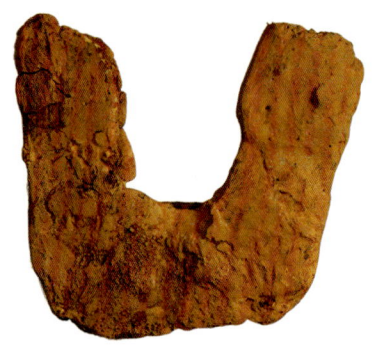

图3 铁斧(赫章可乐出土)　　图4 铁锸(赫章可乐出土)

赫章可乐地理方位正处于巴蜀之外的边缘地带，在当地发掘的战国至汉代的墓葬中出土不少用于绾结发髻的铜发钗，铜钗搁置在死者头顶端，有的明显看出距离死者头顶足有四五厘米空隙，可见他们的发髻是直立绾在头顶中部，绾得相当高，这正与司马迁所说的"椎髻"相同。但是，何以见得他们的铁器就是从巴蜀地区传入的呢？

在这些墓葬中不时会出土一些属巴蜀形制的铜器，其中最有代表性的就是柳叶形铜剑。这种剑从柄部到剑身，整体就像一片柳树叶形状。这是考古界公认的巴蜀民族的典型兵器。可乐的柳叶形铜剑不光出土于随葬有铁器的墓葬中，在尚未出现铁器的更早期的墓葬中也有出土。这让我们清楚地看出，当时可乐与巴蜀地区之间存在着颇密切的贸易往来，柳叶形铜剑以及后来的中原式铁器应当是通过这种贸易渠道，逐渐从巴蜀地区流传过来的。

巴蜀地区流行的铁器来源于中原，所以在可乐发现的铁器也基本是中原样式。我们在图片上所见可乐墓葬出土的铁器，就是其中的代表。早期传入的铁器一般器形较小，类别也不多，主要是铁削刀、小铁钎等。后来铁器的种类才不断增多。

削刀长度一般仅十余厘米。据研究，春秋战国至西汉时期削刀曾经是中原一种常用的工具，早期的削刀用青铜制成。那时没有纸，人们书写文字时普遍使用竹简，一旦出现错误，就得用削刀将错字从竹简面上刮掉重写。因此有人把它称为"书刀"。可乐出土的削刀是否也被用作书写时改错的工具呢？这可不好简单地依此类推，因为当时这里的部族居民是否使用文字还是一个大问题。根据古代社会发展的一般规律看，当时这里没有文字的可能性非常大。不过，在可乐墓葬中出土的铁削刀不少，似乎颇受到部族成员们的喜爱。出土的铁削刀中，还发现有刀柄上缠绕布带，刀身包裹着用兽皮制作的刀鞘，鞘上还涂有红色生漆的痕迹，足以看出他们对铁削刀的珍视程度。那么这里的铁削刀是用来干什么的呢？

铁削刀结实锋利，便于随身携带，既然不需要作为书写的专用工具，为何不能利用来作为生活中一种多用途的便利工具呢？在那个时代，如果随身备有一把锋利无比的小刀，一定是让人十分羡慕的事。谁说他们不会有捕获野兽，然后架在柴火上烧烤，又大块大块削下来共酒饱食的豪放生活呢？削刀自然成为他们眼中的最爱，恐怕会无异于今天一名男孩得到一把著名的瑞士军刀的喜悦。

削刀的另一特点是轻巧，便于长途运输。这里其实隐藏着一个有关"走私"的小秘密。当时从巴蜀地区向西南方，官府设置有严格的边界关卡，不允许百姓私自出境。这种关卡称为"徼"。但关卡似乎没有起到绝对关闭的作用。可乐墓葬出土的巴蜀式铜器和铁器，大约从战国早期一直延续到西汉。说明在两地之间长期存在有另一条颇为通畅的道路，这应当是两地居民运用"小民智慧"，在官府禁令眼皮下开辟的隐蔽小道。司马迁记载的卓氏和程郑氏，能够顺利地将铁器销往"椎髻之民"，恐怕也正是得益于这样的民间通道。古话所谓"山高皇帝远"，的确在各个时代都不难找到生动例证。这也说明，任何时候，想要强制性阻隔不同地区老百姓之间的文化交流，其实只是官员自欺欺人的伎俩。

可乐铁器的传入，不仅仅是单纯的物品，铁器铸造技术也随之被传入。我们在图片中看到的柳叶形铁剑，就是在可乐地区制造的。这种铁剑与巴蜀柳叶形铜剑式样相同，但在巴蜀地区从未发现过。而可乐铁制柳叶

图5　铜柄铁剑（赫章可乐出土）

形剑已屡屡出土，而且还可看出从最初像铜剑那样简单地缠绕木条作剑柄，一步步发展为安装上精美铜柄，成为当地一种重要兵器的演变过程。做工精美的铜柄铁剑算得上是两种文化有机融合的代表性结晶物了。

　　或许正是民间通道如涓涓细流般不断带来中原文化的影响，也传递着各自的信息，最终换来汉王朝对西南夷的重视和大力开发。公元前135年，汉武帝派遣大队使者，与贵州的夜郎部族建立起最初的政治联系。一夜间，那道分割的藩篱被拆除，中原文化的通道被打开，大量文明的新因素开始涌入，犹如潮流倾泻再不能阻挡。从某种意义上说，贵州高原从此以后才完全纳入了中华文明圈。贵州各地大量考古遗存证明，西汉中期以后这里的物质文明发生了极大的飞跃，许多精美的中原地区的陶器、铜器、铁器、玉器、漆器等都被发现、发掘出土。图片中看到的可乐墓葬出土的铁斧、铁锸、铁铚等生产工具，就出土于汉武帝开发西南夷后的墓葬中。这些工具标志着先进的生产方式在当地的推广，也必将带来地区经济社会的根本变革。从那时候起，古代贵州文明进程迈入到一个崭新的时期。

原载《艺文四季》2010年冬季版，2010年12月

神奇套头葬与神秘古夜郎

一、神奇套头葬

2000年秋天，考古人员在贵州省赫章县可乐乡发掘一百多座古代地方少数民族墓葬。其中部分用铜釜套于死者头顶埋葬的特殊丧葬习俗引起人们极大的兴趣。年度全国十大考古新发现评选时，这项发掘从全国数百个发掘项目中脱颖而出，当选为十大新发现之一。这是国内外其他地方从未见到过的奇特葬俗，考古学家形象地把它们称为"套头葬"。

套头葬其实早在20世纪70年代就已经在可乐被发现。可乐也正是因为那一次考古发掘才引起世人的关注。

可乐是黔西北乌蒙山区一个极普通，甚至贫瘠的小坝子。坝子范围不过数平方公里，窄窄的一条小河从西向东从坝子中缓缓流过，坝子周围是一列数十米高的黄土小山，土山之外，才是峻拔的乌蒙山，绵亘不绝，远远伸向天边，阻隔着山内山外的交通。然而在这极普通的山间坝子，却发现大量战国至汉代的墓葬，有的属于地方少数民族，带有浓郁的民族特色，套头葬便是其中的代表。有的属于汉民族，与中原汉式墓葬几无差异。这里墓葬数量之众、分布之密集，在贵州至今可说是绝无仅有。面对这样的考古调查结果，考古学家们惊诧不已，因为即便以现在的生产能力，要在如此窄狭、贫瘠的地理环境中，养活那样密集的人口也是十分困难的呀！

这里的墓葬并没有中原王侯陵墓那样大规模的地下建筑，也没有那样丰富的随葬品，但仅仅"套头葬"方式已经足以使人称奇。2000年的考古发掘更发现了套头葬的多种形式。套头葬使用铜釜、铜鼓或铁釜套于死者头顶，有的还同时在死者足部套一件铜釜；或在死者足下垫一件铜洗。头顶上套的釜或鼓并不会将整个人头罩住，只是像一顶帽子一样套在头顶的上部，死者的脸基本敞在釜外。其中还有一墓在死者脸上盖了一件铜洗。不少套头铜釜铸造精美，如迄今发现规格最高的套头葬墓使用的大铜釜，口沿两侧铸造两只威风凛凛的立虎，彰显着无比神圣的威力。包括铜釜上的立虎，这座墓共出土四只铜虎，还有近百件随葬品。并非所有部族的成员都可以享有这种埋葬方式，根据发掘统计，套头葬大约只占所有墓葬的百分之十。套头葬墓中几乎都出土有较多随葬品，其中最多的一墓，随葬品数近百件。也有极少数套头葬墓除套头铜釜外，无其他任何随葬器物。类似的葬俗在国内外从未发现过，史籍中也没有这方面记载。考古学家无从得知这种神奇葬俗属于什么样的人，具体用意又是什么。但可以肯定，这是部族中具有特殊身份的人才能使用的葬俗。从其神秘的气氛完全可以揣想，它必定与当地部族中某种特殊而强烈的原始宗教意识有关。

二、神秘古夜郎

套头葬引起人们无数的遐想，其中最带诱惑力的要数古夜郎。这真是夜郎人特有的文化显现吗？要知道，神秘古夜郎已是一千多年来萦绕国人心中的一个谜！

今天的人们不认识古夜郎，但很少有人不知道夜郎。自从成语"夜郎自大"问世后，作为词语中生动的古代典故，不论其褒贬的真实性质该如何评价，夜郎已经被世人一代代传布得妇孺皆知，那是古代中国西南地区一个少数民族建立的国度。中国第一史书——《史记》记载了这个古老的历史故事。西汉时期，为寻找一条安全便捷通达身毒（今印度）的道路，汉武帝派遣使者从京城抵达今云南，却受阻不能再往前行。滇王与使者交谈中问及"汉与我滇国究竟谁大？"。使者返途经过夜郎，夜郎首领也向他们提出同样的问题。这是发生在公元前122年的事。后世文人据此推演出讥讽人妄自尊大的典故。其实山里人的好奇发问，再正常不过。用山外人妄自尊大者的眼光，才会视之为可笑无知以至加以讥讽。其实讥讽者才正该被讥讽——山外自以为更大者，哪里知道海外的世界还有多大？

夜郎大约出现在两千多年前的战国时代。当时的夜郎恐怕真还不小，《史记》记载说，"西南夷君长以什数，夜郎最大"。那时西南地区部落林立，其中夜郎最有影响力，才会被称为"最大"。公元前135年，汉武帝开发西南夷，首先联络的就是夜郎。打开这一关键缺口后，其他部落随之迎刃而解。不仅在这片过去的"徼外"之地设县置吏，而且给夜郎和滇的首领封王颁印，将之正式纳入汉王朝版图。夜郎王受封颁印发生在公元前111年。从汉朝郎中将唐蒙第一次奉命进入夜郎地区，会见夜郎首领，商定设县，至此已有二十多年的时间。此间中原先进文化源源不断传入，带给封闭的山地文明一次质的飞跃性变化。可乐发掘出大量西汉时期墓葬，出土许多精美的汉式文物，便是当时文化交流的直接证明。

但步入飞跃发展期的夜郎仅仅维持了百余年。西汉晚期，公元前28—前25年间，夜郎与相邻的部族发生大规模争斗，严重影响西南边陲的安定繁荣。汉王朝初派官员调解不通。第二次奉命前往调停的牂柯郡守陈立先斩后奏，毅然斩杀夜郎王兴，并迅速平定其岳父和儿子发动的反叛，维护了一方的稳定。定则定矣，夜郎却从此匿迹于史，不知所终，无人再记载他们的故事。直到三百多年后，一部专门撰述西南地区历史的古籍《华阳国志》，重又追述夜郎国的历史，并在其间穿插进一个竹王的传说，称一名女子在河边浣洗时，有三节大竹顺流漂到女子足边，不肯离去，还发出小孩声。女子赶快回家砍开竹子，从中得到一个男孩。男孩长大后，聪明勇武，成为当地部族首领。汉武帝开发西南夷时，地方各侯王降服，于是汉吏斩杀竹王，设置牂柯郡。当地还建有这位神奇竹王的祭祠。

这本是一个充满传奇色彩的民间神话故事，产生在神异传说盛行的魏晋时期，十分自然。《华阳国志》的作者一定了解到它流行于古夜郎地区，便在追述夜郎国的历史中，加进这样一段生动的描述。但又过了约百年，南北朝时期的史学家范晔撰《后汉书》，却武断地将这个神异的传说编撰为夜郎国的历史。他称竹中诞生的小孩长大后，自立为夜郎侯，后归降汉王朝，汉武帝封赐其王印，后又杀之。全然没顾及历史上夜郎王被杀发生在汉武帝孙子的孙子时期。但后世却因而有了夜郎竹王的说法，竹与夜郎也有了不解之缘。现在许多谈论古夜郎文化的人，以此为依据，号称竹是夜郎民族的图腾，竹文化被当作夜郎文化突出的特征之一。其实细细审来，当中原来竟充满需要重加厘清的一系列玄机。

不过，这实在不能责怪何人。千错万错，还错在夜郎的神秘失踪。没人知道他们去了哪里，也没人说得清他们曾经生活的领地，他们有什么样的生活习俗，有哪些辉煌的成就。一切从末代夜郎王被诛的时候，便戛然而止，才留给后世始终猜不透的谜。

三、探寻的热望

探寻一切未知，是人固有的本能。从夜郎成为历史之谜后，人们对这方面的探寻可说不曾停止过。东汉人注解《汉书》时，就认为夜郎国的范围很大，基本相当于西汉犍为郡范围，北界可抵四川腹地双流、简阳一带。南北朝时期，《后汉书》以为夜郎国东至广东、广西一线，北抵四川西昌，西临云南的古滇国，真是一个大夜郎国！唐代，政府在今贵州的石阡、正安，湖南的新晃等地先后交替设置过夜郎县；在贵州桐梓一带还设置过夜郎郡。以至于唐代诗人李白在感慨平生际遇的诗篇中就多次提到过夜郎。直至北宋，在湖南新晃还短时间设置过夜郎县。这些其实都反映人们对那段消失的历史的不舍和追忆之情。只不过，模糊的记忆却越发模糊，人们无非在模糊记忆中一个有代表性的符号上，宣泄一种世代传承的思古情结而已。这些早已不是古代夜郎国分布地域的依据。

自明代以后，这种探寻逐渐发展为有理性的研究，学者们从不同角度阐述自己的思考与考证，关于夜郎的地域，出现十种以上不同的观点。虽然谁也说服不了谁，但不同的考证显现了国人世代不衰的探寻热望。毕竟，那是中华传统文明中一个不可或缺的组成部分。

现代考古学科的发展终于为探寻的热望开启了一扇走出迷雾的门。20世纪50年代，历史上同与夜郎王受封的滇王的金印在云南古墓葬中出土，极大鼓舞了人们揭秘夜郎的热情。从此，贵州一系列考古新发现，成为各界人士关注的热点。按照汉代司马迁的记载，夜郎在巴蜀之南、滇国之东。考古已经证明，巴蜀南境抵达川南。滇国东境越过曲靖。这两片地域之外，最符合于夜郎的地方当然只有贵州。清理贵州历年考古发现的属于这段历史的遗存，的确表现出有别于巴蜀和滇的种种现象。我们已经看到，可乐套头葬便是十分典型的例子。这种葬俗绝不见于巴蜀或滇的墓葬中。

可乐墓葬中出土的许多器物还带有特殊的地方特征，如工艺精良的铜柄铁剑，剑柄上繁缛细密的纹饰令人叫绝，冶金史专家认为这种剑柄系采用失蜡法铸造而成。柄部铸造有三名牵手人物图案的铜戈也堪称怪异，不仅图案充满神秘气息，有的戈身后半部竟是空心的。这哪里是用于征战的兵器？两兵相接，不需发力，铜戈早就逢中折断了。考古学家解释说，这不是普通兵器，应是部族中重大宗教仪式使用的法器。墓葬中还出土许多装饰品，宽宽的铜手镯上密密镶嵌着绿蓝色的孔雀石小圆片。手镯有时一戴就一串，两臂数量还不一定对称，如左臂戴三只，右臂戴一只。耳饰品也不对称，如右耳戴一只玉玦，又重上一只骨玦，左耳却什么也不戴。这可是一支爱美，且审美情趣颇为多样化的民族。

在贵州其他地区，尤其是西部的六盘水和兴义地区，陆续出土过许多特殊的战国至汉代文物。如普安铜鼓山遗址出土的铜钺、铜锄、铜器铸范，盘县出土的管形耳铜铃，兴义出土的铜矛、铜钺，安龙出土的铜钟、铜剑，等等。其中安龙出土的T形茎曲刃铜剑因其特殊的造型、大气的装饰风格，甚至被戏称为"夜郎王之剑"。不过，让人翘盼的夜郎王印却始终没有出土，堪与云南滇王墓相比的夜郎首领级的大型墓葬也没有被发现。

四、热望后的理性

王印没有露头，但所有的考古发现似乎都在召唤着人们去指认其夜郎历史的归属。现代涌动的浮躁之风也怂恿着不甘寂寞的人，已经有胆大者急不可耐地宣布这堪载史册的重要发现了。

但这些便是夜郎文化？这里便是夜郎吗？

冷静的考古学只能给出理性的答复：赫章可乐，以及六盘水地区、兴义地区的考古发现，尽管不同于巴蜀，不同于滇，具有鲜明的地方特点，但至今没有任何可靠证据足以证明它们属于古老的夜郎民族。夜郎是应该生存于这片空间，但同在这片空间生存的不仅仅只有夜郎，历史记载中可是说的整个西南夷的君长以十数、以百数，夜郎不过是其中最大的一个。谁能够说，已有的这些考古发现不是其中另一个或几个君长部族的呢？事实上，这些发现本身也显示出一些差异来，赫章可乐与黔西南地区之间的考古文物，就有许多不相同的风格特征。

中国现代考古学的开创者夏鼐先生五十年前就严肃地告诫过，考古文化的定名一定要十分审慎，特别对使用民族之名的考古文化，一定要寻找到该民族的可靠证据。否则，会给历史造成不必要的混乱。

这些话还值得我们今天重温。探寻夜郎文化是我们的热望，但现在我们还只能孜孜不倦地去探寻。谜底未至揭晓之时，何须急于争做揭秘之人？历史从来不会属于性急者的。

原载《乌蒙论坛》2010年5期

初识可乐

初识应是件简单事，不想，初识可乐却经历了漫长的过程。

说来第一次"识"可乐，还是20世纪70年代末。进大学考古专业，上了一年课，求知欲很浓。班上另一名贵州籍同学曾君，提议假期回家后到省博物馆看看赫章可乐考古发掘的文物，他认识考古队的人。可乐的名称很吸引人，刚从国外传入的特有名的一种饮料叫"可口可乐"，却不知贵州大山中早先已有一块叫作可乐的地方。

博物馆正在维修，地基下陷造成大楼东侧墙体开裂。考古队利用展厅二楼一个空敞的房间，正整理从可乐汉墓中出土的文物。地面上铺放着一堆一堆破烂的陶器，散成一片，有罐、有壶、有豆、有碗，有的叫不出名，似乎制作都不精巧。有几人正作拼对修复。又看了柜子里存放的铜剑和铜戈。铜戈拿在手中时，突然心生疑惑，这就是古人的杀人兵器吗？为何这样轻小？那时并不真懂考古，后来留下的最深刻印象，便是一地破碎陶器覆盖着厚厚的泥土灰。

那次要说见识可乐，其实间隔着遥远的时间和空间，仅仅存在于虚幻的缥缈中。不过，可乐名称从此注定伴随今后的工作经历。

学校毕业后分配进了省博考古队。又过十余年之后，真正有机会去到可乐，但只是路过。盘曲的公路上山又下山，十分颠簸，汽车开过就扬起一大片灰，路边偶有的一些灌木丛都被染成了灰黄色。山上很难看到高大的树木，好在有的路段还可看到低矮的马尾松小林子。沿着山崖边一条小河行驶时，路面平缓许多。同事说，这是可乐河，顺着河往前就将进入可乐坝子。

坝子是贵州山区最常见的地貌，只是山丛里时不时间隔开较宽的一块平地，往往有一条小河从平地中流过。可乐所在坝子窄窄的，很普通，很小。我目测它的范围，宽处约莫一千米，长处不过四五千米。坝子周围是一圈数十米高的土山，一座挨着一座。土山之后，则看到重重叠叠蜿蜒到无限的高大石山。那便是黔西北有名的乌蒙山脉。站在坝子当中向西北方看去，只觉得乌蒙山脉的延伸令人神往，你无法知道它怎么会那样一层又高过一层，一层一层，乌黑冷峻，它终会伸向何方？

我们在可乐街上停留的时间不长，街道的土路被流水冲得坑洼不平，街两边的房子歪歪斜斜挤在一起，稍像样的楼房很少。小孩都瞪着大眼睛看你，可你没法想象，他们每个人的脸为何都那样脏。红扑扑的脸颊上、额头上、鼻尖上总有一块块黑乎乎的东西。小手也同样黑着。这便是可乐？我真难以和博物馆里那些大大小小的铜器、陶器、铁器联系起来。同事告诉我，文物就是从四周的土山上发掘出土的。可是，这片貌不惊人的土地里，为何会埋藏许多的古老神秘呢？有那样多的古人在如此交通不便的地方安居乐业吗？

车子驶过坝子，爬上土山顶的公路。我回头遥望可乐，静静的黄色土山，静静的细流小河，还有已经看不到的红扑扑却沾满一块块黑泥的小脸……真实见到可乐很短暂，我知道那里很贫瘠。努力想在脑海参透点什么，却丝毫办不到。不过，那蜿蜒伸展的重重高山，一定隐藏着未知的巨大秘密。它的无限蜿蜒，是与天相连？

再到可乐，又过去了十余年，已经跨入新的世纪。参加考古队在可乐坝子西南边土山上的发掘，在可乐住了四十多天。考古发掘每天都是兴奋的，随时可能碰到地下埋藏着的你事先完全无法预期的新发现。收工时，拿着从两千年前不知名称的某种少数民族的墓葬中取回的文物，踏着泥泞道路通过依然破旧的小街，你会满载喜悦，心里充满踏实的感觉。

这里最重要的考古发现当然是墓葬中的奇特葬俗，考古人为它起了一个形象的名称——套头葬。死者头顶套着一件铜釜埋葬，好像戴了一顶大铜帽。只有少数人才有资格使用这种埋葬方式，套头葬墓只占墓葬总数的百分之十。后来的研究推断，这是部族中具有巫师身份的特殊成员的墓葬，头套铜釜是他生前作法事时的形象体现。部族中祭祀神灵的活动非常多，巫师是部族宗教的领袖，有的同时兼为部族行政首领。从祖先传下来的铜釜，是他们作法时与神灵世界建立沟通的重要法器。巫师去世也被视为去了另外一个世界，法器自然要一同伴随他继续去履行神圣的职责。

套头葬在国内外其他地方从未发现过，这算得上是可乐最具有特色的一项世界之最了。

考古发掘持续到深秋。山坡土地里栽种的齐人高的烟叶早已摘完，偶剩下尖梢一两张萎缩的小叶片，无神地挂在枯黄的植株干上瑟瑟摇曳。发掘工地回填前，我去拍工地全景照，从不同角度观察取景，发现已发掘过的墓葬坑，竟然密集到那样叫人吃惊。久久看着这片墓坑，我猛然想到那年路过可乐，极力想要参透的时刻，觉得已经悟到点什么。这里当年是人烟稠密的聚居地，这里有他们向往通向神灵的地方，那越过坝子、越过土山、蜿蜒伸展、一直连向天边的大山，或许就寄托着他们的希望。

赶紧按下相机快门。我想已看到当年熙熙攘攘牵马背篼的人流穿行往返于市场，看到簇拥着头戴神秘铜釜的巫师的部族队伍缓慢走向远山，看到高执着汉王朝节杖从山外走来的中原使者，看到山门洞开，从此汩汩流入贵州高原的新文明之潮……拍下了一张很普通的墓葬发掘工地全景照，后来被许多报刊使用，但凡介绍可乐夜郎时期考古，他们都很容易选中这张照片。我想，那些密集的敞开了的墓坑，一下子展露释放了尘封两千多年的重要历史信息。

此刻，我可以说开始认识可乐，但也只能算是初步的。可乐地底下需要去探究的秘密还太多。这些年的考古调查和发掘，在坝子周围共发现十多处古代墓葬群和遗址，出土战国到东汉的文物数千件，价值无限。但已有的发掘，或许只如冰山一角。未来的年月，人们一定会长期关注这里的考古。我想，我也会，而且会更认真，更专注，因为我多了一份职责。世纪初的那次考古，我已负责编撰完成发掘报告，认真下了四五年功夫，也倾注了初识可乐二十多年的情感，还留下一份如实解读先辈们留在那里的文化遗产的难泯的责任心。人有些责任会自然生起，存于你心底，无须承诺，却永不再推卸。

原载《乌蒙论坛》2011年2期

因了人的缘

——写在《乌蒙论坛》创刊二十周年之际

现今行于世的杂志太多。一个人除了自己专业和兴趣之外的那几本杂志，很难再有精力属意其他刊物，更不要说由地县行政部门主办的综合类刊物。私下里甚而将这类刊物归之于地方报喜类文牍而疏远。不意，后来我却与来自毕节地区（今毕节市）社科联主办的《乌蒙论坛》结了八年的缘。不说根本颠覆了我的成见，至少让我从刊物中看到许多闪光的亮点。究其缘由初始，却不是因了文，而是因了人。

2002年12月，毕节地区社科联拟编辑一本反映赫章可乐考古和夜郎文化研究的书籍，时担任社科联副主席的李虹女士总其事，带着编辑班子成员来到省考古所，商谈书中选用考古图片之事。

2000年秋，考古所在赫章可乐发掘一批夜郎时期墓葬，因地方文化特色突出，遗迹遗存丰富，2002年4月，全国年度十大考古新发现评选时中选，被公布为2001年度十大考古新发现之一。年度十大考古新发现在考古界是一份极有分量的殊荣，因为全国每一年的田野考古项目多达四五百个，其中按历史时段划分，最终能够入选全国十大新发现的项目不过一两个。贵州历史考古项目过去根本排不上号。可乐墓葬群发掘入选，足以显示学界对其在古代夜郎文化探索研究中重要价值的关注和重视。这对于贵州及墓葬所在的毕节地区都是一桩带来广泛社会影响的大事。出于对家乡历史文化高度的责任感，毕节社科联主动选择了对可乐考古发掘和夜郎研究做一番宣传出版工作。不过客观说，作为部门职责，社科联本可以不揽这档子事的。

李虹女士态度很执着。我们过去无工作上联系，素不相识，因此虽然对其责任感颇有感动外，但仍觉他们来得有些唐突，而且不免心存疑虑，不相信真有几分成功可能，毕竟当中明显隔着专业的差距。我们好言告之，在正式考古报告出版之前，一般不向外发表过多图片资料。倘因宣传需要，应获上级主管部门批准。李女士依然很坚持。后来我注意到，这种时候她会透过架在眼上的镜片，专注地看着你，嘴上同时挂着淡淡的微笑。你必须十分认真，作出负责的解释和决定。她听罢我们解释后，毫不耽搁地转赴文化厅，直接找到厅长陈述要求，获得支持。厅长当天直接电话通知考古所，要求积极配合工作。毕节同志工作的认真坚持和韧性，开始令我们刮目相看。

有关毕节地区夜郎考古的图片共挑选了七十余幅，其中有关可乐2000年发掘的占二十几幅。所有图片只提供了一份扩印出来的彩色正片，私下以为图片不过是增加书籍的一些可读性，拿去恐怕也难以做得出高质量的印刷图版来。不过还是应要求，为每幅图片认真配了一段让普通读者易于阅读的文字说明。这时已是2003年春节之后了，依然没抱过多希望。至5月份，李虹女士突然带着编辑组的同事又来到考古所，随车送来数册印刷好的《可乐考古和夜郎文化》一书。如此的高效高速使我们大为吃惊。及至翻开书本，见编排印刷竟相当规矩大方，书中选编了省和地区学者的相关论文二十来篇，书本前半部安排彩色图版，使用上好铜版纸，印刷甚为精美，色调之逼真，甚至超过许多文物专业书刊。用一句现代的流行语来说，那一刻我真为自己原先的浅见大跌眼镜！这本书不仅编印质量上佳，文字校对中的错误也极少，在书刊印刷"无错不成书"的流弊时代，足堪称奇了。尤其，编辑者都不是书籍出版业内人士，只是《乌蒙论坛》这个小小的地区行政类刊物的几名工作人员，李虹女士即兼任此刊物的执行主编。承担文编和美编的几位年轻人，从未受过专业训练。据介绍，书籍编好送深圳付印时，他们赶赴深圳，连夜仔细校对清样。美编韩棹渭更在印刷厂守着每幅图片校色，不敢稍有大意。我颇惊诧于这名小伙子对文物色彩的良好感觉，平时看他讷讷少语。李主编告诉我，他父亲过去是地区文化馆的文物员，后因病去世。她所说的老韩先生我们原本认识，20世纪80年代初即有过业务交往，是位工作十分努力踏实的老实人，很热爱文物，还颇有文学写作才气，后来好像调到宣传写作部门去了。如今他儿子已经成人，而且凭着认真为地方文物工作争了光。我对这个年轻的编辑班子一下平添了几分敬意。

由是我认识并接受了《乌蒙论坛》。读它，还乐意地应邀写过稿。刊物很规范，很准时，编排校对错误很少。内容中虽然免不了有一些应时之作，但应当说各方面都相当得体，尤其在地方历史文化方面投入很给力，开辟专门板块邀请省内外各方专家写稿。李虹女士自己也写这方面稿件，其中关于可乐考古、关于红军传奇英雄钱壮飞烈士、关于威宁石门坎和令人敬重的英国传教士伯格理等篇给我留下深刻印象，读罢很受感动，不为文字，而为字里行间流淌出的一腔真感情。能理解，作者是一位信念坚定，且将之融入自己人格尊严的人。这样的人有大爱。她的真感情即出自这大爱。她的执着和认真，其实都是笃行信仰的自然流露。有这样的人带头主事，当然能够出好那本关于可乐考古的书，也能够办好一部很难办好的地方行政性刊物。

我无意坚持个人的成见——《乌蒙论坛》刊物封面，赫然印着"中国学术期刊（光盘版）全文收录期刊"，挺耀眼的一列文字，我不知收录者的标准，但私下以为，与其称之学术期刊，不如依然认之为地区级综合性或综论性期刊，一者果然名副其实，二者这个定位才能真正显现出其难能的价值。因为在这个档位上，它是当然的佼佼者，不论放到哪里，即便放到全国范围去评比。

愿《乌蒙论坛》长葆青春。

原载《乌蒙论坛》2012年1期

乌蒙山的启迪

新年刚过，拿到省文物局编辑出版的《夜郎故地遗珍》一书。观目录，所公布的第三次文物普查贵州重要发现项目计131条。但数数类别，考古项目仅17条，约占总数13%，比例显然偏小，稍觉一些失望。细读条目内容后，才发现考古条目中，好些是将一个地点的多处遗址作为一个标题来列条，其实一条包含了四五处，甚至十余处发现。如此一算，考古类数目也还可观。尤其令我惊异的是，其中有关赫章县的一个条目，竟然包含十余处以旧石器时代为主的史前遗址，让人眼睛为之一亮，备受鼓舞。

毕节原本是省内史前时期考古遗址发现最多的地区，数量约占全省四分之一。所辖八个区县，七个都发现有史前时期考古遗址，唯赫章县空缺。赫章县虽然很早就发现非常重要的青铜时代考古遗存，2000年的发掘还被评为全国十大考古新发现，但在史前遗址这块存留空白，多少总是个遗憾。不过，回头想想，以赫章地理位置论，这也大体符合自然规律，不能要求太高。不料，空白依然被填补，而且竟如此充实！毕节地区在全省地州市中，就不仅占据史前考古遗址数量的第一，而且县县有分布，更独占了唯一。这很不简单，甚至可称作奇迹。

毕节地处乌蒙山区。乌蒙山脉在贵州五大山脉中海拔最高，按照地质学对贵州地貌的划分，真正称得上高原的，只有乌蒙山区。所以，毕节历来是贵州有名的"高寒山区"。20世纪70年代，我们这一代人中流传一条几乎人人尽知的俗语："威纳赫，去不得！"那时时兴知识青年上山下乡，此语乃一条决然的警示：可千万不能选择去毕节地区的威宁、纳雍和赫章，那里既高，又冷，且贫瘠，不是好待的地方！这言简意赅的六个字，虽属当时人们对于乌蒙山区一种笼统的感性认识，却也反映了那里自然环境难尽人意的艰苦程度。

殊不知，在我们老祖宗那里，乌蒙山区似乎并非如此，甚或竟至相反，成为大受青睐的宜居之地。

所谓史前时期，是历史学上的一种划分，大体指文字发明前的历史阶段，包括了旧石器和新石器两个时期，是距今十分遥远的时代。尤其旧石器时期，考古发现的那些个人类遗址，动辄就距今数万、数十万，甚至二三百万年。我们去到博物馆，看到那些从遗址出土的非常简陋、非常粗糙的石块，被陈列在精美的玻璃柜中，获得珍宝级的待遇，特别不理解。解说人员告诉说，那些敲打成一定形状，带有刃、尖或敲击面的石块，是老祖宗们好多万年以来，慢慢琢磨，一代一代改进技术，才加工成的工具。在每一件石器上，都可以从刃部、从尖端，观察到有意识地仔细敲打的一系列疤痕。这些是早期人类维系生存最为重要、最为犀利的武器和工具。因而，也成为人与动物相区别的最可确定的标志物。最简陋的工具，成为了人类历史最具说服力的伟大见证。

细细想，有意识制造石头工具，虽然只是敲敲打打，真还非同小可，得之不易！这需要制作者大脑怎样的飞跃性进化？——地球上曾经存在动物种类千千万万，唯有人类，最终从那千千万万种类中脱颖而出，进化成为独特的高级物种。大量研究认为，约四百万至三百万年前，人类最早的直系祖先——南猿，从古猿中分化形成，能够直立行走，有了广阔视野，具备了多种复杂的行为能力，也因而被冠以"人"的称号——猿人。到大约三百万年前，猿人开始掌握一些制作石器的技术，采用石块相互敲打的方法，制成不同的工具。这种最原始的石器加工技术，极缓慢、极缓慢地发展着，一直延续到距今约一万年，技术上才出现一个根本性进步，开始学会将打制出的石器，再通过反复磨制加工，精准地制作成符合自己需要的光滑美观的工具来。我们今天太难以想象，从打制到磨制，看起来仅仅一步之遥的小小的一点技术性改进，竟然是经过何其漫长的三百万年历练，才反映到人类的头脑，获得成功！这其实客观记录了早期人类大脑进化是如何不易，如何一丝一毫缓慢发展生长的艰难历程。

我相信这样的解释。初学考古时，便怀着极大的崇敬和许多神秘情结，逐个地接受元谋人、北京人、丁村人……这些老祖先遗留下来的文化。但我不曾想到的是，在中国南方旧石器时代早期遗存章节中，贵州的黔西观音洞遗址一再被提到，可以毫不含糊地说，它是堪与北京猿人遗址相媲美的、中国南方旧石器时代早期文化的典型代表！不过，那时初学，未入门，大脑停留在被动接收信息阶段，缺乏刨根究底思索点什么的能力。直到回贵州，参加一些具体的考古工作后，才生出一个疑问：为何堪作代表的旧石器早期遗址，会出现在自然环境并不优越的乌蒙山区？因为考古常识告诉我们，早期人类为了生存，一定要挑选气候温暖、植物繁茂、水源丰富的地方居住。在贵州，远比乌蒙山地理环境优越的地方多的是，怎么排也不该轮到黔西观音洞做代表啊！也曾想，或许，数十万年前，那里的环境条件不同于现在呢？自知此不过属猜想，并无证据。而况，真如此，在贵州这么不大的范围内，其他地方不会随之更好吗？疑问无解，埋存于心，年复一年。但观音洞遗址20世纪60年代被发现以来，早已赫然成为贵州旧石器时代考古一块炫目的招牌。

从20世纪60年代以后，贵州旧石器时代考古发现不断增多，遗址数量居于全国各省区前三之列。于是，因有了黔西观音洞，有了遗址数量优势，贵州足以骄人地宣称：旧石器考古在全国"名列前茅"。这是出自中国旧石器时代考古前辈裴文中之口。作为一名贵州考古人，我想，前茅中是可以再列前茅的，这前茅中的前茅，当然非乌蒙山区莫属。

有人向我质疑过：黔西是否还属于乌蒙山？我不放心，专门去查权威性工具书，明白记录：乌蒙山自云南入黔，在贵州境，主脉位于威宁、赫章一带。主脉之外，还包括西、东北、东南三条支脉。而从毕节、大方、黔西，至水城、六枝一带便在其东北、东南支脉范围内。答案很肯定，但也因之让乌蒙山更成了心中一个久久的谜团。

工作中抵毕节地区的机会比较多，每次到这里，总不免下意识要凝视周边的高山，说不上目的，不过在内心重复一遍："乌蒙山！"自然，隐隐中也未放弃寻找点什么的希望。每次凝视，在不同的地点，不同的时间，总有不一样的感受。印象最深是第一次到赫章可乐，在乌蒙山主脉东麓下，近距离仰望乌蒙绵延无尽的山峰，大为它的气势所撼。我甚至感觉，那些绵延山峰都不是静止的，它们相互簇拥着，推举着，从天边源源不断滚动而来；又簇拥着，一直要去向更遥远的天边。那一刻，有一点领悟触动到心中久久的谜团——莫不是涌动的乌蒙给了远古人类神秘的启迪？启迪带给的梦想，让他们无惧千辛万苦，留在了这片土地？

那次是匆匆路过。后来又到过可乐，住在公路边的小旅店，晚饭后可以静观乌蒙山夕阳。霞光褪尽时，天边山峰的轮廓线格外清晰。山之上，一团团形态各异的云彩，渐渐从辉煌、绚烂，到发灰、发暗，直至发黑。这时候，在最高山峰顶端，靠近轮廓线的边缘，黝黑的云团间隙，有一两条小小的、窄窄的、闪出亮光的云，在高频地跃动，那亮光出奇地耀眼。我猛悟，为何不信，那便是乌蒙山的精灵？

有人不信。但，乌蒙山本是大自然的造化，造化的奇伟，定会向渺小的人类不断传递无尽的启迪，这启迪从远古至今，更至永远。

原载《乌蒙论坛》2012年3期

大众的考古学
——漫谈《神祇·坟墓·学者》及其他

《神祇·坟墓·学者——欧洲考古人的故事》是一部曾经让我感动，至今难以忘怀的好书。初读是三联书店1991年第一版，那时已从事考古工作十年，用四个字归纳，叫"相当震撼"。后来买过几本送给年轻朋友，作为推荐给他们的考古入门首选读物。虽然好书不必是精读书，但一部可以让人直想拍案叫好的书，带给人精神享受、素养提升、增长见识，当然很乐意有更多人去了解它，而且在了解的同时，可以一同聊一聊考古的事。

《神祇·坟墓·学者》最初于1949年撰成，在德国出版。作者C.W.西拉姆，有介绍说是德国一名考古学家。从自述撰写宗旨、全书内容及行文中灌注的情感看，至少是一名相当熟悉考古的学者型作家。三联书店1991年4月出版、由刘迺元翻译的第一版，到第二年6月已印刷三次，印量超过2万，算很不错的数目。2001年1月三联书店又发行新版本。另外，东方出版社2004年出版了《西拉姆讲述考古的故事》上下册。

三联书店第一版中文译者刘迺元，20世纪40年代毕业于上海圣约翰大学英文系，1989年从西拉姆1967年的修改本翻译过来，译本来自英文版。

作者西拉姆在修改本序言中写道：

本书德文原本于1949年出版以来，已经译成二十六种文字，读者以百万计，尽管我本人并未同意出版这些版本。《神祇·坟墓·学者》的写作初衷是尽可能适应广大读者的口味，但由于书的内容严格遵守科学性的原则，长时间以来已被不少大学定为必读书，有的大学图书馆甚至购买十本以备学生借阅。……

译者刘迺元显然被这部书深深感动过，他在书前《译者的话》中写道："我于考古是外行，由于喜爱这部著作，就把它译出来。"

他热情洋溢地评论道：

从来考古的书往往是枯燥的，读者看到"考古"二字往往猜想，书的内容大约会像古物一样枯萎而干瘪，很少有人会把考古、考古学家和考古的书同冒险、流血、浪漫联系起来，原因是考古学家们大抵把目光集中在他们的专业上，在一般读者看来，他们的作品就缺乏趣味性了。西拉姆的《神祇·坟墓·学者》却不是这样，作者前后写了十几位欧洲著名的考古学家，写他们的才华，写他们的勇敢和执着，写他们的成就，也写了他们在事业中的动人的经历。读了这些，才知道原来考古界竟有这许多非凡的人物，考古工作竟需要这样非凡的努力，而考古的历程竟会如此惊心动魄呢！谢里曼挖出古希腊的金面罩；卡特发掘了隐秘的吐坦卡蒙墓；博塔发现了尼尼微古城；汤普逊从"圣井"里捞出古玛雅殉葬女郎的尸骨……不用看具体的描述，单只这几行标题就已经引人注目了。书中有些考古学家的经历，每一篇都可以成为单独的"历险记"，重要的是，这都是据实记载，不是虚构的。……

考古学家中有不少伟大的人物和杰出的天才，二十几岁就做大学教授的商博良即其一例。重要的是这些学者的献身精神和严谨的治学态度。卡特在打开吐坦卡蒙的墓室时，门尚未启，首先清理过去盗墓者乱抛在地上的珠子，然后谨慎地打开墓室。这种细微之处正可以体现一位科学工作者的治学态度。比特里在炎热的埃及，深夜单独钻进闷气的古墓里去抄录、描绘，一干就是一天一夜，如果没有真正的为科学献身的精神，是绝对做不到的。

……

……我们敬仰自己的祖先，因为他们创造了文化；我们也敬仰考古学者，因为他们用自己的智慧和劳动告诉我们，先人们都做了什么。……

……我们也感谢本书作者，因为他帮助我们了解考古学家的劳迹。正像作者在结束语所说："了解过去的5000年是为了掌握今后的100年。"考古工作的意义，应是远远超出了它的学术价值吧。

原谅我摘引了这样大段的原文！可以看得出，这字字都发自译者的内心，透出他的真实情感。这些饱含情感的话语，也为这部书做了最好的注脚。

《神祇·坟墓·学者》讲述的考古学家，最让人感动的首选海因利希·谢里曼。这是全书着墨最多的，一生充满浪漫色彩的传奇式的考古人。

谢里曼1822年出生于德国北部农村穷困牧师的家庭，从父亲讲述的各种童话故事和民间传说，让他在7岁就立愿，要找到荷马史诗记述的特洛伊城。他14岁辍学，干各种杂役，在打工和后来经商的同时，先后靠自学，掌握了英、法、荷、西、意、葡、俄、瑞典和波兰语。34岁后，学习希腊语、拉丁语和阿拉伯语。46岁，自信已经充分准备好经济和外语基础，毅然退出经商，拿着荷马的史诗《伊利亚特》，开始自己的考古寻梦之旅。

从1870年至1873年，谢里曼"一手拿着表，一手拿着荷马的诗"，在土耳其的希萨立克山头发掘特洛伊城，出土一批珍贵的金器。又到希腊迈锡尼城发掘了希腊联军统帅阿伽门农的陵墓，出土了有名的阿伽门农金面罩和其他金器。虽然后来证实，谢里曼的年代判断出了错误。但西拉姆中肯地评价：

> 这个错误并不重要，重要的是谢里曼在探索不为世人所知的古代历史的道路上又迈出了一步。……
>
> 当哥仑（伦）布发现美洲的时候他以为是到了印度，但是这个错误看来并未降低他的实际成就的价值。……

至今还有相当一部分人在争论：究竟谢里曼所作是不是进行考古？他算不算一个严肃的考古学家？谢里曼所遭遇的质疑，归纳起来主要在于四方面：

1. 所作为了挖宝。2. 以荷马史诗作为依据。3. 错误判断了特洛伊城和迈锡尼金器。4. 不应全部挖尽。

分析这些质疑，正可帮助我们对考古大体建立起理性的认识。

寻宝和收藏古物，是谢里曼所处时代西方普遍存在的一种现象。但随着考古学科在19世纪中叶形成，寻宝挖宝观念已经不为学科宗旨所包容。考古学在20世纪初期传入中国，现在中国考古学主流理论认为：考古学是根据古代人类通过各种活动遗留下来的实物，以研究人类古代社会历史的一门学科。英国考古学家皮戈特针对挖宝观念，甚至将考古学定义为"一门研究垃圾的科学"。

考古学文化虽然已被公认为是考古发现中，有特定内涵关系的遗迹与遗物的组合，但运用古代文献对这些实物进行研究，是世界考古早已采纳运用的重要方法。谢里曼其实是运用得非常成功的一个案例。中国考古被一些西方学者批评具有"过多文献情结"，其实这不过是一种误解。以考古学文化的实物组合作为研究基础，辅以丰富的古代文献印证，正是中国考古得天独厚的优势。不偏离考古文化作为研究基础，古代文献则多多益善。

谢里曼判断的错误，是因为他所处的时代非常缺乏对比资料，以及科学测年手段。这正是现代考古学最基本的方法论——层位学、类型学，以及多学科综合研究所要解决的重要问题。

保持清醒认识，采取合理步骤，开展适度发掘，是今天理性考古高度重视的观念。我们国家主张"保护为主、抢救第一",是考古工作十分明确的指导方针。因此,对于公众十分关注的秦陵、乾陵等帝陵的发掘,国家一直有明确的不予赞同的态度,要把更稳妥保护深埋地底的前人文化遗产,以及更全面研究其中所有历史信息的机会,留给后人科技高度发展的时代再去开展,这是对历史真正负责任的做法。

《神祇·坟墓·学者》初版发行至今将近70年,人们对它的兴趣不减,正说明社会公众高度关注考古事业的工作和发展。考古工作目标关涉到人类祖先生活的方方面面,因而与公众息息相关。但是,由于过去的方法和观念局限,许多专业学者和政府管理部门,长期形成一种自我封闭状况,将公众的关注拒之门外。近十余年来,公共考古作为考古学的分支,正在逐渐发展,考古界不断作出各种努力,创造各种机会,让公众参与到考古实践中,普及考古知识,极大促进了考古走近公众的步伐。

考古是全社会的事,是全民众的事,我们需要更多像《神祇·坟墓·学者》这样好读、读了开心、读了有收获的考古普及书。该书作者西拉姆说:"我们需要了解过去的5000年,以便掌握未来的100年。"西拉姆之后,大半个世纪的考古成果证实,我们需要了解的,更要远及200万年、300万年。

考古是一本读不尽的书,也应该是一本大众共读的大书。

2017年8月19日贵州省作协"精读堂"讲座推介文稿

推荐2019年读过的一本好书

报纸栏目来邀,推荐今年读过的一本好书,我选择《你不了解的真相——江晓原说科学》(华文出版社,2019年8月版)。这是一本内容好,又好读的书。

内容好,因集中谈及了有关全球变暖、转基因技术、核电、互联网、人工智能等当今科技领域最热门、最值得关注的话题。好读,则因两方面原因。一是文字简洁,篇幅紧凑,既不故作高深,弄些生字僻词,也不自我炫耀,扮一副"大师"样。二是装订用心,便于持拿,墨色明晰,易于辨识。我评判它是近年所见让人睡前翻阅起来非常适意的一本枕边书。

作者江晓原先生是上海交通大学科学史系主任,大学学天体物理专业,研究生读天文学史专业,博士毕业,多年来非常关注科学技术与人文间的关系问题。这本书是在近年所作"反思科学"系列讲座基础上,修订增补形成的。作者有深厚的自然科学学术背景,兼以高度的社会责任心,观察和谈论科学技术与社会人文密切相关的热点话题,自有其独到的眼界高度和思维深度,因而给予的丰富信息量和犀利观点,不管读者持什么观点,都必然留下深刻印象。作者自己却定位"是一本面向公众的理论普及读物",阅读"并不需要任何专业的前置知识"。

现代科学技术高速发展,已经极大改变了社会生活的方方面面。我们在享受这种发展所带来红利的同时，也不得不面对其已经带来的种种危害，还有那些无法预知的潜在的更大危害。作者在该书第十讲中，列举2016年和2017年著名的围棋人机大战，机器人阿尔法狗分别战胜两位曾排名世界第一的围棋高手。随后又列举了新机器人阿尔法零对阵全世界60名围棋高人，又以60∶0的成绩将高人全部挑落下马。最惊人的是，此前，机器人是靠海量输入人类的经典棋谱，凭借高速计算能力择优对应。而新机器人则是仅仅输入围棋规则，无一份棋谱，由它自己按规学习，居然大获全胜。这是一个标志性事件，它在警醒人类：机器人将能具备自我学习能力。作者承认，人工智能"一旦越过某个坎后"，自我进化速度之快，可能以分钟、以秒来计算，一旦变成超人而失控，将成为未可知的大灾难！而这个"坎"，便是人工智能具备自我学习能力。这一天还远吗？

其实，书中所谈及的各项科技话题，无一不具有失控威胁。作者特别强调，"现在人类玩的最危险的两把火，一把火是基因技术，一把火是人工智能"。他没有简单预测两把火可能的后果，但探讨了科学是否等于正确、科学是双刃剑、科学有善恶、科学应该有禁区等认识论问题，并指出，自科学和资本结合后，"科学就告别了纯真年代"，成为一列"没有方向，没有目标""没有刹车""停不下来，也慢不下来"，越开越快的列车。现在全世界已被劫持在这列"欲望号快车上"。作者没直接表达悲观，但明确表示"目前我们是无可奈何的"。我想，这种无奈，应是觉得作为一名普通百姓，完全无力阻止和改变这种状况。

不敢说作者的所有论述都正确，也不敢说每位读者都会赞同书中观点，但同样作为一个普通百姓，面对看得到的种种现实，我们为什么不去多一份了解，多一层思考，让自己活得稍明白一些呢？

我推荐大家读读这本书。

附带说，这是一本可以收获到阅读快乐的书。这里真该感谢书的责编，她确实用心做了一本好书。真希望多些这样的编辑，让书店里的垃圾书、劣质书变少。

阅读是一个说不完的话题。我爱书，但不是一个勤奋的读书人，没资格多谈。我相信，阅读是每个人的自由，有各自的习惯，不可评价。我现在所愿奉行的，是快乐读书，轻松读书。如此而已。

当下网络阅读过于盛行，因而时时见到批评这种阅读的文字。我基本赞同那些批评，但不信能发生作用，地铁上人手一机依旧是一道特别的风景线。我更乐见对之持顺其自然的态度。网络阅读其实也是阅读，甚或大大增加了全民阅读量。相信其中所有碎片化、浅层化、泡沫化、低俗化等等负面效应，终会随网络自身发展进程，逐渐被过滤、被扬弃，抑或被深化。而眼下个人该做到的，是理性安排自己。

我不排斥上网，因为查资料、写文章都需要。但限制使用微信，除了因事联络，每天只在规定时段打开。而且安排有个人节律：一般不读长篇文章，因患糖尿病，需特别保护眼睛；一般不看演讲视频，因水分多太耗时；一般控制在一小时之内，因还想干干其他事；一般不随意转帖，因不敢认定信息的客观真实，也不愿添堵（网络也是路）。人的自控力每每存在弱点，亲眼见身边有亲人、朋友迷恋微信，几近遭绑架，实非我所愿！莫若早作选择，落个清净自在。此或可算一种阅读安排，能供人参考否？

《贵州日报》"天眼新闻"APP"文化频道"
年终特别策划，2019年12月23日

《贵州日报·天眼27°》[访谈]

很羡慕年轻一代考古人，赶上了考古的黄金时代

[访谈背景]

2021年4月13日，贵州贵安新区招果洞遗址荣膺"2020年度全国十大考古新发现"，这是贵州考古第七次获得该荣誉，对贵州考古人而言，却也是第一次因此受到各路媒体的广泛报道，享受"网红"待遇。而在此之前，贵州考古和考古人的工作状态是怎样的？不同阶段的考古发现，为贵州带来了什么？在招果洞遗址备受公众关注的同时，记者采访了贵州考古界的前辈，曾先后任贵州省博物馆副馆长、贵州省文物考古研究所所长的梁太鹤先生。

梁太鹤是恢复高考后贵州最早的科班出身的考古人，亲历并见证了考古事业的创立和发展。2001年，贵州赫章可乐遗址墓葬荣获"全国十大考古新发现"，成为贵州第一个独立发掘并获得"十大"的考古项目。梁太鹤先生是当时的贵州省文物考古研究所所长，兼任发掘副领队。

天眼27°：您主持的赫章可乐古墓群发掘荣获2001年度"全国十大考古新发现"，这个古墓群的发掘经过和大致情况是怎样的？请先给我们这些普通读者"扫盲"一下。

答：先作个修正，2000年赫章可乐古墓群发掘的领队是宋世坤先生，真资格的贵州考古前辈，今已年过八旬。我当时是考古所所长，兼任发掘副领队，算个协助主持比较准确。

赫章可乐考古可以追溯到20世纪50年代末，有农民在农事耕作中刨出汉代铜鼓和铁剑，引起关注。1960年省博物馆派人作了第一次考古发掘，后来又陆续作过一些发掘，尤其在70年代末进行的发掘，揭示出许多古夜郎时期具有浓郁地方民族特色的考古遗存。2000年发掘是在以往多年工作基础上进行的，因以往发掘条件局限，工作中留下一些疏漏和问题，须加以厘清，推进大家所关注的夜郎考古工作。

2000年共发掘战国至西汉时期墓葬111座，其中108座为地方少数民族墓葬。出土文物500多件，有铜器、陶器、玉器、纺织品等，其中不少造型、纹样、工艺都显现出与周边考古文化不同的特点。最引人注目的，是一些墓葬中不同方式的"套头葬"习俗。

所谓"套头葬"，是考古人给予的一种形象化命名，以大铜釜、铜鼓、铁釜等大型金属器，如帽子般戴在死者头上埋葬。这是古人一种十分奇特的埋葬方式，过去在全世界都没有见到过。研究者对此有不同的解读。我作过一些分析对比，认为反映一种强烈的原始宗教信仰，是部族中巫师身份人员沟通神灵行为的祈愿与再现。作为一种古代民族文化的标志性特征，在古夜郎历史探索研究中，无疑具有特殊意义。发掘能够荣获2001年度"全国十大考古新发现"，这种独特的文化特征是重要原因。

天眼27°："全国十大考古新发现"（下文简称"十大考古发现"）评选已经进行了30年，贵州第一个上榜项目是1993年的盘县大洞遗址，但据说这项考古发掘工作并非贵州自己完成，而是协助发掘？

答：盘县大洞旧石器时代遗址是由中国科学院古脊椎动物与古人类研究所发掘的，有六盘水市文管所派人配合工作。当时贵州旧石器考古队伍，设于省博物馆的自然部，并没有参与该项目发掘和研究。项目入选十大考古发现时，大家很高兴，毕竟是贵州境域的重要考古遗存，但也为非本省队伍进行的工作而感到遗憾。

赫章可乐古墓葬是第一个由贵州考古团队发掘获得十大考古发现的考古项目，不过获此殊荣相当出乎我们预料。

那次发掘结束后，我们忙于关注其重要价值，并无其他奢想。国家文物局年度全国考古工作汇报会时，宋老师坚持建议由我赴会，说值得好好作番介绍。会上，《考古》杂志又现场邀请我参加第二年初在中国社会科学院考古研究所举办的"中国考古新发现学术报告会"，这已经让我们感觉意外了，因为考古所的学术报告会只安排六家，是更完全的学术层面的展示报告。从北京回来后自然要为报告会认真做准备，到场的可都是国内知名的大专家和重要媒体。但至此对于申报十大考古发现并没上心，直到看到文物报发了通告，才抱着不报白不报的心态对付一下。申报材料内，发掘情况的介绍文字，仅仅写了A4打印纸的4页。当时文化厅分管处室还持不支持的态度，我们申报材料未交他们盖章，由考古所直接寄到北京，不顾虑程序，也不再过问。

可能是山里人，多少存有一点小狭隘，害怕沾上"背后操作"的闲话。更主要是清醒知道自身的考古发掘工作水平，与其他大省相比，还处于落后状态。而我们理解的十大考古发现，不仅需要考古遗存价值的重要性，还需要田野工作水平的高质量，以示标杆性意义。自以为再继续提高田野工作质量，是最需重视的问题。

十大考古发现公布时，我们正在普安铜鼓山遗址进行考古发掘，无任何期待准备。不记得是谁最先听到消息嚷出来，立马，发掘工地上爆发一片欢呼！

我首先感觉是意外；然后感觉是，考古学界仍存一片净土。感动之余，深刻体会到来自国内考古学界对贵州的特别鼓励，以及一份特别的期许。这样的感受是一种强大动力，久久驱动着以后的工作，包括后来全身心投入的可乐考古报告的编写出版。

要说评上十大考古发现对于贵州考古事业的意义，我想在这里的每一名认真的考古人，都会有与我相类似的感受。这带给贵州考古团队一种极大的信心。用当下流行语，叫提升了文化自信。贵州考古团队，无论是规模、硬件、软件，从来只能排在全国的末尾，远进入不到"第一梯队"。但我们却能够以自己的坚持和工作，让贵州的考古资源发出炫目光彩。

天眼27°：这样的话，赫章可乐古墓群就是贵州第一个独立进行并获得十大考古发现的考古项目吧？这对于您个人的考古事业，以及整个贵州考古的发展，有着怎样的意义？

答：十大考古发现其实不属奖项，但业内很看重，将之看为大荣誉。今年网上甚至称之为国内考古的"奥斯卡"奖，我不甚赞同。不过，中国每年开展的考古发掘项目有数百上千个，能够从中脱颖而出，的确殊为不易。

要说带来红利，是多方面的，最显而易见的是成为大"网红"，而况这是一张特殊领域的国家层级的超大网。还有更关键的，不仅是普通百姓眼中的网红，而且是各级政府官员们所看重的网红。在网络时代，知名度就可以打造成特殊的地方文化名片，这样的名片不仅光鲜，还可能带来地方各样实际的收益。

对于考古人来说，最乐意、最希望的，是网红换来考古遗存研究和保护的促进和便利，换来文物考古事业的发展。这种希望正不断成为现实。不过，事情常有两面性，当网红成为部分人的实际利益目标后，又可能会带来负面的，甚至灾难性的后果。这类教训已经屡见报道。

可乐考古上榜十大考古发现后，曾经引起各级政府对于遗址保护的重视，2010年还入选第一批国家考古遗址公园名录。不过，很遗憾，可乐考古遗址公园至今尚未建起来，据说基本处于一种停顿状态。后来再去到可乐，总觉得有些痛心……

天眼27°：您1982年毕业于四川大学考古专业，之后分配到贵州省博物馆，也算是贵州考古事业创立和发展的亲历者和见证人吧？

答：又需作修正，我不是贵州最早的科班出身的考古人。真要说什么最早的话，只是"文革"结束恢复全国高考后的最早。此前从20世纪60年代初开始，贵州博物馆就陆续从北大、西北大、川大等分配来一些科班出身的考古人。更早，50年代博物馆筹建，还有几位老师先后参加国家文物局联合社科院考古所和北大举办的考古培训班，那虽算不上科班，但享有新中国考古"黄埔"之誉，分量不亚于科班，培训班的学员都成为新中国第一批考古骨干。正是这些老师们在艰苦条件下，开创了贵州考古事业。

天眼27°：在你们那个年代，贵州的考古状况，以及考古工地的条件和发掘工作是怎样的？

答：我1982年分配到博物馆后，国家经济逐渐好转，但考古工作仍处于艰难时期。第二年我参加在贵州的第一次考古发掘，地点在铜仁松桃苗族自治县。路途不易，所有的工具、木箱等，要装在客运公司大客车的顶棚上，路上开整整一天，黑尽才抵县城。第二天在县招待所租棉被枕头，雇手扶拖拉机，连人带物再颠簸一天抵达工地。发掘队三人，最贵重的设备是一部双镜头海鸥照相机，配搭几个珍贵的120黑白胶卷。这样的考古故事一直要讲到世纪末。

1996年考古所成立，算得上开始转折的标志，但全所每年能拨到的办公和业务经费仅有10万元，艰难程度依然不言而喻。2000年到可乐发掘，用国家文物局专项经费，不再搭乘长途公交，全队租用一部中巴车，从贵阳到可乐仍走了两天时间。曲折的山路，漫天的黄尘，让好几名队员不停地晕车呕吐。当时买不起数码相机，也不能保证发掘队员人手一部相机，但胶卷可以管够。我统筹整体拍照，可以挂上两部稍好的单反相机，装备变焦镜头，其中一部相机专用反转胶卷拍摄反转片。于我而言，这已经是很大很大的进步。

再过几年，情况有了迅速好转，过去的艰苦条件一去不复返。近期央视直播四川三星堆考古，展现中国完全现代化的科学考古装备，着实令人感慨！

天眼27°：您是贵州考古人的前辈，在您眼中，贵州考古人是怎样一个群体？今天成长起来的年轻考古人，有哪些您所认同却又与老一辈考古人不同的特点？

答：对于现在一线考古人来说，真可算是前辈了。想想岁月过去真快，70岁在汉代时是可以赐授鸠杖，允许持杖满街游荡的。考古群体不好作评价，贵州考古至少已经历三代人，不好作为一个群体看待。对年轻人则不敢评论，正所谓"后生可畏"，而况离开考古团队已经10多年，对现在年轻人已莫知其详。不过很羡慕他们，赶上一个考古的黄金时代。

天眼27°：您认为一位合格和优秀的考古人，应该具备怎样的素质？

答：考古人素质其实没什么特殊，我想，具备一定文化水准，经过专业训练，身体一般，愿意参加这个职业，足矣，不能说不合格。

做优秀倒需要一些东西。大前提是要热爱。其余，最要紧在于对历史持一颗敬畏心。再有一点理想主义，有一点探索热情，有一点艺术修养。我想这就相当可以预期了。艺术修养不是我说的，是北京大学教授、原国家历史博物馆馆长俞伟超先生说的，我深为赞赏。岂不见，世上所有伟大文物，莫不都是了不起的艺术品？倘若唤不出一个人发自内心的感悟、感动，又如何能指望他为之奉献而奋不顾身？这些是个人观点罢，不求认同。

中国考古学诞生百年，已经涌现出几代众多优秀考古人。向他们致敬！期盼更多优秀者继起直追！

天眼27°：您大学毕业后进入贵州省博物馆，1996年贵州省文物考古研究所从省博物馆分离出来，成为独立单位。在我们的认识里，博物馆就是把最有价值的考古成果按特定的叙事逻辑和展陈设计呈现给大众的地方。您在考古所和博物馆都待过，如何看待两者的关系？

答：展现考古成果的确是博物馆的职责，但博物馆的职能还很多，藏品也不仅仅有考古文物一类。

中国博物馆和考古所的关系，经历过很长一段曲折。过去，考古所基本都设在博物馆内，称考古队，由博物馆统一管理。从20世纪90年代起，一些省份的考古队逐渐从博物馆剥离分家，成为平行的独立单位，"队"改称为"所"。当时文博界对此引起一番争论，一方抱怨博物馆克扣考古专用经费，影响考古工作进展，分占考古文物出版和出国展览的利益，考古文物在库房按类别分散保管，难以查找研究。一方不满考古队"羽翼丰满"即"拥兵自重"，久久不依规向保管部移交考古文物，还另订出差生活补助标准，出土文物收藏管理缺乏严格制度。争论无果，分家却渐成趋势，绝大多数省份相继都分出考古队另建为所。分家之后，考古文物的正常移交更不易，博物馆藏品来源缺少了考古文物的大头，急剧萎缩；而考古所文物库房又条件不一，管理制度也各自为政，考古文物收藏保护逐渐积压下不少困难。至今，全国省级博物馆，只有上海市的考古与博物不分家。此外国家博物馆一直维持有考古队。有意思的是，分家后，有的博物馆重又组建新的考古队。但此队非彼队，已难更壮大。

　　分与合的曲直是非，一下子说不清。但风风雨雨，从合多到分多，还有其存在的客观缘由。最近看报道，国内又兴起建设考古博物馆的趋势。这应该与原有的专题性考古博物馆有所不同，大概是依托考古所的综合性考古博物馆。专题性考古博物馆在我们国家很早就已有修建，著名的如西安半坡博物馆、四川三星堆博物馆及金沙遗址博物馆等等，发展都非常成功，并无所见的分合矛盾之争。新建考古博物馆应该是为了更利于保护和宣传巨量的考古文物以及考古工作，相信会做得很好。但也同时说明一个问题，文物的发掘研究主要责任在考古所，文物的收藏研究主要责任还在博物馆，二者的条件设施与工作规范本来是有所区别、各有侧重的。

　　个人以为，形式多样化是好事，在实践中不断摸索，会寻到最佳路径。只是必须强调，对于考古文物的妥善收藏和保护，无论是哪种考古队伍，怎样不同的博物馆，都承担有不容一丝懈怠的历史责任，各方必须目标一致，携起手来，共同履责。

　　这里还值得反省的是，各级文物行政管理机关如何加强对相关业务部门的协调和管理。国家文物保护法规对于考古文物的收藏保管，早作过规定，但数十年执行中却极不顺畅，始终让人感觉晦暗不明，障碍重重，久成顽疾。这其中绝不仅仅是具体业务部门出现问题，更主要的，应是行政管理的监督和担责上发生问题。只有行政管理机关不回避矛盾，勇于担责，问题才能得到彻底解决。

　　天眼27°：贵州省作家协会主办的"精读堂"系列讲座，曾经邀请您作为主讲嘉宾，做过一场名为"大众的考古学：读西拉姆的《神祇·坟墓·学者》"的讲座。这本书被看为考古入门"必读书"，在"公众考古"大热的今天，这样的讲座别有意义。您认为人类为什么离不开考古？从专业考古到公共考古，其间的有效方式和最大障碍是什么？

答： 西拉姆的《神祇·坟墓·学者》是我偏爱的一本书，它曾经深深感动过我，所以当年受邀到"精读堂"从一本书的角度作考古讲座，我毫不犹豫选择了它，虽然那是半个多世纪前出版的著作。不能说那是考古入门必读，但读之绝对大有裨益。它写得那样精彩，能使人热血沸腾！

人类为何离不开考古是一个太大的题目，可写一本书，不能在这里展开说。可简单归纳至客观和主观两方面原因。客观是因埋藏在地底下的老祖先所创造的文化遗物，后人责无旁贷要恭恭敬敬科学完整地挖掘出来。主观是因人与生俱来就有好奇和探秘之心，或者称之了解认知历史的愿望。人势必将之付诸实际行动。

因此，考古本质上是向社会大众普及的事业。但当考古成为专业学科后，却越来越向着冷僻的方向发展，一味使用专业性方式和语言，在专业圈子里记录和讲述所获取的成果，忽略了社会大众的知情权，以及普通百姓的愿望。应当说，公众考古被响亮地提上社会关注平台，是考古学，也是社会文化的一项进步。

这些年，公众考古取得一系列成绩，文物考古部门、文化教育部门、新闻媒体，都主动参加到这项活动中。反省考古与公众脱离状况的成因，责任主要在考古界。因而，让考古能够走近公众，也首先需要从考古界做起。我编撰可乐考古报告时，曾打算对报告编写做些变革，使其成为社会各界容易直接使用的资料。但征求意见稿送给当时中国考古学会理事长时，他有一个说法，认定考古报告本是提供给考古人员看的，无须考虑其他人需要。这其实代表了过去多数考古专业人士的观念。因此，考古人固有观念的改变，将是公众考古取得最终成功的关键。

做好公众考古的另一关键，是新闻媒体的参与和努力。最近中央电视台对四川三星堆考古现场直播，是一次颇成功的范例。很多媒体也在不断做着尝试和努力，创造了不同的方式。个人觉得考古界和社会公众要更积极地支持和配合媒体，另一方面希望媒体也调整一些心态，多听听考古专业人员和公众的声音，切莫反客为主。我所看过的一些电视媒体关于这方面的节目，基本没有不出现错字或错误解释的片子，而且往往是低级错误。这看似小问题，其实反映出媒体心态，太自我，很急躁。如果，编完片子，请专业人员看一遍，何至留下这些刺目的疤痕？我打过交道的媒体编辑，不乏类似倾向，以至于我渐渐不抱太多信心，还会有所选择取舍。这或许是我的浅见。但遗憾也总应说一说。

天眼27°：您看现在很火的文博综艺节目吗，比如《国家宝藏》？从您专业的眼光来看，您为它们打多少分，如何评价？另外，目前这个大火的节目里还从没有"贵州籍"的东西，如果可以，您认为贵州首先应该入选《国家宝藏》的，是哪一个历史文物或遗迹？

答：颇有兴趣看，因贴近我熟悉的事，个人也有比较充裕的时间。客观说，《国家宝藏》总体做得不错，有的下了很大功夫。愿意打七八十分吧，媒体也挺不容易。个人感觉煽情稍多了一些，媒体设计稍多了一些，节目主持人与考古人的位置有错位感，考古人被牵着走，主角成了配角。

《国家宝藏》节目可选择的内容太多，贵州排不上好理解。也可能什么时候又能被选上。要个人来推荐，首选还应该是赫章可乐汉墓出土的立虎大铜釜。因为最具特色，造型和工艺也上得了台面，且有很多故事可讲，其中最重要的是，贵州地区从那时候开始，正式划入了华夏大版图，这是历史大事。

天眼27°：通过考古发掘以及通过博物馆进行的文化呈现和传播，对于重新发现贵州文化的价值，树立文化自信，有着怎样的意义？

答：这个题目已有其他人做得很好了，稍作一点补充。

通过考古发掘，通过博物馆的征集和传播，都是我们在不断深入挖掘、整理和认识贵州历史文化方面所进行的重要工作，这是历史赋予文博人的神圣职责。由于地理环境因素，贵州社会经济文化发展受到过许多制约，一些负面观念长期影响不少人的心态和认知。树立文化自信，在这里有着更多工作需加强。

现在，大量考古发掘和历史研究已经证明，贵州从数十万年前，就已经有人类生存，史前500余处洞穴遗址的发现，显示远古贵州的地理环境，这里很多时候曾经是一片人类宜居的天地。贵州荣获十大考古发现的七个项目，呈现明显的阶段性特点。不同阶段文化的发展，应该都离不开当时地理环境因素的影响。因此，研究和正确认识这种历史阶段性发展规律，尤其是其中地理环境、自然气候等发生的作用，对于现今贵州大力保护与开发生态环境，促进社会经济，尤其是绿色经济新发展，提高人民生活幸福感，具有深刻意义。

希望文物考古部门尽快整理研究已有的考古发掘成果，形成考古报告，公之社会。希望博物馆通过多种方式，做好普及宣传，联手社会各界，开展相关门类的研究。这必将共同为贵州人民提升文化自信，作出新的特别的贡献。

《贵州日报·天眼27°》2021年5月9日
栏目策划\李樱
采访记者\舒畅

亦师亦友怀斯人
——忆陈宁康先生

陈宁康先生是位美术家,同时也是位学者。论年龄、论知识、论思想层次都堪为我的老师。他同时又是一位朋友,一位令人从心底里信任和敬佩的朋友。虽然我们各自从事的专业不同,密切共事的经历也不多,但他的睿智和真诚,他对所有人都平等友善的君子秉性,使我从认识他开始,就留下不曾再变的深刻印象。

我和陈先生认识是在20世纪80年代初,他正在贵州省博物馆美工部从事展览的陈列设计工作。我们第一次共事是到广州去接运北京故宫博物院举办的"清代帝后生活文物展"。他的任务是了解文物展的情况,以便根据贵州博物馆的条件进行美术方面的设计。一路上,他向我介绍了许多国外博物馆陈列设计方面的知识。应该说,那是我在博物馆陈列美学方面的一次启蒙教育,使我从此学会用一种新眼光去看待博物馆的陈列及发展。那次馆内同行的人较多,他与每位同事相处都很好,大家都乐于与他交谈。他与每个人交谈都很认真,无论是谈正事还是琐事。甚至不相识的路人,哪怕是个农民,他也会同样热心地把一件事的原委、道理说得很细、很透。他不参与同事间过激的玩笑,遭遇时,只是平静地微笑着默默旁观。我还颇惊讶地发现,不光对美术,几乎对所有话题,包括历史、文物、经济、时事等,他都有广泛的知识、精辟的观点,侃侃谈来,使你信服。

对你的一些具体问题，他总会提出中肯的建议。但他从来不炫耀自己，一点点这样的意识都不存在。他也从不会强不知为知，饰不懂装懂，如我们看到的一些聪明人那样，唯恐不知不懂就失却了脸面。

广州9月的天气还很热，我们一起住在广东省博物馆的招待所，整天开着大吊扇。仔细看完陈列室里对外已关闭的展览，记录相关资料后，陈先生就赶赴石湾去验收单位此前订制的马赛克壁画。我和其他同事留下办理文物展品的点交、装箱和托运等事宜，耽误了好几天。回到贵阳时，陈先生已先期返筑，整个展览的陈列设计已拿出来。据说从到石湾的时候起，陈先生就连夜地加班画设计稿，不愿耽误展览运贵阳后的布置和开展时间。和陈先生同赴石湾的同事告诉我，验收壁画时，厂方已确保质量达要求，陈先生坚持还要将箱内的马赛克一片片取出，拼在地上检查。两件壁画面积都有20多平方米，陈先生顶着烈日，指挥工人一块块拼对核查，绝不含糊。这位同事忍受不了酷热，早躲到树下去避荫，陈先生却浑身是汗不离现场，忙了整整一天。这对一个年逾五旬的文人来说，是一件很累很苦的事。而如果标准稍稍放宽一点点，这苦和累是可以不必自己找来受的。从此，我完全了解到陈先生办事一丝不苟的细致和认真。终其一生，无论大事或小事，这种认真的态度都没有改变。在一个社会急剧转变，急功近利之风日盛的时代，这样的人已经越来越少。

陈先生于1985年调往贵阳师范学院（现贵州师范大学）。他对博物馆的建设发展原有很多很好的设想，可惜没来得及实施。他调走，博物馆方面是十分不愿的。但师范学院筹建艺术系，急切需要适合的人才。学院主事的副院长明确告诉博物馆，陈先生调去即出任艺术系的负责人。陈先生个人也在两难中进行选择，一方面在博物馆对传统文化进行研究是他所向往的，另一方面贵州首家大学艺术系重建，也是十分重要的事业。他调走时，博物馆特别召开了隆重的欢送会。

陈先生调去贵阳师范学院后，我们晤面的机会大为减少。他在那边工作十分繁忙，以他对待工作一贯认真的态度，这是可以想象得到的。但他从未放弃过对贵州传统文化的研究，也始终关心着贵州博物馆的建设。有一次他来找我，说外出调查时，在黄平县发现一位苗族老人制作的泥哨非常有特色，很有收藏价值，已当场为博物馆订制了一套，大约有200件。最初我们不太以为然，而且颇疑惑如何能有那样多的造型。待泥哨送来，才发现果然是极有品位的民间艺术品。泥哨用陶土捏制，入窑烧成低温陶质再上色，色彩选配协调，艳丽而不失稳沉。最使人叫绝的是造型的丰富和变化。其形制除各种兽类、禽类外，还有大量昆虫类，这是仿生塑形艺术中常常被忽视的。其造型并不一味准确地模拟写真，而是抓住特征，大胆夸张。比如甲虫额顶的两只触角，被夸大塑成一对斜立外张的圆柱；小鸟则着意夸大嗷嗷待哺张圆的嘴和期待着的大眼；牛则一方面夸大两只前冲的角和背脊的肉峰，一方面压缩前腿，省略后腿。所有夸张和省略都那样巧妙，产生突出的艺术感染力。这批泥哨后来在博物馆不同展览中展出，广受好评。这位苗族老人制作的泥哨逐渐受到重视，好多媒体加以宣传，被称为"黄平泥哨"，成为地方旅游纪念品中的一种名牌产品。

陈先生对传统文化的关心和研究并不仅仅局限于艺术家和学者的情结，他还十分重视传统与现实的结合，热心于从传统文化开发中给乡村群众带来经济效益。他曾经系统作过荔波等地民间色织布工艺的调查研究，发现这种色织布素雅大方，在当今世界上崇尚自然制品的趋向中大有开发潜力。调查过程中就广泛搜集色织布不同纹样的样品，一套送博物馆作为民间工艺藏品，其余的剪贴成样本，寻机向外推介。很快日本服装界看中色织布的手工工艺和花色，乐于订购。陈先生立马与荔波有关方面联系，通过外贸部门组织产品发往国外。这件事后来没能继续发展下去，原因在于当地未能抓紧建立起组织和规范民间生产的体制，而民间生产者由于分散性生产，原料和工艺都无法一致，产品质量差异明显，无法达到外商要求。陈先生后来谈及此事，连连扼腕叹息，既为贫困山区老乡一条致富之路开而复塞而慨叹，又为地方官员的麻木、缺乏责任心而无奈。

有几年我们忙于各自事务少有往来。我知道他奔忙于创建贵州蜡染艺术研究所，跑得很苦，从跑立项、跑经费、到跑建筑，不知有多少往复。陈先生不热衷于钻营，不善走上层路线，他往往复复地跑，只能凭一介书生的赤诚和执着。其间的繁和苦，换上另一个人恐怕都是不堪承受的。但他默默坚持，直至成功。蜡染研究所终于建立起来，坐落在贵州师大侧门口。每次看到那座规模不大却别致的建筑，我都会产生出一种钦佩之情，钦佩陈先生那瘦弱的身躯中竟然蕴藏着那样巨大的韧性和忍耐力。陈先生对蜡染艺术有一种执着的热爱和追求。可以说他最后十年的大部分精力，都贡献给了蜡染艺术。他曾经花大量时间研究蜡染工艺中因低温浸染造成色彩易于褪蚀的问题。据我所知，他是最早解决这一工艺难题的人。但不知为何，此项研究成果未能得到推广普及，后来一些蜡染生产部门又进行重复研究。陈先生对蜡染艺术的理解，在他去英国办展览和讲学之后，发生过一次质的飞跃。20世纪90年代初，他从英国引进一个蜡染展览。虽然都是英国一些艺术家的作品，但无论是工艺，还是艺术构思，都给人一种启迪性感受，发现我们过去对蜡染的认识原来还相当局限，蜡染世界其实很广阔。陈先生对我谈过他在英国期间的见识和感受，感到看待蜡染的眼光一定要移出贵州，移出国内。所以他极力要将国外的蜡染展览推介进来。我想，他推介展览的目的已达到。贵州的蜡染艺术创作和蜡染研究都出现许多新变化。陈先生带领研究所制作纪念辛亥革命八十周年蜡染展览，采用新的工艺手法创作许多作品。展览后来在北京自然博物馆（今国家自然博物馆）展出，引起轰动，许多美术界人士为蜡染工艺创新而呈现出的表现力感到吃惊。我好几次去蜡染研究所买过蜡染工艺产品，格调高雅，在省内市场上难以见到。只可惜他们生产规模太小，恐怕根本销售不到知情者以外的人群。

  陈先生对蜡染艺术作过很深的研究。为了全面掌握民间蜡染状况，他不辞劳苦，跑遍省内外蜡染制作地区，还想方设法去考察各地出土的古代蜡染。1996年他独自去新疆考察那里的民间蜡染和蜡染文物。当时的贵州驻新疆办事处主任彭钢先生后来告诉我，他深为这位老艺术家的精神所感动。身体不好，60多岁，一人乘班车，住小旅社，赶赴那些交通极不便利、条件极差的地区，风尘仆仆，别无所求，只为解决蜡染学术上的一些问题。陈先生的学术研究与他办事一样认真，没有弄准确的东西，就必须设法弄准确。他在撰写一篇考证蜡染历史演变的论文中使用了新疆民丰尼雅的考古资料，专门打电话来请我帮忙查找原始报告，征询我的意见。文章写好后，又送来要我"帮助修改"。其实我不过只是晚辈后学，但陈先生送文稿来的态度是非常认真的，我后来提出的两处小建议，他思考后都采纳了。陈先生的谦虚，正和他的睿智一样，是与生俱有的，这是一个人学识修养所不易达到的境界。正是有这样的境界，再加一贯的勤奋，陈先生取得了常人难及的成果，走过他充实的人生旅程。

陈先生的蜡染作品很多，不少经典之作都发表于与夫人付木兰合著的《蜡染艺术》一书中。他们还合作有《苗族祭鼓节图卷》，原作36米长，缩小一半多印制成32开的册页。长卷底色为黄褐色，满铺细碎多变的冰裂纹。图案主要为白、蓝二色，点缀有少量浅黄色，十分朴拙、典雅。祭鼓节是苗族最隆重、最传统的一种节日，每13年举行一次。图卷分五部分44组图形，将节日从由来，到准备、举行，直至结束的全过程生动表现出来，每组图形配有精练的文字说明。苗族祭鼓节已有不少民族学者调查记述的文字，但文字实录终有局限，而且普通读者会感到烦琐、枯燥而难以接受。用图形，而且用苗族最具传统的蜡染手法来表现，确是极好的创意。以民族自身特殊的艺术形式来展现民族的传统节日，这首先就产生了特别的艺术感染力。图形效果又直接营造出可视的氛围，场景和细节表现与主题同时出现，可给读者多个视点，而且作者的构思直观地启迪了读者更多的想象和遐思。因此，陈先生送我这部册页后，我立马被深深吸引。我知道，这不仅仅是一般意义上的艺术创作，如果没有对民族传统文化深刻的了解和热爱，没有对蜡染艺术数十年研究、积累的功力，如此宏大的作品，精审、连贯、一气呵成，是难以办到的。从一定角度上说，《苗族祭鼓节图卷》是陈先生学术研究与美术造诣，或者还是精神与技艺充分结合的一次完美展示。

陈先生1956年从华东艺专毕业后就分来贵州，40多年，勤勤恳恳，为贵州文化艺术事业作出的贡献是难以估量清楚的。追忆常常会伴随伤感，毕竟斯人已去！对陈先生的追忆伴随的伤感则更多。陈先生无疑属于当今社会所称呼的精英类人物，他毕生孜孜不倦地努力着，竭力为社会作出自己的贡献。但他的贡献本来应该更大，只为那许多无谓、无聊和无奈的原因，他耗费了太多精力。我相信，依照他的心愿，想要完成的事业还很多。我不知道他是否带走很多遗憾。作为生者，我却充满惋惜，因为那些无谓、无聊和无奈的原因常常那样荒谬，那样简单地就可以消除和避免，但可以做到这点的人却没人想过这样去做。陈先生最后阶段的生活未见得很舒心，他有一个幸福家庭，夫人与他志同道合，相濡以沫，子女也都学有成就，但他身心都太疲惫。他建起的蜡染研究所作过很多工艺和学术方面的研究，但在求生存的压力中没有特别兴旺过。这不是他的责任。在一个富有强烈社会责任心的优秀学人心中，这会罩上一块久久不可挥去的阴影。很难说这算不算个人悲剧，但应当说这是地方文化的悲哀。他离去后，蜡染研究所渐显衰落。我前年去过，进门就看得到处处的冷寂。现在更不知如何了，听说后来的一位负责人也已调离。那幢建筑依然矗立，似乎默默地要诉说什么。真希望有一位勇敢的继任者去那里，使研究所重新发展起来。蜡染艺术是陈先生毕生的追求，那是贵州传统文化中的奇葩，本不该凋零的。

（2002年2月于贵阳）
原载《陈宁康蜡染纪念文集》，
学林出版社，2005年

把时间给了贵州文博的艺术家
——忆刘锦先生

20世纪80年代初,我进入贵州省博物馆工作,刘锦先生已五十岁出头。他温和谦恭,不多语,透过厚厚的眼镜片默默看着你。我不爱打探别人经历,但很快认定他是一位卓有学养的文物专家,但凡馆里有文物识别鉴定,无论是古字画,还是陶瓷器、铜器、玉器,以及其他杂项,他总能说出很有见地的意见来,而且基本收录到最终的文字定论中。刘先生性子慢,说话语调不高,一板一眼,浙江口音浓,乍听,有些语词让人一下子反应不过来,但细细思考后,你会觉出他的理都说到点子上,不由不信服。我惊异于他过人的记忆力,工作中碰到古代书画家或历史人物名,他常常随口就说出其籍贯、官职、科举中试年、生卒年等。此时如引来旁边人惊叹夸赞,他会不动表情,无声无语。我想过,如果有影视导演需挑选一名博物馆型学究扮演者,他笃定是太难得的恰当人选。

后来得知,刘先生工作职务是陈列部形式设计人员,颇感诧异。形式设计在博物馆业内称"美工",略与剧院舞美相当,属艺术类行业。大凡美工师因了职业,所关注的都是展览外形、色彩、布局、灯光、材料等,无暇也无兴趣深究具体文物展品,更别说对各类文物作系统研究。刘先生非同寻常的文物文史学问功夫,不仅一般艺术人员罕有,即便文博院校培养出来的专业人员,也难达如此深度和广度。不知此等学养是如何修炼得来的？那时馆里美工有了年轻人，刘先生似乎不再做太多具体设计工作，后来调去研究室。

1985年，刘海粟先生来贵州采风，由省政协负责接待。刘海老离黔后，听说刘锦先生和博物馆另一名美工师陈宁康先生全程参与了接待，因二人都毕业于上海美专，是刘海老的学生，我心中又是一诧。20世纪50年代初的上海美专毕业生，美术功底自当扎实，恐怕我对刘锦先生的认识定位出了偏差，他或首先还是一名艺术家？听说刘先生从美专毕业后，分配到外贸部，1956年响应国家号召，支援地方来到贵州，在这里安了家。不过我在寻思中又暗生一种疑惑，何以不曾听过他的艺术创作，也难以见到他的书画作品？

博物馆职工新宿舍楼建成后，刘锦先生没搬新楼，所住旧房二楼的窗户对着新宿舍楼道，我上下楼可以看到窗内书桌上的灯光。灯光有些昏暗，总亮到很晚。记忆中后半夜经过时，那盏灯几乎没熄灭过，依稀可见刘先生坐在桌前读书的情景。联想起因工作事去家中找刘先生时，每次都是家人从书房将他叫出来，我知道了那盏总亮到后半夜的灯光的特别意义，它映照了一名潜心研究者学问功底的来源。

刘先生是一位善于思考和吸收的学者，我注意过他一个常有动作，在一些场合，或开会时，或听人交谈时，他会不经意略抬前臂，用食指在空中比划几下，然后停在那儿。那一刻，他眼光缥缈无所视。看得出，他思绪全凝注在心中某个问题上。他身上经常带一个小本子和一小截铅笔，本子用自己裁的小纸头装订成，碰到有疑虑或感兴趣的问题，立马掏出来记下。有几次请教他问题时，适逢小本子不在身上，他会就近抓一片纸头，甚至撕一块废报纸记下来，然后整齐叠起放在上衣口袋里。过一两天，不定什么时间，他会静静走到你办公桌边，告诉你问题的答案。一板一眼轻声地娓娓道来，依据、旁证、出处一样不差，还会把自己过去积累的相关资料，无保留地提供给你。望着他微弓着腰离去的背影，我一次次从心底泛起无限的敬意和感动。我想，中国文化的许多因子，便是由这样的先生们无私传承而下的。馆里的年轻人，很多有过类似经历，他们都记得这位谦恭而卓有学识的老师，感受过他真诚赞许带给自己精神上的特殊鼓舞。

刘先生到退休年龄后，继续留在馆里上班，谁也没觉得他退休，因为文物收藏鉴定工作总需要他。不过我渐渐发觉，去他书房，不时会看到墙壁上挂一副他新近书写的条幅，多为隶书或楷书，字体结构沉稳，笔力带一种略内敛不做作的特别张力，充满书卷气，一如他的气质。有时还看到立幅国画，用白皮纸画成，秋葵花下，二三鲤鱼戏游，背鳍微着浅绛色，立意自然，韵味十足。我作贵州传统工艺调查课题时，刘先生专门给我说过，刘海粟先生20世纪三四十年代曾经用贵州都匀产的民间白皮纸作画，别有特色，给予很高评价，后来还专托人来贵州采买。贵州白皮纸是宣纸之外，一种有特点的国画用纸。

又过了好些年，刘先生彻底退休，书画作品渐渐多见。有次看到他在大院水池边专注写生，用的还是自己装订的小本，只是稍大一些。我记起1991年陪同刘先生到瓮安出差。事情办完后，他提出想去看看葛镜桥。这是贵州最著名的古桥，现为全国重点文物保护单位。桥建于明代万历年间，距今400余年，建筑工艺考究，早有"西南桥梁之冠"美誉。从瓮安县城去葛镜桥不远。我们沿崖边小路一直走到桥底下，他来来回回仰头默默观察良久。我理解，他在仰视一件古代文明杰作的同时，一定也在凭吊它的创作者。建桥者为平越人葛镜，眼见麻哈江阻隔驿道交通，立誓替乡人改变困苦。两度建，两度遭洪水冲圮，依然不改初衷。重新选址，改进技术，酾酒立誓："桥不成兮镜不死。"前后历三十年，悉罄家资。后人为褒奖他的伟业，径以人名命桥。桥至今还正常使用，今人论及中国古代石拱桥成就，必提及葛镜桥。刘先生选一块石头坐下，很自然掏出随身的小本和铅笔，专注地勾勒起来。他的小本子，其实是多用途的。我用相机拍下他的写生照。后来送相片给他，他看了特别高兴。我知道，他骨子里是一位酷爱书画创作的艺术家，他的艺术喜好和艺术才能如果得到充分发挥，以其学养境界和行事风格，会成为一名深有造诣的书画家。但他把多数时间给了贵州文博事业。他没埋怨过，不声张地默默地收藏个人喜好，尽心尽力在文博领域奉献自己宝贵的才华。步入晚年，可以自由回归到个人喜爱的艺术领域时，他才重拾曾经的梦。

再从楼梯上下走过，依然看着那扇窗户里的灯光，我心里平添一层新的虔诚敬意，同时暗含一丝排解不去的惋惜。灯光也总亮到很晚。我知道，刘先生会用多数时间来写字、画画，那是另一片广阔的世界，寄托了他内心无限的欢乐和情趣。

刘先生走了。再看不见那盏灯。现在我也搬离那里。但夜晚眺望窗外星空，有时会怀念起曾经那扇窗内的灯光，微微昏黄中，蕴含了一名令人敬重的文化老人、一名真诚艺术家内心特有的深邃与真情。

原载《刘锦书画篆刻集》，中国视觉艺术出版社，2016年

墨舞藤竹鼓与呼
——忆刘复荁先生

20世纪80年代初进贵州省博物馆工作，常在展览大厅某个空余角落，看到一组遵义会议会址模型，以往展览用过。挺大，制作精细，仿砖木结构的细节，表现得极到位。碰到有新展览要用展厅时，这组模型就会被搬到另一个空余角落去。办公室同事说，这是请刘复荁先生来制作的，十来年了，看着很漂亮，总舍不得扔掉。博物馆早年还请他制作过遵义杨粲墓模型，更美，石室墓中百多幅宋代浮雕和圆雕的人物、走兽、花鸟等，一应毕现，可惜"文革"期间被毁。

认真说来，那时没见过刘复荁先生，但一点不觉陌生。小时候曾有过一面之识，后知道他是省里有名的墨竹画家，心里就存着一个疑惑，怎么过去总认为他是雕塑艺术家？刚上小学时，学校新建成不久，围墙还不完整，从一侧抄近路上学，要经过一幢教师楼，顺路常去邀约同班要好的文姓同学。他家住教师楼一层，来去有时还在他门口坐坐。隔壁户住着幼儿园时另一位刘姓同学，上小学后分到另一班，他母亲李老师教过我们算术课。文同学说，李老师的丈夫是一名艺术家，搞雕塑。我那时不明白雕塑有何奥秘，想象雕塑家一定特别能干，甚或有些神秘色彩。有一天终于见到雕塑家，匆匆而过，只见着侧面和背影，个子高，腰板直直的，穿着皮鞋，挺气度。不过并没让人感到多神秘，但脑子里的色彩不曾消退。雕塑家刘先生的印象,就这样留在我儿时记忆中好多年。

刘先生20世纪40年代就读于正则艺专,师从吕凤子、谢孝思等先生,毕业后除从事过不同画种,也从事过雕塑,还颇有建树。因此,1958年人民大会堂贵州厅布置时,被选派到北京,去设计制作两组以贵州朱砂矿石制成的大型石雕。其中大的一组高达四米,重逾三吨,命名为"贵州万宝山"。1979年贵州厅二次布置,又被邀去设计制作由不同矿物筑成的石盆景十组,朱砂大型石雕依然保存。

刘先生是位充满艺术创新精神的人,这使他的雕塑作品总具有灵性。他为博物馆制作的杨粲墓模型、遵义会议会址模型,便是他创新精神和认真作风的体现。他还先后参加过博物馆考古发掘出土的东汉铜车马的修复工作,以及展览使用的恐龙化石的复制工作。铜车马大小构件近三百件,须一件件揣摩、修复、拼接、组合,至今是省博物馆青铜文物的一件镇馆之宝。1973年复制恐龙化石是刘先生别有感触的一段回忆。当时贵州没有出土过恐龙,需要到北京自然博物馆去复制云南出土的禄丰龙化石,省博物馆邀请刘先生带着馆里一位年轻人去承担。禄丰龙属中大型恐龙,所有骨骼化石组装起来长达六七米,高近三米。北京自然博物馆专家不太瞧得上贵州派去的两名复制人,称复制至少需要半年时间,还尤其担心化石块块拆下制模,原件会受到损坏。刘先生为此憋上一股子劲,经过摸索,不按常规办法制模脱模,采用自创土法,既节约成本,又节约时间,仅用不到一月时间,神速完成全部复制,原件丝毫无损。自然博物馆专家大为惊异,赶紧向他们取经。时隔多年后,刘先生说起此事,依然不无自豪,觉得是为贵州争了一次光。

1985年谢孝思先生从苏州回家乡,刘复莘先生来博物馆联系安排谢老画展,我才真正见到刘先生。他个子高高的,腰板直直的,见面直呼我"太鹤"名,异常亲切。我自然要说起小时候与他的一面之缘,他爽朗大笑。他与馆里很多人都熟,就像老朋友,说起话来特随意,风趣戏谑,而且直话直说,不顾虑面子,大家却很乐意与他交谈。那次谢孝思先生在筑逗留一个多月,除了举办画展,还到各处访问参观,刘先生始终陪伴左右,安排周详入微，时时嘘寒问暖，恪尽一名弟子之礼与责，让我见识到他格外真诚和细致的一面。

在筑期间，刘先生特别邀谢老共同创作了一幅大幅藤竹山水赠给省博物馆，刘先生画藤竹，谢老画山水。画作挂在博物馆大会议室正墙上，别有气派。那是我第一次见到水墨创作的藤竹，一簇长长的竹枝从崖壁倒垂而下，悬于奔泻的山溪上，柔韧劲节，呼应着溪流，随风翩跹飞舞，恣意欢歌，清新爽朗的山野气息扑面而来，令人心旌振奋，感慨尤深。此时刘复荸先生以藤竹为创作题材已历数年，与恩师合作倾力而为，自成佳作。

谢老返苏州第二年，刘先生受邀为省人大创作一幅大画，来博物馆暂借画室，在四楼一间空库房中临时搭了一个工作台使用。刘先生每天来得很早，带一盒饭中午吃，一画就是一整天。创作期间，曾几次到外县乡村去采风。有一天下班时碰到他，他兴奋地说，已约好车，第二天要去长顺县看藤竹，准备从山上挖几株带回来试种，那样就能早晚得以揣摩观察。那份激动劲，直如小孩获准第二天要去儿童乐园玩耍一样。藤竹后来不知移栽成功没有。一些山间生长的植物，不一定都能适应城市的环境。刘先生对藤竹的真心喜爱，让人至今记忆犹新。

藤竹是贵州山野生长的一种特殊竹子，纤长柔韧，人多不识。刘先生1980年在省园林学会一次会议中首次见到，脱口便称之藤竹。有园艺专家告诉他，此属贵州特产，令他不胜惊喜，由此将藤竹作为自己绘画的重要题材。

藤竹或非贵州所独有。我不懂植物学，查资料，知为竹科植物的一个属。国内的两种，一种分布于广西和云南，叫澜沧梨藤竹属；一种分布于西藏墨脱地区，叫西藏梨藤竹属。没说在贵州有。恐怕是植物学研究中尚存局限的原因。以贵州分布实际，如广泛开展普查记录，深入进行植物分类学研究，或许会新划分出一种贵州藤竹属。这是有关植物学的后话。不管怎么说，那算一段机缘，贵州藤竹在偶然间，因了一个人，成为一种全新题材进入到中国传统绘画视野。无疑，刘先生绝不是见过藤竹的第一位画家，但他是第一位爱藤竹，画藤竹，并画出不凡成就的国画家。其中重要原因在于他始终保持了旺盛的艺术创作热情，以及对家乡故土深深的眷念热爱。此即机缘。机缘虽生于偶然，却非无故而生。一次不干书画艺术的专业学科会议，就这样开启刘先生对这特殊竹种的观察摩写、思考创作，一发而不可收，及至挚爱痴迷。他去山间寻藤竹，入得竹海，见新竹嫩笋，时散清芳，便觉两腋生风，爽透肌骨，浑忘身人寰，流连忘返。决意对其"内窥灵境，外扬芳烈，形之于墨楮"①。

年复一年，他一次次广踏黔山，遍寻藤竹，积累素材，总结出不同地域藤竹的特点和区别。"垂叶垂条，杆肥而墨青者，在册亨""叶大枝斜，多岔横生，长于原始森林中者，在荔波""杆黄兼青，叶细向上，矫健如龙者，在长顺""叶长，叶尖微赭，垂杆墨赤，叶如梭者，在赤水……"他对藤竹赞不绝口，称之"其状似柳之柔，而柳无其劲；若藤之韧，而藤无其节；居高岩而下拂，临清流以逸扬，同松柏之苍翠，似兰桂之芳香"。他历数藤竹在工业、农业中的作用，在保持水土、净化环境中的贡献。叹之："为人类造福，为吾乡增色。吾深爱之，吾大画之""笔歌墨舞，为尔矜夸"！② 刘先生已经将藤竹题材创作看为晚年一番事业。

一个人的艺术创作臻至如此境界后，如何能不全身心投入其中？如何能不佳作频出呢？无怪乎，1985年谢孝思先生来筑，初见刘复莘所画藤竹时，大为惊讶，以为自己八十余，尚不知家乡此竹。勉励其弟子："黔人画黔竹，得天独厚，好自为之，有厚望焉！"三年后，谢老再来筑，不禁欣然为弟子命笔不吝赞辞："近年来，发现家乡藤竹之美妙，引入画本，复缀以滩崖泉石山花、野鸟（草），清新朗爽，刚健婀娜，于墨竹一道中，直可谓前无古人矣！"③

---

① 引自刘复莘：《贵州藤竹》，见贵州人民出版社编《贵州艺术家画库·刘复莘画集》，1990年。

② 引自刘复莘：《贵州藤竹》，见贵州人民出版社编《贵州艺术家画库·刘复莘画集》，1990年。

③ 谢孝思题辞全文收录于《贵州艺术家画库·刘复莘画集》，以及《笔歌墨舞——刘复莘画集》序。

谢老此评，堪谓的论。墨竹是中国画中一个重要题材，千百年来创作无数，但我记忆中没见到过专画藤竹的作品。我不画画，不免见识有限。谢老作为老一辈著名书画家，毕生研究中国书画，夫人刘淑华先生，更是专工墨竹，卓有建树，尚不知有前人以藤竹入画。可见，刘复莘先生画藤竹臻于至境，称之创举，实恰如其分。

一个画竹艺术家，能从千百年来千千万万人关注的专门题材中，有所突破，蹚出一条新路来，殊为不易，创新精神足令人佩服！一个艺术家，将个人发现和创作，与颂扬家乡紧密联系起来视为己任，为之欣然鼓呼，是为大情怀，更值得由衷赞叹！

刘复莘先生画作曾收录到两本画集，一是1990年贵州人民出版社美术编辑部编辑的《贵州艺术家画库·刘复莘画集》；另一是1997年香港汉荣书局有限公司出版的《笔歌墨舞——刘复莘画集》。1990年的贵州画库本囿于经费，收录作品较少。1997年的港本，斥资出版者为香港著名出版家石景宜先生。这位热心于国家文化事业，向国内数百家文化教育单位捐赠过总计三百多万册图书的"文化书使"，还酷爱中国书画，"醉于收藏"，十余年先后辑录出版《当代中国书画选》六册、《华夏千家书画集》等，汇集了国内众多知名书画家的优秀作品。他因画结识刘复莘先生后，深为刘先生画作所打动，觉得其墨竹"既展现传统所赋予之气节象征，而画家浓浓爱乡土之情更是饱蘸尺幅"[1]，决定斥资特别出版刘先生个人画作的专集。

港本画集编印上佳，160余页，收录138幅作品。其中墨竹占大部分，其次为溶洞作品，并有少量松梅等作品，涵盖了刘先生国画作品的精粹。尤为重要的是，墨竹作品中，有藤竹作品30幅，均为刘先生心血之作，堪称将刘先生晚年倾尽情思，在墨竹创新道路上取得的不凡成就，作了一次汇总性展现。所收录的溶洞题材作品，则彰显了刘先生后期画作的另一

---

[1] 引自石景宜为《笔歌墨舞——刘复莘画集》所作之序，该书由香港汉荣书局有限公司于1997年出版。

重要特色。

刘先生很早就关注到家乡的溶洞，力图用传统国画技法将它生动表现出来。后因"文革"运动中辍。20世纪80年代重又继续，在热衷探寻藤竹的同时，踏遍贵州知名溶洞，不断写生，积累经验，潜心创作，摸索出描绘溶洞的整套技法，创作许多佳品，形成一家风格。或因藤竹画特色太为突出，其溶洞创作引起的关注度，被打了很大折扣。其实，作为国画题材的又一成功创新，同样应该载入史册。

港本画集还记录了刘先生画竹的一个特色，就是喜画竹笋。在藤竹之外的约70幅墨竹中，竹笋有20多幅。刘先生的竹笋画得挺拔昂扬，运笔润泽灵动，或迎朝晖，或沐雨露，点点生命毕显蓬勃生机。我想，竹笋所包含的旺盛生气，应是刘先生用心表现的关键。他给我女儿画过一幅竹笋，一家人都特别珍爱，一直挂墙上，保存至今。

回忆刘复莘先生，觉得有一个大遗憾，先生最终没能将他多年创作藤竹和溶洞的经验形成文字。如果，他抽些时间，写写哪怕片段回忆，甚或写本《藤竹墨画要义》《溶洞摹写要义》，对启迪后人，将是何等宝贵的资料！而今，他奉献家乡的藤竹梦、溶洞梦，只留在一件件美妙、隽永的画作中，任后来有心人慢慢体悟罢。

原载《刘复莘画集》，
浙江人民美术出版社，2023年

后记

文集选录的文稿前后跨越40年时间，记录了此生不曾离开的职业。考古职业在很多人眼中充满神秘色彩，因此我多次被问道：当初为什么会选择学习这个专业？我答复道：因为偶然。实实在在，当年填取高考志愿时，不是因为兴趣，也完全不懂考古，只奔着一个目标：跨进大学校门。

我1966年即将初中毕业时，遭遇学校停课，学业戛然而止。后来实行单位推荐读大学，我既无单位，也不具备家庭出身条件。大学梦早去若烟云。未料全国恢复高考，顿觉天降良机，奋起强争，1978年和两个同学相邀一同报名参考，误撞过关。三人合计，太不了解高等学府，恐操作不当失去得之不易的机会，便拿了志愿书去请教过去的班主任刘奕刚老师。刘老师1962年从贵州大学毕业分配到贵阳六中任教，第二年起担任我们班主任，并教授语文课，深获全班学生信服敬重，与大家建立起亦师亦友的真挚情谊。他十分理解我们心愿，分析考分后给出三点很有用的建议：三人避免撞车、可选择较冷门专业、个人信息尽量简化。还专门跑去学校，央请人事室老师，出具一份我当年在校读书时优迹的介绍函，存作万一之用。我们分别被三所学校录取，我如愿进入川大，考古之旅由此开启。

人曾调侃刘奕刚老师，说他不经意的指点，为贵州考古输送了一名忠于职守的死士，当记小小一功。其实对个人言，则堪谓功莫大焉，它豁然打开了我别样人生的一扇大门！刘奕刚老师后来调贵阳教师进修学院，再调省公安干部学院任教至退休，今仍与我们全班同学常相往来，师友情谊愈浓。

人在青少年时代遇到几位影响人生的启蒙老师是一种幸运。我常常还会回忆起潜藏在心灵深处的一些幸运片段。

幼儿园大班结束时，我得到班主任赠送的一张长条状的黑白照片，画面是刚建成的武汉长江大桥，照片背面写着一段话："你是幼儿园三好的学生，送给你这张照片留作纪念，望你今后继续努力。老师：王庆遐 1957.7.23"这张照片印在脑海中几十年，给予我向善的激励力是这位老师未曾想象到的。遗憾的是，后来多次想再去幼儿园看望王老师，终未成行。

小学五年级班主任名贺遗都，每个星期天会轮流约几名同学去家中小坐，总准备有糖果点心，一起聊天，介绍优秀读物，朗读讲解古诗词。我在那里第一次听到诵读白居易《琵琶行》诗句，"千呼万唤始出来，犹抱琵琶半遮面……大弦嘈嘈如急雨，小弦切切如私语。嘈嘈切切错杂弹，大珠小珠落玉盘"，构成一幅永铭于心的生动画面。

六年级时的班主任牛秉璋老师也教语文，写得一手漂亮板书，第一节课就对大家说：字是敲门砖，字如其人，一定要写好字。我暗喜，很享用，自以为个人写字在班上足可入流。他讲授语法结构特别清楚，很在乎学生的文体修为。我们最高兴他主动代体育老师上课，把课调到末节，亲自上场带大家超课时痛痛快快踢一场足球比赛。

这些片段记忆零散，也很平常，却是一次次开启幼时心灵窗户的瞬间，存于心底，始终亲切、温暖。相信很多人也有着同样满是温度的记忆。我在这里写下来，只愿与大家共同留住这些珍贵记忆，那是心中不该被忘却的纪念！我想，这本文集也可以用来献给少年时代的老师们，虽谈不上分量，但从个人专业问学角度，记录了一名学子为社会履行职责的主要历程。所为平平，守职守责却不曾违心。老师们会乐意看到的。

当然也应该献给家人，为父母的生养抚育，为妻子女儿的陪伴照顾。文稿选录完成后，我特意斟酒举杯，向天遥敬父母。我永远无法释怀，而立之年，竟每月还靠着父母从微薄的退休金中寄给生活费，抚我读完大学，老父为此戒掉几十年的抽烟习惯。我与妻子结婚时，在单位要到很小的一间简陋住房，自己平地、刷墙，请亲友和同事来家吃几块喜糖，就算举行仪式。数年后分到一套两间半的宿舍，妻欣然将两老接来同住。月初发工资，她要托人为老父亲打回来一壶包谷酒，为老母亲买回一包喜欢的广柑和桃酥。女儿自小最依恋奶奶，晚上做完作业，奶奶会预备好洗脚水。躺下后，赖着奶奶挠背。半夜会悄无声息地爬到奶奶床上去睡，清早再被妈妈悄悄揪下床。而今两位老人离世已二十多年！我抚杯低首，任泪水慢慢流淌。

文集编印出版，要感激贵州省博物馆制订"贵博学人丛书"规划。要感激博物馆研究部承担文集编印的具体工作，尤其是安琪女士，从早期部分文稿和图片的扫描、文样的打印装订，到与出版社反复接洽协商事务，付出诸多努力。还要特别感谢广西师范大学出版社责编唐燕女士为编印所付出的辛勤劳动，她认真细致地发现书稿中若干问题，及时沟通，妥加调整订正，避免贻误读者，保证文集得以较好面世。

愿文集留下一名认真的博物馆学人曾经的愿望、经历、教训，或稍有助于后来年轻人少走一点点弯路。

（记于2022年10月）

梁太鹤（左一）及家人

梁太鹤

贵州省博物馆研究馆员，贵州文史馆馆员。

籍贯北京，1950年3月出生于贵阳市。1978年就读于四川大学考古专业，1982年毕业分配到贵州省博物馆工作，曾任副馆长职，数年自请辞职。1996年调省文物考古研究所任所长。2004年调回省博物馆，2010年退休。

工作期间，参与过贵州一系列考古发掘工作，参与过博物馆一些展览工作和文物研究工作，参与过民间传统工艺调查研究课题，为地方文博部门做过一些业务辅导培训，为大学讲授过文物考古课程。退休前悉心整理撰写《赫章可乐二〇〇〇年发掘报告》，积数年功告竣。今闲逸居家，行止随心，偶应召做做有益文博琐事，怡然自得。